三国

英雄、江山与权谋

朱良 著

我 们 的 华 夏

图书在版编目（CIP）数据

三国：英雄、江山与权谋 / 朱良著 . -- 福州 : 海峡书局，2023.9

ISBN 978-7-5567-1133-8

Ⅰ.①三… Ⅱ.①朱… Ⅲ.①中国历史—三国时代—通俗读物 Ⅳ.① K236.09

中国国家版本馆 CIP 数据核字 (2023) 第 120902 号

三国：英雄、江山与权谋
SANGUO：YINGXIONG JIANGSHAN YU QUANMOU

作　　者	朱　良	选题策划	后浪出版公司
出版人	林　彬	出版统筹	吴兴元
编辑统筹	梅天明　宋希於	责任编辑	林洁如　杨思敏
特约编辑	张妍汐	装帧制造	墨白空间·黄怡祯
营销推广	ONEBOOK		

出版发行	海峡书局	社　　址	福州市白马中路 15 号 海峡出版发行集团 2 楼
邮　　编	350004		
印　　刷	嘉业印刷（天津）有限公司	开　　本	655 mm × 1000 mm 1/16
印　　张	26.25	字　　数	400 千字
版　　次	2023 年 9 月第 1 版	印　　次	2023 年 9 月第 1 次印刷
书　　号	ISBN 978-7-5567-1133-8	定　　价	88.00 元

后浪出版咨询(北京)有限责任公司　版权所有，侵权必究

投诉信箱：copyright@hinabook.com　　fawu@hinabook.com

未经许可，不得以任何方式复制或抄袭本书部分或全部内容

本书若有印、装质量问题，请与本公司联系调换，电话：010-64072833

目 录

序章　东汉：悲剧王朝的宿命 1

第一章　帝国崩塌 4

　　黄巾起义 4

　　朝廷的昏招，世家大族的狂欢 7

　　东汉十三州 11

　　凉州，帝国西部的是非之地 12

　　凉州荒原上蹿出的野狼 14

　　昏君留下的祸患 17

　　天下大乱的开端 20

　　董卓，野心家与糙汉子 25

　　朝堂之上，率兽食人 27

第二章　军阀崛起 31

　　袁绍，士族的精神领袖 31

　　曹操，乱世之奸雄 34

　　十三路诸侯讨董卓 40

　　董卓暴行惊动天下 45

　　　　　十三路诸侯的闹剧 49

第三章　二袁相争 51
　　　　　江东猛虎孙坚 51
　　　　　袁术集团建立 53
　　　　　刘表领荆州 56
　　　　　幽州的儒臣与猛将 58
　　　　　袁绍集团建立 61
　　　　　向洛阳进军 63
　　　　　收复洛阳，孙坚的最后辉煌 66
　　　　　两大集团的对决 70
　　　　　刘备和他的兄弟们 72
　　　　　平民刘备的艰难上升之路 75

第四章　被劫持的汉室朝廷 78
　　　　　董卓的暴虐统治 78
　　　　　拯救朝廷的努力 81
　　　　　王允的短暂统治 85
　　　　　悍匪反攻，汉室遭殃 88
　　　　　关中历劫，百姓蒙难 92

第五章　曹操的创业之路 94
　　　　　夺兖州 94
　　　　　追击袁术 97
　　　　　徐州屠城战 98
　　　　　吕布来搅局 100
　　　　　兖州之乱 103

第六章　挟天子以令诸侯 108
　　　　　匪帮内讧，天子落难 108

　　　　汉室遇劫，献帝逃亡 112
　　　　争夺汉家天子 116
　　　　曹魏的关键决定 119

第七章　曹操和他的对手们 123
　　　　让徐州，丢徐州 123
　　　　辕门射戟 126
　　　　好色引发的血案 128
　　　　袁术称帝的闹剧 130
　　　　袁术集团败落 132
　　　　吕布的最终结局 134
　　　　煮酒论英雄 138
　　　　"大耳儿最不可信" 139
　　　　官渡之战前曹操的布局 141

第八章　决战官渡 144
　　　　公孙瓒穷途末路 144
　　　　官渡之战前的袁绍集团 148
　　　　衣带诏事件 149
　　　　刘备再次逃亡 151
　　　　身在曹营心在汉 153
　　　　艰难的对决 155
　　　　夜袭乌巢 158

第九章　平定河北 162
　　　　江东小霸王 162
　　　　孙策身亡与江东变局 166
　　　　博望坡之战 168
　　　　平冀州 171
　　　　曹操的军事奇迹：白狼山之战 176

第十章　三家争荆州 182

刘备落魄的那些年 182

卧龙出山 184

无解的荆州困局 188

血战长坂坡 191

第十一章　三足鼎立的雏形 196

孙权的两难抉择 196

赤壁之战 199

曹操的迷失 202

借荆州 205

乱世中的巴蜀 207

良知，还是责任？艰难的考验 211

蜀汉奠基 215

第十二章　一生的对手 218

孙权、刘备，盟友还是对手？ 218

凉州与关中，曹操的困局 222

汉中，食之无味弃之可惜 226

曹操：汉相，还是汉贼？ 229

曹操、刘备，终极对决 235

汉中王！ 239

第十三章　三分天下 243

孙权、曹操，微妙的关系 243

东南擎天一柱 245

水淹七军 249

大意失荆州 253

荆州裂变，天下三分 258

无法实现的《隆中对》 261

第十四章　汉家倾覆，三国来临 266
刻薄寡恩的曹丕 266
篡　汉 271
季汉立国 273
江山、兄弟 276
夷陵之战前的局势 277
夷陵之战 280
托孤白帝城 284

第十五章　南征与北伐 287
三国局势重新洗牌 287
老奸巨猾的司马懿 291
从文帝到明帝 294
司马懿斩孟达 297
东吴北伐的努力 300
艰难求生的蜀汉 302
第一次出祁山 305
魏、蜀双方拉锯战 309
卧龙、冢虎，巅峰对决 311
遗憾的第四次北伐 315
星陨五丈原 316

第十六章　司马氏上位 319
诸葛亮之后的蜀汉 319
毁誉参半的魏明帝 322
曹氏的权力危机 324
曹爽专权的闹剧 327
诈病赚曹爽 330
淮南一叛 335

第十七章　权臣、幼主，风雨中的皇权（上）...... 338

  孙权晚年的大错...... 338

  诸葛恪专权...... 342

  司马家族的狠人...... 345

  权臣对权臣，黑吃黑...... 348

  天道轮回，司马师废魏帝...... 352

第十八章　权臣、幼主，风雨中的皇权（下）...... 355

  淮南二叛...... 355

  淮南三叛...... 359

  东吴的权臣专权...... 365

  两大权臣，不同的命运...... 369

  司马昭弑君...... 373

第十九章　灭　蜀...... 379

  姜维北伐，蜀汉最后的救赎...... 379

  贪天之功，灭蜀之战...... 383

  邓艾偷渡阴平道...... 386

  钟会的阴谋...... 391

  汉家忠魂姜伯约...... 394

  乐不思蜀...... 397

第二十章　三分归一统...... 399

  司马氏篡魏...... 399

  三国第一暴君...... 400

  千古贤相羊太傅...... 403

  金陵王气黯然收...... 408

序章　东汉：悲剧王朝的宿命

东汉是个非常可惜的王朝。

建国之初，这个王朝本来拥有无可比拟的先天优势。

国内，经过西汉二百年的探索，到东汉时期，汉家制度已经非常成熟了，对于各种常见问题都有行之有效的解决方案。开国帝王光武帝又是一位具备雄才大略的英明帝王，他为国家建立了一套完备的制度，按照他的构想走下去，国家会拥有非常光明的未来。

国外，匈奴已经被严重削弱了，大汉帝国四周少见强有力的竞争对手。另外，经过汉武帝以来的大规模开疆拓土，帝国疆域广袤，占有许多战略要地，对周边各民族政权形成绝对优势，因此刚刚建立的东汉王朝就拥有绝佳的国际环境。

更重要的在于，东汉统治者秉承儒家"仁政"的理念，把善待百姓作为施政目标。从皇帝到百官，统治者尽力限制自身的特权，尽量照顾百姓的利益。

在这样一种宽柔的施政纲领之下，国内政治清廉，刑罚宽和，阶级矛盾缓和，百姓生活安定而富足，呈现出难得的太平气象。

可以说，儒家倡导的"仁政"理论在东汉一朝得到了彻底的实践。

这个时代，更有一群铁骨铮铮的儒家士大夫，他们秉承"杀身成仁"的伟大理念，以"为民请命"为己任，敢于直接冲撞君王，有效限制了君王的特权，维持了朝政的清平。

种种有利条件结合到一起，按理说，东汉王朝应该创造出一个空前绝后的伟大盛世。

可惜天不遂人愿。不知为何，东汉王朝的皇帝普遍短寿，从第三任皇帝汉章帝开始，到汉灵帝为止，一百多年时间，所有皇帝都没能活过四十岁，甚至出现了不到一岁便夭折的婴儿皇帝。

皇帝的早逝对国家造成严重冲击，不仅国家上层结构不能保持稳定，更造成了外戚专权的恶劣局面。

刚登基的小皇帝年纪太小，不能亲政，只能由太后当政。太后缺乏政治经验，只好求助于娘家人，于是朝政不可避免地落到了外戚家族手上。

小皇帝成长起来以后，想要夺回权力，但朝廷在外戚控制之下，皇帝无人可用，只好找身边的近臣帮忙，于是引入了宦官这股势力。

宦官是一群可怜又可恨的人，作为皇帝的家奴，他们本来没有机会凌驾于皇权之上，但皇帝通过他们的帮助夺回权力以后，迫于形势，必然要大力提拔他们，于是宦官进入了最高权力中枢，成为外戚的主要对手。

宦官与外戚争夺权力，双方使尽浑身解数，造成严重政治动荡，使帝国上层刮起一阵血雨腥风。

东汉后期，朝政便在宦官和外戚两方的撕扯下陷入持续动荡之中。

终于在桓帝上台以后，通过消灭祸国殃民的梁氏外戚，皇帝和宦官集团彻底打垮了外戚家族，终结了宦官与外戚争权的局面。

随后却带来更恶劣的后果。

宦官集团跟皇帝和外戚不同，他们没有祖宗基业要经营，没有江山社稷要传给子孙后代，他们根本不必考虑国家的长治久安，只需要考虑如何维持手上的权柄不丢失——他们的权力是偷来的，既不合法，又不合理，所以他们必须用尽一切手段保住这种权力。

再加上他们都来自社会底层，需要从头完成财富积累，所以他们一旦当政，必然要压榨百姓。

所以宦官集团当政以后，便把争夺权力和掠夺财富当作了自己的主要目标，国家利益根本不在他们的考虑范围内。在他们的祸害下，朝政也就糜烂到不可收拾的地步了。

这种情况引起朝中士大夫阶层的严重忧虑，眼看国家危在旦夕，他们不甘心被昏君和宦官拖入深渊，只能发起反击，惩戒宦官中的不法分子，于是在东汉末期出现了士大夫集团与宦官集团对立的局面。

但宦官集团是皇帝的外围势力，打击宦官就是在间接剥除皇帝的权力，这又引起皇帝本人的严厉反制。

皇帝使出各种手段保护宦官，跟士大夫阶层的冲突愈演愈烈。暴躁的士大夫阶层最终动用司法武器对宦官大开杀戒，甚至直接挑战皇权，终于引发了皇帝和宦官集团的激烈报复。

公元166年，盛怒之下的桓帝发布诏令：禁止"党人"及其家族从政，终生禁锢！史称第一次党锢之祸。

公元169年，在宦官集团的挟持之下，灵帝对"党人"发起大规模政治迫害，第二次党锢之祸爆发，大量"党人"及其家族遭到屠杀。（关于"党锢之祸"的详情，请参考《秦汉：帝国兴亡》。）

两次党锢之祸把无数世家大族挡在了朝廷之外，皇帝与世家大族分道扬镳，帝国上层被割裂开来，东汉皇帝执政的基础已经被掏空，东汉王朝的江山已经摇摇欲坠了。

这个结果是大家都不想看到的。整个过程中，从皇帝到士大夫阶层，每一个人都想努力挽救国家，无数仁人志士为此付出了生命的代价。但最后，国家还是无可避免地滑向深渊。

这是一个巨大的悲剧，是东汉王朝无法逃避的宿命。

第一章　帝国崩塌

黄巾起义

公元184年的一天，朝廷收到密报：一群反贼密谋在当年三月五日发动叛乱。

这些年天下不太平，各种变乱不断，有人发动叛乱并不是稀罕事。但这次的叛乱不一样，反贼已经埋伏到全国各地，准备在全国各个州郡同时举事。

更让朝廷惊掉下巴的是，这些反贼甚至已经买通了皇宫里的宦官高层，计划跟他们里应外合，同时发动。

宦官是掌握最高权柄的一群人，连他们都已经跟叛乱分子勾结起来了，说明反贼已经自下而上渗透到了国家的各个角落。这是东汉立国以来从来没有过的局面。

灵帝听到消息以后，极度震骇，赶忙派人搜捕叛乱分子。

京城的缇骑分头行动，很快取得重大成果。乱军的首领之一马元义当场被活捉，被车裂在了洛阳闹市。跟马元义暗地里勾结的宦官首领封谞、徐奉等人，也被下狱处死。朝廷随后在全国搜捕乱党，开始镇压这次叛乱。

但叛军发展到这种程度，绝不是一朝一夕之功，实际上是东汉朝廷长期腐朽昏聩的结果。

叛军的来源是民间的"太平道",首领是张角、张宝、张梁三兄弟。

东汉以儒家立国,其他思想流派都受到压制,只能向民间发展,其中,道教是最主要的一股势力。

这个时期的道教,以黄老学说为根本,杂糅了各家各派的观点,用各种神神道道的捉鬼画符仪式吸引底层百姓,在民间默默扩张着自己的势力。

他们跟统治者宣扬的儒家学说本来是井水不犯河水的关系,但东汉末年,朝政陷入混乱,民众生活困苦,统治者向百姓灌输的"正统"儒家理念已经崩塌了,民众在绝望中开始寻找新的精神寄托,这为民间道教的迅速传播提供了便利。

民间有两个主要的道家学派:一支是张道陵创立的天师道,又叫五斗米道,目前由张道陵的孙子张鲁统领,在汉中地区发展;另一支就是张角三兄弟创立的太平道。

张角三兄弟是巨鹿地区的平民,从灵帝早期开始,就在冀州传教。

当时民间流传着一本名叫《太平经》的神秘经书,里面系统化地讲述了道家的各种观点。张角就以这本经书为理论依据,宣称自己是"大贤良师",四处布道。

张角传播的那些观点也没什么新鲜的,无非是人人平等、反对剥削、反对压迫这类老生常谈的言论。但在黑暗的末世中,在底层民众看来,这些"教人向善"的言论,如同暗夜中的一线微光,让他们找到了精神寄托。

张角也知道,底层民众没文化,听不懂复杂的说教,所以他传教的主要方式是用"符水"替人们治病。据说效果还不错,真的治好了不少病人。张角的名声也因此飞速传播开来。

当时随着政府职能的瓦解,社会陷入无序状态,卫生状况恶劣,瘟疫横行,民众苦不堪言。听说这位"大师"能治病救人,大家都像抓住了救命稻草一样,蜂拥来投奔,张角的宗教集团便急速扩张起来,到灵帝后期,已经达到了几十万人之多。

东汉是个特别迷信的王朝,从开国帝王刘秀开始,就喜欢用"谶纬"(求神问卜)学说来维护自己的统治。时间久了,连统治者自己都信了,所以整个国家从上到下都充满迷信气息。对于民间出现的那些"身怀异术"的"大师"们,大家不仅不去怀疑,反而从内心深处有一种敬畏感,自然不会想到主动去讨伐他们。

另外,士大夫与宦官集团斗了这么多年,最后虽然灵帝和宦官集团获得惨胜,却早已经筋疲力尽了,他们把剩下的精力都用来防范所谓的"党人",对民间的这些暗流,他们无心也无力去管束。尽管也有少数几个官员提出过警告,却都被灵帝忽略了。

各种因素综合作用,使得东汉政府忽略了太平道在民间的迅速膨胀,让它成功壮大起来。

但他们没料到,张角并不是普通的神棍,他是有明确政治抱负。他可不甘心当一介草莽英雄,看到自己手下的教派不受阻碍地膨胀起来,他的野心也跟着膨胀起来,以为自己是真正的天选之人,来到这世上,是要干大事的。

他把目光瞄准朝堂之上,准备依靠自己在民间的广泛影响力,强夺汉家天下!

他暗中布局,把全国的信徒划分为三十六个"方",大方上万人,小方几千人,每个方由一个"渠帅"统领,渠帅直接受张角三兄弟指挥。

这些秘密军队潜伏在青、徐、幽、冀、荆、扬、兖、豫八个州,只待一声令下,同时举事。

他又提出"苍天已死,黄天当立,岁在甲子,天下大吉"的口号,号称要以太平道的土德取代汉朝的火德,并且让人到各个政府部门的门上写上"甲子",作为进攻的标记。

当时太平道的触角已经伸到全国的各个角落,连社会上层都有许多人物秘密加入了他们教派,例如中常侍封谞、徐奉,甚至连灵帝特别信任的宦官首领张让都跟他们有勾结(不过灵帝后来赦免了张让,没有治他的罪)。这些高官跟张角等人商量好,准备在洛阳城里同步发动起义。

张角要求信众头上绑黄巾为标记,因此他们被称为"黄巾军"。一切准备就绪以后,他们约定在公元184年三月五日起事。

张角的准备非常充分,把他能布置的一切事项都布置好了,却没想到百密一疏,被一个叫唐周的手下背叛了。这家伙跑到官府去告密,把太平道起事的计划和盘托出。朝廷震恐，连忙斩杀马元义等叛军首领，开始在全国追捕太平道的成员，尤其是冀州的张角三兄弟。

张角他们无可奈何，只能派人紧急通知全国各地的徒众，提前举事。

当年二月，黄巾起义爆发。

朝廷的昏招，世家大族的狂欢

叛逃告密使得张角"里应外合"的计划破产了，洛阳得以保全，黄巾军只好把起义重点放到青、徐、幽、冀、荆、扬、兖、豫八州。

黄巾军经过多年准备，在各地都有大量成员，起义初期，看起来声势十分浩大。张角自称为"天公将军"，张宝、张梁分别称为"地公将军""人公将军"，他们带领几十万徒众，在八州同时对政府部门发起冲击。

几十年来民间压抑的怒火如同火山爆发，中下层民众纷纷参与到起义队伍中来，他们挥舞着棍棒、锄头，冲进官府衙门，四处放火，斩杀地方官吏，抢劫府库，攻掠城池，一时间杀得东汉地方政府手忙脚乱。

洛阳东南的颍川郡成为黄巾军的主攻方向，很快，颍川的许多城池都被攻克了，黄巾军正在以迅雷不及掩耳之势从东、南两方包围洛阳。

灵帝是个纯粹的草包，一看这情形就被吓到了，火急火燎地向朝廷里的士大夫们求助，在皇甫嵩等人的建议下，灵帝做出几个重大决定——

首先是解除党锢。

这些年，灵帝一直跟士大夫们赌气，不允许他们参政，现在被黄巾军一吓，赶忙低头，让被禁锢的士大夫们重新回到政坛。但士大夫们和他们背后的世家大族被禁锢了这么多年，跟皇帝之间早已经形成了巨大的鸿沟，短时间内怎么弥合得起来呢？所以虽然党锢被解除，东汉的统治阶层仍然处于分裂状态，世家大族们并不感激灵帝，反而借这个机会开始活跃起来。

然后是允许地方政府和各地豪强自行招募军队，自动去替朝廷镇压叛军。

黄巾起义有一个很特别的地方，就是黄巾军在全国各地同时发动起义。那么要镇压他们，很自然的做法就是鼓励各地政府调集当地兵力，组建临时军队，就地镇压。另一方面，朝廷现在已经极度衰弱，没有能力依靠自己的力量镇压黄巾军,借助地方上的力量也就顺理成章了。

但这是东汉朝廷的一记严重昏招!

地方武装的建立,虽然可以帮助朝廷迅速平定黄巾之乱,但也让各地豪强趁机建立起自己的军队。而衰弱的中央政府根本没有能力控制这些军队,更不可能解散他们,黄巾军的叛乱平息以后,中央政府怎么收拾残局呢?

朝廷命令下来以后,全国各地的豪门望族、枭雄、野心家们都笑开了花,一些嗅觉敏锐的人已经察觉到:一个充满挑战与机遇的大时代来临了!他们没有丝毫犹豫,立即以"帮助朝廷平叛"的名义组建自己的军队。

从此,全国各地山头林立,到处是不受控制的地方武装,中央政府对国家的控制开始瓦解了!

不过在当时来说,这种鼓励地方武装的政策确实是立竿见影的,各地黄巾军很快发现当地冒出一些从未见过的军队。这些军队机动灵活,训练有素,又由经验丰富的将领率领,战斗力远远胜过农民武装。他们一出手,各地黄巾军立即感受到巨大压力,从此被压制在各自的地盘上,无法联合起来。

张角苦心筹划的全国同时举事再联合起来攻城略地的计划成为泡影,黄巾军的力量被严重分散了。

不过真正要对黄巾军造成致命打击,还得靠中央政府的正规军。

当时中央政府严重缺乏兵力,灵帝只好想尽一切办法,把洛阳附近号称"五校"(屯骑、越骑、步兵、长水、射声五路校尉带领的禁卫军,负责京师防卫)、"三河"(河东、河内、河南三郡骑兵)的宿卫部队调集起来,分别由左中郎将皇甫嵩、右中郎将朱儁(jùn)率领,前去讨伐黄巾军。

即使这样,这些军队加到一起也才四万多人,面对汹涌而来的几十万黄巾军仍然捉襟见肘。

他们将主攻方向放在颍川。这里的黄巾军由将领波才率领,正在对各大城池发起攻击。

一开始,政府军遭到大败,皇甫嵩和朱儁都被黄巾军包围在长社城里。但黄巾军实在缺乏战斗经验,面对这样一座小小的城池,竟然一直攻打不下来。

危急时刻，皇甫嵩提出："敌人缺少战争经验，在草丛中扎营，我们用火攻，必定大胜。"

一天傍晚，大风骤起。夜里，政府军点燃火把，由少数敢死队员潜出城去，到城外黄巾军的营地里点火，风助火势，很快燃起漫天烈焰。城里军士再鼓噪呐喊，一同冲出城去，这时候，骑都尉曹操也从外地赶来，两军会合，声势大振，顿时杀得波才的军队丢盔卸甲，狼狈逃窜，政府军反败为胜。

黄巾军的两个重大缺陷这时候都暴露出来了：一是缺少统一指挥，没能形成各地军队联合作战的态势；二是缺少高级军事人才。这些底层农民，没有受过任何军事训练，对兵法一窍不通，基本凭着一股蛮力在四处冲撞，在受过专业训练的职业军队面前，他们只有挨打的份儿。

全国各地的豪强都已经看出了黄巾军的外强中干，在他们看来，这群流寇就是极好的靶子，非常适合用来练手，所以他们争先恐后地调集自己的私人武装，对黄巾军发起打击。

一大拨政坛新秀就这样登上了历史舞台——地方官员、军队统帅、地主豪门，甚至一些充满野心的贩夫走卒，只要略微有一点门路的人，就广撒钱财，四处招募勇士，拉起自己的队伍，加入这一场围剿黄巾军的盛宴中来，趁机扩张自己的势力，为即将到来的乱世积攒实力。

当然，这些野心家的身后是各大世家豪门，这些豪门出钱出兵，野心家们则作为豪门的代言人，替他们挥舞旗帜，双方密切合作，共同跑马圈地。

皇甫嵩和朱儁打破波才的包围以后，乘胜追击，先后打败黄巾军将领彭脱、卜已的队伍，杀退了汝南、陈国等地的黄巾军，扫平了豫州和兖州，解除了黄巾军对洛阳的威胁。到这时，朝廷才终于缓过气来了。

当年八月，两人接到灵帝的命令，冀州的政府军遇到了麻烦，让皇甫嵩到冀州去讨贼。

冀州也是讨伐黄巾的主战场之一，当地黄巾军由张角三兄弟亲自率领，十分顽强。

冀州政府军早前的统帅是北中郎将卢植，卢植在广宗围困张角的部队，双方对峙了很久。灵帝受到挑唆，认为卢植消极避战，发下诏令，把他押回洛阳审讯，让东中郎将董卓接替他。

董卓虽然为人凶狠，带兵能力却一般，过了很久，还是拿不下广宗，灵帝只好又调皇甫嵩过去接替董卓。

皇甫嵩到广宗的时候，张角已经神秘离世了，广宗城内的黄巾军由张梁率领，继续顽抗。

皇甫嵩一到城下，立即展现出天下第一名将的无敌才干。他先闭门休战，随后派人趁夜色偷袭，轻松攻破黄巾军的阵营，成功斩杀张梁，斩首黄巾军三万余人，逼黄巾军五万余人跳河而死，取得了一场决定性的胜利。

随后，皇甫嵩又在冀州北部的下曲阳攻破张宝的队伍，斩杀张宝，斩杀十万余人，随后用人头垒出京观，震慑天下的黄巾余部。

经过这两场决战，张角三兄弟全部身亡，黄巾军的主力部队被消灭了，黄巾起义的失败已经不可逆转。

朝廷找到张角的坟墓，开棺戮尸，传首洛阳。张角是宗教领袖，经过这么一折腾，他的高大形象荡然无存，他的教徒们信仰坍塌，整个太平道如鸟兽散，黄巾军的精神支柱也就倒塌了。

这时候离张角发动起义才大半年，轰轰烈烈的黄巾起义在极短的时间内就偃旗息鼓了。

这之后，虽然还有一些黄巾余部在全国各地出没，但基本上只能给官军用来练手用，造不成什么破坏，反倒让各路野心家们找到借口，继续扩张自己的军队。

草包皇帝汉灵帝这时候才回过神来：黄巾军倒是好对付，但黄巾军被消灭以后，留下来的问题才真正让人头疼。

现在全国各地都是大大小小的私人武装，军阀割据的局面已经隐隐出现，朝廷已经束手无策了。

但最坏的时候还没来到，黄巾之乱刚刚平息，朝廷还没来得及庆祝，另一条坏消息又传来了——凉州羌人叛乱！

东汉十三州

东汉的行政区划是"州—郡—县"的模式。全国分为十三州，每个州下面有若干个郡或者国，每个郡或国下面又管辖若干个县。

十三州分别是：司州（又名司隶校尉部）、幽州、冀州、并州、兖州、豫州、徐州、荆州、青州、扬州、凉州、益州、交州。

每个州管辖的郡、国分别是：

司州：河南尹（首都洛阳所在地）、河内郡、河东郡、弘农郡、京兆尹（长安所在地）、左冯翊、右扶风；

幽州：代郡、上谷郡、涿郡（刘备家乡）、广阳郡、渔阳郡、右北平郡、辽西郡、辽东郡、玄菟郡、辽东属国、乐浪郡；

冀州：中山国、常山郡、河间郡、渤海国、安平国、清河郡、魏郡、赵国、巨鹿郡；

并州：太原、上党、西河、云中、定襄、雁门、朔方、五原、上郡；

兖州：陈留郡、济阴郡、山阳郡、任城郡、东平国、东郡、泰山郡、济北国；

豫州：陈国、沛国（曹操家乡）、梁国、汝南郡、颍川郡；

徐州：下邳国、彭城国、琅琊国、东海国、广陵郡；

荆州：南阳郡、章陵郡、南郡、江夏郡、桂阳郡、武陵郡、零陵郡、长沙郡；

青州：平原郡、东莱郡、济南国、乐安国、北海国、齐国；

扬州：九江郡、庐江郡、丹阳郡、吴郡（孙权家乡）、会稽郡、豫章郡；

凉州：敦煌郡、酒泉郡、张掖郡、武威郡、金城郡、陇西郡、汉阳郡、安定郡、北地郡、武都郡；

益州：汉中郡、广汉郡、蜀郡、巴郡、犍为郡、越巂郡、牂柯郡、永昌郡、益州郡；

交州：郁林郡、苍梧郡、南海郡、合浦郡、朱崖郡、交趾郡、九真郡、日南郡。

其中，凉州是东汉王朝最西边的一个州，处在汉地与西域、匈奴、羌人四方势力交界处,几百年来一直都是极不稳定的地区。

凉州,帝国西部的是非之地

西汉中期,武帝派霍去病从匈奴手上夺下河西走廊,然后在那里设立了凉州刺史部。

凉州是连接大汉本土和西域的通道,又是压制匈奴的重要筹码,地位极其重要。但大汉王朝对凉州的统治一直充满坎坷,因为凉州是汉地向西域伸出的一处狭长地带,处在各民族政权的包围之下,离心力极强,极易受到冲击。

更大的问题在于,凉州把西南方的羌人和东北方的匈奴隔离开来了。对于羌人和匈奴来说,凉州的存在严重限制了他们的活动空间,抢占了他们的生存资源,所以他们竭尽全力冲击大汉王朝在凉州的统治。

整个东汉时期,朝廷都在忙着平定凉州地区的羌人叛乱,但效果很差。每次朝廷耗费巨大人力物力平叛以后,过不了几年,那边又反叛了。凉州羌乱因此成为东汉王朝衰败的助推力之一,而东汉国力的下降,又进一步鼓励了羌人的叛乱。

现在东汉受到黄巾之乱的打击,国力下降明显,果不其然,凉州羌人趁机又发动了叛乱。

叛乱刚发生的时候,凉州最西边的金城郡首当其冲,当地政府部门遭到叛军围攻。依照当时的形势,如果凉州政府及时发兵救援,战斗应该可以被控制在金城郡范围内。

可东汉王朝早已腐朽不堪,凉州政府内部各派势力钩心斗角,凉州刺史左昌听到金城郡危急的消息,竟然拒绝派人救援,导致金城郡整体沦陷,金城郡太守被杀,许多官员被叛军劫为人质。

这些人质里面有两个官员:边章、韩遂。两人在当地很有威望,叛军就强迫他们跟自己一起反叛,并且推举他们当自己的首领。两人在得不到外界救援的情况下,只好答应了。

这些地方官员的加入,迅速壮大了叛军势力,随后叛军以金城郡为后方基地，对凉州西部各个郡县发起攻击。

同一时期，东部的黄巾余部又对朝廷发起进攻。朝廷手忙脚乱，连续换了几个凉州刺史，始终没能把凉州各地兵力组织起来。凉州各地政府因此缺乏统一调度，各自为战，在叛军冲击下迅速崩溃，导致凉州西部在极短的时间内便脱离了朝廷掌控。

到公元185年初，叛军已经达到数万人。在边章、韩遂的带领下，叛军翻过陇山，进入关中，对长安附近展开扫荡，直接威胁到了汉家园陵。凉州的局部叛乱因此演变成了威胁江山社稷的大规模军事入侵。

这时候朱儁正在宛城跟黄巾余部对决，朝廷紧急把在冀州的皇甫嵩召回京城，让他带着董卓去保卫长安。

皇甫嵩是当前的大汉第一名将，具备讨伐黄巾军的丰富经验，可是来到关中以后，没过多久，他就被朝廷以"讨贼不力"的理由免职了。外界纷纷传言，他是因为得罪了张让等宦官，受到谗毁，才被免职的。

朝廷再派张温带上董卓去讨伐凉州叛军。

张温也是才干卓越的将领，他带领董卓等人在长安以西的美阳大败凉州叛军，并且一路追击，收复了大片疆土，一直把叛军赶回了他们的老巢金城郡。

这时候看来局面已经发生了重大转机，叛乱重新被压回了金城郡的范围，只要再拿下金城郡，叛乱就平息了。

不料东汉朝廷内部又开始斗起来。

当时张温的官衔是太尉，属于"三公"（指太尉、司徒、司空三个官衔），是朝廷里地位最高的官员之一。按照传统，"三公"应该在朝廷里辅佐皇帝。东汉开国以来，"三公"带兵在外面打仗还是头一回，这种局面看起来十分微妙。

公元186年底，灵帝把张温召回了洛阳，原因不明。

张温一走，凉州前线的局势迅速失控。

公元187年初，叛军发生内讧，韩遂杀掉边章以及羌人首领北宫伯玉、李文侯，完全接管了叛军的领导权。接着，他把叛军整合起来，开始反攻东部郡县。首先攻打的是陇西郡。

陇西郡太守迅速倒戈，跟韩遂联合到一起，导致陇西郡直接失守。

当前的凉州刺史是朝廷新派来的耿鄙，这家伙才能有限，志向却不小，竟然想代替中央政府去剿灭叛军。

他临时组织起凉州各个郡县的军队，自己亲自带领，开向陇西郡，去阻挡汹涌而来的叛军。

但他忽略了这一点——凉州当地军队跟朝廷派来的政府军有重大区别，他们对国家的忠诚度严重不够！

在当地军队看来，凉州叛军是他们的自家兄弟，东汉朝廷反倒是外人。

果然，这支临时拼凑的军队刚开进陇西郡，立即哗变。他们杀掉耿鄙和他的手下将领，在当地人王国的带领下，加入叛军，反过来向东攻打汉阳郡。

同时，耿鄙手下的将领马腾也反了，跟韩遂、王国联合起来，共同反攻朝廷军队，他们很快再次攻占凉州南部，杀回关中平原，四处劫掠。

张温拼尽全力收复的大片土地，又失守了。

朝廷惊慌失措，灵帝只好让张温当替罪羊，罢免了他的职位——尽管他半年前就被召回了洛阳，根本没有指挥前线军队。

但现在朝廷还能用谁呢？万般无奈之下，灵帝只好再度起用皇甫嵩，又让他去长安西边阻挡叛军。

皇甫嵩又带上董卓出发了。

凉州荒原上蹿出的野狼

从皇甫嵩到张温，再到皇甫嵩，朝廷讨贼的将领换了又换，但始终让他们带着董卓。

这一方面可能因为董卓实在有手段，能够搞定朝廷里的各方势力；另一方面，他在凉州战场的表现也确实不错。去年张温带领他们攻打金城郡榆中县的时候，董卓就在被叛军包围的情况下成功逃脱，成为六路兵马里面唯一全身而退的一支。

更重要的在于，董卓对凉州羌人的情况十分了解。

董卓本身是陇西人，虽然是汉人，然而他从小生长在胡汉杂居地带，沾染了许多胡人气息。少年时代的董卓曾经长期在羌人地区游历，结交过许多羌族豪强，在羌人中间很有声望。

所以从桓帝时代开始，董卓就脱颖而出，成为朝廷讨伐羌人叛军的主要将领之一。

有趣的是，董卓自己的嫡系部队里面就有许多羌人士兵，董卓靠着自己的卓越才能约束住他们，驱使他们为朝廷作战，去讨伐他们的同族，反倒取得了不错的效果。

现在羌人叛军的威胁近在眼前，董卓当然就成为朝廷手里的一张王牌。朝廷每次发兵，都不忘派董卓去前线。但朝廷又对董卓和他手下的羌人士兵不放心，所以只让董卓当副将，另外派一个老臣当主将，去指挥董卓。

对朝廷的这点小心思，董卓看得清清楚楚，朝廷既想利用他，又不放心他，那么，他对朝廷当然也不必心慈面软。他本身又是极其凶悍的人物，所以不管在张温手下，还是皇甫嵩手下，他都表现得桀骜不驯，屡屡挑战上级的威严，也因此他跟当初的张温和现在的皇甫嵩，都闹了许多矛盾。

现在又一次去讨伐羌人叛军，皇甫嵩带着董卓开赴陈仓前线。陈仓是关中的西部门户，现在正遭受王国军队的围攻。

两人刚一出发就意见不合，董卓认为应该急速行军，立即救援陈仓。皇甫嵩却说："百战百胜，不如不战而屈人之兵。陈仓城防坚固，能够挡住王国的进攻，我们不需要立即救援，只要等在附近，以静制动，等敌人军力疲敝以后再发起攻击。"

于是两人带着四万大军驻守在陈仓附近，看着叛军攻城。羌人叛军看到皇甫嵩的军队在附近，不知道他们打的什么算盘，心惊胆战，又不能退，只能硬着头皮继续攻打陈仓，战斗力自然就打了折扣。

羌人叛军从公元188年冬天，一直到第二年春天，连续攻城八十多天，始终拿不下陈仓，最后粮草断绝，士卒疲敝，只好仓皇撤退。

皇甫嵩这才指挥军队开始发起冲锋。

董卓又进言："穷寇勿追，我们不能逼迫敌人太紧。"

皇甫嵩却不听他的，命令军队全力追击叛军，果然取得大胜，杀得敌人丢盔卸甲，斩首一万多级。

王国逃回去以后，遭到韩遂、马腾的责难，很快就被杀了。叛军的士气受到重大打击，高层也再一次洗牌。

洛阳那边听到前线捷报以后，欢欣鼓舞，皇甫嵩的声望进一步提高了。董卓却明显有受到排挤的感觉，因此怀恨在心。

经过这几年讨伐羌人的战争，董卓的势力进一步膨胀起来。他手里握着一支兵强马壮的嫡系部队，包含大量匈奴、羌胡等异族士兵，比纯粹的汉人军队更加凶悍。这支军队的存在，让朝廷心惊不已。

灵帝这时候才反应过来要夺董卓的兵权。他先颁下圣旨，"提拔"董卓为少府（管理中央财政的机构）的官员，让董卓交出军队，回洛阳任职。

董卓当然不答应，他回复说："臣手下有大量羌兵、胡兵，他们听说臣要回洛阳，都流着泪拉住臣的马头，坚决不让臣走。这些胡儿豺狼心性，一旦翻脸，后果难料。臣也不敢违拗他们，只好留下来，先宽慰宽慰他们再说。"

灵帝无可奈何。过了一段时间，灵帝又发下命令，任命董卓为并州牧，让他把手下军队交给皇甫嵩，自己去并州赴任。

皇甫嵩讨伐黄巾以后，也只被任命为冀州牧而已，现在董卓被任命为并州牧，已经跟皇甫嵩平起平坐了。何况并州在凉州以东，也是抵抗胡人的第一线，并州牧是并州的最高长官，管辖着大量边防军，董卓到那边收编这些军队以后，依然有条件成长为割据一方的大军阀。

这已经是朝廷能做的最大让步了，灵帝希望这样诱人的条件可以打动董卓。

可是董卓还是不上当，他回复朝廷说："臣掌管这支军队十年，跟他们感情太深了，实在不能跟他们分隔，请求皇上让臣带着他们去并州，为国家戍守边疆。"

不等灵帝回复，董卓就带着这支多族混杂的队伍开向并州，驻扎在河东地区，他也不去当什么并州牧，而是在那边等着朝廷出乱子，好去趁火打劫。

到这一步，董卓虽然没有公开造反，但已经完全脱离朝廷掌控了。

这时候唯一能辖制董卓的人只剩下了皇甫嵩。有人劝皇甫嵩趁董卓违抗圣旨、名不正言不顺的时候讨伐他，除掉这个祸害。

可惜皇甫嵩虽然忠于汉室，但也没什么志向。他本着"多一事不如少一事"的原则，不肯轻易行动，只是向朝廷上了一封不痛不痒的奏章，说明董卓的"罪行"。这事就这么过去了，也因此错过了除掉董卓的最后时机。

事实证明董卓的判断相当准确。他刚到河东不久，洛阳那边就传来一连串惊天动地的特大消息：灵帝驾崩，宦官与外戚的矛盾爆发，大将军何进召董卓进京平叛——东汉王朝彻底乱了！

昏君留下的祸患

灵帝是个彻头彻尾的昏君，他掌权这些年，昏招迭出，彻底把东汉王朝带进了沟里。

东汉末年，朝堂上的主要矛盾是士大夫官僚和宦官的冲突。灵帝作为两大集团的领导，理应在中间调和，尽力维持双方势力均衡，但他不仅没这样做，反而一边倒地偏袒宦官集团。

在灵帝看来，宦官集团就是自己的外围势力，保宦官就是在保自己，而士大夫们拼命打压宦官，实际上是在剥夺他这个皇帝的权力。

所以在第二次党锢之祸过后，灵帝将错就错，继续偏袒宦官，禁锢士大夫。在公元 176 年，他甚至下令进一步扩大党锢的范围，把对士大夫阶层的迫害推进到了无以复加的程度。

到这一刻，东汉建国以来皇帝与士大夫共治天下的局面彻底被破坏了，皇帝成了孤家寡人，被一群"妖人"围在中间，跟世家大族们隔绝开来。

更严重的是，皇帝身边这群"妖人"——也就是宦官，有一个无法回避的先天缺陷。

这些可怜又可恨的阉人都来自社会底层，他们的亲朋好友往往也是社会底层的流氓无赖，一生跟贫困相伴。

宦官要在官场上立足，要替皇帝办事，就需要一个庞大的外围集团来支持自己。这个集团以宦官本人为核心，从他的亲朋好友开始发展，逐渐延伸出去，形成一张庞大的关系网。

这张关系网内的大部分人都没有士大夫阶层那样的家底，他们被提拔上来以后，第一件事就是完成自己的财富积累。这些财富从哪里来？当然只能从老百姓身上搜刮。

这种需求连宦官本人都无法制止。

于是，宦官集团和他们的外围势力成为一个嗜财如命的群体，他们拼命压榨百姓，闹得怨声载道，在老百姓中间造成极其恶劣的影响。

民众把宦官集团看作一个祸国殃民的贪官集团，所以当宦官集团和士大夫发生冲突的时候，全国上下的舆论都一边倒地站在士大夫一边。

而灵帝偏袒宦官集团的做法，当然引起了全国上下的不满，人们虽然不敢公开表示对皇帝的鄙视，但都在心里憋着一把火。

有人觉得这把火可以利用……

灵帝的皇后何氏本来是一个屠夫的女儿，后来被选进宫里做宫女。这个出身卑贱的女人命相当好，竟然被灵帝看中，为灵帝生下了皇子刘辩，母以子贵，她也就被封为贵人。

灵帝的后宫一向乌烟瘴气，在刘辩之前出生的皇子们都莫名其妙地夭折了，所以灵帝怀疑后宫有人在暗害各位皇子。刘辩出生以后，灵帝就把他偷偷送到宫外，寄养在道士史子眇家里，对外隐瞒他的身份，只称他为"史侯"。

当时正好灵帝的前一任皇后宋皇后受到宦官的诬陷，被打入暴室，监禁致死，灵帝便在公元180年立何氏为皇后。

何皇后心狠手辣，仗着灵帝对她的宠爱，在后宫大杀四方，把众位妃嫔都收拾得服服帖帖的。

她自己的儿子为了躲避迫害，被送到宫外去了，她却忙着去迫害别人，不准后宫别的女人生孩子。

有一次，她听说后宫的王美人偷偷生了一个儿子，立即勃然大怒。

王美人十分可怜，她知道何皇后的厉害，怀上孩子以后感到大难临头，曾经试着服药想把孩子打掉，但没成功。她最终还是把这个孩子生了下来，这便是灵帝的第二个儿子，刘协。

刘协刚呱呱坠地，何皇后就派人送来一副毒药，毒杀了王美人。

灵帝听到消息以后，也是勃然大怒，想废掉何皇后，在众人的劝说下才作罢了。

灵帝是个昏庸又懦弱的人，在这以后他仍然宠爱何皇后，只是为了防止何皇后迫害刘协，就把刘协送到自己的母亲董太后那里去，让董太后抚养。

何皇后恨得咬牙切齿，但没办法。

所以何皇后、刘辩和董太后、刘协，就成了两支敌对势力。

彪悍的何皇后当然不满足于在后宫大杀四方，她把自己的势力也延伸到了朝廷里面。

何皇后入宫以后不久，她的哥哥何进就被提拔到朝廷里当官，随着何皇后一天天受宠，何进也步步高升，终于成为朝廷里权倾一时的人物。

后来黄巾起义爆发，何进被任命为大将军，负责保卫京师。叛徒告密导致起义的消息泄露时，就是何进在洛阳抓捕黄巾军的成员。

黄巾起义被镇压以后，很大一部分功劳被归到何进身上，他也因此进一步受到灵帝信任。

除了何进以外，何皇后的另一个哥哥何苗也是朝廷里的大将，但他跟何进向来不和睦。

提拔何进是灵帝犯的又一个错误。当时宦官集团权焰熏天，根本不可能容忍有人来分他们的权力，何进如此迅速地蹿升，当然会引起宦官集团的嫉恨，以灵帝的昏庸，又不能在中间做调停人，双方的仇恨越积越深，于是桓帝末年宦官与外戚相争的一幕又重演了。

灵帝昏庸了一辈子，到晚年更犯了一个致命错误——

何氏女目前是皇后，她生的儿子刘辩又是长子，那么按常理，当然该立刘辩为太子。

但灵帝认为刘辩为人轻佻，缺少帝王威仪，不适合当皇帝，所以想立王美人的儿子刘协为太子。

既然要扶立刘协，灵帝就该立即出手打压何进与何皇后，为刘协铺平上位的道路，但他一直犹豫不决，下不了手。

于是事情就这么一直拖着。灵帝既不立刘辩，又不立刘协，让太子之位一直空着。这边，何进、何皇后坐立不安；那边，董太后彻夜难眠。两支人马都在观望中苦苦煎熬。

就这样，灵帝还嫌麻烦不够大，在生命的最后阶段，他更做出一连串匪夷所思的诡异决定。

他提拔一个叫蹇硕的宦官，让他统领"西园八校尉"。这是一支临时组建起来的禁卫军，下面有袁绍、曹操等一干军事精英。通过这次任命，蹇硕掌握了京城里的一部分兵权，连何进名义上都是他的下属。

何进本来是朝廷里的最高军事统帅，灵帝现在的做法，简直是在故意挑起何进跟宦官集团的矛盾！

这还不算，灵帝还把蹇硕召到自己的病床前，拉着他的手，眼泪汪汪地请求他辅佐刘协。

这就把两个皇子分别跟外戚和宦官集团挂到了一起，也把两个皇子间的争斗，跟外戚和宦官集团的争斗挂接到了一起！

埋下了这一堆地雷以后，公元189年五月，灵帝一命呜呼，丢下水火不容的两派势力。

一场惊天变乱即将揭开帷幕！

天下大乱的开端

灵帝刚一驾崩，蹇硕和何进的矛盾就爆发了。

蹇硕抢先出手，召何进进宫，暗中埋伏下刀斧手，准备先杀掉何进，再立刘协为皇帝。

不料蹇硕派去接何进的人跟何进有交情，把蹇硕的阴谋透露给了何进。何进大惊失色，赶忙飞奔到自己的军营，带领兵马控制了各个郡国在京城的人员，此后他称病，不再进宫。

何进在外面控制了局势，宫里的形势就明朗了。两天以后，刘辩由群臣拥立，即位为皇帝，被史书称为少帝，何皇后则顺利当上了太后。

这时候刘辩才十三岁，何太后临朝称制，跟何进共同控制着朝廷。

他们首先迫害董太后（灵帝的母亲）家族，逼死了董太后和她侄儿董重，董氏的势力被清除出了朝廷（这个家族跟董卓没有关联）。

可朝政大权还有很大一部分掌握在宦官集团手里，何氏要完全掌权，必须要清除宦官势力。

何进想先从死对头蹇硕下手。

宦官集团有个严重的软肋：他们内部极不团结，甚至互相倾轧。

就在何进即将对蹇硕下手的时候，其他几个掌握大权的宦官不仅不帮蹇硕，反而落井下石，把他暗地里的计划透露给了何进。

何进立即出手，逮捕并且处死了蹇硕，也把他手下的禁卫军合并到了自己手下。

蹇硕是宦官里面掌握军权的人，他被除掉以后，宦官集团的实力明显受损。

这时候何进感觉自己看到了机会。

宦官集团这些年结了太多仇家，消灭宦官集团已经成为全国上下一致的呼声，谁出手，都会得到人们的一致拥戴。那么，凭什么不借着这股民意一举消灭这伙妖人，把朝政大权彻底拿过来呢？

诛杀蹇硕如此顺利，又让何进看清了宦官集团的外强中干。——这伙妖人就是一盘散沙，消灭他们应该很容易。

宦官集团的核心成员是以张让和赵忠为首的十二个中常侍（中常侍是皇帝身边的一种高级官衔），号称"十常侍"。何进便制订了把这伙人一锅端的计划。

但让他失望的是，当他把自己的计划报告给何太后的时候，遭到了何太后的否决。

何太后出于什么顾虑不同意这计划？因为灵帝初年曾出现过类似的情况。

当初灵帝登基的时候只有十一岁，朝政大权控制在窦太后和她的父亲窦武手上。跟现在的何进类似，当初窦武同样急着诛杀宦官，同样遭到窦太后反对。窦武却违抗窦太后的旨意，自作主张，对宦官集团发起攻击，结果遭到惨败，身死族灭，灵帝也从此落入了宦官集团控制之下。

可能是因为这个前车之鉴，现在何太后才坚决反对何进诛杀宦官。

可惜何进跟窦武类似，也把何太后的谆谆告诫抛到了一边，满脑子都是诛灭宦官以后自己独掌大权的风光场面。

现在最大的障碍就是何太后。何进认为何太后已经被宦官集团"蒙蔽"了,把宦官看得比他这个亲哥哥还重要,这样下去,一旦何太后母子坐稳江山,宦官势力也就在新朝廷扎下根来,再要除掉他们就太难了,所以必须尽快动手。

为了逼迫何太后点头,何进和他手下的袁绍想了一个毒招——通知河东地区的董卓,请他进京帮忙威逼太后!

董卓接到何进发来的书信,正中下怀,这正是他要等的消息。

他马上打点兵马,浩浩荡荡开向洛阳,顺便还向何太后上了一封诏书,痛陈"十常侍"对国家的危害,声称要进京为国家除掉这群奸贼。

同时受到何进征召的还有东郡太守桥瑁、并州刺史丁原等人,他们从东部开过来,同样打着"清君侧"的旗号,在洛阳附近四处放火,营造声势。

听到董卓大军开来的消息,何进又后悔了,派人到前面去阻拦董卓进京。董卓哪里肯听?他继续东进,一直开到了洛阳附近,何进派来的使节拦住他,双方大吵了一番,董卓才不得不停下来,驻扎在洛阳以西二十里的夕阳亭。

这时候洛阳皇宫里已经乱成了一团。

一开始,何太后听说各地的军队即将进京,吓坏了,终于松口,命令身边的宦官们都离开洛阳,回各自老家去——相当于变相免了他们的官。

宦官们忧心忡忡,这一去,就意味着他们告别了权力中枢,而且被人分隔开来了,以后肯定只能任人宰割,所以他们要想办法抗拒。

宦官的首领是"十常侍"之一的张让,张让的儿媳是何太后的妹妹,张让便求这个女人去替他们这些宦官说情。这个女人找到自己的母亲舞阳君求情,舞阳君再进宫找自己的大女儿何太后。舞阳君出面一说,何太后又心软了,于是又下令,收回了之前的命令,让宦官们继续留在宫里。

何进得知以后,反复跟何太后争论,却总是争不出个结果,何进自己又下不了决心发起政变。

何进兄妹这样翻来翻去地拉锯,便错过了诛灭宦官集团的最后机会。接下来,轮到宦官们反击了。

当年八月的一天,何进进宫,再次跟何太后商量处置宦官的办法。以张让、段珪为首的宦官们却早已计划好,他们带着手下一些身强体壮的宦官,拿着兵器,偷偷埋伏在嘉德殿外面,等何进经过的时候,假传太后的旨意,召他过去。

张让等人含着眼泪责问何进:"天下大乱,也不能全怪到我们头上。当初太后被先帝责怪,差点被废掉(何太后毒杀王美人,引起灵帝震怒),多亏我们劝阻,才保全了太后。如今你恩将仇报,竟然想消灭我们这伙人,这还有天理吗?"

说完,张让等人不由分说,冲上去把何进砍成了肉泥,随后把何进的人头扔进尚书省,大叫:"何进谋反,已经被我们杀了!"

消息传到宫外,等在那边的何进手下们都疯了。袁术、袁绍、吴匡、张璋几员大将高喊着报仇,分头冲击皇宫大门,四处放火。宦官们则派人守住宫门,双方展开大战,一片混乱。何进的弟弟何苗也在乱军中被杀了,何氏外戚从此彻底倒台。

洛阳皇宫分为南宫和北宫,现在宦官们被堵在南宫。他们知道己方唯一的优势就是控制着皇帝和太后,于是他们回过头去劫持了何太后、刘辩、刘协及宫里的官员,然后从复道(建在空中的走廊)冲向北宫,准备从那里逃出宫去。

他们刚跑上复道,就听到尚书卢植在下面大喊"留人"。宦官们惊慌失措,何太后趁机挣脱,跳窗逃了出来。宦官们只好带着刘辩等人继续逃向北宫去了。

这时候何进的手下以袁绍地位最高。袁绍出身于著名的望族"汝南袁氏",从他的高祖父开始,家族四代人出了五位"三公"级别的高官,号称"四世三公"。他们家族在朝廷里的势力根深蒂固,十分有威势。

之前何进的许多政策都是跟袁绍一起谋划的,袁绍可以说是他的副手。现在何进被杀了,自然该袁绍出来主持大局了。他带领何进集团的将领们在洛阳城里大肆搜捕,把宦官集团的党羽挨个捉来杀掉,又捕杀了宦官集团的领袖之一赵忠,随后攻进北宫,跟宦官们展开激战。

袁绍和他的同僚们都打疯了,他们封住北宫大门,在宫里大开杀戒,见到宦官就杀,一个不留,一口气杀掉两千多人,连许多没蓄胡须的人都被错杀了。洛阳皇宫里面霎时间血流成河，许多无辜的宦官成了这场暴乱的牺牲品，困扰东汉王朝一百年的宦官问题就这样意外解决了。

当时却没人想到，宦官势力是皇权的外壳，宦官被集体处决以后，皇权就暴露在了各路野心家面前，再也没人来保护它了。

宦官、外戚、士大夫是东汉后期三支最主要的政治势力，现在三股势力拼到了同归于尽的结果，东汉王朝的上层建筑也就轰然坍塌了，从此没有任何力量可以把各方势力整合起来，东汉王朝无可挽回地迎来了分崩离析的命运。

袁绍他们忙着杀无辜的人，不想却让主犯逃掉了。张让、段珪几人挟持着刘辩、刘协，趁着夜色逃出北宫，逃向了洛阳以北的黄河渡口小平津。

当时同行的只有数十人，满朝文武基本都没能跟过来，又没有车马，只能步行。刘辩、刘协已经饿得眼冒金星了，却没法休息，被张让等人挟持着，深一脚浅一脚地走在泥泞的小道上。郊外漆黑一片，草丛中虫蛇潜伏，两个养尊处优的少年哪里吃过这个苦？跌跌撞撞，步履蹒跚，直到后半夜才走到黄河边上。他们没法渡河，被困在了那里，张让等人急得抓耳挠腮，命人四处去找渡船。

这时候洛阳城里已经乱成一锅粥了，人们都知道了皇帝被劫持的消息，全体官员分头寻找皇帝，却毫无头绪。只有卢植和闵贡追到黄河边，才终于找到了刘辩他们这群人。

闵贡厉声斥责张让等人的罪行，拔剑接连砍倒几人，剩下的宦官个个吓得面无人色。这些可怜又可恨的阉人，走投无路，最后只好转身投进了黄河。

据说，张让等人投河之前，伏在刘辩面前大哭说："我们难逃一死了，天下即将大乱，陛下务必保重！"当时没人把他们这些话当回事，天下人后来才知道，这些话有多么沉重！

卢植和闵贡扶着刘辩和刘协，借着萤火虫的微光，缓缓向洛阳方向走去。他们走到一户农家，弄到了一辆破车，扶着刘辩坐上了车；后来又找到几匹马，路上又遇到各路官员零零散散地赶了过来，马匹越来越多，大家才走得快了一些。

天蒙蒙亮的时候，一行人终于走到了北邙山（洛阳以北，黄河以南的山）附近。忽然听到马蹄声响，只见远处一大群士兵打着火把过来，众人吓得心胆俱裂，小皇帝刘辩几乎从车上跌落下来。

随着距离越走越近，大家终于看清了，来的原来是董卓的兵马。

董卓，野心家与糙汉子

董卓驻扎在洛阳城外，头天晚上他听说城里发生变乱，知道机会来临，马上带人冲向城里。他又听说小皇帝流亡到了北邙山一带，便马不停蹄地赶往那里，天明时分正好撞上刘辩他们那群人。

大家看到董卓来了，心里都是"咯噔"一下。目前皇帝的外围势力已经被剥除干净了，这样的大军阀来到皇帝身边，没有任何人可以制衡他，意味着以后一切都得由他做主了。而董卓是什么样的人，来这里是为了什么，朝廷里这些官员都心知肚明。

前面开道的官员们赶忙喝道："皇上在此，请将军避让！"

董卓瞪了他们一眼，大骂："为了救你们，我一夜行军三百里，还避什么避？信不信我砍下你的头？"说着，他勒马停到小皇帝刘辩面前，简单地行了个礼，便问昨天宫变的具体情况。

刘辩早已没有了任何威严，看到董卓气势汹汹的样子，他吓得牙齿打战，连话都说不清了。董卓只好转头问刘协。

刘协虽然比刘辩小几岁，却丝毫不紧张，一五一十地向董卓说了昨天宫里发生的事。董卓听完，满脸笑意地点点头，心里已经有了自己的打算。

董卓带着刘辩等人回到洛阳皇宫里，随后清理战场，安顿宫人，重新任命官员，忙了许多天，才勉强恢复了城里的秩序。

董卓手下是强悍的凉州兵，洛阳城里各路将领都对他们十分忌惮，不敢造次。他又有"救驾"的功劳，掌握朝政名正言顺，人们更不敢随便挑衅他。即使袁绍那种大权在握的武将，都只能委曲求全，先巴结着董卓再说。

于是董卓便反客为主，带着自己的兵马在洛阳城里公然住了下来。

不过城里的人们并不知道，董卓这次带来的兵马其实不多，也就三千来人，根本不足以镇住整个洛阳。

董卓便想了个计策，隔两三天就派军队半夜潜出城去，第二天早上打着"董"字旗，浩浩荡荡地从城外开回来，然后对城里百姓宣称："西凉援军来了！"这样反复很多次以后，大家都以为董卓的兵马越来越多，就更不敢小看他们了。

同时，何进兄弟两人被杀以后，手下大批兵马群龙无首，董卓趁机把他们兼并了过来，声势一下便壮了很多。

现在董卓最大的竞争对手是并州刺史丁原。

丁原之前受到何进征召，带兵来到洛阳。跟董卓一样，他也想看看情况再做打算。不想董卓抢先一步控制住了小皇帝，现在整个朝廷都是董卓说了算，丁原的处境就挺尴尬了。

丁原带领的是并州兵，并州跟匈奴和鲜卑的地盘接壤，也是东汉王朝抵抗侵略的第一线，所以并州兵的精良不亚于凉州兵，丁原也就格外受到董卓"关照"。

丁原手下有许多并州本地的猛将，例如张辽、吕布，个个都有万夫不当之勇。吕布目前是丁原的主簿，丁原对他特别信任。但在吕布和那些并州兵看来，丁原已经输掉了跟董卓的竞争，被朝廷百官排挤到了一边，再跟着他，还能捞到什么好处呢？

董卓看准机会，便挑唆吕布等人反叛。吕布等人果然杀掉丁原，投靠到了董卓手下，也把整个并州军队带过来了。

董卓收吕布为义子，把他当作自己的左膀右臂，又让他顶替丁原的位置，替自己管辖并州兵。

这样一来，在军事上，就再也没人可以挑战董卓了。

当然，最重要的还是要控制住皇帝。

董卓想的办法简单又粗暴——废掉小皇帝刘辩，立陈留王刘协为皇帝。从此自己便是霍光、伊尹一类人物了，可以轻易架空新皇帝，然后再慢慢考虑篡权的事。

他说干就干，开始强逼朝廷百官同意自己的想法。

当前在朝廷里唯一能跟董卓抗衡的人，只有袁绍。袁绍依靠着雄厚的家族背景，以及在何进嫡系部队里的威望，在朝廷里掌握着一定的话语权。

但袁绍这人做事常常不经过脑子：之前就是他撺掇何进召董卓进京；何进被杀以后，他又气昏了头，在皇宫里展开大屠杀，明明白白地把自己放到了皇家的对立面；他还放跑了张让等人，把小皇帝送到了董卓手上。

董卓刚进洛阳，还没站稳脚跟的时候，袁绍手下的将领就曾经劝他果断发动攻击，灭掉董卓。但袁绍没那个胆量，错过了最后的机会，只能眼看着董卓一步步稳扎稳打，最终把朝廷控制住了。

董卓想要先逼袁绍点头，就主动对他提起想废掉小皇帝的想法，袁绍当然不同意，两人当面争到脸红脖子粗。最后袁绍把心一横，握住自己的佩刀，对董卓大吼："董公以为天下的强者，只剩你一人了吗？"说着，转身大步出门去了。

回去以后，袁绍不敢久留，把自己的官员符节挂在城门上，连夜逃出了洛阳，到东部的冀州避难去了。

袁绍逃走以后，董卓在朝堂上对官员们说："皇帝暗弱，不足以为天下主，如今我想立陈留王为新皇帝，诸位意下如何？"

大家都知道董卓行事粗鲁，但他如此急吼吼地要废立皇帝，还是把许多人吓了一跳。可董卓大军就驻扎在旁边，谁敢跟他作对呢？满朝公卿只有卢植站出来，公开反对董卓的提议。

董卓勃然大怒，当场要杀掉卢植，幸好被众人劝了下来。随后卢植也只好逃出洛阳，回他的老家幽州去了。

袁绍、卢植都逃走以后，朝廷里面已经没有人敢反对董卓了。公元189年九月，在董卓的主持下，皇帝废立仪式在崇德前殿举行。

满朝公卿垂头丧气，看着董卓的人把小皇帝刘辩从宝座上架下来，把瑟瑟发抖的刘协扶了上去。刘协便是东汉的最后一任皇帝，史称汉献帝。

朝堂之上，率兽食人

董卓随后宣布："何氏迫害董太后，以致董太后被幽禁而死，有违孝道，不堪再为太后。"因此废掉何太后，迁入冷宫，不久便派人毒杀了她。

为了斩草除根，董卓对已经凋零的何氏外戚再次发起打击，甚至把何太后的母亲舞阳君都杀了，何氏外戚的势力从此被铲除得干干净净，留下的空缺当然都由董卓的人来填补了。

董卓因此接过了宦官和外戚两大集团留下的权柄，成为大汉王朝最高权力的掌控者。

董卓是个粗人，不过跟人们对他的印象相反，他对文人士大夫表现出明显的好感。他扶立献帝上台以后，立即"请求"献帝拨乱反正，彻底为当年的"党人"正名。

从二十一年前窦武、陈蕃被杀开始，以党人为首的士大夫阶层受到朝廷冷酷无情的压制，成为帝国的弃儿，现在他们的命运终于迎来了彻底转机。在董卓的推动下，朝廷宣布：为窦武、陈蕃以及一切受压制的党人平反，恢复他们的官职和爵位；以国家的名义，哀悼当年的死难者，并且提拔他们的子孙担任朝廷官员。东汉末年的党锢之祸到这时才终于画上了句号。

消息传出来以后，天下的士大夫们一片狂欢，被压制了整整一代人的他们终于得到了公平对待，无数个曾经煊赫的家族终于重新走上政坛，准备跟董卓这个糙汉子合作，共同执政。

董卓对士大夫实在不错，在他的运作之下，受到党锢政策打压的士大夫们，被大量重新起用，回到朝廷里担任高官，其中许多都是东汉末年的著名文人，也就是所谓的"名士"，而名望最高的蔡邕则成为董卓最信任的幕僚之一。董卓原来的亲信们，反倒官职较低。

为了全方位笼络士大夫，董卓甚至表示，不追究之前逃走的袁绍等人的责任，还授予他们官职。袁绍的叔叔袁隗也就继续担任朝中高官。

如果仅仅从这些方面来看，董卓似乎是一个温和的、深明大义的统治者，他顺应民意，把宦官和外戚夺走的权力又夺了回来，交到了士大夫手上，把东汉王朝重新扶上了皇帝与士大夫共治天下的正确道路上来。

从董卓的主观意图来看，他也确实有认真治理国家——然后篡位——的愿望，并且一直在兢兢业业地执行自己的计划。

那么继续这样走下去，东汉王朝似乎会以和平方式完成权力交接，顺利过渡到下一个朝代。

可惜董卓犯了三个重大错误，最终葬送了自己的前程。

首先，他没能约束自己手下的军队。

凉州军是胡汉夹杂的军队，对东汉王朝的认可度非常低，他们到洛阳可不是来帮忙维持治安的，而是来抢夺财宝和美女的，国家安危、老百姓的感受根本不是他们需要考虑的问题。

凉州军军纪败坏，从进入洛阳开始，他们就四处打家劫舍，如同一群土匪，给老百姓留下了非常恶劣的印象。

对于这一切，董卓看在眼里，却不去制止——也制止不了。

而且董卓本人也匪性十足，他治国的方式简单粗暴，对不服从自己的人毫不犹豫地用武力压制。甚至有官员因为拜见董卓的时候忘了解下佩剑，就被当场打死。朝堂之上一时间风声鹤唳，人人自危。

依靠儒家士大夫执政，却处处野蛮执法，还纵容手下军队欺男霸女，这样的领导班子怎么可能稳定呢？士大夫们敢怒而不敢言，心里都把董卓和他的军队看作闯入洛阳的匪帮，而不是合法的执政者。

所以董卓一直就没能在洛阳站稳脚跟。

其次，他太急于夺权了，吃相过于难看。

篡权夺位是一项宏大工程，需要几十年甚至几代人持续不断地朝着这个目标奋进，需要一直假装忠于旧统治者，到时机成熟才可以露出本来面目，去摘取胜利果实。

可董卓一点儿也等不及，从强行废立皇帝开始，他就把自己篡权夺位的计划摆到了明面上来。

扶立献帝上台两个月以后，董卓就给自己加封相国，给予"赞拜不名，入朝不趋，剑履上殿"的超规格待遇，犹如当年的霍光。

他在几个月之内把别的乱臣贼子几十年的工作都做了。这样相当于明抢皇位，怎么能得到大家支持呢？

董卓总爱把自己比作霍光，可是霍光是汉武帝亲自指定的辅政大臣，他的权力来得光明正大。即使这样，霍光也小心谨慎，他辅佐汉昭帝十三年，也没敢表露出任何篡权的企图。直到昭帝驾崩以后，霍光才终于踩到了皇权之上，废除了"昏君"刘贺，拥立了"明君"汉宣帝，算是走出了篡权的关键一步。但即使这样，终其一生，霍光也没敢再进一步。

而董卓只是凉州山沟沟里蹿出来的土匪，偶然在郊外捡到落难的皇帝，胡乱弄到"救驾"的名声而已，他的地位来得名不正言不顺，纯粹是靠凉州军的武力维持的，人们表面上顺从，心里从来不服他。

最后，董卓强行废掉皇帝，又对被废以后的刘辩和何氏外戚十分凶残，这直接让天下人有了反对他的法理依据。

自古以来的阴谋家，在篡位的时候，都要有一番惺惺作态的表演，假装对皇位完全没有兴趣，让原来的统治者和满朝文武"求"着他接手皇位。

董卓却不屑于这样的表演，他直接把小皇帝刘辩赶下台，明目张胆地踩到皇权之上。

东汉王朝虽然衰落了，但皇权在人们心里依然拥有至高无上的地位，任何人这样公开践踏皇权，都会引来天下人的严重反感。

更恶劣的是，董卓不仅不优待被废的刘辩母子，还对他们进行严厉迫害。他囚禁刘辩，毒杀何太后，清洗何氏外戚的势力，甚至还去盗掘灵帝的陵墓！这一连串操作，惹得天怒人怨，把他自己明确摆到了乱臣贼子的位置上。

在天下人眼里，董卓连权臣都算不上，他就是一个靠武力霸占着朝堂的魔王而已。他完全站在汉家社稷的对立面，是每一个大汉子民的敌人。这样的乱臣贼子，人人得而诛之。

最黑暗的时代已经来临，朝堂之上率兽食人，汉家社稷岌岌可危，现在不反击，更待何时？

第二章　军阀崛起

袁绍，士族的精神领袖

东汉末年的乱局里，除了宦官、外戚两大主角，还有一股搅局的重要势力，就是士大夫阶层。目前，他们的领袖是袁绍。

士大夫是一个命途多舛的团体。桓帝时期，士大夫和他们背后的士族集团是对抗皇帝和宦官的主要力量，在他们的逼迫下，桓帝无比窘迫，最后只好发起致命一击，通过"党锢"，把整个士大夫阶层挤出政坛，名义上把权力收回了自己手里。

不过即使这样，仍然有少数世家大族成功躲过迫害，继续在朝堂上生存着，其中最有名的便是汝南袁氏。

桓帝和灵帝时期，汝南袁氏凭借"四世三公"的资历，在政坛上形成盘根错节的关系网，是世家大族的一支骨干力量。

灵帝末年，这个家族年轻一辈的代表人物是袁绍和袁术两兄弟。他们都是司空袁逢的儿子，不过两人的出身和性格都有很大不同。

袁绍是袁逢和婢女生的，后来被过继给了伯父袁成，在家族里地位低微。袁术却是嫡子，正大光明地继承了袁逢的家业，所以很瞧不起袁绍这个"堂兄"，甚至公开骂袁绍是"家奴"。

出身低贱的袁绍却非常争气，他气度恢宏，爱结交名士，年纪轻轻就在贵族圈子里闯出了很大名声，再加上他姿容伟丽，往人群里一站，就是天然的焦点。在众人眼里，他才是袁氏最有前途的青年。

但现在毕竟是末世，暗流涌动。政坛顶尖家族出来的青年，一不小心就可能成为政敌攻击的目标。袁绍成才的时候，正是朝堂上士大夫跟宦官拼得你死我活的时代，那么他是怎么躲过那场风暴的呢？

他二十岁那年担任濮阳县令，眼看着仕途顺畅，不久以后却因为母亲病故，回家服丧三年，中断了自己的官宦生涯。

三年之后，应该重新出去做官了，袁绍又说，当初他被过继来的时候，父亲袁成已经过世了，因此没能为父亲守丧，现在要补上——于是他又守丧三年。

终于等到六年之后，早已急不可耐的朝廷派人来征召袁绍去做官，他却又找各种借口拒绝，一直躲在民间，不肯出仕。

袁绍看得相当准——或者是身边的幕僚给他出的主意——当时朝廷里士大夫和宦官的斗争已经达到白热化，袁绍如果当时出来做官，很可能会被当成出头鸟针对，成为党锢的受害者之一。

袁绍坚决不出仕，成功躲过了朝廷里的政治风暴。

尽管躲在民间，袁绍却一刻也没有远离政治。作为士族集团的代表人物之一，袁绍当然是站在党人一边的，他一直在想方设法帮助党人对抗宦官。私底下，他跟陈蕃、李膺这些党人领袖交往十分密切，党人受到迫害以后，也常常请求袁绍帮忙救援。袁绍毫不吝啬，利用自己家族的政治资源，保护很多党人免遭迫害，他也因此积累起巨大的声望。

这种情况让宦官们恨得咬牙切齿，中常侍赵忠就曾经大骂道："袁本初（袁绍字本初）不接受朝廷征召，又收养亡命之徒，他想干什么？"

袁绍毕竟有强大的关系网作依托，虽然宦官们都知道袁绍是党人的保护伞之一，却也不好对他下手。

黄巾起义爆发以后，灵帝被迫解除党锢，袁绍这才接受何进的征召，到他手下当了幕僚。

袁绍跟着何进是有私心的：何进是外戚领袖，袁绍想借他的力量推动士大夫重新执政。

何进一直在想办法从宦官手上夺权，袁绍就趁这个机会，大肆鼓动何进对宦官发起攻击，而不顾及后果。何进耳根子软，在袁绍的鼓动下，手段越来越激进，甚至做出了"召董卓进京"这种昏庸决定，终于把局面弄到不可收拾。

按照袁绍的想法，自己跟何进绑定在一起，就是灵帝初年士大夫与外戚结盟的重演，两股势力联手把宦官集团打掉以后，再联合执政——以后的矛盾另说——士大夫集团从此回到权力舞台中央，自己作为士大夫集团的拯救者，自然会拥有至高无上的地位。

谁知现在的政治局势跟灵帝初年完全不同了，东汉中央政府的权威已经大大下降，地方军阀已经成了一支不可忽视的重要力量，仅仅凭借控制朝堂就想控制国家，那是痴心妄想。袁绍和何进都忽视了这一点。

最后，当董卓这种"怪兽"来到权力中心以后，袁绍才发现，再要把他们赶走是难上加难了。

何况，袁绍跟何进手段过于激进，引发宦官集团拼死一搏，最终宦官和外戚拼到了同归于尽的地步，剩下袁绍为首的士大夫集团，只好独自面对董卓这只张牙舞爪的猛兽。

秀才遇到兵，有理说不清，在董卓的西凉军马面前，文弱的士大夫集团简直没有胆量反抗，只能眼睁睁看着朝政大权被攫取了过去。袁绍当着董卓的面说的"董公以为天下的强者，只剩你一人了吗"，只是士大夫集团最后的一次嘴硬而已。

随后袁绍就逃出了洛阳，到东部地区避难去了。

但袁绍凭借自己的家世背景，加上诛灭宦官的辉煌战绩，又有当面顶撞董卓的声名在外，早已经成为全国知名的政治明星了，关东各地的世家大族正盼着他来当自己的代言人。

袁绍到东部以后，当地士族豪门一片欢腾，赶忙扫洒迎接，把他扶上第一把交椅，推举为对抗董卓的领袖。

洛阳那边，董卓也不想公然跟袁绍翻脸。把袁绍争取过来，让士大夫集团配合自己掌权，是董卓的既定计划之一。所以对于袁绍逃走这件事，董卓表现得十分"大度"，不仅不追究他的罪责，还遥封他为渤海（冀州东部沿海的一个郡）太守。这样一来，袁绍私自出逃的违法行为，就变成了接受朝廷指派去远方赴任，面子上就好看了。

袁绍这人虽然经常出昏招，但基本的智商还是有的，他当然不会因为董卓的一点点恩惠，就抛弃自己背后的世家大族集团。作为世家大族推举出来的领袖，对抗董卓是袁绍不能推卸的责任。

袁绍将计就计，自称渤海太守，把渤海郡纳入了自己统治之下，作为自己的后方基地。

渤海郡属于冀州，冀州是兵强马壮的大州，是争夺天下的重要根据地，当年光武帝便是依靠这里发迹的。袁绍接下来就把目光瞄准了整个冀州。

当时的冀州牧韩馥也是董卓指派的官员，名义上，他算袁绍的上级领导。不过以他的实力，当然是完全没法跟袁绍抗衡的，袁绍的到来，让他十分难受。

一开始，韩馥还想借着"上级领导"的身份压一压袁绍，不过他很快发现自己做不到。当时关东地区风起云涌，各路诸侯都在磨刀霍霍准备起兵，大家都以袁绍为领袖，就连韩馥手下的官员们都明确表示支持袁绍。看到这情形，韩馥无可奈何，只好也表态支持袁绍，成为袁绍手下的诸侯之一。

同一时期，袁绍还得到了一位极其有才干的盟友——曹操。

曹操，乱世之奸雄

东汉中期，顺帝还是太子的时候，身边有个陪读的太监，名叫曹腾。他聪明伶俐，很受顺帝喜爱，顺帝登基以后，便把他提拔为中常侍。

曹腾在顺帝时期是地位很高的太监之一，更让他声名鹊起的，却是他成功拥立桓帝的事迹。

顺帝过后，东汉王朝出现了连续两任小皇帝：冲帝和质帝。

当时的朝政大权掌握在大将军梁冀手上，梁冀嫌质帝不听话，便毒杀了他，重新在宗室里面选比较听话的年轻人当皇帝。

梁冀看中的人选是蠡吾侯刘志和清河王刘蒜，两人激烈竞争。关键时刻，曹腾站出来表示支持刘志，使刘志最终在两人中间胜出，登基为帝，是为桓帝。

由于有这样重大的功劳，曹腾在桓帝一朝始终拥有很高的地位。

不过曹腾做人似乎比较收敛，对自己的外围势力也管束得比较严，不让他们胡作非为。所以他虽然辅佐了四朝皇帝，却始终保持着良好的名声，没跟谁结仇。士大夫和宦官集团斗得你死我活的时候，曹腾也没有掺和进去。

不仅如此，他还依靠皇帝对自己的信任，推举了不少士人上来做官。像张温（曾经带领董卓镇压凉州叛乱）、张奂（董卓的老上司，曾帮助宦官镇压窦武）这些朝中名将都是曹腾推举上来的，所以士大夫集团跟曹腾有千丝万缕的联系，曹腾的家族因此积攒了广泛的人脉资源。（曹腾的事迹不排除有其家族后人吹嘘的成分。）

曹腾与人为善，或者说八面玲珑的作风，让他的后代成功避开了朝堂上的风暴。

虽然是宦官，曹腾却有妻有子。他跟一个吴姓宫女是"对食"的夫妻，又在家族里收养了一个儿子曹嵩。

按照东汉王朝的政策，曹腾过世以后，曹嵩继承了曹腾的爵位，当然也继承了他的人脉资源。所以曹嵩也在政坛混得顺风顺水，到灵帝时期，甚至位列九卿。曹氏也从宦官的外围势力，成功转型成了真正的名门权贵。

曹嵩显然不是一个清官，他当官多年以后，为家族积攒了巨额财富，在卖官鬻爵盛行的东汉末年，这让他有了进一步上升的机会。

公元187年，曹嵩向灵帝和宦官献上一笔天文数字的贿赂，买来了太尉之位，成为"三公"之一，地位仅仅在何进之下，他也达到了自己政治生涯的巅峰。

不过曹嵩这次买官很可能是被人套路了，或者是动到了别人的奶酪，他在太尉的位置上才坐了半年，就以"镇压黄巾军不力"的罪名被罢官，回家养老去了。

现在，曹氏在政坛上的领军人物是曹操。

曹操，字孟德，小名阿瞒，出生于沛国谯县，是曹嵩的长子。在讲究门第家世的东汉末年，含着金汤匙出生的他，当然天生就是要做大官的。

不过年轻时候的曹操，更像一个被宠坏的恶少。他不务正业，成天斗鸡走狗，胡作非为。

《世说新语》里面记载过曹操年轻时的一件逸事。

据说当时他和袁绍是酒肉朋友，两人常常合伙干一些混账事。有一次，附近有一家人在举办婚礼，宾客盈门，乱哄哄一团。曹操、袁绍两个就潜入这家人的花园里面埋伏下来。

半夜，他们大叫："有贼！"那家人被惊动了，全体冲出来抓贼。曹操他们便趁机摸进青庐里面，拿刀劫持了新娘。

两人带着新娘跑到野外，天黑看不清，袁绍陷入了荆棘丛里出不来，曹操又大叫："贼人在此！"吓得袁绍顾不得痛，直接从荆棘丛里蹿了出来，两人这才逃走了。

这种逸事的可信度不高，多半是大家添油加醋的结果。不过能够流传得如此之广，以至于被后人记录下来，也说明曹操当年"恶少"的形象确实深入人心。

另一则可信度比较高的记载就更能说明曹操的性格了。

据说曹操的叔叔看不惯他游手好闲的样子，经常去曹嵩那边告状。曹操知道以后怀恨在心，后来见到叔叔的时候，就故意口眼歪斜，口吐白沫。叔叔问他怎么了，他说："我刚刚中风了。"

叔叔赶忙去告诉曹嵩。曹嵩吓了一跳，把曹操找来一看，发现他很正常呀，就问他："你叔叔说你中风了，现在好了吗？"

曹操回答："我没有中风啊，只是叔叔讨厌我，造我的谣而已。"

曹嵩信以为真，从此以后，不管曹操的叔叔再来告什么状，他都不信了。

作为一个少年来说，这样的伎俩其实算不上多么恶劣，只是一个顽童的恶作剧罢了，不过也可以从中看到曹操的奸诈。

这样的事迹多了，曹操奸诈的名声也就传播开来了，以至于当时的著名评论家许劭都说曹操是"治世之能臣，乱世之奸雄"。

在治世，曹操这样奸诈的人往往具有过人的才干，因为他头脑清醒，不容易受骗，出手又果决干脆，能把各路妖魔收拾得服服帖帖。

公元174年，十九岁的曹操被举孝廉，到洛阳担任北部尉（洛阳有东南西北四部，北部尉负责北部地区的治安）。

洛阳作为首都，是各路权贵扎堆的地方，管理这里的治安，难免触犯各路权贵，所以之前的北部尉做事都非常小心。但初出茅庐的曹操，凭着年轻人的一股豪气，决心好好杀一杀那些权贵们的威风。他刚一上任，就在衙门里挂上许多五色棍棒，发布命令：敢违背法律的，不论何种身份，一律杖杀！

不久以后，蹇硕（灵帝宠爱的宦官，后来扶助刘协，跟何进对抗）的叔父违反宵禁令，半夜在北部地区行走，被曹操抓获，果然给乱棍打死了。

东汉末年，士大夫官员跟宦官集团斗得非常厉害，士大夫们的一个撒手锏，就是依靠自己掌握的执法权，对宦官集团里的不法分子大开杀戒，以此来威慑宦官们。这种做法让皇帝和宦官集团恨得咬牙切齿，最终引发了第一次党锢之祸。

所以曹操拿蹇硕的叔父开刀，其实是非常冒险的举动，已经触犯到东汉王朝最敏感的一根神经了。幸好曹氏本身就出身于宦官集团，曹嵩又在朝廷里担任高官，所以曹操的举动最终没有引发灵帝和宦官集团的报复，只是在不久以后，朝廷把他调离了北部尉的位置，明升暗降，悄无声息地拔掉了这颗钉子。

但这点儿小小的挫折不算什么，真正的打击随后才来到。

四年以后，宋皇后失宠被废，宦官集团对宋氏外戚展开大规模迫害，宋皇后的哥哥宋奇也被杀了。宋奇又是曹操的堂妹夫，通过这层拐弯抹角的关系，竟然牵连到了曹操，导致他也被免官，被迫回家休息去了。两年以后，曹操才又被提拔上来。

重新回到官场的曹操仍然不改愣头青的作风，竟然又对宦官集团开炮。

灵帝初年，外戚窦武、士大夫领袖陈蕃曾经计划剿灭宦官集团，事情泄露，遭到宦官集团报复，窦武、陈蕃和他们的手下都被屠杀得干干净净，并且随后引发了第二次党锢之祸。

这是当时东汉王朝最大的政治风波，虽然已经过去了十多年，但仍然是绝对的禁忌话题，这些年来，许多官员都因为替窦武鸣冤遭到迫害。

不料曹操初生牛犊不怕虎，竟然向灵帝上书，满怀激情地称赞窦武等人的忠义行为，希望灵帝为窦武等人平反，并且痛斥朝廷里那些祸国殃民的奸邪（宦官）。

还好这次仍然没有惹怒灵帝，灵帝什么都没说，也没处理曹操这个刺头，宦官集团当然更不敢说什么了。

不管后来的曹操有多少让天下人唾骂的举动，至少他年轻的时候，曾经有一段时间真心想当一个"治世之能臣"，把自己的才干用到造福国家和人民上来，并且他真的尝试过。

这个热血青年，把自己的满腔豪气投入到官场上来，想改造这个黑暗的世道，却没有得到任何人的回应，所有的呼吁都如同对牛弹琴，年轻的曹操也渐渐看清了社会的真相，一腔热血终于冷下来了。

公元184年，黄巾起义爆发，曹操被拜为骑都尉，在颍川地区辅助皇甫嵩、朱儁讨伐黄巾军。在重要的长社之战中，关键时刻，就是曹操带兵赶来，帮助皇甫嵩等人反败为胜，杀退了黄巾军。

从这以后，曹操的军事才能越来越受到朝廷重视。灵帝末年，为了增强宦官集团的军事力量，灵帝重新组建了一支禁卫军，让蹇硕统领，下面是"西园八校尉"，曹操就是其中的典军校尉，袁绍则是中军校尉。

当时曹操和袁绍名义上都在宦官蹇硕的手下任职，但同时他们又是何进的人，两人都在暗地里参与了何进诛灭宦官的计划。

曹操的眼界其实比何进、袁绍更高，当时何进想召董卓等人进京，曹操很不以为然地说："阉竖之官自古以来便有，要杀他们很容易，一个狱吏就够了（继续倚仗执法权，以维护法律的名义诛杀宦官集团中的不法分子），何必小题大做，请军队进京？何况还想一次性杀光宦官，如此大规模的布置，必然泄密，只会引起他们的反击。"

果然，不久以后何进的计划失败，他自己反而被宦官杀了，随后引发了袁绍等人对宦官集团的大屠杀，然后又让董卓捡到大便宜，趁机抢走了朝政大权。

虽然董卓也想团结士大夫阶层，也尝试过拉拢袁绍和曹操，但两人都看出：董卓绝对不是一个可以合作的对象。所以在袁绍逃亡以后不久，曹操也悄悄逃出了洛阳，到东方搬救兵去了。

这是一次著名的逃亡，后人添油加醋，为曹操编造了一系列曲折离奇的经历，例如"孟德献刀""捉放曹"等等，不过真实的历史却要简单许多，只是惊险程度不变。

当时曹操的地位比袁绍更尴尬。袁绍有雄厚的家世背景，又有诛灭宦官集团的名声在外，一逃到东部，立即受到当地世家大族的热烈欢迎。而且董卓也做出让步，默许了他的出逃，还封给他渤海令的官职，让他的逃亡变成了去走马上任。

曹操就没那么幸运了，他是真正的通缉犯，带着几名随从匆忙逃窜，千方百计躲避（董卓控制的）朝廷的追捕。

他们到洛阳以东的成皋的时候，借宿在曹嵩的老朋友吕伯奢家里。吕伯奢正好外出了，由他的五个儿子来接待曹操等人。

万万没想到，当天夜里，吕伯奢家里发生激烈打斗，曹操他们杀掉许多人以后，仓皇逃走，留下了一个重大谜案。

当时吕伯奢家里发生了什么事，外界没人知道。曹操一方的说法是，吕伯奢的儿子们抢劫他们的财物，还想劫持曹操本人，曹操亲手杀掉几人，才逃了出来；另一种说法是，吕伯奢的儿子们因为某些行为引起曹操怀疑，认为他们想把自己捉去报官，已经成为惊弓之鸟的曹操就杀掉他们跑了出来，所以这起凶杀案可能源自一个误会。

在这起事件的基础上，后人经过反复加工，编出了一个因为误会造成的惊心动魄的灭门惨案，并且编造说，曹操杀人以后还放出豪言："宁教我负天下人，休教天下人负我。"然后用这句子虚乌有的豪言证明曹操是"奸雄"。

站在曹操的角度来看，他当时的处境极度危险，谁也不能保证吕伯奢的儿子是真心接待他们的，一旦有某些蛛丝马迹引起曹操怀疑，他在惊慌之下杀人逃窜，也只能说明他下手够狠、够果断，并不能因此证明他的人品有多低劣。

至于用编造出来的所谓"豪言"攻击曹操，就更加无聊了。

逃出来以后，曹操来到中牟县，这里离关东群豪控制的兖州已经只有一步之遥了。就在曹操以为自己即将脱险的时候，他的狼狈相却引起了当地官员怀疑，因此被他们扣下来，送到县衙门里。

董卓通缉曹操的文书早已发到了这里，所以县衙门里的官员基本猜到了曹操的身份。

不料随后他们却把曹操放了。

官方史料上说：县衙里的功曹认为曹操是当世英雄，如今天下大乱，不宜杀害英雄，所以请求县令把他放了。

不过更有可能的情况是：这里挨着关东群豪的地盘，当地官员怕沦为两大集团冲突的炮灰，只好假装没有识别出曹操的身份，把这个烫手的山芋扔出去了。

经过千难万险，曹操终于逃脱了董卓的追捕，来到了兖州的陈留郡。

曹家三代人积攒的良好人脉开始发挥作用，曹操在陈留郡痛诉董卓的罪行，得到当地豪门勋贵们的支持，然后他散尽家财，招兵买马，开始组建自己的军队。

同时他也跟关东群豪取得了联系，知道关东的世家大族们已经行动起来了，正在组建讨董联盟，盟主就是老朋友袁绍。

十三路诸侯讨董

董卓擅自废立皇帝的行为引发全国愤慨，关东的世家大族们尤其义愤填膺。

董卓对国家没什么贡献，凭空捡到一个救驾之功，竟然就想踢开其他所有利益集团，单独把持朝政，这当然会引起各大集团的嫉恨。对于世家大族们来说，他们被皇帝冷落了这么多年，已经耽误了一代人，现在好不容易迎来重新执政的机会，正要摩拳擦掌大干一番的时候，却眼睁睁看着董卓摘走胜利果实，用的还是最粗暴、最低级的方式。这怎么能忍？

而且董卓以军阀身份把持朝政，这是大汉立国以来从来没有出现过的情况，意味着东汉王朝的执政方式会出现根本性的转变，以往的所有权贵都会失势，以后的命运会怎么样？谁也不知道。这让他们惊恐万分，绝不能接受。

这一刻，关东的各路势力已经是炸锅的状态，所有人都坐不住了，一起跳出来，要找董卓讨一个说法。

袁绍的到来，让他们感觉仿佛抓住了救命稻草，大家立即找上门来，要拥戴袁绍做盟主。

同一时期，许多不愿跟董卓合作的官员都从洛阳逃了过来，除了袁绍和曹操，还有袁术等人。这些高官来到东部郡县以后，迅速壮大了当地的反董势力，同时也进一步把董卓的暴行宣传给了天下人。

东郡太守桥瑁又送来神助攻，他伪造了一封书信，以朝廷里面"三公"的名义控诉董卓的罪恶，声称国家万分危急，朝中官员受到逼迫，走投无路，号召天下人起兵反对董卓，拯救国家于危难之中。

桥瑁把这封假文书散发到东部各个州郡，便好似在干草堆上扔下火种，瞬间形成了燎原之势。

这封文书成为关东群豪讨伐董卓的法理依据，就连一直犹豫不决的韩馥，在看到文书以后，都被迫倒向了袁绍。

公元190年正月，关东群豪共同推举袁绍为盟主，正式举起讨董大旗。

参与这次行动的有十三路诸侯，分别是：

勃海太守袁绍；

奋武将军曹操；

后将军袁术；

长沙太守孙坚；

冀州牧韩馥；

豫州刺史孔伷；

兖州刺史刘岱；

河内太守王匡；

陈留太守张邈；

广陵太守张超；

东郡太守桥瑁；

山阳太守袁遗；

济北相鲍信。

这些诸侯大部分是东汉王朝的地方长官，其中不少人甚至还是董卓任命的官员，他们各自带着手下兵马加入联盟，加起来有数十万之多，声势十分浩大。

这些地方长官能够迅速组织起自己的军队，摇身一变成为军阀，很大程度上是因为当年灵帝犯的一个愚蠢的错误。

公元188年，宗室刘焉向灵帝建议：地方上的刺史、太守素质普遍偏低，执政中造成许多混乱，不如设立一个"州牧"的官衔，从朝廷里面选廉洁可靠的官员，到各个州去当州牧，以帮助朝廷镇守四方。

东汉的行政区划，把全国分成十三个州，每个州（除了司隶校尉部以外）有一个刺史；每个州下面又有若干个郡，郡的长官是太守；郡下面再是若干个县。

其中，太守是行政长官，管理地方上的事务，而刺史是监察官员，只负责监督下面的太守，不负责行政。

这样的规划是经过精心考虑的，就是为了防止地方势力坐大——太守虽然掌握实权，但管理的地方只有一个郡，实力太小；刺史的管辖范围够大，但只有监察权，没有行政权，而且一年一换，威胁不到中央。

刺史和太守互相辖制，限制了地方势力的膨胀，保证了中央对地方在实力上的优势。

设立州牧以后，州牧成为一个州的最高行政长官，就同时拥有了太守的实权和刺史的管辖范围，拥有了可以跟中央抗衡的资源。并且由于他们长期在一个州任职，久而久之，便把这个州变成了自己的私人领地。（这个改革是逐步推进的，到献帝初期，一些州已经有了州牧，另一些州却仍然保留刺史。）

这样造成的直接后果就是：每个州成了一个独立单元，在州牧的带领下逐步脱离了朝廷掌控。献帝初年，这种独立倾向已经在逐步酝酿中，地方上的活力实际上已经被激发出来了，各个州牧、刺史、太守正在渐渐向军阀演变。

当袁绍来到的时候，这些军阀立即跳出来，向世家大族表明自己的政治态度，参与到讨伐董卓的运动中来了。

不过，他们组建的这个联盟是比较松散的，十三路诸侯甚至没有真正聚会过一次，而是各自起兵，囤聚到各自的据点去。

袁绍和河内太守王匡驻扎在河内郡；韩馥留在冀州大后方支援袁绍；袁术屯兵在南阳郡的鲁阳，后来孙坚也来鲁阳与袁术会合；孔伷屯兵在颍川郡；其余的诸侯则聚集到了陈留郡的酸枣。

酸枣具有特殊的地理位置，它处在兖州最西端，也是关东群豪势力的最西端，直面董卓控制的洛阳周边地区。所以这里成了关东群豪与董卓战斗的最前线，而袁绍、袁术分别处在酸枣的西北和西南方向。

于是诸侯联军的布置就很清楚了：联军主力从酸枣沿着黄河向西攻打洛阳，袁绍、袁术等人则从北、南两个方向威胁从洛阳出击和返回洛阳的董卓军队。

诸侯联军看着声势浩大，似乎立即可以席卷中原，攻克洛阳，但他们存在一个很致命的问题——作为盟主的袁绍，实力严重不足！

虽然袁氏是朝廷里的老牌贵族，但袁绍是刚冒头的政治新星，他之前最耀眼的资历，就是在灵帝身边当校尉。但即使是当校尉的经历，也没有为他增加多少实力，因为他是依附于何进的，没有自己的嫡系人马，他手下的人马都属于何进的派系，并不忠于他本人。

所以何进倒台以后，这些人马迅速被董卓收编，袁绍成了光杆司令，以至于只好单独逃出洛阳。

来到东部以后，袁绍虽然得到士族豪门的热烈欢迎，但他已经是只身一人了，只能从头组建军队。这种情况跟曹操类似，他们手上现有的军队，都是近期才招募来的，论忠诚度，恐怕还比不上东部郡县那些太守手下的人马。那些太守至少每人还有几万嫡系部队，而且都是经过长期磨合、绝对忠诚的。

这就造成一种奇怪的局面：作为盟主的袁绍，手上的军事力量还不如下面的诸侯。

所以袁绍的盟主之位其实坐得很尴尬，他只是表面风光，没法真正镇住下面的人，实际上，他只能算一个精神领袖而已。

另外，袁术的存在也间接削弱了袁绍的力量。袁绍再怎么受大家追捧，也是婢女生的"家奴"，袁术才是袁氏的嫡系后人。所以袁氏"四世三公"

的人脉资源，大部分被袁术分走了，留给袁绍的其实很有限。而袁术从来就没想过支持自己这个哥哥，只想着浑水摸鱼壮大自己的实力。

由于自己手下的军队太弱，袁绍也就没有能力把别人的军队整合过来，所以诸侯联军不可能统一成一支军队，结果就是十三路诸侯分别带着十三支军队，谁也管不了谁。

诸侯们就动起歪脑筋来了。现在已经是乱世初期，对于一个军阀来说，手下的军队就是保命的护身符，谁舍得轻易消耗掉呢？何况董卓的凉州军以凶悍闻名于天下，关东这些军队本来就不是他们的对手，谁先冲上去，就意味着谁先当烈士。

所以十三路诸侯都想着保存实力，都想让别人去跟董卓的凉州军硬碰硬，自己在后边捡漏。结果就是，大家你看看我、我看看你，都不肯先动。

这种情况在酸枣联军那边表现得尤其明显，几十万大军驻扎在酸枣，往西一步就是董卓的地盘，却没人肯主动出击，大家整天坐在营帐里吃吃喝喝，消耗着本来就不多的军粮。至于以后怎么办，谁也不去想。

这种情况却惹火了曹操。

曹操是酸枣联军里面唯一一个愣头青，唯一一个还有"兴复汉室"的理想的人物，他看到诸侯联军个个心怀鬼胎的样子，怒发冲冠，拼命催着大家尽快出击，却只换来众人的冷眼相对。

这段经历给曹操留下了极其痛苦的回忆，使他对人性彻底失望了，以至于许多年以后，他还写下了《蒿里行》记录这段往事。

> 关东有义士，兴兵讨群凶。
> 初期会盟津，乃心在咸阳。
> 军合力不齐，踌躇而雁行。
> 势利使人争，嗣还自相戕。
> 淮南弟称号，刻玺于北方。
> 铠甲生虮虱，万姓以死亡。
> 白骨露于野，千里无鸡鸣。
> 生民百遗一，念之断人肠。

酸枣联军靠磨洋工拖延时间；洛阳那边，董卓可一刻都没闲着，很快就传来了几个震惊天下的消息。

董卓暴行惊动天下

洛阳那边，董卓拉拢士大夫跟自己共同执政的计划已经面临失败。

军阀出身的董卓，军队是他的基本盘，是他必须依靠的力量。这些彪悍的西凉军队到洛阳来就是为了抢钱抢女人的，对什么"联合执政"这种文绉绉的说辞没有任何兴趣。他们在洛阳城里四处劫掠，欺男霸女，无恶不作，完全不像执政者的样子，董卓却约束不了他们。

在士大夫集团看来，这群西凉军痞就是一伙土匪，根本不能晓之以理，跟他们联合执政简直是对自己的侮辱。

所以董卓费尽心思打造的联合政府很快就分崩离析了。几个迹象说明了这一点：其一，董卓自己指派的地方官员，到了地方上以后，却翻脸不认人，加入讨董联盟，反过来跟董卓作对，例如韩馥、孔伷、刘岱，都属于这种情况；其二，洛阳本地的士大夫集团虽然表面上顺从董卓，暗地里却彻底倒向了董卓的对立面，甚至跟远在酸枣的关东群豪遥相呼应，有了里应外合除掉董卓的倾向。

这种局面让董卓十分焦躁，他并不怕关东那帮乌合之众，但十分担心洛阳本地出现政变，他必须立即出手阻止这种情况发生。

既然士大夫集团给脸不要脸，董卓也就开始发起狠来，不再假惺惺地"礼贤下士"，而是露出狰狞的面目，放开手大干起来了。

公元190年初，董卓干了两件大事。

首先是毒杀废帝刘辩。

这是董卓彻底翻脸的象征。他已经放弃和平篡位的老一套计划了，不再以大汉朝廷的权臣自居，而是依靠军事力量，明目张胆地夺权，以血腥手段打翻汉室天下。

这一招相当毒辣，虽然给董卓拉来许多仇恨，却也把关东联军打蒙了。

关东联军起兵的理论基础就是拥戴刘辩，不承认董卓扶立的汉献帝刘协。

现在刘辩死了，灵帝的儿子只剩下了献帝，献帝已经成了汉室皇权唯一的合法继承人，你还怎么反对他？

关东联军现在只有两条路。

要么改口支持献帝。但献帝在董卓手上，董卓"挟天子以令诸侯"，要关东联军自动投降怎么办？关东联军能违抗圣旨吗？何况袁绍等人早就把话说死了，甚至宣称献帝不是灵帝的儿子，现在怎么改口？

要么就抛开献帝，另外立一个汉室宗亲。

可是东汉王朝从和帝到桓帝都绝后了，要找汉室宗亲，只能去章帝的后人里面找，亲缘关系已经太远了，实在难以服众。

何况当年绿林军、赤眉军都玩过类似的把戏，现在再玩这一套，马上让人联想到"傀儡皇帝"，反而会激起大家的反感。

所以董卓这招一使出来，真是让关东诸侯左右为难。

酸枣的诸侯们听说刘辩被杀的消息，反应各不相同，有捶胸顿足的，有幸灾乐祸的，不过大家都认定了一件事：继续作壁上观，看袁绍怎么处理。

偏偏袁绍又是个优柔寡断的人，碰上这个棘手的问题，一时半会儿也不知道该怎么办，只能先不回应，把诸侯联军晾在一边，大家继续耗着。

董卓干的第二件事，就是强迫东汉朝廷迁都。

董卓很清楚，洛阳本地的反对势力才是他真正的心腹大患，要避免阴沟里翻船，就得下狠手，一次性把洛阳豪门连根拔起！

公元190年二月，董卓突然提出，要把朝廷迁到长安，并且要立即执行。

和平时期的迁都，是一项需要慎之又慎的宏大工程，需要提前很久做好规划，然后有条不紊地执行，整个过程都需要尽力维持社会秩序，尽力保护民众的财产免遭损伤。

现在董卓的所谓"迁都"，却完全无视所有人的利益，不需要提前安排，不需要维持秩序，不需要保护民众的财产，只是把人强行赶往长安而已。

这当然引起了洛阳全体民众的反对，朝廷里也有不少官员站出来仗义执言。董卓暴跳如雷，直接把两个"三公"级别的人物黄琬、杨彪免官，又杀掉了周珌、伍琼二人。

周珌、伍琼的地位很特殊，他们是董卓最早任用的士大夫官员，正是在他们的劝说下，董卓才开始"礼贤下士"，大量起用士大夫，现在董卓连他们都杀，实际上已经跟士大夫阶层彻底翻脸了。

看到这场景，朝廷里的士大夫们个个心惊胆战，再也不敢公开反对董卓的政策了。

二月十七日，在没有经过任何规划的情况下，"迁都"工程正式开始。

洛阳民众的劫难来临了。董卓派出他的凉州军，把人们从自己家里揪出来，不由分说，一把火烧掉房子，把人赶着往长安走。老百姓连基本的生活用品都来不及带，就被迫踏上了这条布满荆棘的道路。

这是一次超过六百里的死亡行军，数百万老百姓男女老幼混杂在一起，衣衫褴褛，赤着脚，拄着杖，深一脚浅一脚地走在泥泞的土地上。凉州军拿着刀枪棍棒在后面驱赶，不让人有片刻停歇，发现谁走得稍微慢了两步，刀剑立即招呼上去。在他们的逼迫下，老百姓筋疲力尽，苦不堪言，一路上，因为饥饿、疲劳、疾病倒下的人不计其数，尸体堆积满路，无人收殓。

好不容易来到长安，幸存者们被直接丢到荒原上，没有衣食，没有落脚之地，一切全靠自己解决，无数人又在饥寒交迫中倒下。

把人全部赶走以后，董卓下令：除了自己居住的毕圭苑以外，洛阳所有的宫殿、台阁、园林，以至于民间住宅，全部烧掉！

凉州军趁机在城里抢掠，所有房门都被砸开，豪门富户的财富被洗劫一空，然后他们四处点火，烈焰冲天而起，整个洛阳笼罩在浓烟中。

最后，董卓还让吕布带着军队去发掘洛阳周边的陵墓，从帝王陵到富豪家，全部掘开，搜刮一切随葬品，掘地三尺，一切财富都不放过。

经过东汉王朝二百年的经营，洛阳已经积攒了巨额财富，拥有无数富商巨贾，珠翠绮罗堆积如山。这一切，都在今天终止，民众的财富大部分被董卓的兵马抢掠一空，剩下的都被一把火烧为灰烬了。

几天之内，帝国的经济中心洛阳就变成了一片废墟，周围两百里见不到人烟，所以曹操写下了"白骨露于野，千里无鸡鸣"的诗句。

文化浩劫也同时发生。

东汉是一个特别重视文化的朝代，建国之初，光武帝来到洛阳的时候，带来的图书就装了两千多辆车，又经过二百年积累，国家图书馆保存的典籍图册汗牛充栋，数不胜数。

董卓可不管这些，政府搬迁的时候，他让人随便洗劫图书馆，甚至把帛书撕开，用来做车顶上的帷幕，不计其数的珍贵典籍就这样被毁了，最后只有三十多车图书被运到长安。

这是对东汉王朝釜底抽薪式的打击，东汉王朝执政的物质基础已经被毁灭了，即使献帝摆脱董卓的控制，要重建政权都几乎不可能了。

为什么董卓要如此彻底地摧毁洛阳呢？

因为他不想让洛阳落入关东讨董联军手里。与其花费巨大代价去保证洛阳不沦陷，不如直接毁掉，反正财富都搬到长安了，剩下一座空城也是累赘。

从军事上来说，摧毁洛阳以后，在关中和关东群雄之间出现了大片无人区，关东群雄要想打到关中，战线就太长了，这有效地提升了关中的防卫能力。

董卓当然也知道，捣毁洛阳城的做法虽然起到了坚壁清野的作用，但也让自己失去了进攻关东诸侯的能力。但他不在乎，因为他事实上已经放弃了君临天下的想法，以后的日子只想蜷缩在关中，过自己的逍遥生活，至于天下会乱成什么样，他完全不在乎。

关中平原是一个相对封闭的地块，关东军队要进入关中，只能走武关或函谷关，董卓只要紧守这两个关隘，就可以有效阻挡东部来的攻击。而且这里又离董卓的大本营凉州很近，董卓实在扛不住的时候，还可以挟持献帝撤回凉州去躲避。

同时，捣毁洛阳以后，士大夫阶层失去了自己生存的土壤，也就没有能力再在朝廷里跟董卓捣乱了，在遥远的长安，在凉州虎狼之师的威胁之下，他们只能乖乖俯首听令。

在董卓看来，这样的安排可以在很长一段时期内保证自己的安全。

把东汉朝廷劫持到长安以后，董卓又让人把袁隗（当朝太傅，也是朝廷里的高官）、袁基两家灭门，作为对袁绍、袁术兄弟的报复——这反而进一步提升了袁绍在诸侯中间的威望——他自己则继续坐镇洛阳，指挥军队对抗关东联军。

十三路诸侯的闹剧

酸枣那边，曹操听说洛阳的惨状，又看到诸侯们整天无所事事的样子，再也忍不住了，带着自己的五千兵马就冲向了洛阳方向。

董卓部下徐荣正好向酸枣扑来，在荥阳附近的汴水碰到曹操兵马，爆发一场大战。

尽管人数比敌军少很多，曹军却丝毫不惧，个个奋勇争先。曹操亲自冲锋在前，拼死杀敌，最后中了流矢，胯下战马也受了伤，才不得不退了下来。

曹军最终没能挡住强大的敌军，渐渐溃散，危急时刻，曹操的堂弟曹洪把自己的战马献给曹操，自己步行跟随，才让曹操逃脱了险境。

两人逃到汴水边，发现"水深不得渡"，曹洪沿着汴水走了很久，才找到一艘船，终于载着曹操渡过了汴水，手下军队却都七零八落了。

曹操回到酸枣一看，几个大腹便便的诸侯还在那边饮酒作乐，顿时气不打一处来，跟他们大吵一架。随后他离开酸枣，到南方的扬州去借了几千兵马，然后赶到河内跟袁绍会合去了。

不过曹操不知道的是，他的对手徐荣对他们这支军队的战斗力十分赞赏，以至于以为酸枣联军都是如此忠勇的军队，不敢追击，在杀败曹操以后就撤回洛阳去了。

可以说，曹操的勇敢出击间接挽救了酸枣的那群酒囊饭袋。

汴水之战是酸枣联军跟董卓唯一有记载的战斗。从这以后，驻扎在酸枣的诸侯们索性破罐子破摔，再也不管什么讨董大业了，整天饮酒赌博，玩得不亦乐乎。过了一段时间，军粮吃完了，酒也喝光了，大家一哄而散，各自回家去睡觉，十三路诸侯讨伐董卓的闹剧就这样草草收场了。

诸侯们之所以如此不顶用，最重要的原因在于东汉朝廷已经彻底失去了地方军阀的支持。大家都看到，汉室江山的倾覆已经不可避免，自己没必要冲上去给人抬轿，所以虽然嘴上还在支持远在长安的献帝，心里却早都打起了自己的小算盘。

酸枣驻军期间还出了一则插曲，兖州刺史刘岱跟东郡太守桥瑁不知道为什么闹起了矛盾,刘岱索性杀掉桥瑁,抢走他的地盘,还派自己的人去当了东郡太守。

可见这群酒囊饭袋虽然杀敌不行,内部撒泼打架却十分在行。偏偏他们又个个火气极大,一言不合就开打,再带上自己的小弟们来打,于是很快从两个男人之间的"拈酸吃醋",升级到两个军阀集团的火并。

从这时候起,诸侯们抢夺地盘的举动就明朗化了,大家也不管什么朝廷不朝廷,看谁不顺眼,就抄起家伙跟他干一仗。谁胜了,谁就能抢到更多地盘,然后给抢来的地盘派一个刺史或者太守,自己就当起了自己地盘上的土皇帝。

这是乱世开端的常见画面,以后还会不断出现。

军阀混战的一幕不仅仅出现在酸枣,同一时期,全国各地的军阀都纷纷拥兵自立,在自己的土地上建立起了割据政权。

其中比较大的政权有:南阳袁术、依附于袁术的孙坚、冀州袁绍、荆州刘表、益州刘焉、辽东公孙度、冀州刘虞和公孙瓒(zàn)。

第三章　二袁相争

江东猛虎孙坚

袁术是袁绍的弟弟，不过他是嫡子，在家族里的地位比袁绍高得多，可以光明正大地继承袁氏的家业。

可能正是因为出身太优越了，袁术反而不太长进。年轻时，当袁绍在四处结交权贵，为自己将来的仕途铺路的时候，袁术却整天跟一群公子哥混在一起，飞鹰走狗，吃喝玩乐。

当然，不管他怎么不求上进，朝廷都会求着他去做官。成年以后的袁术很快通过举孝廉的途径进入官场，并且顺风顺水，一路做到了河南尹、虎贲中郎将等职位。

何进掌权以后，拼命拉拢袁绍、袁术两兄弟，把他们都提拔为自己的幕僚。但袁术还是不太长进，所以在何进集团里面，袁术一直没什么作为，袁绍出的力比他多得多，地位也比他更高。

总的来说，袁术属于一直都不太努力，纯粹靠着家族势力在官场混的那种人。

何进被杀以后，袁术也是屠杀宦官的主力之一，就是他火烧皇宫九龙门，逼得张让等人劫持皇帝出逃。

董卓掌权以后也给袁术封了官。袁术跟袁绍、曹操一样，也拒绝和董卓合作，私自逃出洛阳，逃到了南阳。

东汉帝国的中南部是荆州，荆州有八郡，最北边的便是南阳郡。袁术的命相当好，刚一到南阳，江东的孙坚就给他送来了一份大礼。

孙坚出身于吴郡富春县一个世代仕宦的家族，到他父亲孙钟这一代，家族已经衰落了。孙钟靠着种瓜养活一家人，因为平时乐善好施，在当地倒也有些名气。

孙坚生性豪勇，十六岁那年，他跟父亲一起乘船去钱塘，到了一处岸边，忽然看见前面的船都掉头疯狂逃窜。原来有一伙海贼抢了路过商船的钱，正在岸边分赃，吓得人们都不敢靠近。

孙坚当时是县衙门里的差役，有一些捉贼的经验，他便对父亲说："我可以捉住这伙人。"说罢，提着单刀，一个人上了岸。

他大步向海贼聚集的地方走去，一面对四周比画着"你守这边""你去那边""其余的跟我来"，仿佛有很多手下听他吩咐似的。那伙海贼被他的样子吓坏了，以为孙坚真的是官府派来抓他们的，所以连财宝都顾不得收了，发一声喊，一哄而散。

孙坚抄着单刀追上去，把跑在最后的一名海贼砍翻在地，割下首级，到当地衙门去报官。

孙坚单刀捉贼的事迹在当地引起轰动，他从此声名在外，引起了政府关注，上级开始让他担任一些重要的官职。

从这起事件可以看出孙坚性格里的一个重要优点，同时也是重大缺陷——爱冒险。

他属于那种随时敢拼命的人，头脑一热，就会不顾危险冲上前线。所以在乱世之中，他能凭空杀出一条血路，但运气不好的时候，也很容易遭遇凶险。

受到政府重用以后，孙坚果然表现得十分英勇，后来他又帮助政府镇压了会稽人的起义，更加受到政府重视，之后连续被委任为盐渎、盱眙、下邳三个地方的县丞（县令的副手），在每个地方，他都政绩斐然。

孙坚真正"飞升"的机会是在黄巾起义爆发以后。朝廷里的大将朱儁是会稽人，他听说过孙坚的名声，便上奏，申请委任孙坚为佐军司马（低级军官）。

接到朝廷的委任令，孙坚带着自己招募来的一千多人就去了颍川，加入朱儁的队伍里面，这是孙坚军旅生涯的开始。

一来到战场，孙坚才真正找到了自己施展才能的地方。他勇武过人，征战的时候总是带着兵马冲在最前面。宛城的战役中，他带领将卒抢先登上城楼，为后面的兵马打通了入城的通道，为攻克宛城立下了头功。

宛城之战过后，孙坚被任命为别部司马。

征讨凉州叛军的时候，朝廷派张温出征，张温也早就听说过孙坚的名声，所以请求让孙坚当他的副官。这是孙坚的又一次机会。

正是在凉州前线，孙坚和董卓第一次打了照面，两人都给对方留下了深刻印象。

有一次，董卓跟张温闹矛盾，当面顶撞张温，孙坚看到以后，就私下劝张温杀掉董卓，张温没同意，董卓却从此牢牢地把孙坚这个仇家记在了心里。

凉州平定过后不久，荆州南部长沙、零陵、桂阳三郡又发生了起义，朝廷便任命孙坚为长沙太守，去镇压这三路叛军。

孙坚到长沙以后，继续展现出惊人的军事才能，在很短时间内，就平定了三处叛乱。朝廷喜出望外，封他为乌程侯。长沙也因此成了孙坚的基本盘之一，使得他在乱世中站稳脚跟，成为主要军阀之一。

孙坚这一路走来，不靠出身，不靠关系，全靠自己的军事才干，不断立功，不断得到朝廷褒奖，终于为自己挣得了一席之地。

这种才干也遗传给了他的后人。他的两个儿子孙策、孙权同样是人中龙凤，同样靠实打实的战绩稳扎稳打，步步为营，终于在之后若干年，在江东打下了一片江山。

不过孙坚也清楚，在群雄逐鹿的当下，仅仅靠自己单打独斗肯定不行，必须得找一个靠山，他看中了具有广泛人脉关系的袁术。

袁术集团建立

董卓的暴行引起天下人震怒，山东诸侯正在发起轰轰烈烈的讨董行动，孙坚便也带领自己的人马北上，准备加入讨董联盟。

长沙郡在荆州南部，北上的过程中会经过荆州首府所在地。当前的荆州刺史是王睿，驻扎在南郡的江陵。

孙坚到达南郡附近的时候，忽然接到朝廷使者发来的檄文，声称王睿有罪，命令孙坚杀掉他。

孙坚收到檄文以后，二话不说，马上带着兵马杀向江陵。孙坚先藏着，让士兵冲到城下大喊："俺们为国杀敌，劳苦功高，朝廷给的赏金连吃穿都不够，还请刺史赏些钱粮，犒劳一下兄弟们。"

王睿看到城下密密麻麻的士兵，不敢拒绝，只好开门放他们进去，命人打开府库，粮草财货任他们挑选。

哪知道士兵们进来以后，当先的人却是孙坚，王睿吓了一跳，问道："孙太守来这边有何贵干？"

孙坚掏出檄文，厉声喝道："朝廷有旨，让我诛杀大人。"

王睿这才知道自己上当了，但已经太迟了，只好转身回去，吞金自尽。

不料随后却有消息传来，说这封檄文是武陵太守曹寅伪造的，因为王睿跟有他仇，他便借刀杀人，让孙坚除掉了王睿。

孙坚也没说什么，继续北上，荆州刺史被杀的大案就这么糊里糊涂过去了。

接下来，他们来到了荆州最北端的南阳郡。

孙坚的军队这时候已经达到了数万人，孙坚故技重施，又让下面的士兵去问南阳太守张咨要军粮，张咨却不肯同意。

孙坚便让人送上厚礼，声称要结交张咨，张咨也很客气，举办宴会答谢孙坚。

宴席上，酒过三巡，忽然有孙坚手下的官员进来禀报："我们奉朝廷圣旨讨贼，南阳官吏拒不配合，道路不修，军资不具，请拘捕南阳主簿，问个清楚！"

孙坚还没答话，张咨已经知道事情不好了，但举目四望，周围全是孙坚的部下，怎么逃得出去？

过了一会儿，又有长沙的官员进来请求："南阳太守阻挠义兵，阻碍讨贼大业，请依军法收治此人！"

孙坚脸一沉，便喝令手下把张咨等人拿下，推出营门，当场斩首。

孙坚连杀两个朝廷高官，心狠手辣的作风震撼了整个南阳，从此南阳各地官员都心惊胆战，争着出来犒劳孙坚的军队，南阳地区基本上被孙坚控制了。

孙坚继续带兵北上，来到南阳郡最北端的鲁阳城，袁术早已经等在那里，孙坚恭恭敬敬地把南阳的控制权送到了他手里。

原来这一切都是袁术和孙坚计划好的。

当初从洛阳逃出来以后，袁术没有走远，进入荆州地界就停了下来。他在鲁阳住着，一方面密切关注洛阳那边的局势，另一方面跟孙坚私下联络。两人商量好，扫荡荆州本土势力，在荆州强占一块土地，所以孙坚才一路斩杀朝廷命官。

孙坚从南到北横扫荆州的时候，袁术却在忙着向朝廷上书，请求给孙坚封官晋爵——朝廷批不批无所谓，袁术表态就够了——两人一唱一和，共同把南阳抢到手里，使南阳成为袁术的根据地。

从此以后，孙坚就成了袁术手下最凶悍的打手，他一方面替袁术四面出击，另一方面依靠袁术的人脉资源保护自己。袁术则依靠孙坚以及其他投靠者的支持，在南阳站稳脚跟，成为主要的军阀之一。

袁术孙坚集团尽管吃相相当难看，但现在天下局势已经失控，大家都在忙着扩张自己的势力，也没人来质疑他们，反而暗暗佩服他们的果决狠辣。

为什么袁术集团首先要占据南阳呢？因为南阳的地理位置极端重要。

这里处在荆州最北端，紧挨着洛阳地区。向南，可以摆开争夺荆州的阵势；向北，可以反攻董卓控制的洛阳；向东，是袁氏的老家豫州，可以得到充分的支援。南阳本身又是人口众多、经济发达的大郡，足以支撑袁术集团的发展成长。

所以袁术首先盯上了这里，把这里当作自己发家的根据地，并且抢在所有竞争者之前出手，成功拿下了南阳。

袁术夺取南阳，直接威胁到董卓控制的洛阳地区。董卓听说袁术、孙坚的所作所为以后，气得跳脚，但又没法直接反击，因为洛阳地区已经处在各路诸侯包围之下，董卓的军队不敢贸然出击。

不过董卓也有自己的手段，他马上让朝廷重新任命了一个狠人当荆州刺史。这人手段比王睿厉害得多，他一到荆州，马上成了袁术、孙坚的强悍对手。

刘表领荆州

东汉朝廷人丁不旺，宗室成员当然就十分稀少，朝廷没办法，只能重用血缘关系很远的宗室成员。所以东汉末年的宗室成员很多都是皇帝的远房亲戚，其中有些甚至是西汉皇族的后人。

刘表是西汉鲁恭王（汉景帝第四个儿子）的后人，是当前主要的宗室成员之一。不过除了宗室身份以外，他同时还是儒家士大夫的重要成员。

年轻的时候，刘表已经在士大夫阶层中间拥有很高的声誉，被列为"八俊"之一，当然，他也成为"党锢之祸"中主要的打击对象之一，以至于被迫逃亡，到民间躲了起来。

黄巾之乱过后，灵帝被迫解除党禁，刘表这种长期被迫害的政治犯瞬间时来运转，变成了大众眼里敢于反抗暴政、勇于为国牺牲的英雄，他们的政治生涯也迎来了彻底的反转。

当时何进正在积极拉拢士大夫阶层对抗宦官，提拔了许多被打压的"党人"，刘表也成功得到何进举荐，被任命为北军中侯，统领北军五营。

刘表在何进集团里面似乎知名度不高，何进集团和宦官集团火并的过程他也没怎么参与。何进死后，手下的兵马大部分被董卓接收，刘表便继续在董卓控制的朝廷里当官，董卓对他的能力应该是比较了解的。

现在孙坚在荆州捣乱，董卓便派出刘表去收拾残局。董卓的算盘是：袁术、孙坚等人打着"兴复汉室"的旗号，刘表是汉室宗亲，孙坚再混账，也不好直接对他下黑手。

不过对于刘表来说，这次去统领荆州却是一次极端凶险的尝试。

袁术、孙坚先不说，刘表面对的第一道难关是荆州本地豪强组建的武装力量。

当时的荆州已经完全脱离于朝廷掌控之外,荆州本地土豪纷纷拉起自己的武装另立山头,在各大村庄打出旗帜,人称"宗贼"。除了南阳以外的荆州地区,都被这些大大小小的武装力量分割开来,乱成了一团。

由于这些宗贼扎根于当地土生土长的豪门中间,凭借宗族纽带关系,可以很轻易地把当地百姓统治起来,所以他们取代了地方政府的职能,成为荆州各地事实上的政府。他们甚至会给自己封一些官衔,例如吴郡人苏代就自封为长沙太守。

刘表面对的就是这样一个分崩离析的荆州,他一个文官,怎么跟这些雄赳赳的武装势力争斗呢?只能用一些上不得台面的手段。

刘表去荆州的时候,各条道路都被这些武装势力阻断了,荆州北部又被袁术、孙坚控制,他只能扮作平民,单枪匹马潜入南郡,然后找到荆州本地豪门的代表蒯(kuǎi)越、蒯良、蔡瑁等人商量。

蒯越给刘表出主意:"治乱世当用权谋。"如今各路宗贼虽然残暴,但他们十分贪婪,我们只要用重金引诱他们前来,把他们一网打尽,就可以控制局势。

刘表照他说的做,请宗贼的首领们来谈判,这些匪首果然禁不住诱惑前来。谈判桌上,刘表瞬间翻脸,把现场的宗贼首领五十五人全部杀了,然后发兵袭击他们的下属,杀了他们一个措手不及。

事实证明,这些宗贼武装团伙确实是一盘散沙,首领被杀以后,下属一哄而散,整个集团自动土崩瓦解,刘表轻而易举就接收了他们的地盘。

刘表的雷霆手段震撼了荆州各地的宗贼团伙,他们在刘表的威慑和游说下,纷纷投降,归附到刘表手下。

到公元191年,刘表已经消灭了荆州七郡的割据势力(另有南阳郡在袁术、孙坚控制之下),成功控制了荆州局势,荆州的局面终于明朗起来了,刘表也成了当时主要的大军阀之一。

当然,刘表能成功做到这些,很重要的原因是他得到了一些关键豪门的支持。例如蒯越、蔡瑁等人的家族,都在这期间坚决站到刘表一边。这些家族也因此在刘表集团里面取得了重要的政治地位。可以说,他们跟刘表紧密合作，共同收服了荆州割据势力，然后共同统治着荆州。

刘表也没忘记北边的袁术，他主动向朝廷上书，请求册封袁术为南阳太守，表面上承认了袁术对南阳的占领。

而袁术正忙着准备对董卓的战争，同时还要防范自家兄弟袁绍，暂时顾不了荆州，也就没去找刘表的麻烦。

这之后一段时期，荆州被分割成了两部分，袁术控制南阳，而刘表掌握着另外七郡，暂时相安无事。

同一时期，北方的袁绍也在大张旗鼓地组建自己的集团，以便跟袁术对抗。

袁绍集团的建立，要从幽州说起。

幽州的儒臣与猛将

幽州是东汉王朝最北边的一个州，是抵御北方游牧民族（匈奴、鲜卑、乌桓）的第一线，兵强马壮，具有极强的军事实力。

幽州目前的局势有些复杂，这里被公孙瓒和刘虞两人共同控制着。

公孙瓒出生在幽州辽西郡的高官家庭，但他的母亲地位低贱（可能跟袁绍的母亲一样是婢女），所以他年轻的时候只在郡府里当一个小吏，不出意外，人生基本就这样了。

不料公孙瓒因为相貌俊美，又聪明伶俐，能言善辩，竟然被辽西郡的侯太守看中，把女儿嫁给了他。

后来，可能是在岳父的帮助下，公孙瓒到涿郡求学，成为卢植的弟子之一。

学成归来以后，公孙瓒在刘太守手下供职。

有一次，刘太守触犯朝廷刑律，被槛车装着押送到洛阳去。按照规定，这时候他的手下是不能跟着去的，公孙瓒却冒着巨大风险，假扮成士兵跟着槛车去了洛阳，还在洛阳当众摆上酒菜为刘太守送行。

朝廷最后判刘太守发配日南郡，但在半路上赦免了他。

刘太守的案子虽然有惊无险，公孙瓒却因此出名了。当时的人们非常崇敬这种为主尽忠的人，所以公孙瓒回来以后，受到人们热烈欢迎，成了众人心里的英雄，并且因此得以举孝廉，正式步入官场。

从这以后，公孙瓒在辽东属国担任长史，负责地方上的军事。辽东属国位于幽州东北部，直接面对鲜卑和乌桓的威胁，所以公孙瓒的职责就是带领边防军抵挡鲜卑和乌桓没完没了的骚扰。

之后很多年，公孙瓒带领边关将士跟北方游牧民族发生了无数次激烈战斗。他打起仗来不要命，从昼到夜，从夜到昼，不死不休，打得鲜卑和乌桓心胆俱裂。他自己也无数次陷入险境，甚至有一次被乌桓大军围困二百多天，军粮吃完了，饥寒交迫，他依然坚持，熬到敌人粮草耗尽、主动撤走为止。

公孙瓒身边有一群神射手做护卫，人人都骑白马，号称"白马义从"，所以敌人把公孙瓒称为"白马长史"。塞外游牧民族都知道，这支队伍很不好惹，所以见到这一群白马过来，就赶紧躲避。

在公孙瓒这样的猛将保卫之下，东汉帝国虽然已经腐朽不堪了，边关却依旧坚如磐石，让那些游牧民族占不到便宜。

可以说，如果不是生在末世，公孙瓒毫无疑问会成为汉家基业的坚定拱卫者之一，成为史书上大书特书的一代名将。

可惜现在是风雨飘摇的汉家末世，公孙瓒这样的猛将，凭借自己在长期浴血奋战中拉起来的嫡系部队，也开始有了脱离朝廷掌控的迹象。

公元187年，（冀州）中山国相张纯和（青州）泰山太守张举跟乌桓勾结起来，共同发动叛乱。张举自称"天子"，号称要代替汉朝，带着叛军横扫幽州、冀州、青州。叛军一度达到十万人之多，给北方各郡县造成巨大恐慌。

当时又正好赶上凉州叛乱和黄巾之乱，朝廷四处灭火，焦头烂额，实在顾不得幽州的警情，只好任命刘虞为幽州牧，去主持幽州平叛的工作。

刘虞是光武帝长子刘强的后代，正牌的汉家宗室之一，早前就担任过幽州刺史，在幽州民众和游牧民族中间都很有威望。

他是一位受传统道德观影响很深的谦谦君子，讲究以德服人，这次朝廷派他到幽州，是希望他通过政治手段而不是军事手段平定叛乱。

刘虞到幽州以后，精简军队，广施恩惠，拉拢人心，又下令赦免张纯、张举以外的所有人，并且重金悬赏张纯、张举的人头。

在刘虞的柔性攻势下，张纯、张举的叛军很快人心离散，再加上公孙瓒对他们的猛烈打击，两人终于承受不住，被迫逃往塞外。公元189年，张纯的手下杀掉他，拿着人头去刘虞那里领赏，持续了两年的幽州叛乱终于平息了。

朝廷因为刘虞的巨大贡献，加封他为太尉，位列"三公"。

之后，刘虞更在幽州施行仁政。他善待百姓，收容流民，努力发展经济，几年之间就让幽州变得安定起来，刘虞本人也在老百姓中间有口皆碑。

刘虞的成功却让公孙瓒坐不住了。

公孙瓒的基业是打出来的，在他看来，武力是解决问题的最佳手段。可刘虞却想通过仁政招揽人心，如果仅仅靠政治手腕就让敌人投降了，他们这些武将存在的意义在哪里呢？他们又靠什么借口继续扩大自己的兵力呢？所以这是公孙瓒绝对不能接受的，刘虞的做法从一开始就跟他的想法背道而驰。

况且公孙瓒在幽州征战，这么多年出生入死，仅仅换来一个"都亭侯"的虚名而已，到现在还是长史身份，比起刘虞位列"三公"的待遇实在差了太远。这当然让公孙瓒心里不舒服，认为刘虞是凭借汉室宗亲的身份抢了自己的胜利果实，现在更通过收买人心来抢夺幽州的控制权。

公孙瓒是死人堆里爬出来的狠人，有怨气不会憋着，说动手就动手，早在平定张纯叛乱的时候，他就在暗地里搞小动作，破坏刘虞的政策。

当时刘虞正在跟乌桓各部落首领联系，晓以利害，希望他们杀掉张纯，归附朝廷。这些首领们动心了，都派出使者去跟刘虞沟通，公孙瓒却派人半路拦截，杀掉这些使者，使他们归附朝廷的举动延后了很久。

当然，乌桓首领最后还是成功联系到了刘虞，归附了朝廷。

刘虞知道真相以后，出于大局考虑，没说什么，也没报告给朝廷。

但两人之间的矛盾是路线斗争，不可调和，在后来的历次战争中，两人的想法处处相反，矛盾也越积越深，幽州的统治阶层就在两人的冲突中彻底分裂了。

现在袁绍和袁术同时组建自己的军事集团，刘虞和公孙瓒就成了他们争相拉拢的对象。

袁绍集团建立

十三路诸侯的分崩离析让袁绍等人十分失望，他们事后分析这次失败的原因，普遍认为一个主要原因是皇帝被控制在董卓手上，导致关东诸侯的行动名不正言不顺。

为了解决这个尴尬的问题，袁绍、韩馥和他们的盟友想出一个最直接的办法——另立一个新皇帝。

他们选中的人就是刘虞。

汉室宗亲虽然人数众多，位居高官、形象亲民、声望又足够高的却没有几个。放眼望去，显然刘虞是最适合的人选。

而且刘虞还统治着幽州，袁绍、韩馥等人拥立他以后，幽州和冀州就连成一片了，实力远远超过其他集团。

所以袁绍、韩馥和他们亲近的几个诸侯都对这个提议非常热情。

目前几个重要诸侯里面，只有袁术态度不明，袁绍就写信劝说他。

袁术的回复却很干脆——你休想。

袁术是个心眼很多的人，早就在打自己的小算盘了：目前大家都已经看出汉家气数已尽，新朝代的来临不可避免。谁能接过汉家衣钵，成为天下的新主人呢？目前看来，他们袁氏的人最有希望。而袁氏的首领是谁呢？论身份，论地位，当然是袁术。

所以袁术一心希望汉家基业尽快崩塌，好让自己来捡便宜。要是像袁绍计划的那样，立一个新皇帝，还是刘虞这种声望极高的新皇帝，等于是在给汉家续命，袁术当然不乐意。

袁绍碰了个钉子，索性就抛开袁术，直接派人去联络刘虞，请求他接受皇帝称号。

不料刘虞板着脸把袁绍的使者臭骂了一顿。

刘虞一心忠于汉室，也特别在乎自己的名节，当然不会参与这种犯上作乱的阴谋。何况任何人都看得出来，袁绍等人不过想立个傀儡皇帝，方便自己争夺地盘而已，刘虞有什么理由去给他们抬轿呢？

袁绍碰了这个钉子，没办法，只好放弃了立新皇帝的打算，也就暂时放弃了跟董卓较劲的打算。

这样一来，袁绍的盟主身份当然也不可能保留了。袁绍这人虽然有巨大的声望，却没有胸怀天下的格局。既然已经抛掉了盟主身份，他也就不必端着盟主的架子了，索性跟一个普通军阀一样，开始四面出击，从别人手上抢夺地盘。

他的第一个目标就是冀州。

冀州牧韩馥虽然在重重压力下被迫表态支持袁绍，但他内心是极度抵触的，所以一直想办法给袁绍使绊子，例如扣减军粮等，希望袁绍的扩张之路走得不那么顺利。

袁绍当然也根本没想过跟韩馥长期合作，强迫韩馥交出冀州是他的既定计划。

而要压服韩馥，以袁绍目前的实力有些困难。

袁绍的手下逢纪向他建议：可以暗中联络幽州的公孙瓒，让他以讨伐董卓的名义带兵来冀州。韩馥的兵力在公孙瓒面前不堪一击，听到公孙瓒大军来冀州的消息，韩馥一定会惊慌失措，这时候袁绍再派说客去劝说韩馥把冀州交出来，让袁绍替他抵挡公孙瓒，他一定会答应。

袁绍照着做，派人去跟公孙瓒一说，公孙瓒果然马上答应下来。公孙瓒打着讨伐董卓的旗号就来到了冀州，跟袁绍等人联络，摆出了联手瓜分冀州的架势。

袁绍的说客同时也到了韩馥那边。韩馥是个十分平庸的人，已经被公孙瓒大军的气势吓破了胆，再加上他本身是袁绍的门生故吏，按当时人们的道德观，门生故吏几乎就是半个家奴，有义务服从主人家的安排。所以，最后在说客软硬兼施的说辞之下，韩馥缴械投降，同意把冀州让给袁绍。

于是袁绍硬抢到了冀州牧的职位，拥有了一块庞大的根据地。

袁绍占据冀州可以说是一次意外事件。韩馥手上掌握着大量精兵强将，比袁绍手下那支刚建立的军队更有底蕴，比他们的军容、军纪和战斗意志更胜一筹。以当时袁绍的实力，如果要硬拼，未必是韩馥的对手。

从以下这个例子可以看出双方的差距：

当时韩馥手下的将领赵浮、程奂率领数万兵马驻扎在孟津，韩馥要出让冀州的消息传来，他们被迫撤回邺县。他们憋着一肚子火，半夜经过袁绍的营地的时候，故意大声鼓噪，向袁绍的军队示威。袁绍无名火起，但也没办法，只能任凭这几万狂怒状态的大军从自己身边呼啸而过。

这些人回到邺县以后，马上向韩馥请求袭击袁绍军队，韩馥还是不听，坚持要送冀州，最后"将熊熊一窝"，白白把冀州交到了袁绍手上，几万生龙活虎的冀州军队也被迫放下了武器。（冀州兵马号称"带甲百万"，但显然是严重夸张的说法。）

冀州是人口众多、位置极端重要的大州，当年光武帝就是凭借这里开始了争夺天下的征程。袁绍抢到冀州，是一个极其有利的开局，为他以后称霸黄河以北打下了良好基础。

至于韩馥，他实在是个非常懦弱的人。让出冀州以后，他本来逃到了陈留太守张邈那边去躲避，算暂时安全了。可不久以后，袁绍的使者去拜见张邈，两人私下商议了一些话，韩馥以为他们准备暗害自己，惊恐莫名，就自杀了。

向洛阳进军

袁绍的动作还是慢了一步。正当他在冀州跟韩馥、公孙瓒等人斗智斗勇，苦心孤诣建立自己的集团的时候，袁术集团早已经整装待发，开始了抢占地盘的征程。

袁术集团的战略目标很清晰：先占据荆州北部，卡住洛阳的门户，趁关东诸侯群龙无首的时机抢先杀入洛阳，把中原核心地带控制下来，然后反手攻打刘表，拿下荆州，再跟东方的袁绍死磕。

所以他们暂时放过刘表，全力以赴准备对董卓的战争。

杀入洛阳听起来很困难，不过袁术这边占据着一个巨大的优势——洛阳是一座根本无法防守的城市。

袁术和孙坚所在的鲁阳在洛阳以南，到洛阳直线距离二百里，中间没有任何天险和关隘，从鲁阳出发，大军一天之内就可以直达洛阳城下。

同时，黄河以北的袁绍，以及东部的关东诸侯，都在威胁着洛阳。虽然他们是一盘散沙，毫无战斗意志，但董卓也不敢冒险撤掉对他们的防御。

所以洛阳处在三处近距离敌人的夹攻之下，根本无险可守。

而袁术等人背靠着后方广阔的地域，补给充足，战略纵深足够，进可攻退可守，地形上占据巨大优势。

董卓早已看到了这一点，所以才发狠把洛阳军民整体迁走，只留一座空城给军队驻扎。

董卓这样的做法，实际上是主动放弃了对洛阳的防御，当然有利于孙坚的大军突进。

听说孙坚准备进军洛阳的消息，董卓也坐不住了，赶忙派大将徐荣前往拦截，关中那边的朝廷也派出李傕、郭汜的军队前来援助，双方合兵一处，在梁县撞上孙坚的军队，展开一场大战。

徐荣是董卓手下一等一的将领，不久前曾经在汜水大破曹操，李傕、郭汜也是让关东诸侯闻风丧胆的猛将，双方合力，势不可挡。

当时孙坚的军队刚从鲁阳行进到梁县，还没做好战斗准备，不料徐荣的军队突然杀到，孙坚只能仓促应战。

一交手才发现，董卓的兵马果然凶悍，孙坚的军队被杀得人仰马翻，险象环生。

孙坚带着手下数十骑拼死冲杀，冲开敌人的包围圈，夺路而逃。

徐荣的人在后面紧紧追赶。孙坚发现，不管自己逃向什么方向，他们都能很快追来，一想，原来是因为自己头上戴的红色头巾太显眼。于是他把这头巾摘下让手下祖茂戴着，两人分头逃走。徐荣的人都去追祖茂了，孙坚这才逃脱。

这一仗极其惊险，不过孙坚是天不怕地不怕的性格，并没有因此受到打击。逃脱追兵以后，他收集散兵，退到附近的小县城阳人，继续抵抗。

董卓听说以后，又派出吕布、胡轸带着五千兵马围攻阳人。

可董卓这次失算了，他的集团内部根本不团结，各个派别钩心斗角，所有的矛盾，终于在这次阳人之战暴露了出来。

外界对于董卓集团内部的纷争并不了解，史书也没有直接记载，但从各种迹象来分析，我们可以猜测：以吕布为首的并州势力，和董卓手下原来的凉州兵马，从来没能整合到一起。双方谁都不服谁，一直有矛盾。吕布本身又是一个头脑简单的浑人，他根本不懂得在两个帮派之间调解，反而常常冲在搅局的第一线，进一步引起矛盾激化。

攻打阳人的这一次，由凉州出身的大将胡轸率领，吕布充当他的副手，还带上了乱哄哄一大堆将领。这些将领可能都是来自不同帮派，平时就不和睦，这样的安排本身就是在制造矛盾。

果然，军队一出发，胡轸就阴阳怪气地说："我们这支队伍乱得不成体统了！这次出征，一定要斩个高级军官给大家看看，大家才能稍微收敛一些！"

吕布等人听到这话，私下恨得咬牙切齿，已经存了心要跟胡轸为难。

军队开到离阳人几十里的地方，天色已晚，胡轸命令大家就在这里扎营，第二天再出击。

吕布他们却在军营里散布谣言，说："阳人城里的反贼已经逃出去了，应该赶紧追击，不然就让他们跑了！"

胡轸没办法，只好临时改变计划，带领军队连夜开到阳人城下。

到了阳人城下一看，城头上红旗招展，武备森严，哪有一点弃城逃跑的样子？

胡轸手下的军士们就有点慌了，怀疑是中了敌人的诱敌深入之计，再加上连夜行军，没有丝毫休息，队伍疲惫不堪，又找不到可以防守的营垒，大家开始人心惶惶了。

吕布等人又大声喧哗："不得了！敌人冲出城来了！"其他各路将领都跟着鼓噪。

军营中最怕半夜哗变，喧哗声很快传遍了整座军营，人们心惊胆战，顾不得什么军纪，纷纷抢夺战马，仓皇逃窜，一时间人人哭爹叫娘，互相践踏，胡轸也约束不住。城里的孙坚等人再趁势杀出来，顿时形成了一边倒的大屠杀，胡轸的军队被杀得溃不成军，遭到一场惨烈失败，大将华雄也在乱军中被杀了。

孙坚依靠阳人之战的胜利彻底扭转败局，打通了进军洛阳的道路。

抛开史书上一些夸张的描写，我们可以看到，阳人之战是一场纯粹由董卓集团内部矛盾引发的败仗。从军事上来说，这场败仗来得完全不应该，但从董卓集团内部的政治形势来说，这样的失败是必然的。

董卓始终没能把手下各派势力整合到一起，这是他最终失败的直接原因。

为什么会这样？一个可能的原因是：董卓集团扩张得太快了！

董卓集团的基本班底是他在凉州建立的嫡系部队，进入洛阳以后，董卓又迅速收编了丁原、何进等人原来的部下，形成了一支帮派混杂、内部矛盾重重的新军队。这支军队只会打仗，不会治国。为了接管朝政，董卓又吸纳了士大夫集团的一部分势力，加上洛阳本来就是政治中心，各派势力混杂，这些人乱哄哄挤进董卓集团以后，进一步加剧了董卓集团内部的撕裂。

而以董卓的威望，他根本无法把这些势力黏合到一起，只能眼看着他们分裂自己的团队。

对于这样的局面，董卓也心知肚明，但他无可奈何。他唯一能做的，就是把整个集团搬回关中，强迫各路势力在关中抱团，通过足够长的时间，消弭掉内部纷争。

所以董卓集团才会在面对孙坚的时候表现得如此不堪一击。

不料这时候却传来一条让孙坚大为光火的消息：袁术拒绝发军粮！袁术集团的内部矛盾也显露出来了！

收复洛阳，孙坚的最后辉煌

孙坚直接爆发，不顾前线的军情，亲自冲回鲁阳，当面质问袁术："末将在前方冒着生命危险为国家讨贼，将军到底听了什么人的谗言，竟然出此下策，要置前方将士于死地？"

袁术支支吾吾说不清楚。

袁术虽然出身于世家大族，却是个格局特别小的人，大规划没有，小算盘打得震天响。看到孙坚即将攻入洛阳，他开始有些担忧起来，又听到周围一些人的闲言闲语，他不禁在心里打鼓：自己在后方千辛万苦支持孙坚，现在让他取得收复洛阳的大功，万一他翻脸不认人，割据自立，自己不是白白成就了他的功名吗？

但袁术还有些犹豫，所以他先不发飙，只是扣着军粮，看孙坚怎么反应。

现在听到孙坚一番义正词严的申斥，袁术又有些后悔起来，赶忙赔礼："都是身边小人蛊惑我，将军不要生气。"连忙把军粮发了出去。孙坚这才返回了前线。

经过这么一折腾，袁术集团内部的分裂也暴露出来了。对于他们的竞争者来说，这实在是一个好消息。

洛阳那边，前方军队大败的消息传来，董卓也受到严重刺激，他感到洛阳确实守不住了，只好放低身段，派人主动向孙坚求和，甚至提出联姻的请求。

孙坚当然不上当，现在他没有任何理由跟董卓媾和，所以直接把董卓的使者骂了回去，同时加快了进军洛阳的进程。

在东汉末年军阀混战的乱局中，孙坚算得上是比较有家国情怀、比较有正义感的一个人物。在众人都忙着自保的时代，他心里还记挂着汉家社稷——当然，不代表他没有私心，只是相对于其他军阀来说，他的正义感常常能压过私心，促使他站在天下为公的角度去看待问题。

但孙坚忽略了这样一个事实——他已经太成功了！以至于没有任何人希望他继续成功，包括袁术！他已经独自站在了高高的山顶，顶着猎猎寒风。乱世之中，这样的处境是很危险的！

也许这一刻孙坚适当地缓一缓，跟其他诸侯一样，饮酒高歌，坐山观虎斗，反而是明智的选择。

孙坚却没有停下脚步！他选择继续战斗，继续开向洛阳。

董卓集团的战斗意志已经彻底瓦解了，既然大家都看到董卓把整个团队都搬到了关中，那还保卫洛阳干什么呢？只需要象征性地抵抗一下就是了。

从阳人到洛阳的路程，孙坚几乎没有遇到像样的抵抗，敌人全部一触即溃。最后董卓甚至亲自带兵冲上前线，但同样很快败下阵来，董卓只好让吕布防守洛阳（阳人之战过后，董卓依然对吕布极度信任，从侧面说明史书上关于阳人之战的记载有很多道听途说的成分），自己带人边打边撤，逐渐撤向了关中。

董卓一走，剩下的兵马更加没有战斗意志了，吕布守不住洛阳，很快被孙坚赶走。洛阳城在被董卓悍匪集团控制了两年之后，终于重获自由。

可惜东汉的洛阳已经不存在了。

那是怎样的一片废墟啊！经过董卓的野蛮"迁都"之后，洛阳早已经没有了人烟。董卓大军撤走之前，又让人大肆破坏。现在的洛阳，举目四望，只剩下遍地瓦砾，以及三五处闪烁的烟火，别说亭台楼阁消失不见，就连一条能走的街道都没有了。

东汉王朝二百年构筑的繁华烟消云散，汉家社稷再要复兴，难了！

孙坚看着面前满目疮痍的场景，悲从中来，忍不住流下了热泪。

他让军士们到城里四处查看，修补那些损坏还不算太严重的宫殿和庙宇，又花了几天时间把皇宫打扫出来，把汉家宗庙重新修葺了一下，还将被董卓悍匪集团挖掘破坏的皇家陵寝一一填埋。

刚做完这些工作，忽然有下属报告：城南的甄官井上有五色云气腾起，引起军士惊慌。

孙坚让人到井里探察，捞出来一枚玉玺，上面篆着"受命于天，既寿永昌"——赫然是传国玺！

大家猜测，当年诛杀"十常侍"的时候，张让等人劫持天子出奔，掌玺的官员可能没有跟上，又怕玉玺被人夺走，便把这枚传国玺投进了井里。

传国玺失而复得是好事，可孙坚却陷入了沉思——

现在大家都已经看到，汉家基业几乎不可能再复兴了，下一个真龙天子会是谁呢？自己刚刚收复洛阳，立下了不世奇功，又替汉家扫除宗庙，于国于民都有大功，理应受上天褒奖。为什么传国玺不早不晚，偏偏在这个时候出现，又偏偏落在自己手里呢？难道上天在暗示什么？

忠勇如孙坚，这时候也难免胡思乱想起来。之后很长一段时间，"受命于天"几个大字总在他眼前浮现，挥之不去，他的情绪也不免浮躁起来。

不过眼前的事业还没完成，"天命"的梦想还只能藏在肚子里。整顿完洛阳的秩序以后，孙坚派出一部分兵力向西，继续追击董卓的残兵，自己则带领兵马回到了鲁阳。

尽管竭力保密，孙坚获得传国玺的消息还是不胫而走，诸侯们听说以后都在暗地里窃窃私语。

袁术见到孙坚，态度也是十分暧昧。一方面心不在焉地夸赞他"为国锄奸"，立下了巨大的功劳；另一方面又皮笑肉不笑地告诉他：最近大家都在把矛头对准你，袁绍那个竖子，甚至另立了一个"豫州刺史"，现在正盘踞在豫州的阳城，这事得赶紧解决。

于是孙坚马不停蹄地又奔向豫州，跟袁绍的豫州刺史周昂打了一仗，把周昂赶跑了，宣示了袁术集团对豫州的主权。

回来以后没多久，袁术又告诉他：刘表盘踞荆州对我们是巨大威胁，这处威胁也得尽快解除。于是孙坚来不及休息，又奔向荆州攻打刘表去了。

打刘表并不难，刘表占据的地域虽然广阔，但他手下军队的战斗力并不强，跟刚从洛阳前线回来的孙坚军队没法比。

刘表派黄祖迎战，孙坚没费多大力气就攻破了他的防线，一路追杀，一直推进到襄阳城下。

襄阳是荆州治所，是刘表驻扎的地方，孙坚的到来让刘表集团惊恐万分，黄祖连夜出城搬救兵。

孙坚采用"围城打援"的方式，先不攻城，只埋伏在附近，等黄祖的救兵来到的时候，在城外拦住截杀。黄祖他们被杀得狼狈逃窜，一直逃进了附近的岘山。

孙坚来不及细想，亲自到岘山中追击黄祖。

黄祖却早有准备，在竹林中埋伏下弓弩手，趁夜色掩护，射杀了孙坚。

这是袁术集团由盛而衰的转折点！

从公开的信息来看，孙坚身亡是纯粹的意外事件，但这次意外造成的后果非常严重。

这使袁术集团的荆州战略遭受重大打击。

虽然之后由孙坚的侄儿孙贲统领了孙坚的原班人马，继续在袁术手下听命，但袁术再也找不到一个像孙坚那样的猛将了，只好撤走前方军队。袁术集团争夺荆州的步伐被迫停了下来，从此以后，再也无法挤走刘表集团了。

这造成的结果就是，袁术集团被卡在荆州和中原之间，四面受敌，没法扩张，战略形势极度尴尬。

同时，北方的袁绍集团正在飞速发展，跟袁术集团形成正面竞争的态势。双方的争斗愈演愈烈，从口水战逐渐升级到外交战。袁术甚至写信给别人说：袁绍不是袁家的人，是不知哪来的野种。这让袁绍怎么忍？两个集团开始了一场殊死搏斗。

两大集团的对决

袁绍为了吓唬韩馥，让公孙瓒假装进攻冀州，成功把冀州夺了过来。没想到，公孙瓒虽然行动是假，抢夺冀州的心却是真的。

韩馥的地盘被吞并以后，公孙瓒和袁绍的势力范围直接相邻，两人又都急着扩张，双方的矛盾便立即显露出来。

但当时公孙瓒忙着在青州扫荡黄巾军（张角等人起义失败后，黄巾余部一直在青州等地战斗），暂时没跟袁绍正面冲突，只是暗地里跟袁术勾搭，共同压制袁绍集团，还派自己的弟弟公孙越去袁术那边帮忙。

袁绍趁孙坚攻打洛阳的时候，派手下将领占了本来属于孙坚的豫州阳城。孙坚从洛阳回来以后，怒不可遏，在袁术的挑拨下去攻打阳城。

袁术还怕袁绍的敌人不够多，又派公孙越去帮助孙坚——挑拨离间的意图实在过于明显——不久以后，在攻打阳城的战役中，公孙越中流矢，意外身亡。

战场上有伤亡本来是很正常的，何况本来就是公孙越主动去攻打袁绍的军队，而且公孙越是乱军中意外身亡的，按理不该怪到袁绍头上。

公孙瓒听说以后，却暴跳如雷，借题发挥说："我弟弟是被袁绍害死的！"于是他在打败了青州黄巾军以后，就把军队开到冀州，找袁绍报仇。

袁绍只好把目光从袁术那边移回来，亲自带兵，迎战公孙瓒。

公元191年冬，双方在冀州南部的界桥摆开阵势，一场大战一触即发。

这是关东诸侯之间的第一次大战，吸引了全天下的目光。

论实力，公孙瓒明显占上风，他带着三万兵马，其中许多都是在幽州征战多年的精锐之师，包括威名赫赫的"白马义从"。

袁绍的兵力却明显少得多，战斗经验也差了许多。

更重要的在于，公孙瓒的军队以骑兵为主，袁绍的军队却全是步兵，步兵挡骑兵，历来是军事上的难题。

公孙瓒把一万骑兵分布在左右两侧，中间是步兵方阵。袁绍一方则让大将麹（qū）义带领八百精兵伏在盾牌后，挡在阵营前面，后面是一千弓弩手，袁绍自己带着上万主力在后方。

公孙瓒仗着自己的骑兵很威猛，战斗一开始，就指挥骑兵冲锋，一万骑兵卷起漫天尘埃，轰鸣着冲向袁绍军队。

就在他们即将撞上盾牌阵列的时候，埋伏在盾牌后的八百死士猛然跳出，狂吼着砍了上来，身后弓弩手同时发动，箭如飞蝗，遮天蔽日。

公孙瓒军队冲在最前面的战马应声倒地，后面的战马挨个撞上来，军士自相践踏，阵容大乱，迅速崩溃。

麹义乘胜追杀，追了二十里，最后冲进公孙瓒大营，砍倒他们的旗帜。公孙瓒军队乱成了一团，步兵、骑兵分头逃窜。

随后却出了一桩意外。

袁绍在后方督阵，身边只带着一百多名持戟卫士和一些弓弩手。听说前面已经大胜了，袁绍让身边的士兵们解鞍息马，坐在地上休息，没想到公孙瓒的一支两千多人的骑兵分队突然杀到，把他们包围了。

当时情况极端危急，敌军在外面重重包围，矢石如雨。手下劝袁绍赶紧躲进营垒后面，袁绍气冲牛斗，把兜鍪脱下来往地上一扔，大吼道："大丈夫应当战死沙场，何必躲避？"继续指挥弓弩手拼死抵挡。

敌人看到他们十分顽强，又不知道袁绍本人在里面，便没有硬闯。后来麹义的队伍来到，才把袁绍救了出来。

经过这一场大胜，袁绍威名远扬，终于在冀州站稳了脚跟。公孙瓒则受到重大打击，不仅军队损失惨重，白马义从全军覆没，在讨伐黄巾军时积累起来的自信更是荡然无存了。

这场战争拉开了双方一系列冲突的序幕，之后一段时期，双方又爆发了巨马水之战和龙凑之战，互有胜负。公孙瓒又跟南阳袁术、徐州陶谦等人联合起来，共同威逼袁绍，而袁绍则和曹操结盟。

这时候，逐渐形成了"袁绍、曹操、刘表"与"袁术、公孙瓒、陶谦"两大阵营对决的局面，两大阵营的带头人分别是袁绍和袁术。

随着时间推移，袁绍这一方的优势逐渐加大。

公孙瓒被压制在幽州，跟刘虞的内部矛盾又很严重，受到拖累，始终没法向南发展，逐渐被弱化成了一支边缘势力，失去了进军中原的能力。

袁术则被孤立在南阳，受到曹操、刘表的夹攻，势力范围一步步被蚕食，日子越来越难过。

另一边，袁绍把公孙瓒堵在幽州以后，南边的青州、并州、兖州几个地区便出现了明显的真空状态。之后几年，袁绍通过种种手段，成功把这几个大州都纳入了自己的控制范围，终于成长为黄河以北首屈一指的大型割据势力。

在两大阵营对决的过程中，许多中小军阀被裹挟着加入战团，这些军阀集团势力单薄，犹如风雨中的孤舟，摇摇摆摆，在两大阵营的碰撞中艰难寻找生存空间。

其中最重要的一支是刘备集团。

刘备和他的兄弟们

刘备，字玄德，幽州涿郡涿县人。

他也是汉室宗亲，是西汉中山靖王刘胜的后人。但这个年代西汉皇族的后人已经太多了，根本不值钱，所以他们这支到刘备这一代已经没落了。

刘备的爷爷只是个县令，刘备的父亲早逝，留下刘备母子，生活艰难，以织席卖鞋为生。

虽然生活艰难，刘备却生性豁达，志向不凡。据说他小时候和同村小孩在一棵大树下玩，刘备指着枝繁叶茂的树冠说："我以后要乘坐这样的华盖车（皇帝专用的车）。"

十五岁那年，刘备通过家族关系，成功拜到九江太守卢植门下。这是一次重大机遇，刘备在卢植那边虽然学问没学到多少，却结识到一些重要的朋友，包括后来盘踞幽州的军阀头领公孙瓒。

跟大多数乱世豪侠一样，刘备从少年时就放浪不羁，对读书做学问没兴趣，只喜欢与各色人等结交，涿郡一代的贩夫走卒、少年游侠，很多都是他的铁哥们儿。当时有两个商人张世平、苏双经常往来于涿郡贩马，也跟刘备混得很熟，两人赠送了他不少金帛，成为刘备最早的资金来源。

在这些哥们儿里面，有两人跟刘备最亲密，分别是河东关羽、涿郡张飞。两人跟刘备情同兄弟，平时出则同行，入则同寝，简直形影不离，以至于在后世留下了"桃园三结义"的传说。

关羽、张飞都有万夫不当之勇，是乱世中绝对珍稀的人才。刘备出席各种场合的时候，他们都跟在身后，作为刘备的保镖，从来没有任何抱怨；刘备四处征战的时候，他们又作为将领统领军队，为刘备建立自己的基业立下了汗马功劳。

在刘备看来，他们就是自己的手足，甚至比妻子儿女更重要，三兄弟的情谊值得用生命去维护。

当然，刘备最后会为这段情谊付出惨烈代价，那是后话了。

黄巾起义的消息传来，刘备觉得自己等待多年的机会来了，作为帝王世胄，他从来不甘心沉沦，一直在等待建功立业的机会。所以他马上拿出这些年积攒的所有钱财，招募了一支小小的军队，跟关、张两个兄弟一起，带着这批人马，加入了围剿黄巾军的战团。

东汉朝廷已经被黄巾军吓得手忙脚乱了，凡是有民间武装去围剿反贼的，朝廷都支持，都给封赏，所以让刘备这样出身于草根又心怀异志的枭雄找到了上升的门路。

果然，乱世立军功是上升的捷径。刘备先在讨伐黄巾军中立下功劳，后来又参与讨伐张纯叛乱，两次军功合并到一起，朝廷给了他一个安喜（冀州中山国的一个县）县尉的官职。

虽然职位特别低，但也为他打开了通向上层社会的大门。这是刘备踏入官场的起点，接下来就要靠自己的政绩和手段来实现步步高升了。

不承想，灵帝末年的朝廷非常不厚道，看到各处叛乱都平息了，竟然卸磨杀驴，发下一道诏书：前几年依靠军功封官的，官职全部撤掉。

刘备听到消息以后，忐忑不安。

一天，上级的督邮（郡、国里面的官员，主要职责是代表太守到下面去巡查，以及宣布政令法规等等）忽然来到县里传达命令，就住在政府的客栈里。

刘备猜测这个督邮是来宣布解聘自己的，便大着胆子到客栈去求见督邮，想探探口风。

没想到吃了闭门羹，督邮根本不见他。

本来就憋了一肚子火的刘备这下彻底发作了，直接带着手下兄弟们闯进客栈，把督邮从床上拎起来，拖到外面，绑在树上，拿鞭子抽，抽了二百多鞭，直到督邮哭爹叫娘，这才作罢。

刘备知道自己的做法已经等同于造反，随后就扔掉县尉的绶带，弃官逃跑了。

幸好这时候的东汉政局已经一片混乱，没人来追究这样一件小事，刘备怒鞭督邮的事就这样过去了。

后来刘备又因为讨贼有功被封官，但都是芝麻绿豆的小官，干了没多久他就辞掉了。

董卓篡夺朝政，关东豪杰群起讨伐，又一次让刘备看到了机会。他也跟曹操一样从洛阳逃到关东，在那边招兵买马，号称要讨伐董卓，但他势单力孤，终究成不了气候。

论起兵的时机，刘备跟曹操、袁绍一样早；论眼界，曹操、袁绍看到的机会，刘备也看到了，也果断出手了，结果却天差地远：为什么会这样呢？

刘备最大的问题在于他出身于社会底层，缺少高层的人脉资源。虽然他朋友众多，但这些人也属于社会中下层，能帮到他的地方有限。

东汉社会又特别看重门第出身，一个底层出来的平民，不管怎么努力，都很难有上升机会。朝廷给刘备封县令级别的官职已经算额外开恩了，除此以外，真的不能再指望更多。

再说，如今世道昏乱，贵族弟子想通过做官出头都已经基本没可能了，何况小小的刘备呢？

刘备想来想去，现在唯一能利用的关系只有跟公孙瓒的所谓"同学情谊"，于是他只好厚着脸皮去投奔公孙瓒。

对于公孙瓒来说，刘备这种小军阀来投奔，他当然欢迎，所以给了刘备一个"别部司马"的官职（一种低级军官，孙坚曾经担任过）。当时公孙瓒和袁绍正在冀州、青州等地展开激烈争夺，公孙瓒就让刘备去青州，跟自己的将领一起抵抗袁绍的进攻。

刘备知道这是来之不易的机会，所以尽心尽责，他跟青州刺史田楷（公孙瓒封的青州刺史）一起努力抵挡袁绍，取得了不错的成绩，因此被公孙瓒任命为平原相，负责管理平原郡（青州西部的一个郡，处在公孙瓒和袁绍争夺的焦点上）。

到这时，刘备才总算在乱世中找到一个属于自己的位置了。

平民刘备的艰难上升之路

刘备这一路走来，磕磕碰碰，非常不容易。他也知道自己起点比别人低，所以比别人更加努力，任何事情都尽力去办好。

他一直在思考自己的定位，乱世之中，凭自己这点资源，怎么才能混出点名堂？

刘备为自己开出的药方，首先是打出"仁义"旗号。

他没有别的优势，只能放低身段，与人为善，所以他给自己树立了一个"仁厚长者"的人设。

他总是按照传统道德里面"正人君子"的标准去要求自己，行得正，立得直，坦坦荡荡，正大光明。

他对人宽厚仁爱，身边的人总能感受到他的关怀。他平易近人，即使普通百姓都可以和他同桌而食，同席而坐，所以下层民众对他总有一种特殊的亲近感。

这些品质类似于同样是汉室宗亲的刘虞。"汉室宗亲"这个身份，使得他们永远存在基本的道德底线，永远比别的军阀更克制自己，更善待百姓。

事实证明，刘备这个定位是正确的。随着时间推移，他"仁厚长者"的名声逐渐传播开来，他成了天下知名的贤良人士，不管在统治阶层，还是在民众中间，他都拥有良好的形象。这种良好形象，使人们自动提高对他的信任而降低对他的防备，所以往往在关键时刻会为他打开便利之门，使他获得一些意外的机会。

刘备知道自己缺少人脉资源，所以特别在意结交各路豪杰。

他对那种正直、忠勇、才能卓越的人物有一种近乎狂热的喜爱，一旦遇到，他就马上靠过去，用尽全力去结纳。

例如，他在公孙瓒那边见到赵云，顿时被赵云的风采迷倒，就找各种机会和赵云结交，两人很快成为好友。

后来，赵云因为家里兄长亡故，要回去奔丧，刘备怕他这一去就不再回来了，所以牵着他的手不愿松开，难舍难分。

赵云也非常感念刘备的知遇之恩，他这次确实准备离开公孙瓒，不再回来，但他已经下定决心跟着刘备，所以对刘备保证："一定会报答你的恩德。"这才离去。

后来赵云果然又找到刘备，两人感情更加深厚，甚至同床而眠，交谈到深夜。赵云从此也成为刘备的左膀右臂，一生辅佐他。

黄巾余部攻打青州的北海国，北海国形势危急，国相孔融紧急派人向刘备求救。刘备很惊讶地说："孔融这样的人竟然知道世上有刘备！"马上派出三千精兵去救援，帮他们解了围。因此他也跟孔融这一支势力搭上了关系。

刘备就是这样，抓住一切机会，在乱世中尽最大努力去拓展自己的人脉资源。

但这个过程实在太苦，太苦。刘备的前半生，都耗在苦苦拓展人脉的路上了。

像袁绍、曹操那样出身豪门的人物，振臂一呼，就有大批豪杰来投奔，排着队让他们挑选。

而刘备，只能尽量去结识更多的人，然后从中间寻找一个个可用的人才。这样的效率完全没法和曹操他们比，找到的也往往是社会中下层的人物，带不来上流社会的资源，而且还得人家愿意跟你结交才行。

所以刘备耗尽了半生，回头一看，真正紧紧跟在自己身后的，也就是关、张两兄弟，外加一个赵云而已。

这样的团队，能成什么事呢？

随着时间推移，起步非常早的刘备，却发现自己无论怎么努力，都追不上曹操他们的脚步，甚至被远远落在了后面。

公元191年，而立之年的刘备，满心的迷茫。

第四章　被劫持的汉室朝廷

董卓的暴虐统治

正当关东诸侯为了争地盘打得头破血流的时候，一条爆炸性的消息从关中传来——董卓被杀，长安的朝廷大乱！

董卓其实一直都很清楚自己的处境，从关东讨董联盟成立起，他就已经做好了放弃洛阳、退守关中的打算。

他并不是没有野心，只是他以一个凉州军阀的身份，想一口吞掉整个大汉帝国，实在力不从心。

要知道，现在的大汉帝国已经不是一个真正的中央集权国家了，中央政府的权威已经大大减弱了，相反，地方军阀却具有相当大的独立性。

所以董卓即使吞掉了中央政府，也只能控制住关中和洛阳周边而已，其他地方根本不会听他号令。如果想控制整个国家，就需要经过长期战争，挨个消灭地方上的各个诸侯。

这个任务，董卓可能终其一生都无法完成。

那么，与其在洛阳跟关东诸侯们大眼瞪小眼，不如收缩战线，把自己的势力全部缩进关中，先保证安全再说。然后以关中为根据地，通过足够长的时间，弥合内部纷争，打造出一个稳固的西部帝国。

等若干年以后，万一时来运转，还可以效法当年秦灭六国的步骤，再次出关争夺天下。

所以他把大部分力气都用来布局关中。

现在的关中，已经是一个独立帝国了。董卓基本相当于皇帝身份，他乘坐的是青盖金华车，满朝公卿见到他都要跪拜，朝廷各部门官员也需要到他的太师府去汇报工作，而汉献帝不过是他手上的人质罢了。

当然，董卓也是一个非常懂得享受的人，人生苦短，他并不想把精力浪费在无休止的征战中，他只想赶紧享受人生。

他在长安附近的郿县修筑了一座堡垒，称为郿坞，里面存放着琳琅满目的金银珠宝、四处掳掠来的金童玉女，以及可供食用三十年的粮食。董卓的如意算盘是：即使不能再出关争夺天下，也可以住在郿坞里面，过上帝王般的生活，享受无尽的人间富贵。

仅仅从这些方面来看的话，董卓的规划其实是比较明智的，要这样下去，说不定还真能让他成功建立一个关中帝国。

可惜事情并没有完全按照他的规划走。

董卓是个纯粹的粗人，即使退到关中以后，他也依然用自己粗鲁的方式治国。

从一个例子就可以看出这种"粗人治国"的危害。

董卓在关中发布了一条命令：凡是有"为子不孝，为臣不忠，为吏不清，为弟不顺"这四种罪行的，一律处死，财物没收充公。

这是效仿历代统治者的做法，通过推行"忠孝"思想来规范人们的行为，来维护社会秩序。这种做法本身是没错的。

董卓和他手下的糙汉子们却把好经念歪了，他们根本不懂什么"治大国如烹小鲜"，不懂任何精细化操作的手法。哪天头脑一发热，一条命令发布下去，然后就不管了，随便下面的官吏怎么操作。

下面的官吏根本懒得鉴别，这样一来，只要指控某人"不忠不孝"就可以让他家破人亡。于是就有人拿这些法规来打击报复自己的对手，或者勒索富商巨贾，民间也互相栽赃陷害，无数人因此被冤杀，一时间闹得人心惶惶，人人自危。

经济上，董卓也凭想象胡来。

他发起货币改革，废除五铢钱，铸造严重缩水的小钱。这些钱币很难使用，老百姓集体抵制，以至于很快造成了物价飞涨、市场紊乱的恶果。

这种情况有点类似于当年的王莽，王莽也是凭借无边的想象力和粗人作风治国，乱改货币，以致扰乱了经济。

政治上，董卓依旧继续残暴的作风，对自己的敌人残酷打击报复。

当年征讨凉州羌乱的时候，董卓曾经跟随张温出征，因为迟到，跟张温发生过争吵，这个仇董卓一直记着。

董卓到长安以后不久，就有预言说：最近会有朝廷重臣被杀。董卓怕这个预言应验到自己身上，就想找个人来替他挡掉——当然，找自己的仇人最合适。于是他诬陷张温，说张温跟袁术私下勾结，让人把张温拖到闹市，当众打死。

另一次，董卓从长安去郿坞，公卿百官都到郊外送行，董卓举办宴席招待他们。

宴席上，董卓忽然脸色一沉，让人牵出来数百名战俘，然后当着众人的面处置这些俘虏：先割掉舌头，再戳瞎眼睛，然后砍断手足，扔进锅里煮。这些俘虏哀号着，在桌案间满地打滚。公卿百官个个吓得浑身发抖，董卓却面不改色，自顾自地吃吃喝喝。

种种暴行，在朝廷和民间流传着。人们满怀惊恐地关注着这一切，却不敢发声。

董卓以为，只要让人们怕他，就没人敢反对他。所以他不仅不掩饰自己的暴行，反而要故意曝光出来，让大家恐惧。

在董卓的高压下，朝廷里面人人悚惧，表面上看来，确实没人敢反对董卓了，一个固若金汤的统治集团正在形成中。

恐惧可以压制人们的言行，却无法控制人们的内心。董卓的高压政策越严厉，人们内心的怒火就越炽烈，越会绞尽脑汁去推翻这个杀人狂魔。

一切都在暗地里悄悄酝酿着。

拯救朝廷的努力

王允，朝中老臣之一，出生于并州太原郡的名门望族。

在东汉后期的儒家士大夫里面，王允的经历特别有代表性。

他少年时期饱读经书，又勤习骑射，年纪轻轻就已经在当地很有名气，被誉为王佐之才。

十八岁那年（史书对王允年龄的记载有自相矛盾的地方，不能完全相信），王允被任命为郡里的官员，他刚直不阿，很快参与到士大夫与宦官集团的斗争中。

当时正值两个集团斗争的高峰，士大夫们利用自己掌握的司法权打击宦官集团，把宦官集团里的许多不法分子抓起来了。桓帝想救这些人，就出了一道大赦令，表面上是大赦天下，实际上就是想赦免宦官集团的不法分子。

不料士大夫们已经打疯了，竟然在大赦令下来以后把那些不法分子杀了。

这是公然抗旨。桓帝震怒，从而引发了第一次党锢之祸。

其中的参与者之一，就有太原太守刘瓆，他在大赦令下来以后杀了小黄门赵津（宦官集团成员之一），因此遭到桓帝报复，被处死。

而王允当时就是刘瓆的手下，参与了捕杀赵津的过程。

刘瓆被杀以后，王允极为悲痛，不仅顶着政治压力把刘瓆的尸骨运回他家乡，还在刘瓆的坟墓旁边守护三年才离去。

当时民间舆论一边倒地支持士大夫集团，所以王允的忠义行为为他赢得了极高的声誉。

新任的太原太守叫王球，他收受贿赂，让当地一个著名的地痞到郡里当官。这又惹到了王允，他据理力争，坚决阻拦，跟王球大吵起来。王球便滥用职权，把王允打入监狱，准备杀掉。

这件事传出去以后，舆论一片哗然。并州刺史邓盛也听说了王允刚直不阿的名声，便亲自把王允保释出来，还让他到自己手下当别驾从事。当然，那个痞子最终没能当官。

这之后，王允的名声已经传遍了天下，朝廷里的"三公"亲自征召他，王允便入朝为官，开始进入政坛最高层。

黄巾起义爆发以后，朝廷手忙脚乱地镇压，王允也带兵参与了镇压行动。不料在一次大胜以后，从俘虏手里收缴到一封书信，是张让的宾客写给黄巾军首领的，王允便立即上奏，指控张让跟黄巾军勾结。

张让是宦官集团的首领，"十常侍"之一，把他牵涉进来，非同小可。灵帝把张让召来，严厉责问，张让痛哭流涕地求饶，灵帝又心软了，不再追究这件事。

但张让从此对王允恨之入骨，不久以后就找借口，把王允逮捕下狱。

不料赶上大赦，王允很快被释放了出来。

张让不依不饶，过了几天，又把王允打入监狱。

王允在监狱里面依然硬气，无论怎样都不认罪。有人把毒药拿来，劝他自尽，以躲避酷刑，他朗声说："我为人臣，获罪于君，应该受大辟之刑（死刑）以谢天下，岂能私自求死？"

朝廷里许多人都同情王允，大将军何进、太尉袁隗、司徒杨赐三位最高级别官员联名替王允求情。即使这样，灵帝都不肯赦免他。但灵帝又确实找不出他犯罪的证据，只好一直关着他。

等到第二年，灵帝的气消了，才把王允放出来。一直到这时，王允都没认罪，也拒绝跟宦官合作。之后，为了抵制宦官集团的操控，他抛弃官职，躲避在民间。

王允就是这样一种人：他忠于汉家社稷，敢于跟邪恶势力做斗争；他坚守儒家士大夫的气节，对于自己认为正义的事业，他会坚持到底，绝不低头。

王允的事迹为他带来了巨大的声望，人们把他看作落难的英雄，对他抱以无限同情。灵帝驾崩以后，何进马上把王允召回朝廷，重新任用。但随后就发生了"十常侍"之乱，朝廷落入了董卓的掌控之下。

出乎所有人的意料，董卓掌权以后，王允的气节却忽然消失了。他处处配合董卓执政，表现得无比恭顺，以至于人们都以为：经过这些年的打击以后，王允已经向现实低头，成了一个胸无大志、见风使舵的废物。

这期间，王允也有一些维护国家利益的正义举动，但都是在不跟董卓冲突的方向。例如董卓强迫朝廷迁往长安的时候，王允竭力保护典籍图册，使东汉之前的许多珍贵典籍保存了下来，得以流传后世。

其他时候，凡是涉及董卓自身利益的地方，王允都绝不跟董卓作对。

不仅如此，王允也不跟其他任何势力作对。董卓集团内部暗流涌动，各个派别斗得很厉害，但王允始终摆出"老好人"的姿态，谁都不得罪。

这种态度让董卓十分满意。在董卓看来，王允就是一个有才干又识时务的政坛老油条，他为了荣华富贵，非常愿意服从自己。正好董卓集团缺少政治经验丰富的士大夫官员，所以董卓就让王允替自己料理政务。

董卓在洛阳跟关东诸侯对决的时候，王允在长安负责朝廷运转。王允凭借自己过人的才干和丰富的政治经验，果然把政务处理得井井有条。董卓到长安以后，发现到处都焕然一新，顿时心花怒放，从此把王允当作自己的心腹，朝中事务全都交给他去处理。

董卓却不知道，他完全看错人了。

受到宦官集团打压的这些年，王允确实成熟了，他学会了很多，但并不是学会了明哲保身和为虎作伥，而是学会了隐忍，学会了等待时机。

王允所做的一切，都是为了取得董卓的信任，从而打入董卓集团高层，从最核心的部位去捣毁这个匪徒团伙。

他知道董卓集团最大的问题就是内部各个派别的矛盾，要捣毁这个团伙，就需要利用他们之间的这些矛盾。

他长期在长安料理政务，跟董卓集团的主要成员都有密切联系，这两年，他一直在潜心观察这些成员的一举一动，寻找可能策反的人。

其中，最重要的人是吕布。

这两年，董卓一直让吕布当自己的贴身侍卫，如果能策反吕布，除掉董卓就容易多了。

王允了解到：跟外界普遍的印象相反，吕布跟董卓的关系其实并不融洽。

两人虽然号称情同父子，但只是在相互利用而已。实际上，作为并州帮的代表人物，吕布跟董卓的旧部下矛盾重重，这几年，他在董卓集团内部过得很不开心。

而董卓一直让吕布跟在自己左右当保镖，不让他参与政务。表面上，这是对吕布的信任，实际上却是在防着吕布和并州帮坐大，这种心机，当然让吕布心里憋着一把火。

董卓性格又暴躁，为一点小事就会发火，吕布在他身边没少受气，有时候甚至还会有生命危险。

王允还了解到，吕布跟董卓的一个婢女有奸情，吕布一直很害怕这事儿被董卓发觉。

王允便主动去跟吕布接洽，成功取得了吕布的信任。吕布主动向他坦白了自己跟董卓的矛盾。原来他们的矛盾比王允了解的更严重，几乎已经快要公开翻脸了。

王允试着说服吕布参与暗杀董卓的行动，吕布还有些犹豫，说，我们两人毕竟父子相称，怎么好下手？

王允说："将军姓吕，不姓董，董贼都要杀你了，哪来的父子情谊？"这话给了吕布台阶下，于是两人开始谋划除掉董卓。

同一时期，王允还联络上了尚书杨瓒、仆射士孙瑞、骑都尉李肃等人，组成了一个暗杀董卓的策划小组。

王允伪装得实在太好了，以至于董卓给予他毫无保留的信任，平时把朝政事务都交给他处理，自己去郿坞享乐，这才让王允得以从容组建自己的团队。

最后，他们这些人甚至可能跟汉献帝联络过，暗中得到了献帝的支持。

公元192年四月的一天，献帝大病初愈，朝廷百官一同到未央宫道贺。

吕布依然负责宫里的保卫工作，他跟李肃合谋，暗暗把周围的侍卫换成了自己的人。

时间过了很久，董卓才挺着大肚子摇摇摆摆地来了。

董卓的车驾刚进入皇宫大门，李肃带着十几名武士就从旁边蹿出来，拿着长戟刺向董卓。

现场大乱，董卓跌落到车下，大呼："吕布何在？"

吕布站在旁边，朗声说："我等奉诏讨贼。"

董卓大骂："庸狗，安敢如此！"吕布带着其余武士冲上去，迅速砍死了董卓。

吕布拿出预先准备好的诏书，向董卓的侍卫们宣告："奉诏讨卓，其余人等一律赦免！"侍卫们一听，原来对方名正言顺，也就放弃了抵抗。

宫门周围全被王允的人控制住了，外边的军队也来不及反应，没人来救董卓，只有董卓在现场的三个手下扑上去抚尸痛哭，吕布又杀了这三个人，整个刺杀过程便结束了，比王允他们预想的顺利得多。

董卓这几年几乎把天下人都得罪了，他遇刺的消息传出来，从满朝文武到黎民百姓都大声叫好，长安城里面更是万众欢呼，民众载歌载舞地庆祝，就像盛大节日一般。

王允等人赦免了董卓集团的大部分成员，只有董卓家族的主要成员被杀，郿坞也被捣毁了。

王允等人下令，把董卓暴尸于闹市。当时天气正热起来，董卓又生得肥胖，尸体腐烂以后，没过几天，油脂流得满地都是。有人在董卓的肚脐上点上一根灯芯，竟然烧了好几天才烧完，长安民众看了，个个拍手称快。

最后由袁氏的门生们把董卓的尸首收集起来，一把火烧成灰烬，把这些灰沿路抛洒，这个恶棍的痕迹才终于从世上消失了。

董卓的败亡主要由于他的残暴。恨他的人实在太多了，才让王允得以组织起一个庞大的暗杀集团。这个集团包括朝廷高层、董卓手下的武将，以及董卓最信任的吕布等人，董卓当初哪怕对周围的人稍微多一些恩惠，王允也不可能把这些人组织到一起。

董卓败亡的另一个原因在于他始终没能弥合集团内部的裂痕。王允、吕布、李肃都是并州人，王允显然利用了并州帮派对董卓的不满，策反了并州帮的主要成员，才有了这次刺杀行动的成功。

董卓倒台以后，王允掌握了朝政，但他马上面临一个十分棘手的问题：董卓集团的主要成员还在，如狼似虎的凉州军团也还在，王允只是个儒臣，缺少自己的兵马，怎么辖制这些人？

王允的短暂统治

当前的朝廷早已不是真正的汉家王朝了，汉献帝只是个傀儡而已，真正的最高统治者是董卓。

现在董卓虽然死了，但他阴魂不散，朝廷仍然在他制定的框架内运行，朝中官员也仍然大部分由他的手下担任。

王允本人虽然想推翻这个框架，却有心无力，只能先跟董卓的旧部下共事。

董卓在洛阳招收到的那些部下倒还好说，他们对董卓本来就没有太高的忠诚度，真正难对付的是董卓的嫡系人马——凉州军团的人。为首的是五个中郎将，牛辅、董越、段煨、徐荣、胡轸（徐荣虽然不是凉州人，但属于凉州派系），这是董卓手下的五大猛将。另外还有李傕、郭汜、张济、樊稠、李蒙、王方等军官，地位要低一些，但也个个凶悍。

董卓被杀以后，段煨、徐荣、胡轸先后投靠了朝廷，被王允接纳。

剩下的几人基本都在长安周边领兵，其中，牛辅是董卓手下的头号悍匪，也是董卓的女婿，当时正驻扎在陕县。

目前，牛辅已经成为凉州军团当仁不让的一号人物，其他人都在关注他的动静。另一个中郎将董越本来驻守渑池，这时候也逃到了陕县，想跟牛辅会合。

然而没过几天，牛辅找人占卜，得到了"火胜金，外谋内"的卦象，就是说有人从外面来谋害他。牛辅顿时跳起来，把董越杀了。

董越之死看起来莫名其妙，也许是有人挑唆的结果。不过对于王允来说，先除掉了一个匪首，绝对是好事。

五大猛将只剩下了牛辅，这时候出现了招抚凉州军团的绝佳机会，可惜王允随后却犯了一系列错误，丢失了这个机会。

以牛辅在凉州军团的地位和实力，绝对应该先拉拢他才对，王允却没这样做，而是直接派人去陕县逮捕牛辅。

不管牛辅想不想对抗朝廷，到了这一步，他都只能调兵迎战了。凉州兵十分凶悍，很快打得朝廷军队大败而逃。

虽然打败了朝廷军队，牛辅却心惊胆战，疑神疑鬼的，生怕朝廷策反他身边的人。一天晚上，他的军营里突然乱起来。军营夜惊是常见现象，牛辅却被吓破了胆，以为手下军队要哗变，便带着珠宝细软连夜逃出城去了。

不承想，跟着牛辅逃走的那些人看上了他的财宝，刚到城外便杀掉他，抢走财宝，把他的人头送到长安领赏去了。

从牛辅的结局来看，王允没有招降他是重大错误。

牛辅在凉州军团里面拥有很高威望，带着一大拨能征善战的军队，本身却是个草包，又怕死、贪财。王允如果开出足够的条件，应该可以把他招降过来，然后再通过他去控制凉州军团，局势便能很快控制下来了。

然而王允却直接逼死牛辅，打碎了凉州军团。于是牛辅手下的大量将领和士兵便没人可以管束了，开始四处流窜，朝廷再也没法把他们招揽过来。这是不可挽回的大错！

牛辅手下的将领里面最凶悍的是李傕、郭汜、张济。

董卓被杀之前，派牛辅去陕县驻扎。牛辅到陕县以后，又派手下的李傕、郭汜、张济去关东的陈留、颍川一带扫荡。

李傕等人在陈留、颍川一带烧杀劫掠以后，领兵回到陕县，却发现顶头上司已经被人杀了，凉州军团已经分崩离析，原先的兄弟们都已经流散到了各地。

这几人都蒙了，不知道该怎么办，只好先打探长安那边的消息，看看朝廷怎么说。

长安那边，看到董卓手下的五大悍将死的死、降的降，王允十分得意，以为凉州军团的问题已经彻底解决，不必担忧了，便没有再急着处理他们。

其实最早的时候，王允是准备下令赦免整个凉州军团的，这样皆大欢喜，看起来是最佳方案。但王允又怕自己控制不住这群悍匪，所以一直没下赦免的诏书。

随着形势发展，王允开始考虑是否要解散凉州军团。问题是，凭王允掌握的资源，怎么能解除这些军队的武装？

一个简单的办法是把他们打散了，合并到其他军队里面去。

但王允又顾忌关东诸侯的态度。因为大家都知道，关东诸侯跟凉州军团是死对头，把凉州兵掺杂到朝廷军队里面去，等于把朝廷军队变成了诸侯军队的敌人。

所以王允放弃了这个计划。

那么，就应该快刀斩乱麻，直接下狠手把凉州将领杀光。吕布给王允的就是这个建议。

但王允还是犹豫，下不了手。

再后来，看到五大悍将败落得如此之快，王允迅速放松了戒备，就更加不急着拿出方案了。

于是朝廷的政策就很奇怪了——既不赦免凉州军团，又不处理他们，就这么拖着。

靴子一直不落地才最可怕。人们都在观望朝廷的政策，却一直得不到一个明确的指示，坊间开始流传各种谣言，例如说朝廷要杀光凉州人。

凉州出身的将领和士兵们个个忧心忡忡，担心灾祸降到自己头上。有些在外地的将领便开始四处流窜，打家劫舍，成为一支支小型匪帮，分散在关中各地。

李傕、郭汜派人去长安打听，得到的就是这样的结果。

两人极其沮丧，长安显然回不去了，现在去哪里呢？要不就解散军队，隐姓埋名逃回凉州老家去算了？

李傕手下有个谋士叫贾诩，对他们说："千万别！现在解散军队，你们手上就什么都没有了，一个亭长就能把你们抓住。目今之计，不如带兵杀回长安，万一得胜，便可争夺天下；就算败了，抢他一堆财宝，再回老家也不迟。"

一句话提醒了两人，两人便召集部下说："王允老贼想杀尽我们凉州人，与其坐以待毙，不如跟老贼拼了，大家说怎么样？"

这些凉州兵头个个都是打家劫舍的老手，一番话激起了他们的杀心，于是大家一起喊"好"，分头去收集自己的残部。大家共同推举李傕、郭汜、张济为首领，一同杀向长安！

悍匪反攻，汉室遭殃

其实一开始李傕等人的军队并不庞大，但牛辅死了以后，在陕县留了一部分军队，被李傕等人合并过来。他们向西推进的时候，散落在各地的凉州小分队又纷纷来投靠，樊稠、李蒙、王方等人都逐渐加入进来，于是这支队伍滚雪球一样迅速壮大起来，到后来，已经膨胀成了十万大军。十万大军挟着雷霆之势杀奔长安！

一直到李傕、郭汜起兵，王允都还不太重视这件事，他的第一反应是派出胡轸、杨定去陕县质问李傕等人。胡轸、杨定是凉州豪门的代表人物，在凉州人心里很有威望，王允希望让他们去压服李傕等人。

事实证明，王允的这个决定极端幼稚。

胡轸、杨定本来就是凉州军团的领袖人物，迫于形势才归顺了王允，怎么可能帮着王允去阻挡自己的凉州老乡？

两人根本没去斥责李傕等人，只是转了一圈便回来报功，有可能还偷偷对凉州叛军说了一些"大家好好干，替董太师报仇"之类的话，结果火焰烧得更旺了。

王允看到文斗不行，就决定武斗，于是派胡轸、徐荣带领军队去迎战凉州叛军。

这是又一记昏招！

到这时为止，王允居然还没看清这些凉州将领的真面目。胡轸一到前线，马上投降叛军，顺便把手下的军队一起送给了李傕。徐荣则在乱军中战死——也可能是被胡轸害死的。

徐荣是汉末到三国初年战绩卓著的一员猛将，曾经连续打败曹操与孙坚，又是凉州军团里面难得的一位真心归顺朝廷的将领。这样的人物，王允如果好好利用，本来会在阻挡叛军的战争中发挥巨大作用，却不料因为王允的用人失策，白白把他浪费掉了。

这样一耽误，时机就完全错过了，十万叛军已经杀到长安城下，再从外地调兵勤王已经来不及了。长安城里一片惊恐，满朝文武一筹莫展。王允终于发觉事态危急，只能亲自指挥城里的军队开始保卫城池。

王允手下能用的将领只剩下吕布了。吕布这人虽然是墙头草见风倒，但董卓是他亲手杀的，凉州军团无论如何不会放过他，所以他只有跟着王允。接到王允的命令以后，他带领手下为数不多的一些军队，跟凉州叛军展开了血战。

吕布知道城里的军队完全挡不住凉州叛军，不得已之下，甚至对郭汜发出了"单挑"的邀请，希望能通过打败敌方主将，杀一杀敌人的锐气。

长安北门大开着，吕布骑着赤兔马，独自挡在门口，等待郭汜到来。

郭汜也真是条汉子，居然单枪匹马来迎战吕布。

没有丝毫悬念，吕布出马，几招之内就把郭汜刺伤。但这改变不了局势，真正的战争并不像民间传说的那样依靠武将单挑决胜负，而是依靠大规模军团作战碾压对手，在凉州军团的绝对优势面前，吕布冠绝天下的武艺发挥不了什么作用。

其实作为天下第一大城（洛阳已经被捣毁），长安的城防是非常坚固的，物资储备也十分充裕，好好利用的话，防守几个月没问题。但首先，王允手下缺少军事统帅；其次，王允控制的朝廷人心根本不齐。现在的朝廷架构仍然是董卓打造的，王允只不过鸠占鹊巢而已，朝廷里许多人都居心叵测。王允本人又性情刚戾，不懂得安抚人心，战斗力自然打了折扣。

凉州军团把长安城四面围住，城里面一片混乱，民众四散奔逃，兵丁满街乱窜，人员调集和物资运输都乱成一团，还有董卓的残余势力在到处搞破坏。勉强抵挡了十天以后，吕布手下有人叛变，开门引叛军入城，长安终于被攻破了。

吕布十分骁勇，与凉州军团展开激烈的巷战，可惜寡不敌众，最终败下阵来，只好带着残兵逃出了长安。

逃走之前，吕布曾经招呼王允一起走，但王允拒绝了，他要与汉室社稷共存亡。

王允扶着献帝登上宣平门城楼，城下人潮汹涌，献帝大声斥责城下的李傕等人。

李傕等人伏地磕头说："董卓忠于陛下，却无故被杀，臣等只想为主人报仇，不敢危害国家，请陛下谅解。"

献帝只好让王允出来答话，王允也把这些反贼斥责一顿。

李傕等人反过来质问王允："董太师何罪？你受太师恩惠，反而恩将仇报，结党营私，杀害朝廷要员，篡夺朝政，劫持皇帝，意欲何为？"

叛军已经把宣平门城楼团团包围，王允没办法，只好和献帝下来，接受叛军的控制。

这时候，李傕等人还不敢杀害王允，因为王允手下还有两个将领宋翼和王宏，分别屯驻在长安附近的左冯翊、右扶风，他们如果带兵包围长安，跟城里守军里应外合，李傕的军队未必能挡得住。

控制住王允以后，李傕就以献帝的名义发布诏令，征召宋翼、王宏入京。

按理说两人不可能上当，李傕发这个命令也是抱着试一试的心态，不料王允任用的人实在太草包，两人竟然以"王命不可违"的理由响应征召，独自来到长安。

毫无悬念，宋翼、王宏一到长安马上被捉住杀了。

这下李傕等人就没有顾忌了，随后杀掉王允，灭了他的家族。所有响应王允的官员也遭到屠杀，关中再一次落入凉州叛军的控制之下，王允千辛万苦争回来的大好局面就这样丢失了。

李傕等人把王允暴尸于闹市，替董卓报了仇，也进一步收获了凉州叛军的人心。凉州叛军在他们号召下重新团结起来，继续荼毒关中百姓。

回顾王允从刺杀董卓到兵败身亡短短两个月的经历，其实他曾经拥有很好的机会可以平定关中，挽救汉室。但他本人接连犯错，终于丢失了这些机会。

王允是才能卓著的老臣，也拥有对汉家社稷的一片赤诚之心，可惜他不是领导型的人物。他的才干仅限于协理朝政、维持秩序、打击不法分子之类。当把整个朝廷交到他手上以后，他缺乏领导才能的缺陷就立即暴露出来了。

他缺乏足够的洞察力和预判能力，对整体局势把握不准，导致他遇到复杂局面的时候犹豫不决、举棋不定；他缺少人格魅力，不会团结各方势力；他看人也不准，总是所托非人；他还缺少心狠手辣、脸皮厚的品质，不会用空头支票诓骗敌人，不会在敌人中间挑拨离间。所有这一切，集中到他对待凉州军团的政策上，就是：刚性而缺乏变通。

面对桀骜不驯的凉州军团，王允拿不出任何可行的政策来消除他们的威胁，只好一直拖着，又对他们不够警惕，没有将出现的小型叛乱及时扑灭，造成了李傕叛军的意外崛起，以及长安的迅速沦陷。

但我们也不能因此责怪王允。他本来不是王佐之才，拯救汉家社稷的重任本来不该由他一个人承担,他只是被命运推到了一个他把控不了的位置上。他尽力去完成时代交给他的任务,却力不从心。最后出现那样的结果,不能算他的责任,只能说是时代选择了一个错误的人而已。

汉室朝廷也明白这个道理,所以他们始终把王允定义为"忠义守节"的人物,后来逃脱凉州叛军的掌控以后,汉献帝下令把王允重新厚葬,对王允保卫汉室社稷的功劳给予了很高评价。

不过,王允的失败对于风雨飘摇的东汉王朝来说,是一场真正的灾难。从这以后,东汉王朝和黎民百姓进一步坠入深渊,前方一场血腥风暴正在等着他们。

关中历劫,百姓蒙难

董卓虽然凶悍又残忍,但好歹是一代枭雄,是有正式身份的朝中权臣,扮演着管理者的角色,所以基本的治理国家的工作还是要做的,他偶尔也能控制一下自己的私欲,安抚一下百官和民众的情绪。

而李傕、郭汜这些家伙完全不一样,他们是真正嗜血的豺狼,世界上的一切人等——皇帝、官员和黎民百姓,在他们眼里都是猎物。

控制住献帝以后,这群野兽看到满地珠宝和美女,顿时再也遏止不住自己的兽欲了。他们在长安城里不分昼夜地掳掠,他们砸开每一道门窗,抢走每一袋口粮,在每一户人家搜寻女人,在每一所宅院里放火。无论皇宫内院还是寒门陋巷,无论皇亲贵戚还是贩夫走卒,都无法幸免。

长安城内的军民早已没有防卫能力,只能任由这群禽兽撕咬。死亡的阴云笼罩在城市上空,血腥气弥漫街头巷尾,尖叫声传遍每一个角落,人们死的死、逃的逃,尸体堆积满路,无人过问。没过多久,这座千年名都就几乎沦为了鬼城。

洛阳之后,长安也毁灭了,东汉王朝二百年积累的财富烟消云散,不可恢复。

现在,这座城里仅剩的一群活人,就是被软禁的汉献帝以及他手下的文武百官。看着空荡荡的街巷,献帝和这些朝廷官员们欲哭无泪,他们现在面临的问题已经不是怎么赶走匪徒，而是怎么生存下去。他们这群人，甚至整个东汉朝廷，都已经陷入严重的生存危机了！

东汉朝廷已经名存实亡，不仅失去了对全国各地的控制，也失去了一切政治权利，现在他们只是一伙被劫持的人质，在凉州叛军的监管之下，过着朝不保夕的生活。

他们完全不能决定自己的命运，为了生存，只能赔着笑脸去讨好那些凉州悍匪。汉献帝签署命令，把朝廷里那些曾经无比高贵的官职大规模送给凉州悍匪——

李傕为车骑将军，封池阳侯，领司隶校尉；郭汜为后将军，封美阳侯；樊稠为右将军，封万年侯；张济为骠骑将军，封平阳侯。四大悍匪分工合作，李、郭、樊三人共同把持朝政，张济带兵出长安，到东部弘农郡屯驻，防备关东诸侯。

朝堂之上，率兽食人，朝中官员不是由凉州悍匪担任，就是受凉州悍匪控制，东汉朝廷实际上已经沦为了凉州黑帮。

这伙黑帮分子哪有心思去治理国家呢？他们根本不会承担管理者的责任。他们和他们的手下盘踞在关中各个据点，日常的任务就是去打家劫舍。粮草不足就去周围乡村扫荡一圈，兵丁不够就去老百姓家里强行抓人。于是整个关中地区都陷入恐慌状态，人民拼命向荆州、益州等地逃窜，关中的田地成片荒芜，城市农村一片萧条，那景象，真的如同曹操所描述的一般："白骨露于野，千里无鸡鸣。"

对于关中的惨状，全国各地的诸侯们都很清楚，但他们现在都在忙着抢地盘，大家打成一团，人人自顾不暇，谁还管得了关中的事呢？索性连"奉诏讨贼"的戏都懒得演了，任凭凉州悍匪集团盘踞在关中，挟持皇帝，凌虐百姓。

公元192年，东汉王朝全面崩溃，人民在战乱和饥荒中挣扎，这是一个绝望的时代。

更令人绝望的是：乱世才刚刚开始！

第五章　曹操的创业之路

夺兖州

关东地区，袁绍、曹操、刘表联盟与袁术、公孙瓒、陶谦联盟的争斗正上演得如火如荼。

这是乱世初期，局势瞬息万变，舞台上的表演者走马灯似的换着，一支又一支人马崛起，同时，失败者纷纷退场。

其中最重大的事件是曹操集团的迅速崛起。

曹操集团的崛起首先是天下士人共同选择的结果，荀彧的经历就很好地说明了这一点。

荀彧出身颍川的重要士族荀氏，年少的时候就以才华闻名于当地，被称为"王佐之才"。

灵帝末年，荀彧在朝廷里担任守宫令，不久以后，董卓掌权，他辞官回到家乡。

他感到乱世即将到来，颍川处在天下中心，一定会遭受严重战乱，就带着家人搬到了冀州。

袁绍占领冀州以后，以很高的待遇招揽荀彧，荀彧到袁绍手下任职了一段时间，觉察到袁绍不能成大事，就离开袁绍，投奔到曹操那边去了。

曹操也给荀彧极高的礼遇，称他为"吾之子房"（汉初三杰之一的张良，字子房),荀彧从此在曹操手下,帮助曹操做出了许多英明决断,成为曹操争夺天下的重要助手之一。

荀彧的经历在士人中间特别有代表性。

乱世之中,讲究"贤臣择主而事",出身于名门望族的那些才子(寒门子弟因为没有受教育机会,很少能成才),特别希望找到一位值得辅佐的主人,来成就自己的一番功业,同时保证家族的长期繁荣。他们奔走在各路诸侯之间,凭自己的眼光寻找有才干、有前途的诸侯去辅佐。所有这些士人共同选择的结果,使得诸侯之间的实力对比出现分化,这是决定天下走势的一股重要力量。

在这场竞赛中,曹操得到了最多士人的拥戴,这使他有充分的余地去挑选人才,他的手下逐渐汇聚起一群顶级人才,帮助他在各种重要关头做出正确抉择,以至于最后在群雄逐鹿中脱颖而出。

曹操集团能够迅速崛起还有另一个原因,就是他们选择了袁绍当盟友。袁绍在这个时期拥有最强大的资源,曹操和他联盟相当于搭上了顺风船,获得了许多珍贵的扩张机会。

公元191年,袁绍表奏曹操为东郡太守——其实就是让曹操去把东郡这块地盘接下来。

东郡属于兖州,跟冀州交界,曹操占住这里以后,北方背靠袁绍,没有后顾之忧,可以大胆向南方扩张。

但这么好一块地方可不是白送的,目前的东郡被黄巾军的一支分队——黑山军占领着,曹操要去当他的"东郡太守",就得先把这些黑山军打败,把东郡抢过来。

东郡的黑山军又包括于毒、白绕、眭固等几支军队。另有南匈奴单于之子於夫罗也带兵在这一代流窜(具体位置在东郡以北的冀州魏郡),所以东郡的局势异常混乱,让原来的东郡太守苦不堪言。

曹操的军队一到东郡,立即展现出高人一等的战斗力,迅速打败了黑山军和於夫罗的兵力,把东郡局势稳定下来了。(这只是初步平定东郡,之后两年,曹操和袁绍继续作战,彻底扫清了东郡的黑山军势力。)

于是曹操的威名很快在兖州传播开来。

这时候一个更强大的敌人冲过来了。

兖州东部和青州地区，目前被超过三十万黄巾军盘踞着。青州黄巾是黄巾军的老牌劲旅，战斗力十分惊人，这些年来在青州、兖州、冀州等地四处流窜，跟袁绍、公孙瓒等部发生过多次激战，是让各路诸侯谈虎色变的一支军队。

现在他们已经冲到了东郡旁边的东平郡，号称百万大军，震动了整个兖州。

兖州刺史刘岱（曾参与十三路诸侯讨董卓）亲自带兵与这支军队搏杀，结果大败，战死于沙场。

曹操手下的谋士陈宫看到了机会，赶忙建议曹操："兖州已经成了无主之地，主公赶紧派人去游说州里的官员，让他们拥立你当州牧，把整个兖州接收过来。"

曹操便派陈宫去游说兖州的官员们。兖州的官员们正被黄巾军吓得瑟瑟发抖，听说曹操这样一个兵强马壮的集团想接管兖州，他们当然乐意，于是派人去东郡郑重其事地把曹操迎来，让他当了兖州牧（这时候的州刺史和州牧基本没区别，都是州里最高官员）。

长安那边的朝廷听说刘岱被杀的事，赶忙派了一个朝中大臣金尚来当兖州刺史，但迟了一步。曹操直接带兵拦截，杀退金尚，确立了自己对兖州的控制权。

曹操从此拥有了自己的第一块根据地。

接下来便由曹操出面讨伐青州黄巾。

这是一场极其艰苦的战斗。一开始，青州黄巾军表现得十分悍勇，连续打败曹军，曹操军队里人人惊恐。曹操披着铠甲，亲自到各处营帐挨个鼓励将士，终于把军心稳定下来。

公元192年十二月，经过一年多的苦战以后，曹操在兖州北部大败青州黄巾军，招降三十万军队，男女百余万口（史书上对于兵力和人口的记载往往有夸大，不能全信）。曹操把这支庞大的军队纳入自己麾下，号称"青州兵"。青州兵从此成为曹操手下的主力战队，为后来曹操南征北战立下汗马功劳。

对青州黄巾的战争是曹操集团崛起的关键一步，但这样一次重要的战争，史书记载却极为简略，缺了许多细节。考虑到当时曹操实际上听命于袁绍，有理由推测：打击青州黄巾的过程中，袁绍应该给过支援，甚至不排除他亲自参与，但被史官刻意抹杀了。

追击袁术

招降青州兵以后，曹操的势力急速膨胀，已经成为仅次于袁绍的强大军事集团。于是中原地区的局势彻底变了，袁绍和曹操分别占据冀州和兖州，背靠背，一个向北，一个向南发起冲击，给袁术一方造成巨大压力。

对于袁术一方来说，曹操的异军突起是一个意外，这次意外事件在极短时间内就改变了两大联盟的力量对比，使得天平彻底倒向了袁绍一方。

公元192年开始，袁绍、曹操联手，对袁术、公孙瓒、陶谦、刘备集团展开了一系列大规模作战。

双方的对决持续到第二年初。当时荆州刘表一直在后方阻截袁术的粮道，袁术被逼得受不了，只能主动出击。他一方面让公孙瓒、刘备等人牵制住北方的袁绍，另一方面自己亲自出动，放弃南阳，北上杀进兖州的陈留郡，紧挨着曹操，准备把曹操赶出兖州，同时召集黑山军和於夫罗助战（他们两支军队被赶出东郡以后，依然在跟曹操作战）。

兖州是曹操的根本，看到袁术来挑战，曹操没有丝毫犹豫，直接南下，对陈留的袁术军队发动进攻，首先便是攻打袁术手下将领盘踞的匡亭。

现在曹军的战斗力在各路诸侯里面已经是顶尖水平，他们一出手，对手便立即感到压力沉重。匡亭眼看守不住了，袁术紧急带兵北上驰援，结果跟匡亭守军一起被打败，向南夺路而逃。

曹操带兵迅猛追击，追到封丘，又一次打败袁术。

袁术再向南，逃到襄邑；曹操又追来，决水灌城；袁术的城池又失守，再次南逃。

逃到宁陵，曹操又追来，袁术只好再逃。最后逃到扬州九江郡的寿春，袁术杀掉扬州刺史陈温，自封为扬州牧，这才安顿下来。

这一连串战役，曹操连续追击六百里，把袁术从兖州、豫州一路赶到了扬州，彻底把袁术集团赶出了中原，杀得袁术心惊肉跳。从这以后，袁术只好盘踞在遥远的淮南地区，再也不敢北上挑战曹操了。

这期间还出了一则有意思的插曲——远在长安的李傕听说了东部的情况，也不知哪根筋搭错了，竟然忽然想跟袁术结盟，就派人到遥远的扬州封袁术为左将军、阳翟侯。

李傕派太傅马日䃅到扬州，说要给袁术举办拜将、封侯的仪式。袁术一点儿也不客气，直接把马日䃅的符节抢过来，把这帮人扣在扬州，给了李傕一个狠狠的下马威。

看来即使袁术这种人品很烂的人，也知道人类是不能跟禽兽沟通的。李傕和他背后的凉州悍匪集团，实在太招人恨了。

徐州屠城战

袁术被赶走以后，盘踞在徐州的陶谦就成了孤军，曹操开始对他下手。

不过徐州的争斗不仅是为了争地盘，还牵涉到个人恩怨，起因是三国时期一起著名的凶杀案。

曹操的父亲曹嵩辞官几年了，现在带着一家老小住在徐州的琅琊国。琅琊国以西是兖州的泰山郡，曹操在兖州站稳脚跟以后，就派泰山太守应劭去把全家人接来团聚。

这支浩浩荡荡的车队，带着一百多车家当开向泰山郡。不料，他们走到华县和费县之间的时候，前方突然出现一支军队，截住他们这支车队，把曹嵩、曹嵩的小妾、曹操的弟弟曹德在内的一家老小全杀了，劫走了财物。

这起案子引起徐州和兖州两地轰动，具体内幕却有很多不同的说法。

一种说法是：陶谦怨恨曹操，暗中派兵拦截和杀害了他一家人。

另外一种流传更广的说法是：陶谦的将领驻守在费县附近的阴平县，这家伙贪图曹嵩一家的财物，不惜杀人越货，所以这起凶杀案并不是陶谦的主意，只能怪曹嵩一家命不好。

还有一种说法是：陶谦好心派手下张闿护送曹嵩，不料张闿见财起意，在路上杀了曹嵩全家，劫走财物逃走了。

真相是什么？可能连曹操本人都不知道。只能确定一点：凶手是陶谦手下的人，要报仇，只能找陶谦。

至于办事出了重大差错的应邵，他知道闯下了大祸，赶忙逃到袁绍那边躲避去了（后来曹操攻占冀州，但应邵已经死了，没能找他算账）。

曹操听到消息以后陷入狂怒状态，发誓要报仇，不仅让陶谦血债血偿，还要用徐州百姓的血来祭奠自己家人。

陶谦当然一口否认这是自己的主意，但没用，曹操对徐州的报复已经不可避免了。

公元193年秋，曹操举着"为父报仇"的旗帜侵入徐州，夺取十余座城池。

曹军势如破竹，迅速攻下了陶谦所在的彭城。陶谦一路败逃，最后逃到东部的郯县，徐州西部领土全部失守，徐州政府也被连锅端了。

因为是报仇，所以这次入侵跟之前诸侯之间的战争不同，曹军将士在徐州肆意掳掠，杀害了无数平民。彭城尤其惨烈，数万百姓被赶到泗水里面淹死，尸体堵塞了河道。

曹军围攻郯县，没能打下来，这才撤军。回去的路上曹军继续烧杀劫掠，鸡犬不留。曹军退走以后，整个徐州中西部，几乎再也见不到行人。

之前关中被董卓占据，百姓纷纷逃走，其中很多人就逃到了徐州，却不料他们最后还是倒在了曹操的屠刀下。乱世之中，生存之艰难，可见一斑。

徐州屠城是曹操一生最大的污点，后人评价历史上的杰出帝王的时候，即使有人想提名曹操，也会因他在徐州犯下的罪行而底气不足，这不能不说是一个遗憾。

第二年，曹操卷土重来，再次侵入徐州，攻下五座城池，一直打到东海边。然后他回过头来，再从东向西攻打郯县。

在郯县东部，曹操却碰上了刘备。

原来，之前公孙瓒派手下田楷担任青州刺史，又派刘备与田楷一起驻扎在青州。青州在徐州正北方，陶谦被曹操攻打以后，派人去青州求救，于是刘备和田楷一起到徐州帮忙来了。

刘备手下本来有一千多人，加上最近收编的冀州杂胡，还有路上收的一些饥民，算下来也有几千人马。陶谦特别看重刘备，又给了他四千兵马，他们想：这些军队加起来，应该能勉强挡一挡曹操。

这是刘备第一次参加诸侯间的大规模作战，也是第一次和曹操在战场上对决，刘、关、张三兄弟都摩拳擦掌，跃跃欲试。

一交战，他们才发觉自己想得太简单了。曹操的军队经过连续几年作战，战斗经验极其丰富，更重要的是，曹操手下还有一大批当世奇才在辅佐，曹军行军布阵的能力，远远超过刘备的军队。刘备手下这点人，在曹操面前简直不值一提。

战斗结果一边倒，刘备被打得溃不成军，曹军一路追击溃败的刘备军队，一直追到了郯县西边的襄贲。

郯县失守，意味着徐州政府又一次被连根拔起，陶谦也只好夺路而逃，甚至打算放弃徐州，逃到扬州去躲避。

这场战争给刘备集团造成了巨大打击，曹操从此成为刘备的克星。之后很多年，刘备遇到曹操就败，被追得满世界跑，几乎没有立足之地。曹操的压制，成为刘备集团始终不能成长起来的重要原因。

徐州也因此陷入全面危机，眼看要被曹操侵占了。

这时候一条意外消息从曹操后方传来，救了陶谦和他的徐州。

吕布来搅局

正当曹操即将拿下徐州的时候，后方却传来一个惊人的消息——兖州背叛曹操了！曹操只能紧急撤退，赶回兖州灭火。

谁也没想到，兖州叛乱的主角是吕布。

吕布逃出长安以后，带着一百多号人，首先去投奔袁术，被袁术收留下来（当时袁术还在南阳）。

吕布手下的并州兵跟董卓的凉州兵类似，都有悍匪气息，到哪里都喜欢烧杀劫掠，到袁术这里仍然不老实，吕布也约束不住他们。

袁术看到他们这副德行，态度就变了，不想再收留他们。吕布待不下去，只好逃走，到附近的河内郡，投奔到并州老乡张杨手下。

张杨也是丁原的老部下，跟吕布是旧相识，现在他带兵驻扎在河内，名义上听命于李傕、郭汜控制的朝廷。

当时李傕、郭汜正在四处张贴榜文捉拿吕布，看到吕布来投奔，张杨的手下高兴坏了，都打起小算盘，准备捉住吕布去邀功。张杨却挺仗义，一直暗中保护着吕布。

对于张杨的一片苦心，吕布却不领情，反而怀疑他在图谋自己，于是又一次逃走，到冀州去投奔袁绍，又被袁绍收留了下来。

袁绍看中的是吕布的战斗力，当时袁绍正在冀州北部跟张燕的黑山军作战，便让吕布和他手下兄弟加入前线阵营。吕布他们果然骁勇，一连串战役下来，杀得张燕抱头鼠窜，立下了头功。

吕布以为自己一定会得到袁绍褒奖，回来以后，就请求袁绍给自己增加军队。哪料到袁绍看到他们如此英勇，怕自己辖制不住他们，又看到他们急着扩充军队，反而疑心起来。

吕布和他手下兄弟都是糙汉子，不管到哪里都咋咋呼呼的，不懂得收敛，所以总是不能摆脱被人排挤的命运。

吕布也明白了袁绍的心思，知道这里待不下去了，于是主动请求袁绍派他去驻守洛阳，袁绍同意了。

袁绍心眼之小跟他弟弟类似，他表面上让吕布走，私下却起了杀心。他派三十名士兵护送吕布，暗地里却吩咐这些士兵半夜去刺杀吕布。吕布发觉情况有异，让这些士兵驻扎在营帐外，自己趁着夜色溜走了。

到这一步，吕布已经极度窘迫，几乎无路可走了，只好厚着脸皮再去投奔老朋友张杨，于是他又一次去了河内郡。

在去河内郡的路上，吕布路过陈留郡，遇到陈留太守张邈。张邈对吕布无比仰慕，两人把酒言欢，谈得十分投机，发誓要终生结为好友。

辞别张邈以后，吕布去到河内，再次被张杨收留下来。

吕布不知道，张邈对他那么客气，是因为正在谋划一次叛乱。

前两年，在陈宫的游说下，兖州官员们把曹操迎过来，让曹操当了兖州的主人。

然而兖州内部的局面却没那么简单，兖州本地的一些豪门对曹操这个外人并不服气。

双方具体的矛盾，史书上没有记载，但可以想象，他们私下一定经历过许多剑拔弩张的斗争。

张邈就是兖州豪门的代表之一。表面上，他跟曹操是极好的朋友。

当初十三路诸侯讨董卓的时候，张邈也是诸侯之一，归属曹操统领。有一次，他得罪了袁绍，袁绍让曹操杀掉他，曹操直接拒绝说："孟卓（张邈的字）是我们的朋友，我们怎么能容不下他呢？现在天下未定，不宜自相残杀。"

曹操出征外地之前，对家人说："我如果回不来，你们就去依靠孟卓。"后来曹操平安归来，张邈来迎接，两人手拉着手，相对垂泪。

张邈跟曹操的关系就达到了这种程度。

但张邈私下对曹操并不忠心，反而想把曹操赶出兖州。（史书对曹操做了大量美化，似乎别人跟曹操的矛盾都是别人的错，这点不能全信。）

另一个对曹操怀有异心的人是陈宫。

陈宫是帮助曹操拿下兖州的头号功臣，随后他却生了异心。具体的原因，史书也没有明说。

公元194年，曹操带兵征讨徐州，陈宫和张邈驻守兖州后方。

曹操没有对陈宫等人做太多防备，这让陈宫看到了机会，就教唆张邈道："如今天下纷争，群雄并起，您掌握着兖州这样一块黄金地带，手握重兵，为什么还要听命于人呢？何不干一番大事业？吕布是当世豪杰，我们可以把他找来，一同控制兖州。"

这话跟张邈的想法不谋而合。于是张邈、陈宫、张邈的弟弟张超、曹操手下的从事中郎许汜、王楷共同做主，派人去河内郡把吕布请到了兖州来，奉为兖州牧，取代了曹操的位置。

张邈的想法好理解，群雄逐鹿的时代，谁不想当一方豪杰？但对于吕布来说，跟这些人合谋叛乱，是一记严重的昏招！

吕布之前已经把袁绍、袁术、李傕等人都得罪了，现在又公然侵占曹操的老巢，等于把天下各大势力都得罪了一遍，这是极不明智！从此以后，吕布要么自己夺得天下，要么被各路豪杰排挤，再没有立足之地。

那么，吕布有能力夺得天下吗？实际上，就连兖州都不在他控制之下。兖州豪门既然想踢开曹操这个外来的主人，自己当家做主，又怎么可能让吕布这个外人来领导自己呢？所以吕布这个"兖州牧"，从一开始就是非常尴尬的，本质上就是张邈等人画了一个大饼，诱骗他替自己冲锋陷阵而已。

吕布连这样不靠谱的邀请都答应，已经决定了他后来败亡的命运。

徐州前线，曹操听说后方失火，大惊失色，赶忙停止追杀陶谦、刘备等人，带着军队就冲回了兖州。

兖州之乱

兖州的局势比曹操想象的更糟糕，张邈等人是蓄谋已久的，又得到大量兖州土豪的支持，他们刚一起兵，兖州各地就纷纷响应，同时叛变了曹操。

兖州的首府是鄄城，曹操出征徐州之前，让荀彧守住鄄城，另有夏侯惇在濮阳。荀彧听到张邈等人叛变的消息，把远在濮阳的夏侯惇紧急召到鄄城，濮阳所在的位置是陈宫等人的势力范围，夏侯惇因为撤得快，才避免了孤军被围的命运。

吕布随后进驻濮阳，把这里作为自己的首府。

曹操听到这个消息，大笑说："吕布不趁机据守东平（在兖州中部），截断亢父、泰山之间的道路（兖州中部到东部的道路），却屯聚在濮阳（在兖州西部），可见他不会有什么作为了！"

曹操的看法非常准确。吕布要占据兖州，首先就应该把兵派到兖州东部的泰山附近，凭借险峻的地理条件把曹操挡在兖州、徐州之间，陶谦、刘备等人再从徐州那边掩杀过来，那么曹操就危险了。

现在吕布却占据濮阳，濮阳属于东郡，在兖州最西边，据守这里，等于把兖州大部分地区暴露给曹操，让曹操可以轻松赶回兖州，跟鄄城的荀彧会合。鄄城在濮阳以东，曹操一旦跟荀彧会合，就把吕布逼到了兖州最西边的角落，形势就完全不同了。

荀彧明白鄄城的重要性，所以调集一切资源，在曹操赶回来之前，拼死守住城池。

当时兖州各地人心惶惶，各大城池纷纷叛变曹操，鄄城本地的官员也在谋划归附张邈。而曹操的主力部队都在徐州，一旦鄄城叛乱，荀彧根本没法镇压。夏侯惇回来以后，跟荀彧合作，一夜之间杀掉几十个头目，才把一场蓄谋中的叛乱压下去了。

除了鄄城，兖州还有范县和东阿没有叛变，两座城都在鄄城以北不远处，荀彧派程昱紧急前往范县，游说县令靳允。

程昱费了一番苦心，终于说服靳允忠于曹操。当时吕布派来招降靳允的人已经到县里了，靳允把他迎进城，派伏兵杀掉他，范县局势才稳定下来。

程昱又派兵到黄河上的渡口拦截吕布的军队，然后来到旁边的东阿，跟东阿县令一起防守城池，终于把东阿也守住了。

叛军的根据地在兖州西部。鄄城、范县、东阿由南到北，一字排开，挡在黄河边，把叛军堵在了兖州西部；东部的各个城池虽然都已经叛变，但他们跟叛军联合不起来，所以兖州的局势虽然看着凶险，却始终没有彻底脱离掌控。

荀彧和程昱坚守三座城池，成为决定局势最终走向的关键。所以曹操回来以后对荀、程两人极为感激，抓住程昱的手说："要不是多亏了您，我现在无家可归了。"

曹操大军回到鄄城以后，随即调集兵马，扑向吕布盘踞的濮阳。

曹操以为大局已定，有点放松警惕，不料这回却吃了大亏。

曹军刚到濮阳，城里的豪门田氏就响应曹操，打开城门，曹操便带人径直冲进了城里。进城以后，曹操又来个"破釜沉舟"，放火把身后的城门烧了。

不料吕布早有准备。

曹操一冲进城里，便正面撞上吕布大军。吕布用骑兵冲击曹操的青州兵，青州兵迅速崩溃，后方曹军猝不及防，被冲得七零八落。回头一看，城门又燃着大火，士兵们冲不出去，被堵在门口，现场一片混乱。连曹操都被烧伤了手掌，弄得灰头土脸，狼狈不堪。

慌乱中，吕布的人截住曹操，问："曹贼在哪里？"

曹操把手一指："那边骑着黄马的就是。"

于是吕布的人一窝蜂冲过去追击骑黄马的人，曹操这才逃脱了。

这次战争期间还上演了一场经典对决。

当时有一场战役，双方在濮阳西边遭遇，吕布亲自冲在最前面，凭借万夫不当之勇，跟曹军人马展开大战，从早到晚，不分胜负。曹军阵营这边，曹操许诺重赏，招募了一支敢死队，由典韦带领，去抵挡吕布的前锋。

典韦是当世无双的悍将，他拿着十几把撩戟（一种用于投掷的短枪），对身边的人说："敌人来到十步以内再告诉我。"

吕布的军队疯狂放箭，天空下着箭雨，铺天盖地，日月无光。

片刻之后，身边人说："十步了！"

典韦大叫道："五步再告诉我！"

身边人等不及了，急得大喊："五步了！"

典韦暴喝一声，身体猛然腾起，把手上的撩戟一支又一支地扔出去，前方无数敌人应声倒地，惨呼声一片。

经过一番苦战，典韦他们终于杀退了吕布的军队，立下了奇功。

典韦因此一战成名，受到曹操的格外重视。曹操把他封为都尉，让他随时跟在自己左右，相当于保镖的角色。典韦也忠心耿耿，尽力护卫曹操，成为曹营里一员名将。

濮阳城里的挫折让曹操认识到：吕布无论统领军队还是冲锋陷阵都相当有能力，绝不能小看。所以他放弃了速战速决的想法，在濮阳附近扎下营来，开始修造攻城器械，准备打一场持久战。

吕布那边也十分顽强，把一座濮阳城守得滴水不漏，无论曹操怎么进攻都找不到破绽，双方就这样僵持了一百多天。

那是东汉末年最黑暗的时期。长安、洛阳都已经被毁，关东各地又被各路军阀割裂开来，相互之间的交通都被截断，全国各地一片混乱，没有人去维持秩序，任凭人民自生自灭。

从燕赵到淮扬，处处烽火，没有一寸安宁的土地，民众四处逃窜，大片农田荒芜，带甲的兵丁流窜在各个村落，没日没夜地搜刮粮草和抓捕青壮年劳动力。

这种情况之下，全国经济都崩溃了，每一处粮仓都空空如也。这一年又赶上大规模蝗灾，许多地区的庄稼颗粒无收，于是，每一座村庄都陷入了饥饿状态，人吃人的场景在各地频繁上演。

最后连曹操、吕布这种大军阀都搜刮不到粮草了，双方无力再战，只好各自休兵。

之后几个月，曹操在鄄城，吕布在山阳，暂时相安无事。

这期间还出了一则插曲——远在冀州的袁绍听说曹操丢了兖州，就派人告诉曹操，自己可以帮他对付吕布，但要他把全家老小送到邺城去当人质。

曹操虽然已经弹尽粮绝，但还是听了手下的建议，没答应袁绍的提议。

公元195年春天，曹操重新筹集到了粮草，于是再次调集大军，对吕布发起进攻。

而吕布那边，显然还没能解决粮草问题，战斗力大打折扣。

这个时期，吕布盘踞在兖州南部，以山阳郡为中心，曹操在兖州中部，据守鄄城。

曹操的鄄城始终如同一颗钉子，牢牢扎在兖州核心部位，不管吕布往哪个方向突击，都绕不开。

曹操吸取之前的教训，稳扎稳打，从北向南，一座座地收复被叛军占领的城池。年初，攻克定陶，闰四月，攻下巨野，威逼吕布的山阳郡。

吕布和陈宫倾巢出动，想收复巨野，却中了曹操的埋伏，全军覆没，于是他们再也无法抵挡曹操了。吕布只好带着张邈、陈宫逃向了徐州。

这时候只有最南端的陈留郡还没有收复。张邈的弟弟张超带着全家老小驻守在陈留的雍丘抵抗曹操，曹操随即带兵包围了雍丘，经过半年苦战，终于攻克雍丘，杀掉了张超和他一家老小。

而张邈去寿春找袁术搬救兵，半路上却被自己的下属杀了，救兵当然也没搬来。

当年十月，长安的朝廷拜曹操为兖州牧，正式承认了曹操对兖州的占领。

经过一年半的苦战之后，曹操终于收复兖州，解除了一次最严重的危机，同时也在诸侯混战中站稳了脚跟，取得了一个有利的位置。

从这以后，除了袁绍以外，就没人能触动曹操的根基了。

兖州处在天下中心，曹操从这里出发，开始向周围扩张，首先便是南边的豫州。

豫州的大部分目前被黄巾军占据着，这些黄巾军分成很多分支，由各自的头目统领着，实际上就是山头林立的一群土匪。公元196年二月，曹操对这些土匪巢穴发起攻击，很快打败了他们，把他们都招降到了自己手下，于是豫州的大部分也落入了曹操的掌控之下。

豫州西部有个叫许县的地方，位置十分重要，曹操随后带兵驻扎到了许县，把这里作为自己的总部。接下来，他有一件大事要完成……

第六章　挟天子以令诸侯

匪帮内讧，天子落难

凉州悍匪集团目前有三个头目控制着朝廷，分别是李傕、郭汜、樊稠。另有张济带兵驻扎在陕县。

李、郭、樊三人都拥有"开府"的特权，也就是在朝廷之外，可以建立自己的一套官僚系统，可以任免自己的官员，这是最高级别的特权。

于是李、郭、樊三人和当朝"三公"一起被称为"六府"。

但三个悍匪十分霸道，强行把官吏任免权攥在自己手里，把"三公"都抛到了一边，所以朝廷的权力完全是把持在他们三人手上的。

不过，他们也有自己的麻烦。

匪帮内部打架斗殴是常事，三个悍匪相处久了，自然会闹出矛盾。

矛盾首先来自他们的凉州老家。

凉州目前被马腾、韩遂控制着。当初董卓占据长安以后，招降了两人，于是两人名义上听命于董卓集团，算是董卓集团的外围势力。董卓败亡以后，两人又听命于李傕控制的朝廷。

公元 194 年初（张邈、陈宫背叛曹操的同一时期），马腾带兵到长安，把军队驻扎在霸桥，自己去朝觐献帝。

这期间，据说马腾为了一些私事请求李傕，具体什么事外人不知道，反正李傕没同意。于是马腾大怒，带兵跟李傕对峙。

凉州那边，韩遂听说马腾跟人闹起来了，赶紧跑到长安来劝架。到了长安，听到马腾描述前因后果以后，韩遂也大怒，不仅不劝架了，反而跟马腾合兵，一起攻打李傕。

李傕派樊稠、郭汜和自己的侄儿李利去应战，在长平观打败马腾、韩遂联军。马、韩两人只好带着残兵逃回凉州，樊稠等人在后面紧追不舍。

韩遂眼看快被樊稠追上了，就对樊稠说："天下局势还未可知，我跟您是老乡（两人都是凉州金城人），我们现在是敌人，以后万一会合作呢？来，我们好好谈谈！"

于是樊稠勒住马头，叫士兵离得远远的，自己和韩遂单独谈判。两人抱着肩膀，有说有笑，聊了很久才分开。

李利跟樊稠早就有矛盾，这场面被他看在眼里，他回去以后就向李傕告状，把之前的场面添油加醋描述一遍，提醒李傕道："樊稠这小子怕是想跟敌人勾结。"还说，樊稠如何如何蛮横，曾经当众骂他等等。

李傕听得无名火起，开始对樊稠猜疑起来。

不过，樊稠跟韩遂谈话的事完全出自李利的描述，真相怎样很难说，李傕也没有因此就对樊稠动手。

另一方面，李傕也觉得跟马腾、韩遂的战争毫无意义，所以一个月以后就让献帝下诏赦免两人的罪过，还把两人封为将军。凉州集团内部的一场冲突就这样勉强遮盖过去了。

李傕跟樊稠更严重的矛盾还是来自对资源的争夺。

当时的长安已经沦为地狱。在李傕为首的凉州匪帮破坏下，城市的正常运转已经完全停止了。于是饥荒四处蔓延，粮价高到惊人的程度，一斛谷五十万钱，一斛麦二十万钱，城里到处是人吃人的场景，白骨堆积满路，尸臭遍布全城。

这种情况下，李傕他们的军队自然也陷入饥饿状态。为了活命，这些悍匪更加肆无忌惮地到处抢劫。同时，仅存的一些老百姓也被迫变成劫匪，为了争夺食物，人人都沦为野兽，打斗和劫杀遍布城市的每一个角落。

最后连李傕他们都感到局面失控了，只好把长安划为三个片区，由李、郭、樊三人的军队分别管理，或者说，分别抢劫。

但严重缺粮是绕不开的问题，三支军队虽然划分了各自的势力范围，还是免不了僧多粥少，仍然会频繁发生争执，跨境抢劫的情况时有发生，这导致三人之间的关系出现了明显裂痕。

公元195年初，樊稠感到再这样下去双方的矛盾马上会爆发了，便说自己想带兵去关东，请求李傕拨给他一些兵马，让他离开这片是非之地。

李傕当然不会就这样让他带着军队走，但把他留下确实也很危险。李傕想来想去，干脆下黑手，直接解决掉这个难缠的家伙。于是他就请樊稠、李蒙来参加会议，在会议上当场打死了樊、李两人，顺便把两人的军队兼并了过来。

这是凉州匪帮分裂的开始。匪帮的其余首领看到李傕杀自家人如此果断，心里都在打鼓，纷纷盘算起自己的退路来了。

没过多久，李傕跟郭汜的矛盾也爆发了。

当时，李傕经常请郭汜到自己家里喝酒，喝得晚了，就留他在家过夜，没想到却引起郭汜老婆的不满。郭汜老婆怀疑这两个家伙是不是在一起跟姬妾淫乱，就想离间他们两人的关系。

有一次，李傕送给郭汜一些酒菜，郭汜老婆把里面的豆豉挑出来，一粒粒给郭汜看，说："看吧，这都是毒药！我就说一山不容二虎，现在李傕果然下毒害你。"

郭汜便把这件事记在了心里。

几天以后，李傕又请郭汜去家里喝酒。郭汜喝得晕乎乎的，开始说胡话，说要去找粪水来喝，因为粪水可以解酒里的毒。李傕一听："什么？你以为我酒里有毒？"不禁勃然大怒，当场跟郭汜吵了起来。

两个悍匪头目谁都不是省油的灯，说干就干，马上点起各自的兵马，就在街上开始打起来。

现在凉州匪帮的军队全控制在李傕、郭汜手里，两人一打起来，所有军队都卷入了战争，于是两人的对决迅速演变成了长安城里的大规模战乱。已经残破不堪的长安城，再次遭受蹂躏。

汉献帝和朝廷百官眼睁睁看着这一切，当然不敢去阻止，反而更担心自己的人身安全了。

果然，战火迅速烧到了朝堂之上。

郭汜首先动起歪脑筋，想把献帝劫持过来，用来威慑李傕。不料计划泄露，李傕抢先一步派兵包围了皇宫，强行把献帝、后宫妃嫔和满朝文武"请"到了他的军营里面。

既然撕破脸，也就不必装模作样了。李傕随后派兵马洗劫皇宫，把宫里仅剩的一些美女、珍宝、山河舆图、典籍图册一车一车地拉回自己的军营，带不走的珍宝就砸掉，然后一把火把皇宫和各种政府机构烧成了灰烬。

被劫走的珍宝和书籍，后来也都消失在战火中了。

东汉王朝最后的一点财富和文明成果，终于就此消散。

献帝等人都成了李傕的人质，他们请求李傕让他们去说服郭汜，让双方停战，李傕同意了。于是献帝派出十多名位高权重的大臣，由太尉和司空两位高官领着，去郭汜的军营里游说。

正在气头上的郭汜哪里听他们的劝说，反而把这些人全部扣下来，变成了自己的人质。

李傕听到回报以后，气得跳脚，加紧进攻。

于是，李傕绑架皇帝、后妃，郭汜扣押公卿大臣，双方继续开打。

局势陷入彻底的混乱，长安城里到处火光冲天，两支悍匪在废墟上打成一团，百姓四处逃命，箭矢漫天飞舞，甚至有流矢飞到了献帝的卧室里。

献帝的处境十分凄惨，他和伏皇后、宋贵人一起被关在北坞的宫殿里，门口有重兵把守，禁止任何人进出。宫里的食物早都耗尽了，连喝的水都没有，又正值盛夏，十分难熬。献帝看到下人们又饥又渴，都撑不住了，就请求李傕赐一些米和肉，说要赏给下人。李傕瞪着眼睛说："每天早晚两次给你们送饭，还要什么米？"只让人丢给献帝几根牛骨头，都是发臭的，根本不能食用。

献帝又羞又气，却又听说李傕想把他们这些人迁到长安附近的池阳去，献帝更加惊恐。他知道，这群悍匪的所谓迁移就是"死亡行军"，只好赶忙让司徒赵温（少数没有被郭汜扣押的官员之一）写信给李傕，请求李傕改变主意。

李傕收到书信以后暴跳如雷，一脚踹翻赵温，幸亏他的堂弟李应竭力劝谏，李傕才没有杀掉赵温。不过迁移皇帝确实是件很麻烦的事，所以最后李傕还是放弃了这个计划。

从当年三月开始，献帝和百官就一直被关押着，他们一直在饥饿和恐惧中艰难度日，只能祈求这场灾难尽快过去。当年六月，终于传来好消息：驻扎在陕县的张济到长安来了，准备调解李、郭两人的纠纷。

汉室遇劫，献帝逃亡

两个悍匪打了四个月，死伤数万人，双方都已经精疲力竭了，军粮也彻底耗尽，所以当张济的兵马雄赳赳地开进长安的时候，李、郭双方都有点儿心惊，生怕他是来趁火打劫的。

张济的威慑起了作用，在他的调解下，李、郭同意暂时休战，双方交换各自的女儿做人质，然后把献帝和百官放了出来。

张济想把献帝迁到自己驻扎的弘农郡去，献帝却说，他想回洛阳。

听到献帝的要求，李傕破口大骂，坚决不同意。于是朝廷官员只好不断去恳求，反复求了十多次之后，李傕才同意放献帝回洛阳，还把之前抢走的皇宫器物还给了他。

李傕连续做出让步，不是因为他良心发现，而是因为几个月的内讧消耗了他许多兵力，手下将领杨奉等人又叛变了，现在他的实力明显下降，在张济等人的压迫下，他有点儿心虚，这是献帝能逃脱的关键原因。

当年七月，衣衫褴褛的献帝和百官，在杨奉、郭汜、杨定、董承的护送下，踏上了东去的道路。

这是一段无比艰难的路程。从长安到洛阳的这条道路，早已经是一片荒芜，一路见不到人烟，更不会有歇脚的地方。献帝他们连车马都备不齐，除了献帝和几个后妃以外，其他人都只能徒步，许多人连鞋袜都没有，赤脚走在泥泞地上。

更大的问题在于食物短缺，甚至连水都没有一口。从献帝以下，人人都饿得眼冒金星，却一刻也不敢耽搁，像逃离虎穴一样，拼命奔向东部。

体力不支的，就地倒下，不会有人来搀扶，甚至不会有人多看一眼，所有人都在顾着逃命，大家甚至暗暗庆幸：少一个人就多出来一份口粮。这是乱世，无论公卿还是百姓，都在死亡线上挣扎，只有在死亡面前才是人人平等的。

看着长安的烟尘渐渐消失在视线里，人们都松了一口气，有一种死里逃生的轻松感。"这就自由了吗？"人们有点儿不太敢相信，仿佛一切都是梦幻。

果然，汉室朝廷的劫难远远没有结束。

当年十月，就要走到华阴的时候，郭汜突然翻悔了，他半夜在献帝住的地方放火，想再次把献帝劫走。

关键时刻，杨奉、杨定、董承三人团结一心，联手打退了郭汜。郭汜眼看占不到便宜，只好带着手下人马逃回长安去了。

人们惊出一身冷汗，赶紧上路。前面不远便是华阴了，凉州集团的另一名悍将段煨就驻扎在这里。

段煨是忠于朝廷的，他带着手下人马出来，以极其隆重的礼节迎接献帝和百官，献上食物和饮水，手牵着手慰问他们。献帝他们这些人三个月来没吃上过一顿饱饭，没睡过一次安稳觉，直到这一刻，才终于有机会好好休整一番了。

不料，真正的劫难这时候才来临！

杨定也是董卓的老部下，跟段煨有些过节，他现在看到段煨，不禁恶向胆边生，一把打掉段煨送的食物，告诉献帝他们："段煨是来害你们的，别信他！"随后带上自己的人马就跟段煨的人打了起来。

段煨一边继续招待献帝和百官，一边迎战，两拨人马打得难解难分。

长安那边，李傕、郭汜听到消息，号称要替段煨撑腰，马上点起兵马追了上来。

看到李傕他们来了，献帝这伙人吓得面无人色，躲又无处躲，只能眼看着他们战斗。

李傕、郭汜的兵马很快打败了杨定，杨定落荒而逃，流亡到荆州去了。

献帝这边只剩下了杨奉和董承，势单力孤。张济看到了，马上也翻脸，跟李傕、郭汜会合，一起来劫持献帝，双方在东涧展开一场大战。

杨奉、董承这点兵马，怎么挡得住凉州三大悍将联手的兵力？尽管拼死力战，还是很快败下阵来。

献帝带着百官拼命逃窜，李傕、郭汜、张济在后面追杀。三大悍将这次彻底发狠了，把文武百官当成猎物，见一个，砍一个。这场屠杀极其惨烈，百官死伤无数，后妃、宫女许多都沦为三大悍将的俘虏，从长安带来的典籍、器物也全部丢失了。

献帝身上已经一无所有，只能带着剩下的一些侍卫在荒郊野外露营，杨奉、董承也已经弹尽粮绝了，没办法，只好派人去向李傕请求投降。

但他们这是缓兵之计，暗地里，他们正在派人去联络附近的白波军（黄巾军的一个分支）。

杨奉这人来历很复杂，当年他本来是白波军的将领，后来投靠了董卓，董卓死后，他又投到李傕手下，所以跟白波军的将领很熟。

目前有几支白波军的人马盘踞在附近，分别由李乐、韩暹（xiān）、胡才率领，另有南匈奴右贤王也在附近，杨奉从他们那边借来几千名骑兵，转身杀向李傕等人。

李傕等人根本没想到会突然蹿出来这样一支队伍，被杀个措手不及，损失了几千人马，只好丢下财物，带着残兵落荒而逃了。

杨奉、董承和白波军、右贤王共同护卫着献帝前进，可李傕那伙悍匪哪有那么好对付？没过几天，他们又纠集起一拨人马杀了过来，双方再次大战。

这次战斗更加惨烈，双方都是久经沙场的老牌悍匪，一上战场便追着敌人猛打，不死不休。最后双方都杀红了眼，不问青红皂白，见人就打，从东涧开始的四十里官道上，喊杀声连绵不绝，尸骨堆积成山。献帝的车队被冲得七零八落，百官又一次遭到惨烈屠杀，后妃、宫女也被双方争抢，伤亡惨重。

杨奉等人拥着献帝，边打边逃，付出重大牺牲之后，他们终于来到陕县，但最后还是被敌人包围了。

当时情况极其危急，李傕、郭汜带兵围住献帝的营帐，几千人在外面喊打喊杀，献帝身边护卫的兵力已经只剩几十人了，都已经疲惫不堪，眼看要被敌人全歼了。

陕县往东，到洛阳还有三百里，继续走下去显然无法摆脱追兵。这里靠着黄河，黄河对岸是白波军盘踞的河东郡，杨奉和董承商量以后，决定冒险渡河，到黄河对岸躲避追兵。

白波军将领李乐先渡河，到对岸准备好了船只，再趁夜色开回来，举起火把，让献帝等人登船。

献帝等人来到黄河边，却发现岸边是十余丈高的悬崖，险峻异常，只好用布结成绳子，把人吊下悬崖去。

献帝先下到船上，然后是伏皇后、宋贵人、朝廷"三公"，这些人上船以后，天已经蒙蒙亮了，后方喊杀声响起，敌人正拿着火把追过来。

来不及了！岸上的人们像疯了一样扑向河边，数千人的尖叫声响彻夜空，有人连滚带爬攀下悬崖，有人抓着树枝慢慢摸索，有人干脆直接跳下去，更多的人则是被人推着坠下了黄河。一时间，山崖下面堆满了尸体和残肢，锦袍和冠带散落满地。

渡船已经装满了，后面的人还在死命爬上来，一双双血手抓住船舷，董承、李乐他们拿着各种兵器疯狂砍、砸、剁。随着一声声惨呼，无数人掉进了河里，断掌、断指飞得到处都是，血水顺着船舷流下来，灌满了船舱。

渡船终于开动了，船上只剩献帝、皇后、贵人、太尉杨彪、皇后的父亲伏完、杨奉、董承等数十人，其余的人都落在了后面，死的死，残的残，剩下的都做了李傕、郭汜的俘虏。

当时正是隆冬，寒风凛冽，一船人冻得瑟瑟发抖，几乎撑不过去。天明时分，渡船终于划到了对岸，杨奉、董承搀扶虚弱不堪的献帝登上河岸，这里已经是河东郡了。

又走了几个时辰，来到大阳县，李乐的白波军已经等在那里了，大家一起恭迎皇帝驾临。不一会儿，一支衣着鲜明的兵马开了过来，原来是河内郡（河东郡以东是河内郡）太守张杨（曾经收留吕布）派来给献帝送粮草的，看来食物问题也解决了。

一直到这时，献帝他们悬着的心才终于放了下来。

献帝坐上一辆牛车，来到河东郡首府安邑。河东太守王邑派人来求见，随手给献帝送了点儿礼物，献帝便在安邑驻扎下来，当然也不忘给王邑、张杨等人都封了官。

虽然暂时安顿下来了，可这时候的东汉朝廷简直寒酸得像个笑话。

献帝连个像样的住所都没有，只能住在茅草屋里，就坐在泥地上召集百官"上朝"。外面的篱笆门大开着，士兵们趴在篱笆上围观，互相打闹，笑成一团。将领们也懒得来朝见，最多派两个丫鬟来问一问情况，或者送两壶老酒当贡品，顺便要献帝给他们封官。外面的侍卫又拦住不让他们进，于是双方对骂，粗口满天飞……

东汉朝廷就在这样的环境里面苟延残喘着，真是狼狈之极。

献帝这个皇帝已经当得毫无尊严，但尊严事小，性命事大，现在献帝整天担心的还是黄河对岸的李傕、郭汜。李傕、郭汜只要一天不撤兵，献帝就一天不安心。

献帝派太仆韩融去向李傕、郭汜求和，好说歹说，终于说得两个悍匪通融，表示不再追杀献帝了，顺便还把劫持的官员、后妃等人放了回来——当然，其实两个悍匪根本没能力渡过黄河来杀人，毕竟黄河这边不是他们的势力范围，所以干脆做个顺水人情，放过献帝算了。

到了这时候，献帝才真正可以睡个安稳觉了。

对于东汉朝廷的窘境，天下豪杰都看在眼里，大多数人要么幸灾乐祸，要么事不关己、冷眼旁观。只有极少数英明人士看到：这后面存在一个极其珍贵的机会……

争夺汉家天子

献帝到河东以后，赶忙跟群臣商议：能不能找个有实力的军阀来保护朝廷？

他们首先想到吕布。吕布算是王允的继承人，而献帝把王允看作保卫汉室社稷的忠臣，那么找吕布来保护朝廷应该可以？

献帝给吕布发去诏书，要他来护驾，可没想到，吕布现在落魄到自身难保了，根本拿不出兵马和粮草来接济朝廷。他只能回信向献帝请罪，表示爱莫能助。献帝没办法，只好找别人。

这时候关东最强大的军阀是袁绍，按理说找袁绍护驾最合适。

可之前袁绍已经把事情做绝了，不仅计划立刘虞为皇帝来取代献帝，甚至造谣说献帝不是灵帝的儿子，现在要他改口拥护献帝，双方都十分尴尬。

其实袁绍手下也有人希望双方能和解，谋士沮授就劝袁绍："以您的资源，去把皇帝迎来，好好养着，'挟天子以令诸侯'，谁还能跟您竞争？"

可惜，袁绍却没看到这背后的巨大利益，没采纳这个建议。

同一时期，许县那边，曹操手下的谋士们也在激烈争论要不要奉迎献帝。荀彧的态度最明确，他劝告曹操："主公您一直对汉室忠心耿耿，又有匡扶天下之雄心，现在汉室遭难，正需要您的救助，这正是您建功立业、收服人心的大好机会，不能错过呀！"

曹操的想法不太一样，他并不像荀彧那么在乎汉室朝廷的命运，但他明白：奉迎献帝确实有政治上的巨大好处，这是不容错过的机会。所以他很快拍板决定：以"匡扶汉室"的名义去迎接献帝。

当然，曹操如此迅速地决定奉迎献帝，也是因为献帝那边有人在暗地里跟他联络，请他过去。

护送献帝到河东的将领主要是杨奉、韩暹、董承，后来河内太守张杨也加入进来。他们每个人都认为自己是保卫汉室江山的头号功臣，几个糙汉子都是狠角色，谁也不服谁，没过多久就闹出各种矛盾。

其中，韩暹和董承的矛盾最激烈。

韩暹是白波军的重要头目，是不折不扣的土匪。河东本来就是他的地盘，他身边有无数兄弟撑腰，手下又有许多兵马，所以他十分嚣张。

董承的地位很特殊，他是董太后的侄儿、汉灵帝的表兄弟，他的女儿又是汉献帝的贵人，所以他是外戚的代表人物之一，身份高贵。他同时又是董卓的女婿牛辅的老部下，是凉州军团的将领之一。这样的身份，决定了他跟杨奉、韩暹这种草寇格格不入，同时还极端高傲，恨不得把整个朝廷掌控在自己手里。

杨奉是韩暹的老战友，所以在韩、董两人的冲突中，杨奉更偏向韩暹一方。

而张杨是朝廷里的老一辈官员，自然跟董承更亲近一些。

双方的矛盾集中在对献帝的争夺上：董承、张杨想送献帝回洛阳，韩暹和白波军首领们却想把献帝留在河东。当然，他们双方都在打自己的小算盘，都希望把朝廷建立在自己的地盘上，方便自己控制朝政。

公元196年二月，双方终于撕破脸。

韩暹直接发兵攻打董承。董承手下没多少兵力，只好逃走，到河内投奔张杨去了。

张杨跟董承商量："皇帝绝不能留在河东！不管白波军同不同意。我们先去把洛阳皇宫建起来再说。"于是，由张杨主持，董承现场指挥，又从荆州刘表那边借来士兵，开始在洛阳重建皇宫。

洛阳已经是一片废墟，重建皇宫的资金也严重短缺，只能尽量减省，从废墟里捡些木料、石材，随随便便盖几座宫殿就完事，所以仅仅几个月就盖好了。

献帝得到新宫殿建成的消息以后，派人到杨奉、韩暹那里，好说歹说，才说动他们放自己回洛阳。

这是双方妥协的结果。双方约定：献帝到洛阳以后，张杨回自己的河内去驻扎，杨奉带兵驻扎到梁县，双方都把军队调离洛阳，韩暹和董承则留在朝廷里，共同把持朝政。

当年七月，经过一番艰苦的较量以后，献帝终于重新回到了洛阳。看着这座满目疮痍的"鬼城"，献帝满怀悲愤，往日的繁华已成过眼云烟，未来的日子该怎么过？没人知道，只能走一步看一步了。

献帝好歹有几间宫殿可以居住，百官们就惨了，只能住在瓦砾堆里，食物和饮水都不能保证，整日饥寒交迫。从尚书郎以下，人人都需要出去采野菜充饥，许多官员都撑不住，饿死在了废墟上，还有很多官员被乱兵劫杀，莫名其妙就进了失踪人员名单，也没人去追究。

只有韩暹和董承活得滋润，两人不必为衣食操心，在洛阳放开手继续争权。韩暹依旧嚣张，董承依旧如履薄冰。

不过韩暹并不知道，董承悄悄留了一个后手——他早就跟兖州的曹操搭上线了。

曹操想拿献帝当手上的一张牌，董承想借曹操的力量抗衡韩暹和白波军，双方一拍即合，偷偷商量好了对策。

张杨手下的谋士董昭暗地里已经投靠了曹操，曹操秘密联系他，让他递给杨奉一封书信。在信里，曹操连吹带捧，把杨奉大大地夸赞了一番，表示自己愿意当杨奉的外援，帮杨奉挤掉竞争对手。

这封信太丢曹操的脸了，所以曹操集团假装不知道这件事，后来瞒不住了，就把一切都甩给董昭，说这封信是董昭冒充曹操写的。（史书记载：董昭十分仰慕曹操，在曹操不知情的情况下，自作主张，冒充曹操写信去拉拢杨奉。但推敲起来，董昭应该是曹操的线人，这封信应该是曹操命令他写的。史书为了美化曹操，隐瞒了真相。）

杨奉收到这封信以后，喜不自胜，马上表示愿意当曹操的盟友，还上表替曹操讨来了"镇东将军"的封号。

杨奉的兵马是白波军里面最强的，他支持曹操，韩暹便无法阻挡曹操进京了。

董承随后在朝廷里面运作，秘密召曹操到洛阳"清君侧"。

曹操接到诏令，立即带着大军来到洛阳。他进入宫里，直接来到献帝跟前，献上事先写好的奏折，控诉韩暹、张杨的罪行，请求献帝严厉处置两人。

韩暹一看势头不好，连忙逃往梁县，投奔杨奉去了。张杨虽然没受到处罚，但他远在河内，自然也被排挤出了朝廷高层。于是朝政大权便落到了董承和伏完这帮外戚手里。

事情还没完——正当董承庆幸自己的计谋得逞的时候，曹操那边马上又提出一个新建议：洛阳残破不堪，不适合天子居住，请天子移驾许县，接受曹操奉养！

曹魏的关键决定

董承傻眼了，自己费尽心力，却给曹操做了嫁衣，但现在曹操的大军就在洛阳，由不得他说话，他只能暗暗咽下这枚苦果。

对于献帝来说，跟着曹操走当然是不错的选择。现在他面临的两个大问题——安全和物资供养，曹操都可以替他解决。虽然明知道去了那边就是傀儡了，但留在洛阳又能好到哪里去呢？

对于朝中公卿和各路将领来说，搬到许县有吃有喝，留下来只能饿死，为什么不去呢？

所以曹操的提议一出来，几乎没人反对。

这次迁都非常简单，洛阳这边就是几间破屋子，没什么需要搬的，人搬过去就行了。曹操随后让人开来一支车队，载上献帝和满朝公卿就走了。

梁县那边，杨奉到这时候才知道自己被曹操利用了，他当然咽不下这口气，和韩暹一起带着军队去追击曹操和献帝。

曹操早就料到了这一招，在阳城山设下埋伏，打得两人大败而逃。不久以后，曹操又直接派兵攻打梁县，端掉了两人的老巢，两人只好逃到淮南投奔袁术去了。

后来杨奉跟韩暹在徐州一带当流寇，招惹到刘备，杨奉被刘备杀掉，韩暹则逃往并州，在小沛附近的杼秋县被当地军阀杀掉。张杨则在两年后被自己属下杀掉，手下军队全部投降了曹操。

之后几年，李乐病死，胡才被仇家杀死，白波军群龙无首，逐渐就分崩离析了。

至于凉州悍匪集团的几个头目——

张济混得最惨，他连吃的都没有了，只好到刘表的南阳郡去抢劫，却中了流矢而死。他侄儿张绣接手了他的军队，投靠刘表，屯驻在宛城。贾诩也离开那群凉州悍匪，去投靠了张绣，成为张绣手下最重要的谋士。

同一时期，郭汜也被自己的部下杀掉了，他手下的军队都归了李傕。

现在就剩下匪首李傕。凉州军团里面，只有段煨跟另外几个悍匪不同，他真心忠于朝廷，所以曹操控制朝廷以后，就派段煨去讨伐李傕。

公元198年，段煨打败李傕，收复关中，灭了李傕三族，又把李傕的人头送回许县，悬挂示众。李傕这个祸国殃民的混世魔王，终于得到了应有的报应。

段煨因为这个功劳，受到朝廷高度褒奖，拜将封侯，官运亨通，后来又被任命为大鸿胪、光禄大夫，最后得了善终，成为凉州头目里面结局最好的一个。

随着曹操控制朝廷，消灭李傕等人，凉州悍匪集团，这个曾经掀起滔天巨浪的恶棍团体，终于消失在了历史中。

再说许县那边。

经过一番波折以后，献帝的车队终于到达了许县，在曹操的主持下，献帝和文武百官很快在许县驻扎下来，各路政府机构也重新构建起来，许县变成了事实上的首都。

献帝随后改元建安，公元196年便是建安元年。

曹操对朝廷的诚意还是比较足的，虽然现在大家的物资都很紧张，曹操还是尽量给汉室朝廷提供了比较有尊严的生活条件。

在曹操的大力支持下，献帝和他的官员们不仅衣食无忧，甚至可以说过得相当滋润了。汉室朝廷恢复了正常运转，献帝坐上了金銮殿，文武百官按时上朝，宗庙社稷也重新建立起来，各项制度也都恢复了原样，一切看起来井井有条，简直跟董卓之乱前差不太多了。

对于这一点，献帝和百官十分满意，甚至感激。

不过，献帝既然靠着曹操生活，自然就要听曹操的话。

虽然献帝名义上还是天下的主人，但实际上，他和他的东汉朝廷已经失去了对全国各地的控制，甚至连许都也控制不了，他们这伙人根本就没有任何政治权力——他们唯一能做的，就是按照曹操的要求，发布诏书去褒奖或者斥责某人。当然，这种褒奖或者斥责只是口头上的，唯一的效果就是会影响舆论。

或者也可以这样说：现在的东汉朝廷只是曹操集团内部的一个舆论机构，献帝的任务就是每天写诏书、发诏书，推动舆论向有利于曹操的方向发展，而百官不过挂个名头而已。

朝廷刚迁到许都，曹操就迫不及待地让献帝发布诏令，严厉斥责袁绍，说他"地广兵多"却不来救驾，只忙着跟别的诸侯争地盘。

袁绍这时候才傻眼了，发觉自己错过了一个多么珍贵的机会，只好上奏表替自己辩解。当然，献帝也很爽快地"原谅"了他，还封他为太尉。

袁绍知道这都是曹操在搞鬼，曹操现在的官衔是大将军，袁绍当太尉的话，官衔就在曹操之下，名义上已经被压下去了，于是他咬牙切齿地回复，不接受比曹操低的位置。

曹操考虑了一下，又让献帝发诏书，把自己大将军的职位让给袁绍，袁绍这才接受了。

但这标志着朝廷的任免权已经完全握在曹操手里。从此以后，曹操翻云覆雨，把以袁绍为首的各路诸侯玩弄于股掌之间，袁绍等人气得吹胡子瞪眼，却拿曹操没办法，毕竟所有命令都是以皇帝的名义发布的，还能怎么样呢？

"挟天子以令诸侯"是曹操集团崛起的一个关键转折点，从这以后，曹操集团的眼光就不再局限于军阀之间的打打杀杀了，而是真正把争夺天下作为一个既定目标来追求，其所作所为也更加有帝王气度了，更有统筹全局的规划了，也更注重笼络人心了。

典型的例子就是曹操对于恢复经济的重视。

从灵帝末年以来，天下战乱不休，农田荒芜，人民逃窜，对经济造成了极大破坏。到献帝迁都许都的这个时期，全国性的饥荒已经严重到了令人心惊的程度，不仅黎民百姓挣扎在饥饿线上，甚至连袁绍、曹操这种大军阀都面临缺粮的困境。

在这种背景下，曹操听取羽林监枣祗的建议，实行屯田制度，通过国家力量来恢复农业生产，取得了非常好的效果。

通过之后几年的努力，兖州、豫州等地逐渐从战乱中恢复过来，粮食产量迅速提高，曹军的粮草因此获得了稳定供应。当然，最重要的在于，曹操集团从此拥有了一个稳定的大后方，也赢得了民众的广泛支持。

另外，这段时期，荀彧又推荐了许多人才给曹操，其中最重要的是荀攸和郭嘉，两人都成为曹操集团重要的谋士。

郭嘉的来历有点特别——他跟荀彧一样，也曾经在袁绍手下任职，也因为看不惯袁绍的行事方式而离开，最终加入了曹操阵营。

这些顶级才俊的加入，为曹操集团注入了新的活力，在他们的辅佐下，曹操集团逐渐脱离了军阀集团的范畴，更像一个正规的政府机构了。

从这时候开始，曹操集团真正走上了建国之路，曹魏帝国的雏形渐渐浮现出来了。

第七章　曹操和他的对手们

让徐州，丢徐州

曹操已经开始建国，平民出身的刘备还在深渊里挣扎。

兖州叛乱，曹操被迫撤军，陶谦、刘备这才迎来了喘息的机会。

尽管战事不利，刘备的个人魅力却征服了陶谦。

陶谦不仅给了刘备许多兵马，还任命他为豫州刺史——现在大家都在胡乱封官，也没人管了——然后让他带兵驻扎到小沛。

小沛是豫州东北角的领土，旁边就是从兖州到徐州的道路。刘备驻扎到这里，万一曹操来进攻徐州，他可以抢先一步挡住曹操。

不过对于刘备来说，小沛这个地方却有特殊意义——这里是汉高祖刘邦的故乡、大汉帝国的龙兴之地。刘备一直以汉高祖为模仿对象，陶谦把小沛交给他，对他是一种极大的鼓励。

陶谦对刘备的信任远远不止于此。就在曹操退兵不久，陶谦就病重了，他临终留下遗言："非刘备不足以安徐州。"

陶谦的态度很明确：他过世以后，希望把徐州交给刘备。

刘备和他的兄弟们听说这个消息，内心当然是狂喜的，颠沛流离这么多年，终于有一个自己的根据地了，而且是具有重要战略价值的地带。虽然他们也有顾虑——徐州已经成为曹操的眼中钉，又刚刚被曹操大军洗劫过，一片残破，如果曹操再来进攻，如何抵挡？但这仍然挡不住他们内心的欣喜。

不过表面功夫还是要做的，毕竟刘备一直以来的定位都是"忠厚长者"。所以当陶谦的手下糜竺等人来到小沛请求刘备统领徐州的时候，刘备一口回绝了。

刘备说："袁公路（袁术字公路）近在寿春，此君四世五公，海内归心，何不将徐州与他？"

糜竺、陈登、孔融等人连忙劝告："袁公路不过冢中枯骨，何足挂齿？如今之事，天与不取，反受其咎，还请先生勿推辞。"

刘备这才很"勉强"地接受了众人的拥戴，成为徐州的新主人。

刘备到徐州，驻扎在下邳，离寿春不远。

寿春那边的袁公路听说刘备接手徐州的消息，恨得咬牙切齿。兖州那边的曹操听到消息，也意识到刘备这个人不简单，从此把他看作主要竞争对手。对于刘备这个卖鞋的贩子白捡到徐州，各路贵族出身的诸侯也非常看不惯。处在风口浪尖上的刘备集团，实际上已经成了众矢之的。

刘备知道自己处境艰难，所以不敢惹事，埋头整理徐州的内部事务，逐渐把受到严重破坏的徐州经济恢复了过来。

第二年，吕布在兖州被曹操打败，跑到徐州来避难。

见到刘备的时候，吕布一副破落的样子，觍着脸对刘备说："我和贤弟都是北方边疆的人，也算半个老乡呀！"（吕布家乡并州五原郡，刘备家乡幽州涿郡，都在北方边陲。）

刘备有点尴尬，不知道怎么回答。

吕布又请刘备到自己的营帐里，让自己的妻子严氏出来拜见刘备。吕布诉苦道："听说关东诸侯讨伐董卓，愚兄就把董卓杀了。本来想到关东来响应各位大人，没想到各位大人不但不感激我，还想要我的性命，贤弟给评评理！"

刘备见他说话语无伦次，本来不想跟他交往，但现在徐州势单力孤，急需外援，自己又有"仁义"的名声，所以还是假意应付，把他们这伙人收留下来了。

出乎刘备预料的是，收留吕布并没有招来曹操的打击，反倒是心生嫉恨的袁术沉不住气，第一个杀过来问罪了，刘备只好先去抵挡袁术。

公元196年六月，刘备让张飞守下邳，自己带兵在徐州南部的盱眙、淮阴等地挡住袁术兵马，双方相持几个月，不分胜负。

曹操听说以后，火上浇油，让献帝封刘备为镇东将军、宜城亭侯。袁术在东南方，"镇东将军"就是冲着他去的，这一来，袁术更是气得跳脚。

不过刘备也大意了，他不知道，袁术没有发动大规模攻击并不是因为实力不够，而是在等待机会——

吕布进入徐州以后，就偷偷跟袁术勾搭上了。袁术写信给吕布，许诺援助他二十万斛粮草，让他找个机会在背后偷袭刘备。

吕布属于有奶便是娘的货色，听说袁术能帮他解决粮草问题，他想也不想，马上决定背叛刘备，他暗地里准备好了兵马，只等刘备那边出错。

刘备长期带兵在外，只留张飞镇守下邳。张飞是个粗人，对手下态度粗暴，没多久就跟陶谦的老部下曹豹爆发矛盾，双方公然开打。

这下就捅了马蜂窝了。陶谦的老部下们本来就不服刘备他们几兄弟，现在看到张飞欺负他们的人，于是大家都站到曹豹一边，公然在下邳城里造起反来，城里大乱。张飞不懂得安抚，一味出兵镇压，两拨人马打得天昏地暗。

吕布听说以后，立即把兵马开向下邳。下邳城里的陶谦老部下开门把吕布接进去，吕布坐在城楼上指挥军队，杀得张飞大败而逃。

吕布很快控制住整座城池，刘备和其他将领的家属都来不及逃跑，全部当了吕布的俘虏。

前线的刘备听到消息，惊得魂不附体，赶忙带兵返回下邳。可将领们听说自己的家属都落到了吕布手上，根本没有斗志，军队还没开到下邳就分崩离析了。

刘备被逼得走投无路，只好收集残兵，回过头去再找袁术死磕，结果又被袁术打败。

这样一来，刘备就进退两难了。最后他带着一群老弱残兵，流落到了东海边的一座小城镇，一群人弹尽粮绝，饥寒交迫，找不到出路。

还好陶谦的旧部下糜竺跟在刘备身边。糜竺是本地豪门出身，家财万贯，他拿出自己的家产资助刘备，又把自己的妹妹糜氏——后来称为糜夫人——嫁给刘备。在他的资助下，刘备才没有全军覆没。

但刘备已经被吕布逼到海边，无处可逃了。僵持了一段时间后，刘备只好派人向吕布求饶。

有意思的是，"三姓家奴"吕布现在又反水了，上次袁术许诺给他的二十万斛粮食一直没到，他发觉自己被骗了，于是又背叛袁术，接纳了刘备。

吕布又一次对刘备热情似火，把刘备的妻儿都还给了他，让他驻扎到小沛，还"封"他为豫州刺史（小沛属于豫州，但现在豫州的其余部分都在曹操掌控下，只有小沛在刘备、吕布手上）。吕布自称为徐州牧。两人商量好，合伙对付袁术。

刘备是头脑清醒的人，本来不想跟吕布玩这种颠三倒四的游戏，但无奈自己的实力实在太差，只好赔着笑脸，暂时依附于吕布。

辕门射戟

袁术不依不饶，继续追击，当年十月，他派大将纪灵带三万兵马攻打刘备的小沛。

刘备赶忙去向吕布求救。

现在徐州东南部已经被袁术占据了，吕布只占着下邳这一块，一旦袁术拿下小沛，就从几个方向围住了下邳，那么吕布也站不住脚。这一点吕布也是清楚的，所以他必须救刘备。

但是吕布这点兵力也未必挡得住袁术，所以没法力战，只能想别的办法。

吕布先派步兵千人、骑兵二百，飞奔到小沛，截住纪灵，然后自己带兵驻扎到小沛西南方，让人去跟纪灵打招呼，希望双方谈谈。

纪灵请吕布赴宴，吕布便和刘备一起去。

宴席上，吕布亲自把盏，对纪灵说："玄德是我兄弟，听说他有难，我马上就赶来了。我吕布天生不喜欢争斗，只喜欢解斗，今天就试着解一下你们的纷争。"

说着，他让人在营门中间立了一支戟，对众人说："请诸君作证，吕布要一箭射中戟上小枝，大家便各自罢兵，再也不许争斗了！"

吕走到远处，弯弓搭箭，只一箭，正中戟上小枝。纪灵等人目瞪口呆，高叫："将军天威！"果然就这样撤兵了。

吕布用自己特有的方式化解了一场危机。

按吕布的想法，他驻守下邳，让刘备驻守小沛，相当于当初陶谦和刘备的关系，两人互相援助，应该可以守得住徐州。

这种想法看似合理，可惜吕布低估了刘备的野心，或者说，吕布没有能力让刘备真心归附。

刘备有帝王之志，从来不甘心当别人的手下。退一步说，他就算要给人当手下，也不选吕布这种人，吕布那点儿政治智商，根本入不了他的眼。

到小沛以后，刘备马上开始招募自己的军队，没多久，竟然又重新聚集起一支超过一万人的军队。

这把吕布惊到了，他意识到刘备根本不是真心服从于自己，于是紧急发兵攻打刘备。

刘备还没准备好，被吕布这么一冲，又一次惨败，刚刚拉起来的队伍也被打散了。

这次失败对刘备打击非常大，他一夜之间回到了起点，而且在徐州已经没有立足之地了，往后根本没有翻盘的可能。

这意味着，经过几次起起落落，他终于要丢失徐州了。

心高气傲的刘备终于开始怀疑起了自己：是否我走的路线从一开始就是错的？会不会我根本没有能力在乱世中称霸一方？要不要投到别人手下，乖乖地受人驱使？

刘备陷入了彻底的迷茫。

刘备的问题，还是在于他出身太低了。世家大族根本瞧不上他这样一个破落户，世家大族里的精英也不屑于来辅佐他（只有糜竺这样极少数的例外），所以他手下一直严重缺乏人才，特别是缺少谋士，在跟其他诸侯对决的时候，他就总是吃亏。

眼下也只有走一步看一步了。放眼望去，东边是吕布，南边是袁术，都是死对头，西边北边又被曹操堵住，联络不上袁绍，刘备实在没有别的出路了，只能投靠曹操。

于是刘备厚着脸皮投到了曹操那边。

这时候曹操刚刚把献帝迎到许都，安顿好了献帝和文武百官，重建了东汉朝廷。在天下人眼里，曹操是匡扶汉室的大功臣，投奔他当然是不错的选择。而且刘备是汉室宗亲，来到许都，还可以跟献帝接触一下，拉拉关系。

刘备运气挺好，他有"忠厚长者"的名声，而曹操正好在四处招纳才俊之士，刘备来投奔，正好可以树立一个标杆，表明自己有爱才之心。所以曹操不仅收留了刘备，还给他非常高的待遇。

曹操当然知道刘备是有大志向的人，也预感到他会对自己有威胁，可是刘备这时候实在输得太惨了，曹操自信自己有足够力量控制住他，不会让他危害到自己。

而刘备非常清楚自己的处境，所以放下一切尊严，努力表现出毫无野心的样子，努力跟曹操集团的每一个人结交，终于让曹操集团接纳了他。

当然，曹操也不是白养着他的，曹操分给他一些兵力，又资助了他许多钱粮，让他再回到小沛去。吕布已经撤走了，于是刘备又驻扎在小沛，这次刘备的角色已经反过来了，是替曹操挡住吕布。

到这一步，刘备已经输掉了所有，退化成了曹操手下一个普通将领。

收服刘备以后，曹操已经布好了局，就等撒网，把袁术、吕布一网打尽了。

不过在这之前，他还要先解决掉张绣。

好色引发的血案

张济死后，他侄儿张绣投靠刘表，刘表让张绣屯兵在南阳郡的宛城，作为自己的北方屏障。

南阳离许都很近，所以曹操要向四周出征的话，就要先拔掉张绣这颗钉子，保证许都的安全。

公元197年初，曹操带领大军杀向宛城。

张绣的兵力根本没法跟曹操相比，听到曹操来攻的消息，张绣惊恐万状，没做什么抵抗就投降了。

这次胜利来得太过于容易，曹操十分得意，在军营里大摆庭席，让手下军士们好好地欢庆了一番。曹军将士个个醉得七颠八倒，把张绣的军队放到一边，没顾着去防备他们。

张济的遗孀（张绣的婶娘）也在宛城，曹操顺便也把她给"笑纳"了。

这对于张绣集团来说是不可接受的耻辱，张绣本来就疑心曹操不会善待他，听到这个消息以后，就决定马上反叛。

李傕以前的谋士贾诩现在在张绣手下，张绣跟他计划好，先哄骗曹操，让曹操允许他们的军队驻扎到附近，还允许他们的士兵都穿着甲胄。

曹操的军队还在彻夜狂欢，张绣这边已经暗地里准备妥当了。一天夜里，他们发动突袭，带领兵丁猛烈冲击曹操的营地。曹军上下都没有防备，顿时乱作一团，人人疯狂逃窜。

关键时刻，曹操的头号猛将典韦带领十几名勇士守住营门。典韦勇猛无比，犹如铁塔一般立在门口，手执双戟，向四周猛砍，一戟斫下去，十余个敌兵都扛不住。

张绣的士兵猛攻营门，典韦已经杀疯了，满身血污，目眦欲裂，咆哮着狂舞双戟，敌人挨到一点，立即断手断臂，残肢和尸首在营门前堆叠如山，却仍然没人能攻破典韦的防线。

过了好一会儿，张绣的士兵才从其他大门攻进了曹军大营，众人从四面八方包围了典韦他们几人。这几人身上都受了无数刀伤，却丝毫不退缩，全部以一当十，杀得血污满天。

最后，典韦一声暴喝，冲上去双手挟住两名敌军，一咬牙，硬生生将他俩夹死在胁下，这才力尽而亡。

典韦倒下去以后，过了很久，张绣的士兵才敢凑上去查看，这才确定他已经死了，于是割下他的首级，回去报功。

经过典韦这一拖延，张绣攻进曹营的时间被大大推迟了，曹操和手下的主要将领都赢得了逃走的时间。

夜色迷蒙，曹操带着手下疯狂逃窜，张绣的军队在后面猛追，宛城东边是淯水，曹操等人连夜涉水逃命，狼狈无比。

不料曹操的马突然中了流矢，跑不动了。眼看敌人就要追上来，曹操的长子曹昂赶紧把自己的马送给父亲，自己步行，这才让曹操逃脱了。曹昂随后死在乱军中。

这场战役虽然规模不大，曹军的伤亡却特别惨重，曹昂、典韦、曹操的侄儿曹安民都死在了这场战役中，给曹操留下了极其惨痛的回忆。

曹操收集残兵，逃到南阳东部的舞阴，打退了张绣的追兵，这才定下神来。又听说曹昂、典韦等人战死，曹操大哭，当众向手下军士们承认了自己的失误。

后来曹操派间谍找回了典韦的尸首，曹操亲自主持丧礼，给予厚葬。之后每次经过典韦墓前，曹操都要去祭拜。对于这位忠心耿耿的一代武神，曹操既怜惜，又愧疚，后悔了一生。

没有杀掉曹操，张绣他们有点失落，不过他们暂时恢复自由了，心里倒也觉得万分庆幸。张绣带着贾诩等人跑到南阳西部的穰县，派人对刘表说了整件事的前因后果，刘表没有怪罪他们投降的罪行，让他们就驻扎在穰县，继续替自己挡住曹操。

而曹操也带领残兵败卒退回了许都，找张绣报仇的事情只好暂时放下了。

刚回到许都，南边就传来一条大消息：袁术在寿春称帝。

袁术称帝的闹剧

袁术称帝的野心由来已久。

当世各路军阀，数袁术出身最高，人脉资源最广。看到天下大乱，汉室衰微，袁术不禁动起了心思：依目前的形势，汉家社稷衰落以后，最应该继承天下的，不就是我们袁氏吗？

上了年纪的人，一旦认定某件事，就会很容易陷进去，以至于觉得周围处处是证据可以证明自己的看法，袁术就陷入了这样一种自我陶醉的状态。

他认为袁氏来源于陈氏，是上古时期舜帝的后人，对应土德，而汉朝属火德，按照五行相生理论，汉朝之后，土德应当取代火德。

从西汉时期开始，民间就流传一句莫名其妙的话"代汉者，当涂高也"，人们普遍认为这句话预言了汉朝以后下一任统治者的身份。袁术想来想去，总觉得"涂高"是在影射自己的字"公路"，于是又多了一个称帝的理由。

没过多久，一个叫张炯的神棍来替袁术算命，说他有当皇帝的命，更让袁术飘飘然起来。

为了给自己当皇帝找更多依据，袁术又盯上了传国玺。孙坚死后，传国玺留在他夫人吴氏手里，袁术就直接扣押吴氏，逼她交出了传国玺。按传统的说法，传国玺落到谁手里，就表示谁是天命所归，于是袁术更认为自己是上天选定的汉家天下继承人。

后来李傕、郭汜互斗，皇帝和百官狼狈逃窜，在民众心里，汉室朝廷的声望已经一落千丈了。袁术更加感到自己称帝的时机已经成熟了，他一刻也不能等，急急忙忙地开始准备称帝的手续。

但在其他各路军阀看来，这些神神道道的所谓"谶纬"都是袁术自己的臆想，没有任何根据，袁术把自己称帝的想法说出来以后，首先就遭到了属下孙策的反对。

孙策是孙坚的长子，孙坚被杀以后，他接过了父亲的衣钵，继续依附于袁术，在江东地区征战。

但随着实力膨胀，孙策已经不甘心继续当袁术的马仔了，现在听到袁术想要称帝，他立即表示坚决反对，并且从此跟袁术决裂，脱离了袁术集团。

袁术集团内部，许多官员也反对自己的主人称帝。

但所有这些反对声浪都不能使袁术醒悟，他终于在公元197年初称帝，自称为"仲家"。袁术在寿春设立朝廷，建立后宫，册封了文武百官，到郊外祭祀天地，把九江太守称为淮南尹，一切模仿汉家制度，除了略微寒酸以外，看起来倒也像模像样。

袁术现在最重要的盟友是吕布，称帝以后，他马上派人去向吕布申明自己的最新身份，还让吕布尽快把女儿嫁给自己儿子。

原来，之前袁术和吕布已经谈好了，双方要结成儿女亲家，到现在还没过门。

吕布没什么头脑，收到袁术的信息以后，扬扬自得，以为自己女儿要当

"太子妃"了，他也不多想，赶紧让人去准备嫁妆，急急忙忙地就把女儿送了出去。

不料小沛的相国陈珪随后赶来，对吕布说："曹公奉迎天子，协理国政，威名遍于四海，将军与曹公协作，可保四方安宁。袁公路僭号天子，天下人人人侧目，与他联姻，必然受世人唾骂。将军请三思！"

吕布听了，马上又反悔了。当时他女儿已经跟着袁术的使者在路上了，吕布让人快马加鞭赶过去，把他们追了回来，还把袁术的使者一同抓回来，给曹操送过去，曹操马上把这人押到闹市砍了头。

这下把袁术气得吐血，发誓要找吕布算账。

袁术集团败落

看到吕布如此不靠谱的做法，各路诸侯都在心里暗笑。曹操勉强忍住笑意，派人给吕布送去一封诏书，以献帝的名义把他大加夸奖了一番，还封他为左将军。

吕布以为曹操真心要跟他交好，喜笑颜开，又派陈珪的儿子陈登去拜见曹操，表达自己的感激之情，顺便请求曹操封自己为徐州牧。

吕布却不知道，陈珪、陈登父子早都投靠曹操了。陈登到许都以后，跟曹操说了吕布的情况，劝曹操："吕布有勇无谋，主公请尽快拿下他（防止别人先下手）。"曹操点头同意，没回应吕布的请求，却以献帝的名义给陈珪、陈登父子封了官。

陈登回到下邳，吕布暴跳如雷地问他："我让你去替我求官，怎么我的官没求来，你们父子二人反倒都封官了？"

陈登不紧不慢地说："我求了，曹公说：'吕将军如同雄鹰，喂饱了就会飞走，只有饿着他，才会为我所用。'我也没办法呀。"吕布这才没话说了。

通过陈珪、陈登这对内应，曹操成功离间了吕布和袁术的关系，这对于吕布、袁术双方来说都是灾难。

吕布、袁术两人都已经被曹操列为优先打击对象，现在的局面下，他们只有抱团才能对抗曹操，偏偏两人都头脑简单，被人轻易挑拨，自己先斗起来，那就只能被曹操各个击破了。

寿春那边，袁术也是个一根筋的夯货，他已经认准了吕布是自己的死对头，发誓不管付出什么代价都要报仇。

凉州悍匪头目杨奉、韩暹这时候正流窜在扬州一带，袁术不惜血本地收买他们，让他们跟自己的将领张勋一起出动，带领几万兵马去攻打吕布。

当时吕布手上只有三千人马，看到几万大军卷着烟尘扑来，慌得手足无措。陈珪告诉他："别慌！杨奉、韩暹都是流寇，只为钱打仗，谁给钱就听谁的。将军可以写信给他们，许诺资助他们一批物资，让他们帮您打袁术，肯定奏效！"

吕布照着做，给杨、韩二人写了一封信，先跟他们套近乎，把两人吹捧了一番，又许诺打败袁术以后战利品全部给他们。

杨、韩二人收到信以后果然马上翻脸，回头便去攻打袁术的军队。袁术的军队猝不及防，遭到大败，几乎全军覆没。

吕布和杨、韩二人合兵，一路追击袁术的军队，追到了淮河边，直接威胁寿春。袁术吓得心胆俱裂，亲自带着五千兵马死守住淮河防线。吕布带领军队在河对岸大笑，随后才撤军了。

这场战役对袁术打击非常大，袁术仅剩的那点儿兵力几乎消耗光了，而且吕、杨、韩等人在淮河以北大肆劫掠，对袁术统治地区的经济也造成了严重破坏。

这还没完，曹操嫌吕布对袁术的打击不够，随后就亲自领兵征讨袁术，在蕲阳打败袁术的军队，斩杀了桥蕤等一干大将，又剥掉了袁术集团一层皮。

南边随后也传来一连串坏消息。

孙策脱离袁术集团以后，立即出重拳，赶走袁术任命的丹杨太守，又招降了广陵太守，这样一来，丹杨和广陵这一大片土地就脱离了袁术的掌控。实际上，江东地区已经是孙策的地盘，袁术被夹在孙策和吕布中间，地盘已经非常狭小了。

那一年又爆发了严重饥荒，江淮地区到处是人吃人的惨剧，城镇村庄一片萧条，各种不利因素堆积到一起，袁术集团在江淮地区的统治基本已经维持不下去了。

回顾袁术集团的经历，最早起兵的时候，他们曾经是各个诸侯里面实力比较强的一支，而且占据着南阳这样一个关键地带，可以说拥有明显的先发优势。

可袁术没有任何政治才能，内政、外交都搞得一片混乱，他还特别傲慢，接连伤害自己的盟友，更严重的是，他遇上了曹操这样一个几乎无懈可击的敌人，终于在曹操的持续打击下衰落下来。

最后他更出了称帝这样一个严重昏招，导致众叛亲离，在极短的时间内就败落下去，退出了群雄逐鹿的争夺。

可以说，袁术是各路军阀里面一个典型的反面教材，清楚地说明了一个昏庸无能的领导人会把自己的集团糟蹋成什么样。

同样昏庸无能的还有吕布，袁术倒了以后，吕布马上跟着遭殃了。

吕布的最终结局

袁术集团的败落对于吕布来说是一个危险信号，意味着他已经成了孤军，独自暴露在曹操的兵锋之下，而凭借他手下那点兵马，根本挡不住曹操。

吕布终于也觉察到了这一点，所以态度又一次转变，又倒向了袁术一方，希望继续依靠袁术来抵挡曹操。

可惜他反应得太迟了，现在袁术都自身难保，还能给他什么支援？他只能独自面对曹操了。

吕布跟曹操的战争首先在小沛爆发。

刘备现在带着曹操的兵马驻扎在小沛，前不久刚刚导演了一场精妙的骗局，除掉了杨奉、韩暹两个混混。

说起来，杨、韩两人纯粹是自寻死路：自从上次跟着吕布打败袁术以后，他们两人就面临一个尴尬局面——他们跟吕布都严重缺粮，双方大眼瞪小眼，谁也养活不了对方。两人只好辞别吕布，出去继续当流寇。

两人刚离开，就动起歪脑筋，想跟小沛那边的刘备联合，反过去攻打吕布。于是两人去找到刘备，讲了自己的想法。（这件事可能有隐情，不排除两人是吕布派过去骗刘备的。)

刘备很清楚这种土匪头子是靠不住的，所以假装答应，邀请杨奉去赴宴，在宴席上直接把他绑起来杀掉了。韩暹听说杨奉被杀，如同惊弓之鸟，赶忙逃向并州，结果在路上也被人杀了。

刘备轻松除掉吕布的两个盟友，引起吕布警觉。第二年年中，刘备又抢了吕布买马的钱，双方的矛盾终于爆发。吕布派出高顺和张辽突袭小沛，虽然吕布的兵力有限，但刘备军队的战斗力更差，他们很快就被杀得七零八落，只好向曹操求援。

这时候曹操正在对付张绣，但他还是分出一部分兵力，让夏侯惇去救小沛。

不料夏侯惇也在小沛城外被吕布打败了。当年九月，小沛被攻破，刘备又一次抛下家人狼狈逃窜，到曹操那边避难去了，他的妻儿老小也又一次当了吕布的俘虏。

小沛被攻破的消息刺激到曹操，曹操决定立即拔掉吕布这根钉子，于是他先放过张绣，点起兵马，亲自出征去攻打吕布。

内应陈登现在是广陵太守，他收到曹操出征的消息以后，也马上调集广陵的兵马，开到下邳，为曹军打头阵。

曹操带着刘备进军，先打下彭城，屠城以后，又开到下邳，跟陈登会合。

吕布控制的地方已经只剩下邳了，曹操、陈登从两个方向合围，声势惊人。

这是一场毫无悬念的战争，吕布军队只是稍微做了一点儿抵抗，就缩回了城里，负隅顽抗。

曹操让人向吕布递交了劝降书——虽然吕布曾经在后方偷袭兖州，造成曹操集团的严重危机，然而曹操并没有记仇，这时候是真心想接纳吕布。

以吕布当时的情况来说，投降是上策，弃城逃跑是中策，负隅顽抗是最蠢的办法。吕布本来也想投降，却又听了手下陈宫等人的劝说，准备顽抗到底，于是他连最后的保命机会也错过了。

陈宫甚至还出馊主意："将军应该亲自带兵驻扎到城外，我们这些人在城内坚守，两头互相支援，曹操不管打哪头都为难，拖到曹操粮草耗尽，他必然退兵！"

这分明是在坑吕布。还好吕布的妻子哭着求他留在城里，吕布才没听陈宫的，否则以吕布的领导能力，他一旦出城，城内局势肯定就失控了。

何况陈宫等人并没有认识到战略比战术更重要，当敌方集团的实力全面碾压己方的时候，一场战役的胜负根本没有意义。

吕布只好望着袁术这根救命稻草，派人突破重围，向袁术送去了加急书信。

当时的情形极端悲壮，吕布怕袁术记着自己悔婚的仇，所以把自己的女儿用布裹了，绑在马上，自己护送着她出城去，想把女儿送到袁术那边，换来袁术出兵。却不料他们刚出城就被曹操大军包围了，吕布护着女儿在乱军里拼死冲杀，终究还是没能冲出去，只好又回到城里。

袁术也怕吕布集团倒下，所以还是派了援兵过来，但只有区区一千多人，这些人到下邳城外晃了一圈，没有激起任何水花，就被杀散了。

河内那边的张杨也想援助吕布，派出军队从北方威胁曹操，不料手下将领杨丑突然反叛——可能是曹操安插在张杨集团的内应——杀掉张杨，于是张杨这支援军也作废了。

曹军连续包围下邳三个月，又是挖壕沟，又是掘开河堤来灌城，城里守军也想尽办法坚持，双方都很煎熬。

其实陈宫猜得没错，曹军确实缺粮，拖延久了支撑不住。围城三个月以后，曹操一度想撤退，荀攸和郭嘉却劝他再坚持一会儿，于是曹操继续咬牙坚持住。

当年十二月，吕布已经接近精神崩溃了，时而走到城楼上对外大喊"我要向曹公自首！"，时而又对手下将领说"你们砍了我的脑袋去投降吧！"。将领们也个个垂头丧气，形势一片惨淡。

只有陈宫和高顺铁了心要跟曹操对抗到底，这时候还夜以继日地指挥军队拼死抵抗。

可惜其他人已经等不及了……

前不久，吕布手下的将领侯成派人出城去牧马，没想到，那家伙出城以后竟然直接奔向小沛，想把马赶去送给刘备。侯成得到消息以后，拼命追赶，终于把马追了回来。

侯成的兄弟们听说以后都来向他祝贺。侯成拿出自己酿的酒招待这些兄弟，又怕吕布怪罪，所以准备好了几壶酒，去拜见吕布，让吕布先品尝。

吕布看到侯成献上来的酒，却勃然大怒，一脚踢翻，说："我早就有命令，军营中禁酒，你竟敢私自酿酒，还聚众欢庆，是准备一起来害我吗？"

侯成吓得面如土色，赶紧跪地请罪。吕布饶了他，侯成却从此怀恨在心。

现在下邳的形势已经摇摇欲坠了，大家都想投降，只有陈宫、高顺还在坚守，侯成就带着自己兄弟们发起偷袭，把陈宫、高顺绑了，出城投降了曹军。

这样一来，吕布知道自己大势已去，只好和手下将领们走下白门楼（下邳南城门），投降曹操了。

据说，军士们把吕布绑着去见曹操的时候，吕布拼命挣扎，说："绑得太紧了，松一点！"

曹操在上面笑着说："缚虎能不紧吗？"

吕布盯着曹操说："明公怎么瘦了？"

曹操奇怪地问："你怎么认识我？"

吕布说："明公不记得了？当年在洛阳，我们在温氏花园里面见过。"

曹操说："原来如此。孤王是因为不能早见到将军，所以瘦了。"

吕布又对曹操说："齐桓公不记射钩之仇，使管仲为相，是以称霸诸侯。明公若能宽恕吕布，吕布必定效犬马之劳，帮助明公定天下，如何？"

曹操听了，有点心动，沉吟不语。

吕布又转头对曹操身边的刘备说："玄德弟，你是明公座上嘉宾，不能替为兄说一句话吗？"

曹操也望向刘备，刘备不紧不慢地说："明公还记得丁建阳（丁原）和董太师（董卓）的故事吗？"

一句话提醒了曹操，于是曹操下令，把吕布拖出去勒死，然后砍头，和陈宫、高顺的人头一起送到许都去了。

吕布死前对着刘备大叫："这个大耳儿最不可信！"

可惜一切都晚了。

煮酒论英雄

刘备确实特别恨吕布，他现在落魄到这个地步，一大半是吕布的"功劳"。不过他撺掇曹操杀吕布，却不是出于个人恩怨，而是为了让曹操看到：自己确实是一个有用的人，确实能向曹操提供一些中肯的建议。

对于曹操来说，不收留吕布是对的，因为以吕布的性格，不管投到谁的手下，都会变成一个不稳定因素，随时可能带来巨大的破坏。何况曹操手下根本不缺猛将，少一个吕布也无所谓。

当然，从人类的心理上来说，提醒别人不要相信某人，往往是为了让他相信自己。刘备现在就是这样一种心理，他太需要曹操的信任了。

现在刘备的命运完全掌握在曹操手上，他不得不收起自己的锋芒，努力在表面上融入曹操集团，成为一个至少对曹操无害的人。为了避免引起曹操猜忌，刘备甚至改变了自己喜欢招贤纳士的作风，尽量不跟权贵结交，平时在家闭门种菜，无欲无求，过起了一种极端低调的半隐居生活。

刘备的谨小慎微很快取得了效果，曹操对他的戒备心降到了最低。讨伐吕布回来以后，曹操马上让献帝封刘备为左将军，拜关羽、张飞为中郎将，给了他们几兄弟极高的待遇。当然，刘备的妻儿老小也被曹操救了回来，还给了刘备。

程昱、郭嘉立即表示反对，认为刘备不可信，曹操却不听。

曹操是真心想把刘备三兄弟吸纳为自己的亲信，他知道刘备心气很高，便竭力抬高刘备的地位，和刘备出则同车、入则同席，几乎到了形影不离的程度，看起来，他似乎把刘备当作了自己的副手来培养。

对于历史上绝大多数臣子来说，这是梦寐以求的局面：乱世遇到明主，给予自己毫无保留的信任与尊重。那么，自己当然要效犬马之劳，报答主公的知遇之恩。接下来，便是明主贤臣励精图治，共同开创盛世的一段佳话。

可惜刘备不是这样的人，他有帝王之志，不甘心屈居人下，辅佐人君成就霸业并不是他的梦想。

而曹操的才能又太强悍了，强悍到足以压制住刘备，逐渐把他塑造成曹操本人想要的样子。这是刘备绝对不愿意的，但他难以抵挡曹操的柔性攻势，在曹操的攻势下，他正在放弃自我，活成自己最讨厌的样子。

而且他也明白一点：任何一个英明君主都不会容忍自己手下有另起炉灶的打算。曹操现在对他好，是因为在幻想他会放弃帝王梦，安心当一个宰辅，一旦发现这做不到，曹操翻起脸来也会是雷霆万钧的。

所以，现在的刘备虽然处在万人艳羡的位置，心里却满是落寞和惶恐。他不想这样沉沦下去，但又不知道自己该怎么办，该怎么摆脱这种难堪的局面。还有，如果继续这样难堪下去，会有什么后果，他也不敢想。

有一次，曹操和刘备一起宴饮，两人言谈甚欢，逐渐谈到了天下英雄。曹操微笑着对刘备说："天下英雄，唯使君与操耳（天下英雄，只有你我二人罢了）。"

刘备心里一震，手里的筷子都掉到了地上，这一刹那，天空正好响起一声惊雷，刘备悻悻地说："圣人云：'迅雷风烈必变。'雷霆之势，果然惊人呀！"俯身慢慢把筷子捡了起来。

曹操哈哈大笑说："使君这样的英雄也怕雷吗？"一场危机，就这样被刘备遮盖了过去。

刘备的担惊受怕并不是毫无来由的。曹操虽然豁达，但不傻，对于下属，他是防得很严的，对于包括刘备在内的一批高官，他都有线人在暗中监视。这种监视有时候是非常"热情"的，比如突然派人到刘备的住宅里来嘘寒问暖，送点儿小礼物，请刘备赴宴，等等，这都让刘备随时处在曹操监控之下，简直毫无隐私可言。

刘备实在受够了这种担惊受怕的日子，他想尽办法要尽快摆脱，他跟关、张两兄弟密谋了很多逃亡方案，但都没能实施。

机会却来自一个意想不到的地方。

"大耳儿最不可信"

公元199年夏天，袁术已经被逼到走投无路了，只好烧掉自己的所谓"皇宫"，带着一批亲信，到寿春附近的灊（qián）山去投奔自己曾经的部下陈简、雷薄。

陈简、雷薄是前年叛变袁术，出来占山为王的，袁术豁出老脸去投奔他们，说明真的已经到了山穷水尽的境地了。

可陈简、雷薄还是直接把他挡在外面，不让进山门。

袁术羞得无地自容，只好写信给自己的死对头袁绍，表示愿意把"皇帝之位"让给他，请求他替袁氏家族的利益考虑，接下自己的"皇帝之位"，同时收留自己这批人。

袁绍同意了。

袁绍并不是看上了这个莫名其妙的"皇帝之位"，而是因为他现在的主要敌人不是袁术，而是曹操了，既然袁术是曹操的对头，他当然愿意接纳。

袁绍在遥远的冀州，袁术过不去，只好试着到青州去投奔袁绍的儿子袁谭。

曹操听到以后，果断出手，派刘备领兵去半路拦截袁术。

郭嘉等人坚决反对这个决定，认为一旦让刘备出去，他很可能要逃掉。但曹操力排众议，坚持派刘备出征。

于是刘备带着曹操的大将朱灵去拦住袁术的道路。倒霉的袁术无计可施，只好又退回了寿春，在寿春住了几天，找不到吃的，又退到了江亭。

曹操已经根本不屑于去攻打袁术，只是等着他自己饿死罢了。

果然，当年六月，袁术军营里的粮食彻底耗尽了，大家饿得头晕眼花。当时天热，袁术想喝点蜜糖解渴，搜遍厨房都找不到蜂蜜，只好坐到床上唉声叹气，说："袁术呀，你怎么到这个地步了？"

不久以后，袁术吐血而死。

袁术的败亡在各路诸侯里面没有引起太大轰动，因为早就没人关注他了，现在大家的目光都在曹操和袁绍那边。

不过现在刘备却终于等到了机会。

把袁术赶回寿春以后，朱灵返回曹操那边去报功，刘备却私自留在了外面，相当于公开叛变曹操。

刘备仍然记挂着徐州，既然已经反叛曹操了，索性撕破脸皮，于是他带领关羽、张飞等人飞奔到下邳，斩杀了曹操的徐州刺史车胄，夺取了城池。然后，刘备留关羽驻守下邳，自己带兵驻扎到小沛，重复了当年和陶谦共同抗击曹操的局面。

徐州百姓对曹操的抵触情绪非常高，刘备重夺下邳以后，徐州其他郡县的官员纷纷反叛曹操，带着城池投靠到刘备手下。于是在极短时间内，徐州大部分就脱离了曹操掌控，重新归刘备统治。

许都那边，刘备叛逃以后，曹操终于意识到自己看错人了。但他也没有太着急，毕竟以刘备目前的实力，要威胁到他还差得远，所以曹操只派了手下将领刘岱、王忠领兵去征讨刘备。

曹操这次有点轻敌，刘岱、王忠到了徐州，竟然很快被刘备打败了。刘备十分得意，当面向两人叫嚣："凭你们几个小喽啰，能奈我何？回去告诉你们家主子，除非他亲自来，否则休想在我手上讨到半点便宜！"

刘备之所以有恃无恐，是因为现在曹操正在官渡跟袁绍对峙，抽不开身。

官渡之战前曹操的布局

刘备依附曹操的这一年，中原局势已经发生了重大变化。

首先是曹操拿下了张绣集团。

张绣占据南阳，威胁许都，一直就是曹操的心腹之患。上次宛城之战过后，张绣联合刘表一口气拿下了南阳东部的许多城池，两人的军队在边境线上作乱，频繁侵袭曹操的地盘，这更坚定了曹操打击张绣的决心。

公元197年十一月，曹操又一次去攻打张绣，收复了上次被占领的舞阴等地，还在淯水边祭祀亡魂，了却了一桩心愿。

公元198年三月，曹操再次攻打张绣，这次他做足了准备，围困穰县三个月之久，把张绣军队杀得落花流水。刘表派人来救援，也被曹操打败了。

可惜这时候曹操突然收到情报：袁绍想趎机偷袭许都！曹操没办法，只好紧急撤军。撤退的路上，还被张绣用贾诩的奇谋杀掉了一些人马，虽说损失不大，可也着实把曹操恶心了一把。

好在袁绍军队最终没有来，许都得以保持平安。

但曹操的连续打击已经让张绣集团吓破了胆。张绣手下的贾诩非常明智，知道继续对峙下去没有任何意义，反而会让张绣集团成为几大军阀集团冲突中的炮灰——也可能因为看到了吕布顽抗到底的下场，所以他极力劝说张绣投降曹操。

同一时期，袁绍也派人来招降张绣，张绣本来想同意，但被贾诩硬给挡回去了，贾诩直接对使者说出难听的话："你们主人兄弟不能相容（袁绍和袁术的矛盾），怎么能容天下英豪？"于是张绣跟袁绍的关系就彻底破裂了。

张绣和袁绍中间隔着曹操，贾诩很清楚，投降袁绍的话，曹操来进攻，袁绍没法帮忙，张绣照样会成为炮灰。而且袁绍集团势力强大，张绣投靠过去不会受重视。

到了这一步，只剩下投降曹操一条路了，但张绣很担心曹操会报杀子之仇，贾诩向他保证："放心！曹公有霸王之志，必定不会计较私人恩怨。"张绣这才安下心来。

公元199年十一月，张绣、贾诩带着整个集团的兵马向曹操投降。

贾诩看得很准，曹操果然一点儿都不提之前的恩怨，他亲自出来迎接，握着张绣的手问寒问暖，又摆宴席热情招待他们，把张绣、贾诩都奉为座上宾。曹操又让自己的儿子曹均娶了张绣的女儿，张绣家族从此进入曹操集团的最高领导层，待遇比曹操的许多老部下都高。

曹操这样优待张绣是有原因的，张绣集团虽然实力很弱，但占的位置太重要了。南阳处在诸侯之间的核心地带，是南下攻打荆州的重要跳板，张绣投靠曹操以后，刘表失去了北方屏障，从此不敢跟曹操叫板了。又因为袁术和吕布都已经被平定，南方已经没有人可以威胁到曹操，曹操终于可以把注意力都放到北方的官渡，全力以赴跟袁绍对峙了。

所以张绣集团投降，可以说解决了曹操的一个心腹之患，对曹操帮助很大，间接影响了后来官渡之战的结果。

当然，张绣的土地和人口资源也帮助曹操扩充了实力，后来的官渡之战中，张绣也是主要功臣之一。

曹操还因此得到了贾诩这样一个顶级谋士。贾诩对局势的判断十分精准，总能在关键时刻为自己找到出路，这次投降曹操，他是最大的获益者之一，在曹操的庇护下，他帮助李傕和郭汜把攻掠长安、荼毒天下百姓的罪行都成功洗白了，他从此成为曹操最信赖的谋士之一，在乱世中享受着无尽的荣华富贵。

除了收降张绣，这一年曹操还拿下了河内郡。

河内本来是张杨的地盘，上一年曹操攻打吕布的时候，张杨想出兵协助吕布，不料被手下将领杨丑杀了，但张杨的另一个手下眭固又杀掉杨丑，带着河内郡投靠了袁绍，继续跟曹操作对。

公元 199 年四月，曹操派史涣、曹仁北上，渡过黄河，攻打眭固所在的射犬。

眭固逃出射犬，想去北方找袁绍搬救兵，结果半路上被史涣、曹仁截住杀掉了。曹操随后渡过黄河，亲自拿下了射犬，于是河内郡也落到了曹操手上。

除了南阳和河内，曹操在其他地方也有扩张的动作，例如消灭吕布集团以后，曹操招降了吕布的盟友，泰山郡的臧霸、孙观、吴敦、尹礼等人。

泰山郡紧挨着青州，青州现在由袁绍长子袁谭驻守。臧霸归顺以后，曹操命令他从泰山郡攻打青州，占领了青州东南部的一些地区，严重牵制了袁绍集团的兵力。

另外，曹操还担心袁绍勾结关中军阀，怕他们从关中南下汉中、益州，自西向东包围自己所在的中原地带。所以在荀彧等人的建议下，曹操抢先一步派人去联络关中军阀。

李傕等人败亡以后，关中有许多军阀盘踞，其中最强大的是韩遂、马腾集团。曹操任命钟繇为司隶校尉，派他去关中招降韩、马二人。钟繇到关中以后，经过一番外交努力，成功说服两人归附曹操，两人都派了儿子到许都为人质，从此关中也臣服于曹操了。

这样一来，黄河以南、淮河以北的大部分地区，以及洛阳周边地区、黄河以北的河东、河内郡，都纳入了曹操控制之下，西部的关中和凉州也受到曹操遥控，曹操集团已经成长为中原地区无可置疑的霸主，并且把袁绍封堵在河北（黄河以北）地区，切断了袁绍跟所有盟友的联系。

所有这些布置完成以后，曹操已经具备了跟袁绍掰手腕的实力。同时，袁绍也控制了幽州、冀州、并州、青州的大部分领土，成为河北地区唯一的霸主。天下局势已经明朗，袁、曹两家的终极对决已经不可避免了。

第八章　决战官渡

公孙瓒穷途末路

曹操在黄河以南扫荡群雄的时候，袁绍也在黄河以北攻城略地。

但跟曹操集团不同，袁绍集团没有清晰的战略规划，这几年他们把主要精力用来死磕公孙瓒。经过界桥之战、巨马水之战和龙凑之战，袁绍把公孙瓒的势力压制在了幽州。

同时，北方的乌桓部落也对公孙瓒造成巨大压力。

两方的压力之下，公孙瓒和刘虞的矛盾率先爆发了。

公孙瓒和刘虞的行事方式完全相反：刘虞处处讲究"以德服人"，对内反对压迫老百姓，对外希望通过怀柔政策防止冲突；而公孙瓒是纯粹的武夫，在这个兵荒马乱的年代，他只考虑怎么让自己生存下去，不管别人的死活，所以他对内横征暴敛，对外穷兵黩武。

刘虞对公孙瓒的种种暴行看不下去，不断出手阻拦；而公孙瓒觉得刘虞处处拆自己的台，也感到忍无可忍。一开始，两人还只限于嘴上争吵，分别写奏表给献帝，指控对方，到后来，干脆公然开打。

公元193年十月，刘虞调集自己手下的十万兵马攻打公孙瓒的蓟城。

事实证明这个决定极端错误。

公孙瓒这么多年身经百战，手下军队战斗经验极其丰富。而刘虞只是一个纯粹的儒臣,军事才能近乎为零,他手下的军队又从来没打过仗,连阵列都站不齐,怎么可能是公孙瓒的对手?

出征以后,刘虞还抱着一套迂腐的理论,要求手下军士只捉拿公孙瓒,不准伤害无辜,也不准焚烧百姓的房子。于是他的士兵们束手缚脚,施展不开。

公孙瓒指挥军士因风纵火,大火迅速扑向刘虞军队,刘虞军队瞬间就崩溃了。

刘虞逃回自己的驻地居庸城。公孙瓒领兵追来,三天就攻破城池,活捉了刘虞全家老小,然后指控刘虞阴谋称帝,再逼迫朝廷派来的使者杀了刘虞全家,把人头送往长安报功去了。

刘虞在全国上下都有很好的名声,朝廷一直支持他,老百姓也都同情他。公孙瓒用武力灭掉他,引来了很多人的反感,公孙瓒从此成了众矢之的,再也不会得到人们支持了。

不过,据说公孙瓒军队攻破刘虞的营垒以后,发现刘虞的妻妾全都穿着华丽的绮罗,大家十分惊讶。刘虞一向以简朴的形象示人,平常穿的官服都打满补丁,现在大家才发现他的简朴都是装出来的。

但这些消息都是公孙瓒一方放出来的,真真假假,外人永远不可能知道真相了。

灭掉刘虞势力以后,公孙瓒成了幽州唯一的霸主,没有人可以节制他,他终于可以放开手脚干了。

他更加肆无忌惮地盘剥百姓,于是整个幽州几乎都沦为他的粮仓,他拼命从老百姓手里抢粮食,积攒的粮谷达到三百万斛,够他和手下用几十年了,实在骇人听闻。

于是幽州百姓就惨了,他们陷入严重饥荒,到处是人吃人的惨剧,城市和村庄一片萧条,人人怨声载道,都盼着公孙瓒赶快被人消灭。

公孙瓒本身的人品非常低劣,对人刻薄寡恩,睚眦必报。整个幽州范围内,只要有声望超过他的名士,他就要想办法陷害,所以幽州本地望族都对他恨得咬牙切齿。

刘虞被杀,也惹火了乌桓、鲜卑这些游牧民族。这些年来,刘虞一直对他们采取怀柔政策,所以他们对刘虞非常感激。刘虞的下属鲜于辅联络上这些部落,共同派兵把刘虞的儿子刘和接来,奉为新一任领袖。

鲜于辅召集刘虞的残余势力,加上乌桓、鲜卑军队,还有幽州本地同情刘虞的势力,再跟袁绍的将领麹义会合到一起,总共十万兵力,一起去进攻公孙瓒,最后在渔阳附近大败公孙瓒的军队。

幽州各地百姓也沸腾了,纷纷揭竿而起,杀掉公孙瓒派的官员,响应鲜于辅的联军。于是在极短时间内,幽州北部的代郡、上谷、广阳、右北平就全部脱离了公孙瓒掌控。

公孙瓒到这时才知道杀刘虞后果有多严重,但已经迟了,他退守到幽州南部的易京,靠着易河构筑营垒,苦苦支撑。

鲜于辅的联军包围了公孙瓒的堡垒,拖延了一年没能攻下城池,最后麹义的军队粮草耗尽,首先溃散,联军才撤退了。

这次战争对公孙瓒打击非常大,从此以后他像换了一个人似的,对世界充满恐惧,再也没有勇气去跟诸侯争斗了。

他把全部精力用来构建易京的堡垒,这些堡垒达到非常夸张的程度——易河边挖了十重壕沟,在壕沟的包围圈内筑起五六丈高的土丘,再在土丘上盖高楼,形成一个堡垒。这样的堡垒层层叠叠,达到几千座之多。外围的堡垒由他的手下将领们居住,中间十多丈的土丘上是公孙瓒自己的堡垒,上面楼台高耸入云,楼下有铁门锁着,严禁七岁以上的男人进入,公孙瓒和自己的姬妾、侍女等人住在里面,平时几乎不露面,日常伺候的工作都由侍女来做,所有日用品都用绳索吊上去。

公孙瓒就这样过着与世隔绝的生活。

这样的日子一过好几年,这几年时间,外人基本见不到他,手下的将领们只能通过书信和他联系。甚至连他势力内的人在幽州其他城池受到袁绍攻击,公孙瓒都不派人去救,结果这些将领要么被属下杀掉,要么投降袁绍,剩下的将领也都离心离德了。

有手下问公孙瓒怎么计划的,公孙瓒说:现在天下局势不明朗,只能严密防守,等局势有变,再出来争夺天下。

公孙瓒的"自闭"行为大大帮助了袁绍,袁绍没费太多力气,就把幽州南部各大城池拿下来了，只剩下易京和几座小城。特别是易京，公孙瓒的堡垒实在太坚固，粮草又太充足，所以袁绍一直攻不下来。

这几年，袁绍一直在跟幽燕等地的黑山军作战，暂时也没能下定决心除掉公孙瓒。

直到公元198年底，袁绍才调集主力部队，包围了易京的堡垒。

公孙瓒支撑到第二年三月，实在撑不住了，便派他儿子公孙续去找黑山军搬救兵。黑山军首领张燕亲自出马，带着十万大军跟公孙续去救援易京。公孙瓒派人递书信给他儿子，让他在城外沼泽地里埋下伏兵，点火为号，跟自己内外夹攻，灭掉袁绍军队。

不料这封信却被袁绍的人截获了。袁绍派人在沼泽地里点起火堆，公孙瓒就带兵出城来，结果遇到袁绍伏兵，被杀得丢盔卸甲，逃回了城内。黑山军的救兵也只好回去了。

易京的壕沟实在难以攻破，袁绍便让人挖地道，一直挖到那些堡垒下面，先用柱子撑住上面的楼，再把地基挖空，然后一把火烧掉柱子，上面的楼就轰然坍塌了。

袁绍用这个法子终于攻进了易京，包围了公孙瓒的堡垒。公孙瓒看到大势已去，先勒死自己的妻子儿女，然后点火自焚，但他还没被火烧死时就被冲上来的袁绍士兵杀掉了。剩下的将领死的死，降的降，公孙瓒集团就这样被消灭了。

然而袁绍的胜利来得太迟了。

公孙瓒坚守易京四年，一直拖住袁绍，使袁绍不能抽身向其他地区出击，间接帮了曹操的忙。

这四年，天下局势发生了重大转变。曹操挟天子以令诸侯，四处出击，追亡逐北，已经渐渐显露出王者之气。

公孙瓒灭亡之前，刘虞的老部下鲜于辅已经拿下了幽州中部和北部。公孙瓒灭亡以后，鲜于辅听从手下的建议，向远在许都的献帝请求册封，很快就得到了回复：献帝封鲜于辅为建忠将军，管理幽州北部六郡。

献帝的命令就是曹操的命令，这点大家心知肚明，于是鲜于辅以一种体面的方式投到了曹操手下。

这对袁绍是重大打击，他千辛万苦消灭公孙瓒，却只得到易京周边一小块地方，幽州的大部分都属于曹操集团了，他有苦说不出，毕竟人家曹操奉的是皇帝的命令呀。

当初献帝逃亡的时候，没有及时把他接过来，是袁绍的最严重失误。袁绍虽然已经意识到了这一点，但很难补救了。事实上，这几年，袁绍的人一直在劝他尽快攻打许都，把献帝抢过来，但他一直犹豫，错过了许多机会，现在要抢献帝，只能向曹操发动大规模战役了。

官渡之战前的袁绍集团

曹操和袁绍本来是盟友，自从曹操接汉献帝到许都以后，他们的关系就变了。

看到曹操以献帝的名义四处发号施令，小小的许都俨然成了全国政治中心，袁绍这才后悔起来。

他先写信给曹操，说许都地理环境太差，建议把朝廷迁到靠北一些的鄄城。鄄城在兖州中部，靠近袁绍的地盘。曹操当然不上当，一口回绝了。

那么现在最聪明的做法就是快刀斩乱麻，趁曹操还没有统一中原地带，赶紧派大军杀进许都，打掉曹操的上升势头，袁绍手下的谋士田丰就是这样建议的。

曹操攻吕布、追袁术、征张绣的时候，都是偷袭许都的绝佳机会。

可惜袁绍是出了名的"多谋少断"，在大事上总是下不了决心，把这些机会一一错过了。

曹操也明白现在需要稳住袁绍，所以通过献帝释放烟幕弹，不停抚慰袁绍，给他封官，甚至下诏书让他统领冀、青、幽、并四州——看起来给足了袁绍面子，让他进一步犹豫起来。

袁绍的反应迟缓，间接害了他的盟友们——这几年，张杨被杀，张绣被迫投降，刘表被严重削弱，袁术、吕布也被封堵在兖州以南，最终成了曹操的"盘中餐"。

袁术败亡前，给袁绍写信求援，几乎要跪下哀求了，恳请他接收自己的

"皇帝之位",言下之意,就是请求他尽快来解救自己。可袁绍还是无动于衷,眼睁睁看着袁术集团被曹操消灭。

于是,曹操得到了一段黄金发展期,在中原地带左冲右突,先后吃掉各路小军阀,成功壮大起来。

这段时期袁绍在干什么呢?他在跟幽州的公孙瓒和黑山军死磕。公孙瓒和黑山军确实该讨伐,但不应该是这个时候。同一时期,袁绍也在向青州、并州出击,但这些地方的战略价值,都不如打击曹操来得重要。

只能说,袁绍的战略眼光太差了,没有及时看清天下局势,忽略了曹操对自己的威胁。

等到公孙瓒等人都被讨平,冀、青、幽、并四州名义上都落入了袁绍手里以后,他才发现,曹操已经崛起,难以遏制了。

袁绍到这时候才决定南下攻打许都,手下谋士沮授劝阻道:"现在曹操的实力不可小看,我们又刚刚征讨公孙瓒回来,士卒疲敝,粮草紧缺,不宜随意兴兵。建议先休整一段时间,待时机成熟,再派使者去向天子报捷(袁绍成功消灭公孙瓒,替朝廷报了刘虞被杀之仇),凭这个借口跟天子联络上。如果曹操从中作梗,我们再昭告天下,说曹操挟制天子,隔绝王路,那时候再兴义兵不迟。"

一向反应迟缓的袁绍这时候却急躁起来,一口否决了沮授的提议,又听信别人的挑拨,把沮授手下的军队分为三份,只留一份给沮授,其余的交给郭图、淳于琼去统领。

于是在大军出动之前,袁绍阵营内部的矛盾已经先爆发出来了。

这时候一个重要人物突然逃过来寻求庇护,彻底坚定了袁绍出征的决心。

衣带诏事件

公元200年正月,一条爆炸性的消息在许都传播开来——董承等人组建了一个小团体,密谋杀掉曹操!

按照官方说法,国丈董承为了跟曹操争权,秘密联系到长水校尉种辑、将军吴子兰、偏将军王子服、议郎吴硕等人,准备谋杀曹操,结果阴谋泄露，被一网打尽了。

但民间又有传言说：这件事的起因是，汉献帝把一封密诏藏在衣带里面，交给董承，命令他诛杀曹操，解救自己。

从迁都许都以来，献帝和曹操的关系就一直受到大家猜测。曹操掌握的舆论机构一直渲染曹操多么忠心，和皇帝的关系多么和谐。但大家当然看得出来，现在的献帝就是一个傀儡，根本没有人身自由，所谓的"关系和谐"都是骗人的鬼话。

关于献帝和曹操真实的关系，外界只有一些零星的传言，最著名的是以下一则传闻：

议郎赵彦曾经跟献帝走得比较近，经常在一起谈论当前局势，曹操知道以后，马上杀掉了赵彦。这件事让献帝悲愤交加，不久以后见到曹操，他就说："将军要能辅佐我，就好好辅佐。要不能，求放我一条生路！"

按照汉朝传统，曹操这种"三公"官员带兵觐见皇帝，身边会有侍卫拿刀挟持着，以保证皇帝的安全。当时曹操就是这种状况。

献帝的话一出来，曹操以为他要处死自己，吓了一大跳，出来以后汗流浃背，后怕不已……

这类传闻让大家相信：献帝跟曹操暗地里矛盾重重，不知道哪天会爆发出来。

"衣带诏"的传言一出来，大家都猜测，献帝跟曹操的矛盾已经彻底爆发了，双方现在是你死我活的关系，但献帝又没法跟外界联系，只能让董承帮忙诛杀曹操。从之前、之后的种种迹象来看，这种情况可能性很高。

不过也有人认为，董承就是一个阴谋家，所谓的"衣带诏"根本不存在，一切都是他自导自演的，目的就是为了夺权。因为一旦曹操倒掉，他作为外戚领袖，就会马上掌握朝政大权。

但人们没有证据，所有这些猜测都成了历史谜案，无法考证了。

不管真相是怎样的，曹操对这种事情都绝对无法容忍，在他的命令下，这起案子很快被办结，董承、种辑等人都被灭了三族，连董承的女儿、怀着"龙种"的董贵人都被杀了。

这起大案让曹操意识到自己对朝廷的控制存在巨大漏洞，从这以后，他加强了对献帝和整个朝廷的掌控，对属下官员的监视也更严厉了。

处理完董承等人以后，曹操终于可以静下心来想一想了，但他又想到了另一件事，让他心里很不舒服——

根据董承等人的供述，刘备也参与了他们的阴谋。不过刘备比他们更滑头，只是口头上答应跟他们合作，随后却找机会跑掉了。

曹操长吁一口气，随后感到深深的寒意……

他现在才知道：为什么当自己说出"天下英雄，唯使君与操耳"的时候，刘备会吓得筷子都掉了；为什么刘备会放弃自己给他的那么多优惠条件，义无反顾地逃回徐州；为什么刘备的叛变会来得如此之快，如此突然……

这个大耳儿，原来一直内心藏奸，表面上装作你的亲密战友，跟你推杯换盏，称兄道弟，暗地里却跟其他人谋划来害你。这种嘴脸，真的把人恶心到了。

曹操到这时候才发现自己彻底看错了刘备，原来刘备的心机比他想象的深沉得多，手段也无耻得多，而且这家伙也根本不肯当任何人的手下，一心只想称王称霸。这样一个无比强悍的竞争对手，是必须要尽快除掉的。

曹操从此把刘备当作最主要的敌人，见一次打一次，追杀到底，绝不宽恕！

刘备再次逃亡

之前刘备占据下邳，曹操还没太在意，只派了几个手下将领去讨伐他，不料被他打败了，还狂妄地叫嚣："除非你们主子亲自来，否则休想讨到半点便宜。"

曹操之前听到这话，还没认真跟他生气，现在才觉得不能忍了。看来自己必须立即出马，去给这个大耳儿一个狠狠的教训！

官渡那边，袁、曹两家的大军还在对峙，大战一触即发，即使这样，曹操也决定冒险调兵去攻打刘备。

这个决定遭到了手下许多人的反对，大家都觉得曹操不该为了一个小小的刘备影响大局，只有郭嘉说："袁绍生性迟疑，不会那么快出兵。刘备刚到徐州,立足未稳,现在去征讨,必胜!"

曹操高度信任郭嘉的智慧,听到这番话,终于坚定了征讨刘备的决心。

事实证明郭嘉又对了。刘备根本没想到曹操真的会亲自来,甚至听到探子的禀报还不信,他还带着一支小分队出去观望。直到远远看到曹操的麾盖,刘备才大惊失色,丢下众人飞奔逃命去了。

曹操大军迅猛推进,杀得刘备的人马四散奔逃,很快攻陷了小沛,活捉了刘备的妻儿老小——包括甘夫人和糜夫人。又杀到下邳,活捉关羽,收复了整个徐州,满载而归。

回到许都一看,袁绍果然没动静,于是曹操再把兵力调回官渡,继续跟袁绍对峙。

其实袁绍那边有人看到了曹操的漏洞,田丰就劝谏袁绍:趁曹操征刘备的机会赶紧突袭许都。袁绍却说,他的小儿子正在生病,抽不开身。于是最后一次偷袭许都的机会就错过了。

田丰气得拿拐杖杵着地面说:"竟然为一个婴儿错过这样的机会,大事去矣!"

再说刘备。丢下众人独自逃命虽然很无耻,却的确让他保全了性命。他没有别的地方可去,只能先逃到青州,找袁谭护佑。

刘备当豫州刺史的时候,曾经推荐过袁谭为茂才——这是他给自己预留的退路之一,按照当时约定俗成的规矩,袁谭算是他的门生故吏,所以袁谭对刘备十分敬重,不仅把他收留下来,还亲自护送他渡过黄河,送到了冀州袁绍那边。

袁绍听说刘备到来,大喜过望,亲自出邺城二百里迎接刘备,随后把刘备奉为自己的座上宾。后来一些天里,刘备的属下们也陆陆续续地逃了过来,都投到了袁绍手下。

刘备向袁绍控诉曹操"欺君罔上"的罪行,袁绍听得怒发冲冠,同时暗喜:终于找到了对曹操开战的理由。于是他进一步加紧准备对曹操的军事行动。

这一回却又有人反对进攻许都,田丰认为:曹操已经有充分准备,发起突袭的机会已经错过了,现在不宜用兵。

袁绍不听，反而以"惑乱军心"的罪名惩罚田丰。

袁绍随后调集起十一万大军，以审配、逢纪为军师，田丰、荀谌、许攸为参谋，颜良、文丑为将帅，基本集结了袁绍集团全部精锐。

出发之前，袁绍还让著名文人陈琳写了一篇《为袁绍檄豫州》痛斥曹操，把曹操祖宗三代都骂遍了，实在解气。

公元 200 年二月，这支拖延了很久的军队终于开向许都方向，拉开了跟曹操决战的序幕。

身在曹营心在汉

袁绍和刘备都万万没想到，前方等待他们的第一个敌人竟然是关羽。

曹操是个气度恢宏的人，他虽然对刘备的为人很不齿，却没有迁怒于刘备的亲友，捉到刘备的人以后，他都给予了优待，特别是对于关羽。

之前刘备投靠曹操，关羽也跟在身边，一起参与了围剿吕布的战争，关羽的勇武给曹操留下了深刻印象，可能从那时候起，曹操就有了招纳关羽的想法。

如今关羽竟然向自己投降，曹操惊喜万分，他拜关羽为偏将军，给予极高的礼遇，希望换得关羽真心归降。关羽也十分感激，任凭曹操调遣。

曹操却发觉关羽常常闷闷不乐的，张辽是关羽的好友，曹操就派他去询问关羽的想法。

关羽告诉张辽："我知道曹公待我恩深义重，但我跟刘将军（刘备）有生死之约，绝不会背弃他，等我报答完曹公的恩情以后，我就会去追寻刘将军。"

张辽犹豫再三，还是把关羽的原话转告了曹操。

不料曹操不仅不生气，还大赞关羽的忠义。曹操恨的是刘备那种阳奉阴违的做派，像关羽这样坦率表明心迹的做法，反而换来曹操的钦佩，从此关羽在曹操心里的形象更加高大了。

不过，有些话关羽还是没说出口……

之前刘备在曹操手下的时候，关羽也在。有一次，曹操和刘备一起打猎，大家分头去找猎物，人群散开了，关羽就悄悄提醒刘备：机不可失，现在可以杀掉曹操。刘备怕自己跑不掉，就没同意，关羽也因此没有动手，所以错过了杀曹操的机会。

对于这件事，关羽一直耿耿于怀，后来还向刘备抱怨。

所以关羽并不只忠于刘备，他更忠于汉室朝廷。在他看来，刘备是志在匡扶汉室的英雄，曹操是阴谋篡权的奸臣，他跟曹操有路线上的分歧，所以他才坚决追随刘备，而不追随曹操。

但现在曹操又对他有大恩，他需要报恩。对汉室的大忠、对刘备的小忠、对曹操的义，所有这些，纠集到一起，让关羽万分为难，他只能选择暂时隐忍，等报完曹操的恩情以后再义无反顾地离去。

关羽对"忠"和"义"的处理得到了后人的无比推崇，以至于他本身成了"忠义"的化身，被后人神化了。

曹操知道关羽的心事以后，已经明白，他不可能久留，那就让他尽快建立功勋吧，于是把他派上了官渡前线。

关于这件事，曹操很可能有一些阴暗心理——他应该已经知道了刘备在袁绍那边，却故意瞒着关羽，让关羽去阻挡袁绍的军队。一旦关羽杀掉袁绍的将领，刘备在袁绍那边就待不下去了，甚至可能会被袁绍杀掉。还有另一种可能：刘备直接跟关羽撇清关系，继续留在袁绍那边，那么关羽无处可去，就只能跟着曹操了。

曹操的这些算计，关羽完全不知情——如果知道的话，他为了刘备的安全，绝对不会参与对袁绍的战争。在当前，他心里只有尽快报恩的迫切想法。

当时袁绍的先头部队已经来到兖州北部，由大将颜良率领，率先渡过黄河，在白马包围了东郡太守刘延。曹操采用声东击西的战术，先假装攻打白马以南的延津，把袁绍的主力部队吸引过去，然后亲自带兵，飞速杀向白马。

曹操让关羽和张辽当前锋，当他们达到白马的时候，颜良大吃一惊，只好仓促应战，现场乱成了一团。

关羽立功心切，不等众人立稳，看准颜良的麾盖，提刀策马抢先冲了过去。只见一人一骑如风驰电掣，刹那间冲进敌军阵营，直奔颜良而去。颜良和手下都来不及阻挡，关羽直接砍下颜良人头，在敌人合围之前，飞速撤回了己方阵营。

这是历史上最著名的斩首行动之一，关羽的武力太过于骇人，又出其不意，颜良的军队没有防备，数千大军竟然没能拦住关羽，让他刺杀得手。

主帅被杀，颜良的军队一片混乱，四散奔逃。白马之围被解开了。

曹操知道白马守不住，于是放弃城池，把城内军民和财物全部向南迁移。袁绍听到回报，马上派文丑、刘备带领另一支军队过来追赶，在延津追上曹军，结果又被曹军打败，文丑也被杀掉，只有刘备跑掉了。

至此，曹操挡住了袁绍的第一波进攻，袁绍强行突破黄河防线、速战速决的策略已经失败了。

这场战役让关羽声名鹊起，收兵以后，论功行赏，关羽得到曹操极高的褒奖，被封为汉寿亭侯，金银财宝更是赏赐了无数。

但关羽已经完成了自己报恩的任务，而且已经知道了刘备在袁绍那边，明白自己被曹操套路了，所以他回来以后一句话不说，把曹操赏赐的财物和官印都封存以来，留下一封书信，带着刘备的家眷投奔袁绍去了。

曹操手下的将领们请求曹操赶紧阻拦，曹操却说："各为其主而已，不必追了。"

曹操有许多机会可以杀掉关羽，但他没有，而是放关羽走了，还让关羽带走了刘备的家眷。这件事情上曹操展现出来的气度，在历代帝王中都是极其罕见的。

艰难的对决

关羽来到袁绍军营，见到刘备和张飞，各自述说了分别以后的遭遇，都是感慨不已。

随后他们却面临一个十分尴尬的局面。

先不说关羽杀颜良在袁绍阵营引发的仇恨，就说曹操把刘备全家老小毫发无伤地送了回来，虽然以刘备的性格，并不会真心感激，袁绍却难免疑心起来——万一刘备感激曹操，暗地里搞些破坏呢？他难免这样想。即使他表面上装作不在意，他手下的将领们也难免有想法。

所以刘备已经不可能得到袁绍阵营的真心接纳了。

当然，以刘备的眼光，应该已经看出袁绍要输给曹操，所以即使袁绍想重用他，他也不会留。

刘、关、张三兄弟只能另外找出路。

回顾走过的这一路，刘备的道路真是坎坷，投奔了一个又一个军阀，却始终没法长期立足，现在又跟曹操结了大仇，离开袁绍的话，还能去哪里呢？

他们实在没办法，只好计划厚着脸皮去投奔荆州刘表。一来刘表与刘备都是刘氏宗亲，好说话；二来刘表是曹操的敌人，应该会收留他们。

但是直接走人肯定不行。刘备就向袁绍建议，让自己去荆州联络刘表。袁绍没有直接同意，而是让他带兵去豫州南部的汝南郡，跟当地黄巾余部会合，从后方骚扰曹操。

这不是最好的选择，但总比留在袁绍这边好。刘、关、张三兄弟长出一口气，带着他们的嫡系人马，偷偷从小路开向汝南去了。

再说官渡那边。

斩杀颜良、文丑之后，曹军取得了对袁军的连续胜利，特别是气势上压倒了对方，挫败了袁军速战速决的企图。

但曹军也没有能力发起反击。曹操让军队全部后撤，退到后方的官渡，依托河滩上的沙堆扎营。袁军随后跟过来，双方在官渡对峙。

这是一场奇特的战争。

从灵帝末年黄巾起义算起，天下大乱已经有十六年了。这十六年期间，从关中到洛阳再到幽燕、兖州、豫州，整个北方都遭遇了骇人听闻的严重破坏，社会结构已经彻底崩塌了。随之而来的就是经济崩溃——农田荒芜，村落萧条，人民死的死、逃的逃，饥荒席卷了一轮又一轮，几乎每一刻都在爆发人吃人的惨剧。

这种情况之下，人民已经极度疲敝，物资严重紧缺，根本没有油水供统治者搜刮，也支撑不了大规模军事行动。

所以无论曹操还是袁绍，都没有能力向对方发起大规模进攻。在初期的几场小规模战役过后，双方便都被迫停止下来，就地驻扎，严密防守，等待对方犯错的时机。

于是官渡之战开始没多久，就进入了一种奇特的对峙状态。

更令人绝望的地方在于：对峙一旦开始，便难以结束了，谁都不敢先退，就这么耗着。

这种局面其实是双方都没有预料到的，也是双方都不希望看到的。袁绍本来想速战速决，迅速攻破许都，却不料刚过黄河就被挡住了；而曹操基本上是被动应战，做好了最坏的准备，却没想到这么快就把袁绍挡住了。

双方都蓦然发现：长期对峙对物资的消耗，比短时间的大规模战役更加巨大！

前线军队一天不撤退，天文数字的粮草消耗就要延续一天，后方就需要源源不绝地调集物资。后方的百姓本来已经在死亡线上挣扎了，你再这样压迫他们，会有什么后果？曹操和袁绍都不敢想象。

于是两大集团都面临这样的困境：要么前线粮草供应不上，军队崩溃；要么后方不堪压迫，激起民变。不管哪种情况都是毁灭性的。

事实上，官渡前线对峙的同时，两大集团的后方也频频爆发危机。忍无可忍的民众正在揭竿而起，各大城镇处处点燃烽火，曹操和袁绍一边指挥前线军队严防死守，一边忙着在后方灭火，真是焦头烂额。

所以这种对峙对于双方来说都是煎熬，甚至可以说是灾难。

相比起来，曹操的煎熬比袁绍更深一重。

首先，曹操集团的地理条件就比袁绍差。

曹操集团占据的地盘虽然很大，但真正的统治中心就是兖州和豫州北部，这些地区紧挨着战争前线，许都到官渡直线距离不足二百里，中间无险可守。可以说，曹操集团的心脏都在袁军直接威胁下。

另外，跟袁绍不同，曹操身后还有其他军阀，荆州刘表、江东孙策，都让曹操不得不防。这就严重分散了曹操集团的防卫力量，削弱了他们的战争能力。

这种局面决定了曹操不能承受失败，他的军队必须守住官渡防线，一步都不能退。

其次，曹操占据的地区受战乱破坏更加严重，造成曹操集团的粮草供应比袁绍集团更加吃紧，到对峙后期，已经随时面临断粮的局面。

最严重的时候，曹操几乎要精神崩溃了。有一次，他看着运粮的民夫汗水淋漓地从旁边经过，禁不住满心惭愧，走过去对那些民夫说："不要担心，再过十多天我就替你们打败袁绍了。"

可是曹操心里一点儿都没底，他已经承受不住了，写信跟许都的荀彧商量，要不要把军队撤回许都。

荀彧坚决阻止，说：现在的局面，谁先撤退，谁就全军覆灭，我们必须坚守下去。我看袁绍也快坚持不住了，我们再坚持下去，必然马上有重大转机。

曹操听到这番话，才继续坚持了下来。

对峙的这段时间，双方也都绞尽脑汁想尽快找到突破口，甚至各种歪招都使出来了。

例如，袁绍让人堆土成山，山坡上搭起哨塔，居高临下放箭，射得曹操的军营里面遮天蔽日，士兵们都扛着盾牌走路。

曹操就让人建造霹雳车，也就是投石机，从军营里面抛石头砸掉袁绍的哨塔。

袁绍让人挖地道通往曹军阵营，曹操就让人挖壕沟来阻挡。

更大的招数在外交领域。

从对峙开始，双方就竭尽全力策反敌人后方。袁绍派刘备到曹操后方的汝南地区，跟当地黄巾势力联合打游击，骚扰得曹操十分头疼；又设法收买汝南本地官员，但没成功。曹操则拉拢乌桓的领袖阎柔、幽州的鲜于辅等人，让他们在幽州威胁袁绍。

这些伎俩都给对方造成很大困扰，但改变不了双方总体的均势，只要双方都坚持不撤军，官渡的对峙就要持续下去。

关键时刻，袁绍的用人不当改变了战争局势。

夜袭乌巢

袁绍的谋士里面有个叫许攸的，向袁绍献计："我们可以绕开官渡，派一支军队连夜突击，直接杀到许都，奉迎献帝，然后以天子的名义讨伐曹操，曹操的军队必然崩溃。"

这条计策毒辣而有效，可惜袁绍却不听，许攸十分失望。

这时候又传来消息，许攸在后方邺城的家属犯了法，被当地官员抓起来了，许攸又羞又怒，就偷偷逃到了曹操那边。

许攸以前曾经在灵帝的朝廷里当官，跟曹操、袁绍都有交情。曹操了解他的为人，听说他来投奔，鞋都来不及穿，光着脚跑出营帐，张开双臂大笑说："子远（许攸的字）来了，我们大事成矣！"

许攸问曹操："老实告诉我，现在粮草还能支撑多久？"

曹操笑笑说："还能撑一年。"

许攸拔腿就要走，曹操赶紧拉住他说："还能用半年。"

许攸说："你这么没有诚意吗？难道不想打败袁绍了？"

曹操只好低声说："实不相瞒，只能坚持一个月了。"

许攸不紧不慢地说："袁绍现在有大批军粮存在乌巢（官渡以北四十里，延津附近），防备松懈，只要派轻骑兵偷袭，烧毁粮草，袁军必破！"

曹操大喜。

自从对峙以来，袁、曹双方就在竭力破坏对方的粮草运输，但都没有造成太大伤害，原因就是不知道对方存粮的具体位置，只能在路上拦截对方的车队。现在许攸把袁绍存粮的位置透露给曹操，顿时让曹操豁然开朗，打破力量均衡的机会就这样来了。

当年十月，曹操亲自领着五千步兵，扮作袁军士兵，带上柴火，衔枚夜行，奔向乌巢。路上遇到盘查的，就说是袁绍派去增援的军队。

乌巢果然是袁军防守的一个重大漏洞，曹操的五千士兵连夜闯过多道关卡，袁绍的守军竟然都没识破，就这样放他们过去了。

这些人来到乌巢，不由分说，马上放起火来，风助火势，乌巢守军瞬间大乱。

乌巢守军的头目是大将淳于琼，他带领守军跟曹军展开大战。淳于琼守在营帐里，曹操带人在外面进攻，一直打到天明。

袁绍听到回报，还没有太慌张，他听取谋士郭图的建议，派大将张郃、高览去攻打曹操在官渡的营地,就算乌巢失守,端掉曹操大营,袁军也就胜了。

张郃却坚决要求先救乌巢,跟郭图吵起来。最后袁绍只好折中处理,继续让张郃、高览去攻打曹操大本营,但分少部分兵力去救援乌巢。

袁绍却没想到这个决定存在的隐患:救援乌巢的兵力太少,几乎相当于去送死;张郃等人又心怀不满,加上曹操大本营很坚固,短时间打不下来。而一旦乌巢先失守,曹操大本营还没打下来,那就两边都败了。

于是出现了这样的结果:乌巢先被攻破,粮草全部被烧毁。曹操带人对乌巢袁军展开大屠杀,从军官到士兵,一个不留,然后割下这一千多人的鼻子,回去展示给正在围攻曹营的袁军看。袁军士兵个个吓得面无人色,不战自溃。

张郃、高览看到失败已经无法挽回,又怕回去受责难,于是都投降了曹操。

这两场战役的伤亡人数还不算多,袁军主力还在官渡对面的营地里。但这些士兵听说粮草已经全部被烧毁,张郃等人又投降了敌军,都受到严重震撼,已经对峙了半年的士兵们终于心理崩溃了,纷纷夺路而逃,袁绍的将官们辖制不住,终于演变成了一场整个阵营的大溃决。

曹军终于迎来了反攻的机会,在曹操的指挥下,几万军士一拥而前,冲到对面营地展开大屠杀。袁军士兵四散奔逃,被砍倒的、被踩死的不计其数,剩下的士兵都投降了曹军。

曹操的粮草已经消耗到极限了,无法再养活这几万人,只好下令把所有战俘都坑杀了。

这是三国时代最大规模的屠杀,前前后后被杀掉的袁军士兵超过七万人,整个河北的军事实力都遭到了不可挽回的伤害,袁绍集团再也无法卷土重来了。

军营溃决当晚,袁绍带着手下亲信八百多人飞奔过黄河,到河北逃命去了。

官渡之战以曹操集团的完胜告终。曹操集团依靠正确的策略、坚定的意志和团结的作风坚持到了最后,终于抓住了唯一的一次机会,摧毁了敌人的意志，造成了敌军阵营的总崩溃，这是一场靠坚持赢下来的战争。

这场超过半年的对决，虽然让曹操集团付出了巨大的经济代价，但打垮了最大的竞争对手，从此以后曹操在整个北方已经没有对手了，统一北方已经只是时间问题。

曹操的目光随后转向了南方。荆州刘表、江东孙权，这两个对手如同芒刺在背，必须尽快除掉。还有那个四处流窜的大耳儿刘玄德，不把他挫骨扬灰，实在难解心头之恨！

第九章　平定河北

江东小霸王

从官渡回来以后，曹操听说了一条让他又惊又怒的消息——

就在袁、曹双方对决最激烈的时候，竟然有人策划从后方偷袭许都，劫持汉献帝！这个胆大包天的浑小子就是江东目前的霸主——孙策。

孙坚意外身亡以后，留下五个儿子，年纪最大的孙策才十六岁，其他四个儿子都不超过十岁（孙坚身亡年份有争议，这里采用公元191年的说法）。

全家人突然失去了依靠，家族顶梁柱的担子便落到了年纪轻轻的孙策身上。他既要奉养母亲吴夫人，又要照顾四个弟弟，还要对付周围各种不怀好意的势力。

在群狼环伺的险恶局面下，孙策不得不低调做人，特别是对于孙坚原来的老东家袁术，他尽力表现得谦恭和柔顺，看起来，他准备继承孙坚的事业，继续当袁术的马前卒，这才在袁术手下谋到了一席之地。

尽管年纪还小，孙策却已经在当地有了很大名气，他相貌俊美、生性豪爽，更继承了父亲的英勇和果决，见过他的人都对他赞叹不已。他爱结纳名士，在寿春等地上流社会的圈子，结交到了许多朋友。最后，连袁术都被他的气度打动了，对人说："要有孙郎这样一个儿子，我死而无憾。"

不过袁术还是处处防着孙策。守孝期满以后，孙策去找袁术，涕泪交加地请求把父亲留下的军队交给他统领，袁术却不愿意，只是告诉他："你舅舅和堂兄都在丹阳，你去找他们。"

孙策的舅舅吴景现在是袁术任命的丹阳太守，堂兄孙贲是丹阳都尉，两人带着一些兵马在丹阳，目前隶属于袁术，所以孙策就去投奔到他们手下。

吴景等人虽然名义上是地方长官，可现在兵荒马乱的，到处都不太平，他们这些地方官的主要工作就是带兵跟四周的流寇作战，所以他们实际上相当于小军阀。孙策来丹阳以后，也成了他们的将领，参与了许多大大小小的战役。

在这些战役中，孙策招募到了自己的第一支部队，虽然只有几百人，可也向周围的人表明：这个少年已经成长起来了，成了可以冲锋陷阵的大将。

孙策带着自己的这支队伍又去找袁术，再次请求他把父亲的军队还给自己，袁术这才给了他一支一千多人的军队，孙坚的其他军队，还是被袁术给私吞了。

不过现在孙策的队伍真正壮大了起来，真正可以参加一些重大战事了。接下来，在舅舅和堂兄的带领下，他们应该可以扫平各种贼寇，统一丹阳地区。

没想到，就在一切顺风顺水的时候，一场灾难却骤然降临。

公元194年，远在长安的朝廷任命刘繇为扬州刺史。刘繇也是汉室宗亲，朝廷派他来扬州，就是想夺回扬州的控制权。（上一年，李傕派马日磾来扬州拉拢袁术，袁术不同意，还直接扣押了马日磾，可能是这件事惹怒了李傕，所以他才派刘繇来争夺扬州。见第五章"追击袁术"一节。）

扬州刺史的驻地在寿春，但寿春现在是袁术的大本营，刘繇不敢招惹袁术，就渡过长江，到江东的曲阿去建立自己的政府。

丹阳和曲阿等地现在都是由吴景他们控制的，刘繇来了以后，不由分说，把他们全部赶走，自己占了丹阳。

吴景、孙贲等人只能退到袁术所在的九江郡。

刘繇来扬州插一脚，袁术当然不干，所以他自己任命了一个"扬州刺史"，跟刘繇对着干，又派吴景、孙贲等人去反攻刘繇的军队。双方隔着长江对峙了一年多，谁也吞不掉对方。

长安的朝廷也火冒三丈，下令加封刘繇为扬州牧（名义上，牧的权力比刺史更大）、振武将军，让他加紧死磕袁术。

看到这种情况，孙策坐不住了，他请求袁术说："我家在江东很有人望，请派我去帮舅舅讨伐刘繇。事成之后，我再在江东征兵，预计可得三万兵马，到时候我再带这些兵来助明公匡扶汉室。"

既然是送上门的便宜，袁术当然不推辞，就任命孙策为殄寇将军，让他去协助吴景。但袁术又特别抠门，只给孙策一千多人和几十匹战马——而敌人有上万兵马。于是孙策带着这支可怜的队伍就向江东出发了。

孙氏在江东果然很有人望，孙策去找吴景的路上，不断有各种队伍来投奔，到达吴景那边的时候，队伍竟然已经扩张到了五六千人。

孙策继承了他父亲严谨与顽强的作风，他本身又有过人的个人魅力，他的军营里，从军官到士卒，人人都愿意为他效死力，他的军队一上战场，顿时战斗力惊人，连战连捷，迅速打败了刘繇，把刘繇赶到西部的豫章郡去了。

这次战争中，孙策还招降了刘繇手下的将领太史慈，太史慈后来成为东吴名将。

孙策进入曲阿，秋毫无犯，人们都十分拥戴他，争相来归顺，再加上招降的刘繇部队，孙策手下的兵马很快扩充到两万多人，已经是一支规模可观的大军了（曹操参加官渡之战的军队也只有一两万人，所以孙策的两万多人应该有夸张的成分）。

之后一年多，孙策又先后赶走了吴郡太守许贡，招降了会稽太守王朗，从而控制了江东大部分地区。

经过了战争磨炼的孙策真正成长起来了，二十二岁的他，不仅是军事强人，更有过人的政治头脑，他开始考虑怎么摆脱袁术的控制，建立自己的政治集团。

袁术虽然是当世大佬之一，却心胸狭窄，目光短浅，这几年他一直变着法子打压孙策。他一方面让孙策替自己四处出击，另一方面，等孙策有战果以后，他却立即翻脸，吞掉胜利果实。

例如，他曾经许诺封孙策为九江太守，后来却把这个职位给了自己的亲信；孙策替他打下庐江郡，他却又任命自己的亲信当了庐江太守。

对于这些，孙策都忍了。

现在孙策的羽翼终于丰满起来了，有了跟袁术叫板的实力，开始跃跃欲试地准备跟袁术摊牌。

头脑昏庸的袁术这时候却亲自送来助攻。

公元 197 年初，袁术在寿春称帝，天下哗然。

汉室朝廷虽然衰落了，但各路军阀表面上还是自称为汉家将帅，袁术第一个跳出来称帝，等于把自己变成了活靶子，让天下人来攻击。

孙策马上给袁术写信，明确表示反对他称帝，袁术当然不听，于是孙策宣布跟他决裂，从此脱离袁术集团。

这个决裂声明完全站在道德制高点上，无懈可击。所以孙策不仅没有背上"背主"的名声，反而引来天下人一片称赞声。同时，吴景和孙贲也响应孙策的号召，脱离袁术集团，投奔到孙策手下。孙策集团因此正式建立起来，成为跟袁术集团并列的军阀集团之一。

孙策也不忘表示对汉室朝廷的忠诚。这时候朝廷已经迁到许都，受曹操控制，孙策派人去许都拜见献帝，供奉礼物，于是又引来一片赞叹。

曹操也及时送来助攻。他以朝廷的名义封孙策为骑都尉，袭爵乌程侯，兼任会稽太守。这样一来，孙策在江东的军事占领便有了官方认证，变得名正言顺了。

这一通操作下来，孙策集团在政治上彻底站稳了脚跟，甚至已经取代了日薄西山的袁术集团，成为东南地区的霸主。

曹操见缝插针，马上又以朝廷名义，命令孙策跟吕布等人去攻打袁术。孙策心照不宣，一口答应下来。于是，孙策成了曹操的盟友，双方共同打击如同强弩之末的袁术。

曹操的想法是：有孙策在后方搅局，就不必担心袁术了，可以用全部精力去准备对袁绍的战争。而对于孙策来说，有了曹操的支持，相当于搭上了顺风船，可以在江东大展拳脚，毫无顾忌地扩张自己的势力。

之后几年，孙策先后消灭了吴郡严白虎、庐江刘勋，又趁刘繇病死的机会拿下了豫章郡。除了在攻打广陵的时候，遇到过陈登的激烈抵抗以外，孙策几乎无往而不利,大幅扩张了自己的地盘。

孙策也没忘记杀父仇人黄祖,他曾经带领手下全部主力去讨伐盘踞在江夏郡的黄祖,取得了不错的战果。不过黄祖背靠刘表这座大山,孙策终究没能消灭他。

到公元 200 年官渡之战前,孙策已经控制了包括吴郡、丹阳郡、庐江郡、会稽郡、豫章郡在内的扬州大部分地区,一个强大而年轻的政权已经在东南崛起。

雄心勃勃的孙策根本不满足于当江东霸主,他的下一个目标是以江东为根据地向中原出击。他把目光瞄准了正在官渡苦苦支撑的曹操,曹操正在拼尽全力抵挡袁绍的进攻,这是偷袭的绝好机会,孙策准备抓住这个机会,给曹操致命一击!

然而一场意外把一切都打断了……

孙策身亡与江东变局

孙策集团能够如此顺利地崛起,一方面是因为孙策本人有超强的军事与政治才能,另一方面是因为袁术不断犯错,在淮南地区的势力范围一步步退缩,给孙策集团腾出了发展空间。还有就是,曹操为了在北方抵抗袁绍,对孙策采取怀柔政策,给了孙策集团充分的发展机会。

从曹操集团的角度来说,过于纵容孙策绝对是大错,可惜曹操一直在全力以赴对付袁绍,忽略了这一点。

曹操集团内部早已经有人注意到了这个问题,陈登就曾经建议曹操尽早遏制孙策集团,曹操却没有采纳他的意见。

等到孙策征服江东,已经成功壮大起来以后,曹操才发觉自己大意了。但这时候他正在官渡跟袁绍进行生死对决,实在抽不开身,只能感叹道:"这后生很难对付呀!"

曹操假装看不到孙策的威胁,继续对孙策表示友好,甚至更进一步,采取全方位拉拢政策:把曹仁的女儿嫁给孙策的弟弟孙匡,让自己的儿子曹彰娶了孙贲的女儿,以朝廷的名义征辟孙策的弟弟孙权和孙翊,还让自己手下的扬州刺史举荐孙权为茂才。

这一系列政策涵盖了孙策身边所有重要的亲戚,看起来曹操对孙策这个后生晚辈简直爱不释手,甚至爱屋及乌,想要全面扶植他们家族。

曹操的如意算盘是:先稳住孙策,防止他趁乱偷袭自己,等扛过官渡之战这一关以后,再想办法慢慢去收拾他。

但孙策是什么人?这些伎俩哪里骗得了他?他表面上对曹操感恩戴德,时不时派人去许都表示一下自己的忠诚,背地里却在调兵遣将,准备偷袭许都,劫持汉献帝,然后跟袁绍两面夹攻,彻底打败曹操。

不得不说,孙策的计划既狠辣又有效,如果真的成功实施,官渡之战的结果就会彻底改变了,曹操集团也很可能就这样被消灭掉,孙策可能会和袁绍逐鹿中原。

可惜历史选择了另外一条道路。

公元200年四月,孙策领军到丹徒去攻打陈登(陈登在徐州的广陵,跟丹徒隔江相望),粮草还没到,所以军队先在那边等着。

有一天,孙策带人去山里打猎,他年轻气盛,又骑着一匹快马,一路飞奔,把随身侍卫们都远远甩在了后面。

前面忽然出现三个行踪诡异的人,孙策停下来问他们:"你们是什么人?"

三人回答:"我们是韩当(孙策手下将领)的手下,在这里射鹿。"

孙策猛然发觉不对,他没见过韩当手下有这几人,于是急忙弯弓搭箭,射倒了其中一人。可已经太迟了,另外两人的箭已经射了过来,正中孙策的面颊,孙策大叫一声,倒在了马下。

随从们这时候才赶来,杀掉两名刺客,救回了孙策。

人们调查以后才知道,三个刺客是许贡的门客,为主人报仇来了。

几年前,吴郡太守许贡被打败以后归顺了孙策,但他不老实,偷偷派人送信去许都,说:"孙策是一代枭雄,类似于楚霸王,建议朝廷把他召去京城,免得在外养虎为患。"

这是提醒曹操要及时扼杀孙策。

不料这封密信被孙策的军士拦截了,送到孙策面前。孙策把许贡召来,当面把信扔给他，要他解释。许贡无可辩解，孙策就让人把他勒死了。

孙策杀许贡是出于保护自己的需要，无可厚非，但许贡那边的人不这么想，而是咬牙切齿要报仇，于是发生了刺杀孙策那一幕。

孙策继承了他父亲的勇猛与莽撞，非常敢于冒险，以至于常常忽视个人安危，终于让刺客钻了空子。

当天晚上，孙策伤势加重，知道自己不久于人世了，现在他儿子还小，家族里面只有十八岁的弟弟孙权比较可靠，他便把孙权和自己的亲信们召到床前，嘱托大家辅佐孙权，继续把自己开创的基业发展壮大。

孙策把自己的印绶递给孙权，说："如今天下方乱，以吴、越之众，三江之固，足以抗衡中原群雄。举江东之众，与天下相争，你不如我；举贤任能，各尽其用，以保江东，我不如你。今后江东的命运就看你了。"

说完，撒手人寰，年仅二十六岁。

孙策之死对江东集团是重大打击，江东集团从此失去了进军中原的能力与胆气。不过好在孙权也有过人的才干，虽然不能进军中原，却可以固守江东，割据一方。

孙策不仅统一了江东，还给孙权留下了一个豪华政治班底。现在的江东集团，拥有张昭、吕范、周瑜、程普、黄盖、韩当、太史慈……这样一群卓越的人才，在孙权的带领下，他们不畏艰险，众志成城，共同守卫江东，打造出与曹操分庭抗礼的又一支割据政权。

博望坡之战

从官渡回来以后，曹操才有空考虑江东的事情。孙策想趁他危急的时候偷袭许都，这是绝对不能饶恕的罪行。虽然孙策意外身亡，让曹操逃过了一次致命威胁，但曹操还是咽不下这口气，马上就准备调兵去攻打江东。

可是曹操集团现在亟须休养，经不起又一场大决战，河北也还没有平定，趁丧讨伐别人也容易落人口实。所以在手下劝谏之下，曹操还是放弃了这个打算，反而封孙权为讨虏将军、会稽太守，继续稳住江东集团，防止他们在背后使坏。

现在曹操最恨的人还是刘备。

这个大耳儿,一直上蹿下跳,想尽办法跟曹操作对。官渡对决的时候,他带兵在汝南一带打游击,对曹操后方造成很大骚扰。现在虽然袁绍大军退了,可刘备这颗钉子还没有拔掉,这是必须解决的问题。

公元201年九月,休息了一年以后,曹操亲自率领大军扑向汝南,准备拔掉刘备这颗钉子。

这一切早就在刘备的预料之中,他已经预留好退路了,听到曹操大军扑来的消息,他就立即撤退,到荆州投奔刘表去了。

刘备也是汉室宗亲,又有奉皇帝诏令(衣带诏)抗击曹操的理由在身,所以对于他的到来,刘表非常欢迎,亲自到郊外迎接,把刘备请进大堂,奉为座上宾。

刘表欢迎刘备还有一个原因,就是现在荆州已经属于曹操的重点打击对象,必须尽快扩充兵力,准备迎接即将到来的挑战,刘备这一干人到来,正好可以当他的藩属集团,有利于增强荆州防务。

于是刘表把刘备安置在南阳中部的新野,让刘备带着关羽、张飞等嫡系人马,作为荆州的屏障,替他挡住曹操。而他自己坐镇襄阳(荆州政府所在地),在后方操控刘备。

尽管两人尽量营造出友好和睦的气氛,刘表和刘备的关系还是十分微妙。

刘备不甘心屈居人下,这是大家都已经知道的事实,可现在的形势又由不得刘备,他必须收起自己的锋芒,俯首听令,当刘表对抗曹操的马前卒。

这样的状态是没法长期维持的。在新野安顿下来以后,刘备渐渐显露出自己的野心,表现出夺目的领导才能。荆州各地的豪杰都被他的魅力折服,纷纷来投奔,于是新野一带人头攒动,成了荆州的热点地区。

所以现在的局面变成了这样:刘备利用荆州这个平台扩充自己的实力,在荆州北部建立自己的小集团。

这种情况让刘表非常不舒服,但他又需要刘备替自己守护南阳,所以不好发作,只能明里暗里遏制刘备势力的增长。

在性格和做事风格方面,刘表和刘备也显出明显的区别:刘表是典型的腐儒,性格温暾,行事保守;刘备却是地方豪强出身,生性机敏,出手果断，善于把握机会。

在对待曹操的方针上，两人也出现了明显分歧：刘备希望主动出击，攻击曹操的软肋；刘表却只想固守荆州，等待更稳妥的机会。

所以刘备一直在劝说刘表主动攻击曹操，而刘表一直拿不定主意。

公元202年，终于出现了一次绝佳的机会，当时曹操发动大军攻打冀州的袁尚，后方空虚，刘备立即劝说刘表突袭许都，刘表同意了。

于是刘备率领自己的嫡系部队，加上刘表分给他的军队，从新野出发，飞速向许都突进。

事实证明刘备的判断非常准确，曹操在南方的防御果然异常薄弱。刘备的兵力虽然不强，却迅速推进，来到了荆州和豫州交界处的叶县，向东不到二百里便是许都了。

冀州前线的曹操大惊失色，连忙派夏侯惇、于禁、李典向南阻挡刘备。

刘备主动撤退，一路撤到博望坡，夏侯惇、于禁随后追来，双方对峙。

这却是刘备的诱敌深入之计，博望坡的道路是一条狭窄的小道，两旁林木幽深，刘备在周围埋下伏兵，然后烧毁营帐，突然撤走。

夏侯惇等人以为他要逃了，便追了上去，结果刘备的伏兵突然杀出来，杀得夏侯惇等人大败而逃。幸亏李典率军来救，夏侯惇和于禁才终于捡回一条性命。

刘备也不去追赶，自行撤回了新野。

这是刘备战略思想的一次成功实践。荆州跟曹操集团在实力上有重大差距，不宜进行大规模决战，只能采用骚扰战术，扰乱曹操的军事部署，破坏曹操的整体战略。

曹操现在的战略已经很清楚了：首先，消灭袁绍残余势力，统一河北；然后吞并荆州；最后从水路南下，踏平江东，天下就姓曹了。

刘备的骚扰战术让曹操不能集中精力去统一河北，第一步战略就无法完成。然后刘备再等待时机，一旦曹操的军事部署出现重大漏洞，荆州军队从南阳出发，一举攻破许都，可能奇迹就会出现。

刘备这种战略比刘表固守荆州坐以待毙高明多了。可惜刘表却是个庸才，而且始终防着刘备，所以他坚持自己的保守策略。从博望坡之战过后，不管刘备怎么劝说，刘表都坚决不再发兵，荆州和曹操之间因此迎来了几年虚假的和平时光。

对于这一切，刘备很无奈。他有精准的战略眼光，也有一帮愿意跟他出生入死的兄弟，然而现在他寄人篱下，所有重大决策都不能自己做主，只能眼睁睁看着打击曹操的机会就这样错过。

刘表的顽固和保守帮了曹操大忙，曹操看到荆州方向无法再威胁自己，江东孙权也暂时无法对外出击，便放开手脚对袁绍残余势力动手。袁绍集团的末日终于到来了。

平冀州

公元 202 年五月，因为官渡惨败而郁郁寡欢的袁绍忧郁而死，冀州形势迎来突变。

袁绍一辈子没有做几件正确决策，包括在最重要的继承人问题上，他都犯了大错。

袁绍有三个年长的儿子：袁谭、袁熙、袁尚。

袁谭是长子，长期跟随袁绍出征，立过许多军功，在袁绍集团内部有许多支持者。按理说，袁绍应该选他当继承人。

但袁绍晚年宠爱刘夫人，所以更喜欢刘夫人生的袁尚，一直在犹豫要不要立他为继承人。

如此重要的问题，袁绍却长期下不了决心，一直到病故，也没有指定明确的继承人，他只是把袁谭过继给了已故的哥哥袁基，算间接帮了袁尚一把。

更严重的在于，袁绍在军事上对几个儿子都给予扶持。袁绍征服了冀、青、幽、并四州以后，任命袁谭为青州刺史，袁熙为幽州刺史，外甥高干为并州刺史，把袁尚留在身边，亲自培养。这样一来，他的三个儿子都拥有自己的军队和嫡系人马。

袁绍过世以后，几派人马立即开始对立。袁绍手下的将领们也对立起来，辛评、郭图等人支持袁谭，逢纪、审配等人支持袁尚，双方斗得很厉害。但袁尚长期靠近权力中枢，更有优势，逢纪和审配就伪造袁绍的遗嘱，扶立袁尚当了继承人。

袁谭当然不答应，他目前控制着整个青州，势力很大，便自称为车骑将军，带着自己的军队离开袁尚阵营，驻扎到冀州南部的黎阳去了。

而袁尚继承了父亲在冀州的旧部，驻扎在邺城。

袁绍集团因此分裂为了四部分，分别由袁谭、袁熙、袁尚、高干统领。

这样的分裂对于各方来说都是重大打击，其中袁谭和袁尚的对立是最致命的。分裂的袁绍集团实力大减，这给了曹操很好的机会。当年九月，休养了两年的曹操正式出兵，攻打黎阳的袁谭。

黎阳背后就是邺城，袁谭紧急向邺城的袁尚求援。袁尚不放心把军队借给他，就亲自领军去救援黎阳。

袁氏兄弟在黎阳跟曹操对决，同时让高干、匈奴南单于等人攻打曹操的河东，还联络关中的马腾，让马腾答应出兵协助他们。

曹操连忙派司隶校尉钟繇去游说马腾，钟繇成功说得马腾转变态度，反过来出兵帮助曹操。

马腾的转变成为河东局势的转折点。钟繇随后在河东挡住了高干等人的进攻，斩杀了袁尚的"河东太守"郭援，迫降了南单于，迫使高干退回了并州。

同一时期，刘备也出兵威胁曹操后方，曹操只好派夏侯惇、于禁等人去阻挡刘备，却在博望坡中了刘备的埋伏，吃了不小的亏，但刘备也没敢追击曹军。

第二年二月，解决掉各方威胁的曹操终于腾出手来，对黎阳发起大规模进攻。袁谭、袁尚败退，逃到邺城固守。曹操又追到邺城，发现袁氏兄弟防守坚固，于是暂缓攻城，指挥军士割掉了城外的麦子。

这半年的战争让曹操看清这样一个事实：占据冀、青、幽、并四州的袁氏兄弟仍然具备很强实力，一旦四州团结起来，就会很难攻克。

这时候郭嘉献计说："袁氏兄弟各怀鬼胎，我们一旦加紧逼迫，他们就会联合起来一致对外。不如先缓一缓，外界压力一旦没了，他们就会爆发内部冲突，到时候我们再来征讨，就轻松了。"

曹操听了他的计策，就撤军了，只是派人守着黎阳，随时关注邺城那边的局势。

郭嘉预料得没错，曹军一撤走，袁氏两兄弟马上不对付起来。袁谭催促袁尚给他增加兵力，好去追击曹操，袁尚却怕袁谭趁机坐大，不肯给兵，双方闹得很不愉快。

袁谭手下的人又挑唆："当初就是袁尚离间你们父子，才让您父亲把您过继给了别人。"袁谭大怒，点起自己的兵马，就在邺城跟袁尚打了起来。

这次战争袁谭败了，被赶出了邺城。但袁谭不肯服输，随后通知青州那边的下属们调兵来，准备继续死磕袁尚。

没想到这却引起很严重的后果。这几年袁谭在青州的统治很黑暗，青州本地人士早就憋着一把火了，现在听说袁谭又要调他们去打冀州，这些人再也不能忍了，揭竿而起，很短时间内，青州各地纷纷独立，脱离了袁谭的掌控。

袁尚趁机派兵追击，一路把袁谭赶到了青州和冀州交界处的平原城。这时候青州其余地区已经被叛军控制了，袁谭被夹在中间，犹如丧家之犬，万分狼狈。

袁谭没办法，只好厚着脸皮派手下谋士辛毗去向曹操求援。

辛毗到曹操那边，马上背叛袁谭，反而劝曹操："如今袁氏兄弟不和，闹得民怨沸腾，明公正好趁此机会拿下河北，千万莫错过机会！"

其实当时曹操集团正在为先打河北还是先打荆州争论，曹操本人倒是想先攻下荆州再说，辛毗联合郭嘉等人轮流劝谏曹操，才让曹操改变了主意，决定先拿下河北。

于是曹操派兵去攻打袁尚的冀州，袁尚只好解除了对袁谭的围困，退回邺城去防守。

现在形势反过来了，袁尚面临袁谭和曹操的夹攻，万分狼狈。

曹操很清楚，袁谭根本不是真心归顺自己，但他表面上装作不知道，为了安抚袁谭，还让自己儿子曹整娶了袁谭的女儿。

袁谭受到鼓舞，抖擞精神，继续攻打袁尚的冀州。袁尚也气冲牛斗，不顾曹操的威胁，亲自领军去攻打平原。双方都杀红了眼，拼尽全力，不把对方消灭誓不罢休。

公元 204 年二月，曹操看到时机已经成熟，便亲自率领大军扑向冀州，迅速包围了邺城。

这时候袁尚还在平原攻打袁谭，邺城由袁尚的谋士审配防守。

曹操准备充分，又是起土山，又是掘地道，用尽各种办法对邺城发起猛攻。

相比起上次邺城之战，这次的形势有了很大变化。袁谭、袁尚两兄弟已经从盟友变成了敌人。袁谭的离开，不但分走了大量兵力，而且更进一步，把袁尚也拖在了平原战场，这极大削弱了邺城乃至于冀州的防卫能力。

围住邺城以后，曹操领着一支分队，绕到邺城以西、冀州最西端的毛城，攻下了这里，截断了并州到冀州的通道，进一步把邺城守军孤立起来。

曹操再绕到邺城以北，攻下邯郸、易阳等地。同时，袁谭也反攻入冀州，拿下了冀州东部大片地区。

这样一来，邺城四面都已经是敌占区，彻底沦为了孤城。

当年五月，曹操让人在邺城外挖出两丈深的壕沟，引来附近的漳河水，把邺城彻底围困起来。城里粮草断绝，民众饿死了大半，已经基本无力抵抗了。

七月，袁尚终于从平原战场抽身，带兵来救援邺城，但已经太迟了。

邺城基本已经成为死城，审配派了一些残兵出来接应袁尚，马上被曹军打了回去。另一边，曹军截住袁尚的军队，迎头痛打，袁尚军队崩溃，手下将领马延、张颚投降，袁尚带着亲信逃向冀州北部的中山国去了。

曹军缴获了袁尚的印绶、节钺，拿着这些去展示给邺城守军看，城内的人心立即崩溃。

八月，邺城将领审荣打开城门，放曹军入城。经过一场激战，曹军终于活捉审配，拿下了邺城，冀州南部平定。

袁尚被打败以后，他的手下牵招正在并州，便请求高干收留袁尚，高干不同意。随后传来邺城陷落的消息，高干便带着整个并州投降了曹操，于是曹操又拿下了并州。

袁谭不依不饶，追到中山国去打袁尚。袁尚支持不住，又一次败逃，逃到幽州投奔二哥袁熙。

但幽州局势也不稳，不久以后，袁熙的手下将领焦触等人叛乱，占领了城池。袁熙和袁尚只好又逃到了乌桓那边去，被乌桓收留了下来。

焦触随后带着袁熙旧部投降了曹操，于是幽州南部平定。

再说袁谭，他对自己亲兄弟穷追猛打，自己的报应却也很快来了。

邺城被围的时候，袁谭趁火打劫，攻取了冀州东部大片土地。等袁尚被赶到幽州以后，袁谭又兼并了袁尚原来的军队。现在冀州西部属于曹操，东部却在袁谭控制之下。这种局面，曹操当然不能接受。

当年十二月，曹操指责袁谭背叛自己，于是退还她女儿，自己亲自领兵攻打袁谭。袁谭抵挡不住，只好放弃青州西部，逃到冀州东部的南皮去躲避。

第二年，曹操又追到南皮，袁谭的军队瞬间崩溃。袁谭披头散发，狼狈逃窜，终于被曹操的士兵追上杀掉了。

袁绍集团烟消云散，整个冀州从此落入了曹操掌控之下，河北地区也就基本平定了。

河北地区能够如此顺利地平定，袁氏兄弟的内部矛盾帮了曹操大忙。再进一步说，整个袁绍集团内部都是矛盾重重。袁绍在的时候，还能遮住这些矛盾，勉强把大家团结起来，袁绍一离世，整个集团缺了主心骨，内部各种矛盾爆发出来，终于把袁绍集团切割得支离破碎，使曹操有机会各个击破。

可以说，袁绍没能立一位强势继承人，是袁绍集团最终败落的主要原因。

冀州平定以后，那个写檄文大骂曹操的陈琳也被抓住了。曹操当面喝问他："你替袁绍写文，骂我也就罢了，怎么连我祖宗三代都骂了？"

陈琳战战兢兢，伏地谢罪。曹操考虑到他只是替主人办事而已，而且他又确实很有才华，也就不跟他计较了。后来陈琳在曹操手下供职，负责写公文，军国文书许多都是他的手笔，也算人尽其才了。

对于袁绍家人，曹操也表现出惊人的度量。他亲自到袁绍墓前祭奠，痛哭流涕，又让人慰劳袁绍妻小，归还他们被抄掠的财物，还赏赐了无数金帛，可以说仁至义尽了。

曹操的军事奇迹：白狼山之战

河北平定以后，北方还面临乌桓的威胁。

自从东汉前期消除了匈奴的威胁以后，北方草原就由南匈奴、鲜卑、乌桓共同占据。这些民族政权名义上臣服于大汉，却又时常反叛。整个东汉一朝，朝廷都在不断镇压这些部族的叛乱，整体来说，北方边疆维持着一种不稳定的和平。

东汉末年，东北地区实力最强的游牧民族是乌桓。乌桓各部落散居在幽州北部，其中，辽西郡、辽东属国、右北平郡三处的人口最多，人称"三郡乌桓"。

三郡乌桓的首领是蹋顿和楼班两兄弟（蹋顿势力最大，但其他几个乌桓部落奉楼班为单于，以蹋顿为王），另外还有难楼、苏仆延、乌延等部落领袖。

当初袁绍攻打公孙瓒的时候，曾经拉拢这些乌桓部落，让他们出兵帮助自己。消灭公孙瓒以后，袁绍为了报答他们，就假借献帝的名义，给乌桓部落的几个首领都授予了单于印绶，还以联姻的方式笼络他们。

所以这几个乌桓部落跟袁绍集团是政治同盟。

现在袁绍集团崩溃了，乌桓部落却非常同情他们，收留了袁尚、袁熙两兄弟和袁绍集团的残兵败卒。袁氏兄弟也想利用乌桓部落的力量再打回冀州去，所以依靠他们的庇护，在幽州北部集结军队。

当然，乌桓的首领们也有自己的小算盘。

他们看到中原大乱，天下无主，便暗地里磨刀霍霍，准备到中原打劫，甚至如果条件允许的话，也跟中原诸侯们争夺一下天下之主的位置。

当时幽州、冀州的袁绍势力纷纷向北逃亡，乌桓把这些人都收留下来，总数超过了十万户。

所以袁绍集团崩溃以后，乌桓的势力瞬间膨胀起来，对北方边塞的劫掠次数也骤然增加，已经严重威胁到了幽州、冀州的安全。

这种情况之下，曹操为了稳定北方局势，就不可避免地要对乌桓发起军事打击。

从袁氏兄弟逃亡开始，曹操就在加紧准备对乌桓的战争。他开凿了平虏渠、泉州渠，这两条南北走向的运河把幽州南部、冀州北部的许多河流连接起来，南方的物资可以进入幽州的河流，然后从海路到达辽西。

一切准备好以后，曹操正式开始调兵讨伐乌桓。

但现在还面临一个麻烦，就是新野的刘备。

曹操手下的将领们大都反对现在征讨乌桓，理由就是怕刘备从背后偷袭许都。

只有郭嘉明确指出："我们不必担心刘备，他来不了！刘表的才能驾驭不住刘备，所以他不敢放任刘备组织大规模军事行动。"

郭嘉猜得没错，刘备一听说曹操要征讨乌桓，马上请求刘表让他带兵突袭许都，刘表却坚决不同意，挽救荆州的最后一次机会就这样错过了。

曹操面临的另一个问题是：劳师远征，孤军深入，这犯了兵家大忌，在敌人的土地上，一旦陷入敌人大军包围，后果就是毁灭性的，真的有必要冒这么大险去征讨乌桓吗？

郭嘉说："就是因为我们犯了兵家大忌，敌人才料不到我们敢出动，才不会有准备。我们出其不意，必然能杀敌人一个措手不及。"

对于郭嘉的智慧，曹操一向不怀疑，所以听了郭嘉这一番话，才坚持拍板：派出全部精锐，突袭乌桓！

公元207年夏，曹操亲自领兵从许都出发，杀向千里之外的辽西，兵锋直指乌桓首领屯驻的柳城。

快走到幽州的时候，郭嘉说："兵贵神速，我们应该抛弃辎重，以轻骑兵快速扑向乌桓老巢。"曹操听他的，于是抛下辎重，让军队日夜兼程，飞速奔向北方。

事实证明，郭嘉这次可能错了。

当年五月，曹操大军到达边塞附近的重镇无终，按计划是要沿着渤海边的狭窄平原通向辽西，然而到了那里，却发现道路十分难走。当时又赶上雨季，雨淅淅沥沥地下个不停，沿海道路全部被淹，车马根本无法通行，大军只能停下来。

这一停，就延误了最佳时机，辽西的乌桓那边已经得到情报，抢先扼住险要关口，曹军更加无法前进了。

看来郭嘉谋划的"闪电战"已经失败了，接下来怎么办？曹操一筹莫展。

这时候无终本地人田畴却出主意说："主公有所不知，这条路自古难行。但在北方鲜卑部族的土地上，还有一条路可以通向柳城。"

原来从无终向北，出卢龙塞，便是鲜卑的土地。但在西汉时期，那里属于汉朝疆域，当时右北平郡的首府便在卢龙塞以北的平岗县，从卢龙塞到平岗再到柳城是有道路的，只不过东汉以来这条路已经废弃二百年了，世人大多不知道。

田畴说：如果我们撤回军队，再偷偷从平岗那条道杀向柳城，乌桓一定意想不到。

曹操听完，拍案叫绝，便命令军队从沿海道路撤回无终，并且在路边立上牌子，写着："夏雨季节，此路不通，待秋冬季节再进军。"

乌桓的哨兵们看到曹操大军撤走了，又看到路边的牌子，以为曹操真的要等秋天才来，便回去报告了他们首领，于是乌桓再度放松了警惕。

曹操这边，命令军队轻装前进，翻过徐无山，出卢龙塞，进入鲜卑领地。二百年前的道路已经湮没在尘土中了，曹军一路开山填谷五百余里，艰难通过这段无人区，再自西向东杀向柳城。

乌桓人怎么也想不到曹军竟然会从鲜卑的方向冒出来，等发觉的时候，曹军已经杀到了离柳城二百里的白狼山。

乌桓首领们紧急调集军队，蹋顿、楼班、袁尚、袁熙等人纷纷出动，带领数万兵马扑过来迎战曹军。

这时候曹操又面临一个艰难抉择：经过连续几天的急行军以后，曹军将士们已经极度疲惫了，而敌人以逸待劳，现在去攻打他们，不又是犯了兵家大忌吗？要不要休整两天再出击呢？

曹操手下将士们也忧心忡忡，看到山野上乌压压一片全是彪悍的草原骑兵，自己这边人人都灰头土脸的，粮草辎重早已经抛掉了，兵器铠甲也是破损严重，人们心里都有些发怵。

曹操登上白狼山查看，见到乌桓军队军容散乱，显然是匆忙调集起来的，如果现在不攻击他们，等他们布好阵容，就难打了。

曹操明白，自己一生中一次极度艰难的抉择来临了，机会稍纵即逝，敌人并不会给他太多时间考虑，他只想到郭嘉反复说的一句话："兵贵神速。"

兵贵神速！兵贵神速！用兵之道，关键在于出其不意攻其不备，在其他指标全面落后于敌人的情况下，仅仅靠出其不意，往往就能收到奇效。

现在曹操和他手下的将士们已经没有退路了，必须赌一把！拿命赌！

曹操一咬牙，下令全军冲锋。

张辽是总指挥，挥舞曹操授予的军旗，调集士兵从各个方位冲击敌人。徐晃、张郃、鲜于辅、阎柔、曹纯全体出动，带上名动天下的虎豹骑，拼了这一场！

乌桓军队显然没想到曹军开动得如此之快，根本不给他们准备的时间，他们的阵形根本没列好，指挥官也还没有就位，敌人就冲到了面前，他们只能乱哄哄冲上去迎战。

曹军将士都知道这一仗只能胜不能败，所以人人卖命，个个争先，杀得乌桓骑兵血肉飞溅。乌桓士兵们都被曹军的悍勇惊到了，又缺乏统一调度，很快被砍翻了许多人马，余下的人们争相逃窜，队伍如同雪崩一样溃散。

乱军中，蹋顿单于被杀，楼班、乌延、苏仆延、袁尚、袁熙等人飞奔逃窜，其余首领和名王各自逃命，乌桓军队群龙无首，彻底崩溃了。

曹操指挥军队奋力追杀，一路追到柳城，大杀一番，基本清除了辽西地区的乌桓势力，这才带着军队高奏凯歌而还。

这场大胜，曹操招降乌桓军队二十余万人，后来这些军队被他整编为自己的骑兵队伍，威猛无比，成为曹军里的一支王牌劲旅。

苏仆延、袁尚、袁熙等人逃到辽东，投奔到了当地军阀公孙康手下，曹操的将领们都请求继续追击，曹操却说："不急，等公孙康把尚、熙二人的首级送过来。"

没多久，公孙康果然派人把袁尚、袁熙、苏仆延的人头送了过来。

人们都十分惊讶，向曹操请教原因，曹操说："公孙康对尚、熙等人向来有戒备心理，我们追击得太紧，他们就会联合起来，一旦缓一缓，他们必定内斗。"大家这才明白过来。

从柳城回来，曹军将士终于可以大摇大摆地从沿海大道走了。路上经过秦朝碣石宫遗址，海岸不远处，几颗巨石在浪涛中高高耸立，便是著名的"碣石"。

当年秦始皇、汉武帝都曾经游览过这里，现在曹操也来到这里。想到自己刚刚达成了一场前无古人的军事奇迹，如今北方已经平定，自己已经拥有了极大的军事优势，天下一统的曙光已经近在眼前，曹操不禁感到一股豪气从胸中升起，写下了千古名篇《观沧海》。

> 东临碣石，以观沧海。
> 水何澹澹，山岛竦峙。
> 树木丛生，百草丰茂。
> 秋风萧瑟，洪波涌起。
> 日月之行，若出其中。
> 星汉灿烂，若出其里。
> 幸甚至哉，歌以咏志。

回到许都以后，曹操召集将士们回顾这一次战役，大家都不禁冷汗直冒——这次出征实在是太危险了！

最危急的时候，曹操大军被困在茫茫荒原，周围二百里渺无人迹，全军断水断粮，凿地三十余丈才找到水源，杀掉上千匹战马充当军粮才挺了过来。

再有，田畴献计也是意外的惊喜。田畴本来是无终当地的隐士，当年袁绍和袁尚重金招纳他，他都不肯出山。曹操这次出征前，抱着试一试的心态去征召他，他却立即同意了，跟着使者来见曹操。曹操任命他为蓨县县令，他却没去就任，而是跟着曹操大军出征，终于在关键时刻为军队指出了另一条道路。

还有，虽然郭嘉断定刘备不会偷袭许都，但这也是在赌，万一出现意外情况，刘备真的来了，许都是很难守住的，曹操集团可能陷入大麻烦。

回想起来，这次出征其实是错误决定，中间稍微出一点儿差错，可能曹操大军就全军覆没了。只是曹操运气太好，种种巧合堆到一起，才成就了这次军事奇迹，这种成功是不可复制的。

曹操反思这次冒险经历，暗自后怕，所以把之前劝阻自己出征的人都找来，给予重赏，然后说："下不为例，以后我们不能这样冒险了。"

这次出征也有许多遗憾，最大的遗憾是郭嘉在路上病倒了，回来以后不久就病故了，年仅三十七岁。

郭嘉是曹操最信任的谋士，他拥有超越常人的智慧，屡屡在关键决策上给曹操提供精准的建议。而且他似乎拥有无敌的好运气，只要是他支持的冒险行为，无论当时局面多么凶险，最后都能成功，可以说他是曹操的福星。对于他的早逝，曹操无比伤心，曹操集团也从此失去了一名足以左右局势的关键人物。

曹操失去郭嘉的同时，远在新野的刘备却得到了自己一生的助力，南阳卧龙终于要登场，搅动天下局势了。

第十章　三家争荆州

刘备落魄的那些年

日月如梭，刘备来荆州已经六年了。

这六年，他得到刘表极高的礼遇，衣食住行都超过其他将帅。他也不必受人管辖，他在新野经营自己的团队，有自己的谋士与将官，俨然是一位受刘表庇护的小军阀。这样的生活，在外人看来可以说是逍遥自在，十分让人羡慕了。

然而刘备内心却万分苦闷——现在的生活根本不是他想要的。

因为他很清楚，荆州现在的和平局面只是暴风雨前的宁静。曹操正在北方四处征讨，一旦河北平定，曹操的下一个目标就是荆州。而要保住荆州，避免被曹操吞并，唯一的办法就是主动出击，趁曹操集团出现防守漏洞的时候偷袭他后方。

前不久，刘备就向刘表提出：趁曹操远征乌桓的时候偷袭许都。不料刘表却一口回绝了。

刘表那点小心思，刘备清楚得很：他无非是怕自己在军队里的威望盖过他，所以万万不肯让自己带领荆州主力部队。

刘表不仅不让刘备出征，对中原局势也表现出消极姿态。他丝毫不顾及曹操近在眼前的威胁，只希望守着荆州这一亩三分地过自己的小日子，至于以后怎么样，他不去考虑，他没那个志向。

刘备眼看着大好时机就这样错过，心里无比抑郁。他明白，错过这次偷袭曹操的机会，以后再想消灭曹操集团基本不可能了。但他无可奈何，只能望洋兴叹而已。

另一方面，刘备自己也老了。他从二十三岁起兵，到如今四十六岁，出生入死，戎马半生，除了落下一身伤病，并没有取得什么像样的成就。如今他还寄人篱下，过着看人脸色的日子，随着年华老去，成就霸业的可能性已经微乎其微了。

难道这一生就这样沉沦了吗？他不甘心。

有一次，刘备和刘表一起座谈。刘备中途去上厕所，回来以后，刘表看到他眼角有泪痕，就问他怎么了。刘备说：我很多年没有行军打仗了，刚才看到自己大腿上都长出了赘肉，感到时光飞逝，转眼就老了，所以伤心。

刘表听了，也只是唏嘘感叹而已，没再说什么。

刘备想通过这种方式委婉地提醒刘表：我们就这样看着自己老去，无所作为了吗？可惜仍然没能打动刘表。

等到曹操大胜乌桓，从幽州班师的消息传来，刘表才有点后悔起来，对刘备说："当初要听你的建议偷袭许都就好了，多好的机会呀。"

刘备只能言不由衷地安慰他说："不要担心，以后机会还多，下次再去偷袭许都，一样能成功！"

可是哪里还有"下次"呢？现在曹操已经统一北方了，手下几十万大军，威风凛凛，不可一世，下一个目标就是荆州！而以荆州目前的防卫能力，在曹操的铁骑面前，简直不堪一击。现在应该考虑的早已不是如何偷袭曹操，而是如何保命了。

对于这一切，刘表还懵懵懂懂，没反应过来。刘备可是清醒得很，既然曹操一定会来取荆州，荆州又一定挡不住曹操，那就应该早做打算，尽快安排好退路。

可是以目前刘备手下那点人马，还能有什么退路呢？他被刘表安置在新野，作为襄阳的屏障，曹操大军一来，必定首当其冲，被碾得粉碎。

那么现在放弃新野，撤向南方吗？刘表当然不会答应。刘表养着刘备就是给自己当屏障的，刘备要逃，刘表肯定第一个出手灭掉他。

投降曹操吗？更不可能，天下人都知道，曹操最恨的人就是刘备。刘备要投降曹操，下场会比吕布更惨。

这种处境，实在让人绝望。

公元 207 年的刘备，简直走投无路了。

他急需有人给他指出一条明路，现在只要出现这样一个人，就是他的救命稻草、再生父母。

这段时期，刘备焦灼不安，他调动一切关系，四处委托别人替他寻访可以帮助他的人。

徐庶是前些年投奔到刘备手下的谋士，他在荆州隐居过很多年，跟荆州本地名士都非常熟悉。他告诉刘备："荆州名士，以'卧龙'才能最卓越。'卧龙'本名诸葛亮，字孔明，目前在襄阳隆中隐居，将军可以去请他出山。"

刘备说："那就麻烦先生带他来。"

徐庶说："不行，此人需要将军自己去请。"

事到如今，刘备还能摆什么架子呢？他只能亲自去请诸葛亮。

卧龙出山

其实诸葛亮这个人，刘备以前也是听说过的。他本来是徐州琅琊人，诸葛氏在琅琊是名门望族，祖上有许多人做官，所以诸葛亮也是世家子弟，出身高贵。

诸葛亮母亲早亡，后来父亲也病故了，大哥诸葛瑾也与家人失散了，留下诸葛亮和姐姐、弟弟四人在家。当时曹操正在攻伐徐州，形势一片混乱，诸葛亮的叔叔诸葛玄正好被任命为豫章太守，就紧急赶到徐州去把他们姐弟四人接了出来，带到了豫章。

公元 195 年，诸葛玄被人夺走了豫章太守之位。他本来是刘表的老部下，便带着诸葛亮姐弟四人去荆州投奔刘表，从这以后，诸葛亮就在襄阳附近住了下来。

两年以后，诸葛玄也病故了，年少的诸葛亮和姐姐、弟弟在隆中隐居，一家人耕田为生，靠着刘表的庇护，生活倒也安闲自在。

诸葛亮也是有大志向的人，跟朋友闲谈的时候，他常常自比为管仲、乐毅。他喜欢唱《梁父吟》，又长得潇洒俊逸，身长八尺，风采过人，俨然是一位世外贤者的形象。

他在荆州当地名士圈子里名气很大，跟徐庶、司马徽都是好友，因此司马徽也向刘备推荐过他。

虽然听到了诸葛亮这么多事迹，但刘备知道，诸葛亮所属的贵族圈子一向不太瞧得起自己这种人，而诸葛亮的妻子又跟刘表的妻子蔡夫人有亲戚关系，所以刘备一直没去求助于他，现在走投无路了，只好去试试。

刘备安排好新野的事务以后，就带着几名亲信去隆中拜访诸葛亮，不料去了两次都没见到，第三次才见到诸葛亮本人。

刘备开门见山地问："如今汉室倾颓，奸臣窃命，刘备不忍看生灵涂炭，愿申大义于天下。然则智计短浅，屡屡受挫。请教先生，有何良策？"

诸葛亮回答：

> 自董卓已来，豪杰并起，跨州连郡者不可胜数。曹操比于袁绍，则名微而众寡，然操遂能克绍，以弱为强者，非惟天时，抑亦人谋也。今操已拥百万之众，挟天子而令诸侯，此诚不可与争锋。孙权据有江东，已历三世，国险而民附，贤能为之用，此可以为援而不可图也。荆州北据汉、沔，利尽南海，东连吴会，西通巴、蜀，此用武之国，而其主不能守，此殆天所以资将军，将军岂有意乎？益州险塞，沃野千里，天府之土，高祖因之以成帝业。刘璋暗弱，张鲁在北，民殷国富而不知存恤，智能之士思得明君。将军既帝室之胄，信义著于四海，总揽英雄，思贤如渴，若跨有荆、益，保其岩阻，西和诸戎，南抚夷越，外结好孙权，内修政理；天下有变，则命一上将将荆州之军以向宛、洛，将军身率益州之众出于秦川，百姓孰敢不箪食壶浆以迎将军者乎？诚如是，则霸业可成，汉室可兴矣。

这便是流传千古的《隆中对》。

在这之前，诸葛亮和刘备一定有过很深入的密谈，彼此取得了对方的信任，所以诸葛亮才敢抛出这样一番惊世骇俗的言论。

《隆中对》的核心便是说：曹操与孙权两大军阀都已经有稳固的根基，不可以打他们的主意，刘备要建立自己的基业，只能去谋夺荆州和益州。

荆州刘表、益州刘璋都是刘备的同族兄弟，刘备需要去骗、去抢，用各种手段从他们手上夺土地。

夺得荆州和益州以后，刘备便有了两条进攻中原的路径：从荆州，走南阳，直接威逼洛阳，谋夺中原核心地带；从益州，出汉中，走当年刘邦的路子，强夺长安和整个关中。

两条路径是相辅相成的，从哪条路径袭击中原，要看具体形势，这才会让曹操难以防御。

另外，要实现这个构想，单靠刘备自己的力量不够，还需要联合江东孙权、凉州羌胡等盟友，从各个方向形成对曹操的包围。

所有这些布局完成以后，便勤修国政，持续围堵曹操，等曹操集团内部出现变乱的时候，便可从预定的两条路径挺进中原。

一旦两条路径有一条取得突破，便在北方强占了一块据点，北伐的局面就打开了，从此就可以正式跟曹操逐鹿中原。

这个构想十分宏大，需要用一代人甚至几代人的时间去实现，需要付出的精力也难以想象，但确实给刘备指出了一条争夺天下的明确线路。

这个构想对刘备的震撼是可以想象的。他在黑暗中摸索了这么多年，四处碰壁，颠沛流离，直到这一刻，才豁然开朗，看清了前方的道路。

刘备对诸葛亮十分感激，立即把诸葛亮聘请为自己的幕僚，给予他极高的地位。诸葛亮从此成为刘备集团中最重要的谋士，参与了刘备集团几乎所有重要决策。

当然，有一件事刘备可能并不是很明白——他与诸葛亮的合作，也间接拯救了诸葛亮。

诸葛亮这些年在隆中隐居，住着草庐，忙时耕种，闲时读书、交友，四处游玩，过着世外高人的悠闲生活，在乱世之中，可以说十分自在了。

但他自己心里很清楚：这种生活是不能持续的。

他能在兵荒马乱的年代如此逍遥自在，全靠刘表的庇护，但刘表能一直护着他吗？不能！

曹操正在厉兵秣马准备南下，曹操大军一旦来到，以刘表的才能，根本无法抵挡，荆州必定立即陷入战乱状态，包括诸葛亮在内的这群荆州贵族，都会树倒猢狲散，到时候能否逃命都是个问题。

所以诸葛亮也在积极寻找自己的出路。刘表当然靠不住，那么，还能投靠谁呢？

曹操集团人才济济，又是刘表的敌人，基本不会接纳他这样一个毫无从政经验的年轻人。

何况，当年在徐州，年幼的诸葛亮目睹了曹操大军对百姓的凌虐，对于曹操，诸葛亮是有仇恨的。

孙权集团呢？同样人才济济，而且孙权的手下都是江东本地人，江东豪门在孙权集团内部占据绝对优势地位，诸葛亮这样一个外人在那边地位很尴尬。

只有刘备集团最适合诸葛亮。

刘备集团是荆州内部的一个小团体，诸葛亮去了不必担心水土不服。这个集团又缺少谋略型人才，年轻的诸葛亮到这边更容易受到重用。

最重要的是，刘备跟诸葛亮都面临同样的困境，都在谋划刘表倒台以后自身的出路，双方的合作有抱团取暖的性质，自然一拍即合。

聪明的诸葛亮当然想到了这些，所以他也在等刘备的到来。最后的结果很难说是刘备选择了诸葛亮，还是诸葛亮选择了刘备。

总之，他们都遇到了自己一生的知音，从此君臣和谐、相得益彰，在史书上留下了一段佳话……

诸葛亮的到来，使得刘备集团的形势瞬间发生了重大变化。

刘备在荆州这些年，虽然结纳了许多英豪，手下有了不少人才，但始终缺乏一个领导核心，也缺少一套完整计划。所以整个集团都处在一种僵死状态，几乎无所事事。特别是面对刘表的压制，他们除了无奈还是无奈。

诸葛亮到来以后，瞬间把刘备集团盘活了，以刘备、诸葛亮为核心，这个集团开始积极活动起来，积极寻找突破口。

第一个突破方向就是：夺荆州。

荆州是《隆中对》计划实施的关键所在。

《隆中对》的第一步就是夺下荆州作为自己的根据地，有了这个基本盘，才可以展开后面的操作。

所以诸葛亮出山以后，马上向刘备建议：立即从刘表手上强夺荆州，不管用什么办法，赶紧下手！

现在的荆州正处在暴风雨的前夜，刘表软弱无能，谁都可以抢夺荆州，机会稍纵即逝，刘备再不下手，就要被别人捷足先登了。

可惜刘备性格中的一个致命弱点这时候暴露了出来——他心肠太软，太重情义。

对于诸葛亮的建议，刘备犹豫不决。他这些年都以"忠厚长者"的形象示人，现在突然要他背叛自己的救命恩人和同族兄弟，他有点下不了手，而且也怕自己的形象就这样毁了。

另外，刘备也担心自己守不住荆州。

曹操正在磨刀霍霍准备杀向荆州，现在谁夺下荆州，谁就是替刘表去挨打。那么，刘备带领荆州军民，有可能挡得住曹操吗？根本没希望。

可是不夺荆州又能怎么办呢？荆州一丢，刘备就会无家可归，更别提《隆中对》计划的实施了。

刘备陷入两难境地，迟迟下不了决心。

这一犹豫，夺荆州的机会就永远错过了，曹操不会再给他机会。

无解的荆州困局

曹操的决断比刘备快得多，刘备还在犹豫的时候，曹操已经出手了。

公元208年七月，曹操点起二十万大军（具体数字不明确），以雷霆万钧之势，轰然南下。

屋漏偏逢连夜雨，荆州内部也出现重大危机。

刘表的长子刘琦已经成年，拥有自己的一班支持者，刘表又因为刘琦长得像自己，对他格外宠爱，所以在最早的时候，大家都认为刘琦会继承刘表的基业。

但刘琦的母亲死得早，后来刘表又娶了蔡夫人，蔡夫人非常宠爱二儿子刘琮（刘琮是否是蔡夫人亲生的，史书没有记载，但刘琮娶了蔡夫人的侄女，跟蔡氏家族关系密切），一直鼓动刘表立刘琮为继承人。

蔡夫人娘家是荆州豪门，弟弟蔡瑁是刘表平定荆州的重要功臣，所以蔡家在刘表集团内部势力很大。在蔡家和一干功臣的推动下，刘表的态度逐渐改变，刘琮的地位渐渐盖过了哥哥刘琦。

对于这种局面，刘琦坐立不安。他缺少足够的支持者，本身又才能平庸，实在想不出避祸的办法，这时候正好听说诸葛亮出山来辅佐刘备，便向诸葛亮请教。

对于刘表集团内部斗争，诸葛亮不想参与，所以不管刘琦怎么恳求，他都不回应，最后刘琦只好想了个损招。

他找借口请诸葛亮跟自己一起上了一座高楼，安排下面的人把梯子撤掉，然后一脸诚恳地问诸葛亮："请教先生，如今上不至天，下不至地，言出先生之口而入我之耳，可以赐教了吗？"

诸葛亮哭笑不得，只好说："当年晋文公怀疑自己的儿子申生、重耳，申生在晋文公身边，最后被害，重耳在外，所以逃脱，你明白了吗？"

刘琦恍然大悟，随后就请求父亲派自己去驻守江夏郡。

江夏郡位于荆州东部，本来由黄祖镇守。黄祖当年杀了孙坚，跟江东集团结下大仇，后来孙策、孙权先后掌兵，不断派兵攻击江夏，终于在前不久攻破江夏，杀掉黄祖，为孙坚报了仇。

现在江夏正好缺一个可靠的将领去镇守，刘表听到刘琦的请求以后，就任命他为江夏太守，派他去镇守江夏（江夏的领土被孙权夺走了一部分，仍然留下一部分）。

刘琦对诸葛亮万分感激，带着自己的人马去上任了。

不过刘琦这一走，命是保住了，却彻底失去了成为继承人的机会，襄阳这边的局势从此彻底被蔡家人把控了。

放走刘琦是刘表晚年的又一个昏庸决定，这造成了荆州集团事实上的分裂，再加上襄阳附近蠢蠢欲动的刘备，曹操大军还没来，荆州内部已经四分五裂了。

公元208年八月，曹操大军已经逼近荆州，刘表也病倒了，很快到了弥留之际。

刘琦从江夏回来见父亲最后一面，却被蔡家的人拦住，对他说："将军受命镇守江夏，如今擅离职守，恐怕不妥吧？主公见到将军只怕病情更会加重，还是请回吧，别让主公生气。"

刘琦无可奈何，只好又返回了江夏。

没过几天，刘表就病逝了。蔡家的代表人物蔡瑁、张允（蔡瑁的外甥）等人完全控制着局势，传出命令，以刘琮为荆州牧，统领荆州。

（关于刘表临终的情况，还有一种说法，即：刘表把刘备找去托孤，让他代领荆州牧的职位，被刘备拒绝了。不过按当时的情况来看，这种说法的可信度不高。）

江夏那边，刘琦听到消息以后，彻底翻脸，他把刘琮派人送来的官印扔到地上，准备点起兵马跟刘琮作战。

然而蔡瑁等人的无耻程度远远超过刘琦的预想，他们扶立刘琮上位以后做的第一件事，竟然是逼迫刘琮投降曹操！

回顾荆州乱局可以发现，其实早在刘表时期，荆州士人就已经失去了抵抗意志。

当初刘表能够统领荆州，主要靠蔡瑁、蒯越为首的荆州士族的支持。但在这些人看来，谁统领荆州无所谓，保证自己家族的利益不受影响才是第一位的。

所以刘表有能力维护荆州局势的时候，他们就支持刘表，现在刘表挡不住曹操了，他们当然就支持曹操。

他们根本不希望刘表跟曹操发生对抗，毕竟一旦发生大规模冲突，首先要征调兵马、役夫、粮草，这些资源都得从他们这些荆州豪门身上来。而随后战争开打，生灵涂炭，受损最严重的也是他们这些荆州豪门。

所以他们从一开始就希望刘表投降曹操，这也就能解释为什么这些年刘表始终不肯主动进攻曹操——大家都认为刘表碌碌无为，其实真实的情况很可能是：他根本调不动荆州的资源，根本发动不了战争。

同样的原因，也造成刘备不敢接手荆州。因为他很清楚，自己接掌荆州以后，也会被这些荆州豪门逼着投降，而曹操又不肯饶恕他，到时候才真是上天无路，入地无门。

刘表在的时候，蔡瑁这些人还有所顾虑。现在刘表死了，他们又通过各种手段挤走刘琦，扶立年幼的刘琮上位，没人可以再制约他们了，他们当然可以撕掉面具，立即讨论投降事宜了。

蔡瑁、蒯越、韩嵩、傅巽等人一起逼刘琮投降。可怜的刘琮，哭丧着脸说："我们占据整个楚地，如此强大的资源，都不足以守住先君的基业吗？"

傅巽等人就搬出刘备来吓唬刘琮："你觉得刘备挡得住曹操吗？如果挡不住，荆州也就完了。如果刘备挡住了曹操（那么刘备就会占据荆州），他还会听你的吗？"

刘琮无可奈何，只好放手，让这些人去跟曹操商讨投降事宜。

于是曹操兵不血刃拿下了荆州。

当年九月，曹操来到襄阳以北的新野，举办受降仪式，接受刘琮的归顺。

刘琮投降不要紧，却首先把刘备给坑了。

当时刘备带着兄弟们驻扎在襄阳以北的樊城，蔡瑁等人逼刘琮投降的全过程都瞒着他。等到受降仪式都举办完了，刘备才听到一点风声，派人去质问刘琮，刘琮才派使者来，说了投降的事。

这时候曹操二十万大军已经逼近襄阳了，刘备猛然惊觉：自己这一帮人都到了性命交关的时刻了！他拿起刀子砍向刘琮的使者，咆哮道："你们存心害死我吗？"

血战长坂坡

没有丝毫时间可以考虑，刘备火速通知关羽、张飞、诸葛亮等人："点起兵马，逃！"

刘备集团的成员们都被惊到了，飞奔回去打点行装开始出逃。

但刘备在荆州经营了七年，已经是一个中等规模的军阀团体，要瞬间逃走，谈何容易。不说各种物资，就是各路将领的家眷们，要召集起来，都要费很大工夫。

不仅如此，荆襄地区还有很多士人不想投降曹操，现在他们都想跟着刘备逃跑。关键时刻，刘备又犯了心慈手软的毛病，竟然带上了这些人一起逃跑。

经过襄阳的时候，诸葛亮劝刘备直接攻进城去，拿下荆州的主导权。刘备还是心慈手软，不肯下手，只在城外对刘琮喊话。刘琮缩在城里，不敢露头。

襄阳军民亲眼看到刘备大军从城外飞奔向南，都轰动了，不肯投降的人们都冲出城来，加入刘备的队伍。

这支逃难队伍震动了整个荆州。南逃的过程中，不断有各种人员拖家带口前来投靠，刘备把他们都收留下来。于是南逃的队伍滚雪球一样越滚越大，最后竟然变成了一支十万人的庞大队伍。

这支队伍中包含许多老弱妇孺，又带着几千辆车的物资，一路磕磕碰碰，哪里走得快？一天只能走十多里而已。

刘备逃跑的方向是荆州中部的江陵，那里存放着大量战略物资，可以补充军备。刘备走陆路，同时派关羽带着数百艘战船，从水路向南，双方计划在江陵会合。

曹操听说刘备逃走，来不及召集大军，便率领轻骑兵赶到襄阳，迅速收编刘表的原班人马，完成了接收荆州的工作。随后，曹操亲自带领五千精锐之师，飞速向南追赶。

眼看刘备大军已经快走到江陵了，曹操也拼了，一日一夜急行军三百余里，终于在距离江陵一百二十里的当阳长坂坡追上了刘备的队伍。

长坂坡是当阳附近的一座平缓山坡，周围河流密布，树林茂密。刘备的十万军民和几千辆车来到这里，顿时漫山遍野都是人，挤得走不动。

人们都已经极度疲惫了，饿的饿，病的病，许多妇孺都经受不住，倒在了地上，后面的人还在催着向前，乱哄哄一片。

这时候，后面响起刺耳的尖叫声，人群突然骚动起来，大家还没反应过来，曹操的五千虎狼之师已经冲进了人群。十万军民轰然雷动，飞奔着四散逃命。

刘备的队伍里大部分是扶老携幼的普通百姓，他们在曹军铁骑面前根本没有抵抗能力。曹操的骑兵如同饿虎进入羊群，挥舞屠刀，肆意冲撞。长坂坡上烟尘四起，刀光闪烁，无数平民被践踏在马蹄之下。片刻之间，被撞死、踏死、砍死的人不计其数。

这根本不是一场战争，而是正规军对一群难民的屠杀。局势彻底失控，刘备完全无法指挥这支难民队伍，只能留下张飞带着二十多名骑兵断后，自己带着诸葛亮等人飞速逃命。

但是乱哄哄的人群同时也阻挡了曹军，五千骑兵在人群里左冲右突，却找不到刘备和他的将领们。到最后，大家都看花了眼，只能见人就砍，不分好歹。

张飞也豁出去了，带着人马挡在长坂桥上，勒马横矛，圆睁豹眼，大吼道："吾乃燕人张翼德！谁来决一死战？"曹军将领们都被他的气势震慑了，没人敢上前，终于给刘备等人争得了逃走的时间。

刘备、诸葛亮等人趁着混乱局面，终于逃出长坂坡，向东方的汉水逃去了。

混乱中，所有人都被冲得七零八落。逃出长坂坡以后，刘备才发现自己的妻儿都不见了，大将赵云也不见了踪影。

有人说："我们看到赵将军向北走，想必是投靠曹操去了。"

刘备大怒，把手戟扔到地上说："不许胡言！子龙不会背叛我。"

过了一会儿，赵云果然护着甘夫人和刘备长子刘禅来了，大家才松了一口气。

甘夫人含泪说了赵云在乱军中保护他们母子的情形，大家都听得感慨不已，刘备更是万分感激，从此把赵云当作最可信的人之一。

随后却传来的消息却让人无比悲痛：刘备的两个女儿都不见了踪影，据说是被曹操的将领曹纯抓走了。

将领们的家眷损失更严重，很多都做了曹操的俘虏。徐庶的母亲也被曹军捉住了，徐庶无可奈何，只好告别刘备，投入了曹操阵营。

这一战，刘备阵营损失非常严重，十万军民全部被冲散，只剩下寥寥可数的几个人跟着刘备逃出来，辛苦带来的几千车辎重也全部丢失，刘备在荆州七年积累的人脉和财物已经丧失殆尽。

不久以后，刘备他们来到汉津，在汉水上遇到关羽的船队，双方会合，这才稍微感觉安全了一点。

但荆州是待不下去了，刘备只能改变计划，跟关羽一起沿汉水东进，到江夏去投奔刘琦。江夏挨着孙权的江东，接下来需要跟孙权集团谈判，看看他们能不能收留自己。

曹军没有再追击刘备，而是南下，直接推到江陵城下。江陵守军不战而降，城里的人员和物资也都成了曹军的战利品。

曹操因此获得了荆州的大部分资源，实力进一步增强，又得到了完整的荆州水军，具备了沿长江东下进攻孙权的能力。

在汉水的船上，想起这些天来的经历，人人都憋着一肚子火，人们普遍质疑起刘备的决断能力。连关羽都禁不住对刘备大吼："当初要听我的，在围猎的时候杀掉曹操，何至于今日！"

对于人们的抱怨，刘备无言以对。他颠沛流离大半生，苦苦经营自己的事业，一直步履维艰，直到前不久遇到诸葛亮，才终于看到了成功的曙光。然而长坂坡这一败，把毕生积蓄都赔进去了，现在甚至沦落到了无家可归的地步，接下来还要厚着脸皮去求人收留自己。他怎么就混到这么惨呢？到底错在哪呢？

回顾几天前的情景，其实如果正常行军的话，刘备他们完全能赶在曹军到来前逃到江陵。然后可以凭借江陵的战争资源，据城坚守，等待刘琦的援军，虽然也不一定挡得住曹操大军，但至少比现在这样好得多。

错只错在刘备太心软，不舍得抛弃跟随自己的民众，以至于耽误了行军。

现在不仅刘备自己遭遇惨败，那些民众也大多成了曹操的俘虏，造成的结果就是荆州的抗曹势力被一网打尽，曹操统治荆州的成本大大降低了。早知如此，当初还不如劝那些民众退回去，在各自的家乡抗击曹操，也许效果会更好呢。

其实早在逃亡的路上，就有许多人建议刘备抛下民众，带领军队轻装前进，刘备却说："成大事者务必以人为本，现在民众来投奔我，我怎么能抛下他们?"

在仁义和利益之间，刘备选择了前者，最终却把自己害苦了。也许作为乱世枭雄来说，仁义是绝对不可取的，心狠手辣、冷酷无情才是真正有用的品质，刘备对曹操，正是输在这一点上了。

不过，出人意料的是，因为不肯从刘表手里夺荆州，以及这次"携民渡江"的悲壮举动，刘备在后世赢得了人们的极大尊重。

百年之后的人们蓦然发现：刘备这样一个心慈面软，宁死不抛弃民众的枭雄，在历史上太罕见了！人们对于刘备的遭遇抱以极大的同情，以至于后世的舆论彻底站到了刘备一方。

再加上刘备集团一直以大汉王朝的继承者自居，又有奉汉献帝"衣带诏"抗击曹操的正当理由……种种原因合到一处，最终使得后人把刘备集团和他们建立的蜀汉政权看作了华夏正统。

输掉江山，却赢来"正统"的称号，这样的神奇转折，刘备和他的兄弟们怎么也想不到吧？

第十一章　三足鼎立的雏形

孙权的两难抉择

刘备、关羽的船队一路向东，不久就遇到了前来接应他们的刘琦，刘琦带来了上万军队，到这时，刘备他们总算安全了。

随后更出现了巨大的惊喜，江东的鲁肃竟然亲自来慰问他们！

其实江东孙权集团一直在密切关注荆州局势。

荆州对于江东来说极其重要，因为这里占据着长江水道的上游，谁控制荆州，谁就能对江东造成实质性威胁。反之，江东要保证自己的安全，就必须拿下荆州，至少必须拿下荆州南部。

孙权当然明白这个道理，所以他早就在谋夺荆州了。前不久，他以报"杀父之仇"的名义攻打江夏黄祖，就是夺权荆州的第一步。却不料曹操出手比他快得多，他刚刚攻破江夏，曹操二十万大军就已经进入荆州了。

于是孙权只好放弃了短期内夺取荆州的想法。

随后又传来刘表病故的消息，孙权便派鲁肃去荆州吊唁刘表，慰问刘表的儿子，顺便查探目前荆州的情况。

不料荆州局势一日三变，鲁肃去荆州的路上接连听到消息：刘琮投降、曹操进入襄阳、曹操大军南下、刘备逃亡、刘备在长坂坡大败……

荆州正在发生雪崩，倒塌的碎片必然砸向江东，江东面临的形势陡然变得严峻起来。

鲁肃当即改变计划，放弃慰问刘琦等人，而是径直挺进长坂坡方向，去跟刘备会面。

鲁肃到来的时候，刘备正带着残兵败卒坐在船上，一脸颓丧。

鲁肃问："将军现在想去哪里？"

刘备哭丧着脸说："还能去哪里？只有苍梧太守吴巨是我老朋友，准备去投靠他。"（苍梧郡在交州北部，紧挨着荆州南部。）

刘备当然不好意思说想请孙权收留，所以抛出个"老朋友苍梧太守"。

鲁肃便顺着他的话说："吴太守才能平平，地方又偏远，何必托付于他？如今孙讨虏（孙权）聪明仁惠，礼贤下士，已经占据江东六郡，手下兵精粮足。将军不如结好于我们江东，共商大计。"

刘备求之不得，便叫诸葛亮来跟鲁肃见面。

诸葛亮的大哥诸葛瑾目前在孙权手下，鲁肃便说："我与子瑜（诸葛瑾）也是好友，久仰先生大名了。"于是诸葛亮与鲁肃也结为好友。

双方心照不宣，目前大家都受到曹操大军威胁，必须团结起来，所以经过一番攀谈，都有了结盟的意思。

鲁肃和刘备等人一起来到江夏郡东部的樊口，听说曹操已经占据了江陵，即将顺长江而下（江陵和樊口都是长江上的城镇），诸葛亮急了，直接对刘备说："情况紧急，请让我立即去向孙将军求救！"于是刘备便派诸葛亮跟鲁肃一起返回江东。

孙权的政府在扬州东部，离荆州很远，但目前情况紧急，孙权已经提前来到荆州附近的柴桑。

诸葛亮来到柴桑，见到孙权，才发现情况比他想象的更复杂。

江东集团内部现在出现了类似于当初荆州集团的情况。

江东本地豪强并不在乎谁统治江东，而是更在意维护自己的家族利益，所以避免战争是他们的首要选项。孙权的朝廷里，以张昭为首的权臣直接把话挑明了：希望投降曹操。在他们的压迫下，孙权也挺为难。

而曹操这时候也亮明态度了。他占据江陵以后，已经拥有了长江上游的地理优势，又招降了荆州水军，获得了荆州的人力物力资源，从各方面来看，都具备了攻破江东的能力。所以他写信给孙权，赤裸裸地炫耀武力，威胁道："如今我点起八十万水军（按周瑜的说法，曹军本身有十五六万，荆州降军有七八万，实际总数可能在二三十万左右），希望与将军会猎于吴。"

在曹操的威胁下，江东集团内部投降的呼声更加响亮，孙权有点招架不住了。

这时候诸葛亮求见孙权，对孙权说："如今曹操攻破荆州，刘豫州（刘备）逃遁至江夏暂避，只等孙将军决断。如果江东之地有能力抗曹，便点起吴、越之众与曹操抗衡；如若不能，不如尽早投降，北面而事之！"

孙权反问："依你的说法，为什么刘豫州不北面而侍奉曹操呢？"

诸葛亮说："田横，齐之壮士，尚能守义不辱。刘豫州身为王室之胄，英才盖世，众人慕仰，怎能屈身侍奉曹贼？能战便战，不能，也是天数，认命而已。"

孙权动容说："我们江东十万之众，同样不能受制于人。我有心与刘豫州同力抗击曹贼，然而刘豫州能担当这个重任吗？"

诸葛亮说："刘豫州虽然败于长坂坡，然而收集残兵，加上关羽水军，仍然有上万兵马。刘琦统领江夏战士，也有上万人。反观曹操，远程奔袭，士卒疲敝，所谓'强弩之末，势不能穿鲁缟'，战力早已衰竭。将军如果能举江东兵马数万人，跟刘豫州协力同心，一定可以大破曹贼！"

孙权点头赞同，便让诸葛亮回去，自己再跟臣下讨论。

孙权的阵营里，只有鲁肃是坚决的主战派，其他人要么模棱两可，要么跟在张昭后面要求投降。一番讨论下来，孙权脸色铁青，独自离开去休息。

鲁肃也着急了，直接追到后台，贴在孙权耳边说："将军想过没有？那些人为什么急于投降？因为他们到曹操手下仍然可以做大官，而将军一旦投靠曹操，还能有什么地位？人人都可以投降曹操，只有将军不能！那些人是在坑您！"

鲁肃心急火燎，又劝孙权把周瑜召回来："听听周郎怎么说。"

周瑜在江东集团拥有超然的地位。他是庐江郡舒县人，早年就与孙策是好友。当年孙坚刚刚起兵，正在北方讨伐董卓，家眷在吴郡没人照顾，孙策就听周瑜的建议，带着母亲和弟弟们（可能包括孙权）搬到舒县去住，就住在周瑜家的一处宅院里。两家人时常往来，周瑜还经常去拜见孙策的母亲，可以说，周瑜相当于孙策家的兄弟之一。

后来孙策起兵，周瑜也带着自己的兵马前来投靠，孙策征战江东的过程中，周瑜出了很大力气，所以他是江东集团毫无疑问的"开国大佬"之一。

孙策以后，周瑜又辅佐孙权，他带兵独当一面，立过许多功劳。

周瑜身材高大，相貌俊美，生性爽朗，豁达豪迈，又才气过人，尤其精通音律，有"曲有误，周郎顾"的美誉。在这个兵荒马乱的年代，他是一个卓尔不群的人物。

现在周瑜带兵在番阳，他是前方将领，最了解军事方面的情况，而且也是主战派，鲁肃知道这一点，便希望让他来压服朝廷里那些投降派。

周瑜回来以后，孙权召集他和几个主要将领密谈，周瑜胸有成竹地说："孙将军不必担心，曹贼虽然兵力胜过江东，然而有以下劣势……老贼这次来就是送死的。将军只要给我几万兵马，进驻夏口，周瑜保证为将军破曹！"

这一番话彻底坚定了孙权的信念，孙权拔出佩刀，一刀砍在前方的案几上，大声说："诸位将领有敢再谈投降的，有如此案！"

江东集团就此决定对抗曹操。

赤壁之战

樊口那边的刘备等得十分焦急，每天从早到晚不断派人到江上观望，看江东援军来了没有。

终于有一天，远远望见江东船队从东方来了，刘备大喜，赶忙派人去慰劳他们。

江东军队由周瑜、程普统帅，刘备请周瑜见面，周瑜淡淡地说："在下有军务在身，不能擅离职守，还请刘豫州过来谈。"

刘备没办法，只好亲自乘着一艘小船，到周瑜的舰艇上去跟他会面。

听说周瑜只带了三万兵马过来，刘备有些失望，说："怕是有点少。"

周瑜却满怀信心地说："不少，刘豫州请看周瑜破曹便是。"

刘备又想请鲁肃出来会面，周瑜说："在下受命处理军务，不得推诿于旁人，将军要见子敬（鲁肃），可以下次单独请他。另外，孔明正在路上，三两日之后便到，将军不必担忧。"

刘备无话可说，只好听周瑜安排。

刘备的残兵和刘琦的江夏军队加到一起有一两万，刘备自己留下两千，分给关羽、张飞，其余军队都听周瑜指挥。

周瑜果然是王佐之才，虽然是临危受命，但一切安排得井井有条，樊口一带江面上，乌压压一片全是江东船舰，军容整肃，一丝不苟。看到这情形，刘备才终于有些放心了。

几天以后，诸葛亮也回来了，跟周瑜、鲁肃等人日夜商讨迎战曹操的策略。

江陵那边，曹操略微有些意外，没想到孙权真敢迎战，而且说来就来，三万大军已经开进荆州了。不过曹操这两年太顺了，从攻打袁尚、袁熙，到突袭乌桓，再到南下荆州，每次都比想象的要顺利。特别是攻打荆州这一次，刘琮投降的速度远远超过曹操预计，曹军几乎不费一兵一卒就拿下了半个荆州，这让曹操受到极大鼓舞。

现在孙权、刘备既然不见棺材不掉泪，那就走着瞧吧！

曹操没有太多耽搁，只是让荆州水军稍做准备，就带着他们沿长江而下。到赤壁附近，曹军遇到了溯流而上的江东船队。

双方不多废话，刚一碰头，就打了起来。江面上箭如飞蝗，喊杀声一片。

一交战，曹操才发觉江东水军的战力比荆州水军高很多。荆州水军在敌人压迫下连连后退，曹操没办法，只好让他们退到北岸的乌林一带，跟岸上的陆军会合，继续操练兵马，等待时机。

周瑜指挥江东船队驻扎到南岸，跟曹军对峙。

曹军的阵势远远胜过江东船队，他们这次把从荆州抢到的舰船全带来了，占据了从乌林到赤壁的一大片江面。但曹军士兵基本都是北方人，不习惯乘船，为了避免士兵晕船，曹操就让人用锁链把这些舰船连到一起，这样一来，甲板上如履平地，走起来方便多了。

不料情况比曹操预想的更麻烦。曹军士兵不仅不适应甲板生活，更不适应长江上的水土和气候，刚对峙了没多久，瘟疫就在军营里流行开来，很多人都病倒了。

而且二十万大军的军粮调动也是大问题，赤壁处在荆州中部，跟曹操的大本营隔着半个荆州，上千里的距离，后勤压力非常大。

面对这种局面，曹操有些为难，现在要撤走的话，半个荆州就让给对方了，损失未免太大。

就在曹操犹豫不决的时候，忽然收到周瑜手下大将黄盖的书信，信上说："江东人士大都不想对抗曹军，只有周瑜、鲁肃一意孤行，坚持出战，我对他们意见很大。现在周瑜任命我做前锋，改日两军交锋的时候，我一出战便叛逃，为将军您效力。"

黄盖说的大部分是真相，江东大臣们确实基本都不想打这场战争，确实有很多人不服周瑜、鲁肃。所以曹操收到这封书信以后，大喜过望，让人回复黄盖：事成之后，必有高官厚禄赏赐与你。

这却是一次著名的"诈降"。

周瑜、黄盖等人早已经计议好：准备许多艘蒙冲斗舰，里面载满柴草，浇上膏油，用帷幕覆盖，装作黄盖的前锋船队。

到了两军交锋那天，黄盖果然当先出战，领着这些战船冲在最前面，径直冲向北岸曹军船队。

曹军指挥官都以为黄盖果然叛逃过来了，正准备出去接应他，却只见那些船上蓦然升起冲天大火，变成了一艘艘"火船"，飞速向自己冲过来。

曹军船队都被锁在一起，根本开不动，片刻之间，那些"火船"就冲进了曹军的大船之间，风助火势，大火迅速蔓延上来，无法遏止。

曹军将士全体震恐，飞奔逃命，二十万大军同时崩溃，自相踩踏，死者无数。

大火很快从船上蔓延到岸上营寨，曹操只好下令烧掉剩余的船只和营帐，带着手下将士们边打边撤，向着华容方向逃走。

曹军准备不足的问题这时候完全暴露出来，回江陵的道路他们根本没有查探好，士兵们走在山石之间，一路上都是泥泞地，根本没有道路。后边追兵又迫近了，曹操只好强迫老弱残兵背着干草去填坑，后面的骑兵一拥而上，把这些老兵和干草一起踏在马蹄下，这才逃走了。

一片混乱中，新近投降曹操的荆州士兵纷纷倒戈，很多都逃到了刘备手下，使得刘备的军队得到极大扩充。

周瑜、刘备的军队水陆并进，沿着长江向上追击曹军，一直追到江陵才作罢。

这场战役曹军被杀伤的人其实不多，大多数人是被踩死、淹死的，另有许多逃兵，以及病倒、病死的，结果曹操从中原带来的二十万大军损失大半，在很长时间内都失去了南下江东的能力。

但江东军队以水军为主，无法向北收复荆州。曹操退到江陵以后，留下曹仁、徐晃守江陵，乐进守襄阳，自己带着残兵回许都去了。

曹操的迷失

对于曹操来说，这场战争是一次意外来临的挫折。

之前许多年，曹操一直按照计划有条不紊地征讨各路诸侯，虽然遇到过许多惊险场面，但关键时刻总能涉险过关。一切都像天注定似的，似乎天意已经选择了曹操作为东汉十三州的主人。

但曹操也有自己的忧虑。赤壁之战这一年，他五十三岁，对于一统江山的帝王来说，年纪太大了。曹操必须加快步伐，才能在有生之年完成自己的宏伟工程。

公元208年的曹操，有些骄狂，也有些着急。

他望向南方：现在摆在面前的敌人就是荆州、江东两大集团，以及刘备那个四处流窜的鼠辈。

其中，荆州是关键。拿下荆州，控制长江天险，江东基本就无力反抗了。

为了攻下荆州，曹操做了许多准备，前后几年操练兵马，训练水师，后方也大力发展经济，积攒军备。

却没想到荆州之战实在是太顺利了，远远超过曹操的预估，随后又杀得刘备狼狈逃窜，而江东集团内部，投降派也占上风。在当时看来，一统天下的曙光已经出现在了地平线上，这让曹操受到极大鼓舞，以为再接再厉，一鼓作气，直接逼降孙权，江山就可以改姓了。

不料刘备却去孙权那边搅局，随后孙权决定强硬应对曹操。这让曹操有些意外。但问题不大，现在长江上游在他掌控下，士气正旺，正好一举东下，拿下江东。

所以曹操不顾手下一些将领的劝阻，还没在荆州站稳脚跟的时候，就仓促东下，这时候离刘琮投降，才两个月而已。

其实回想起来，也要怪征乌桓和讨荆州两场战争给曹操留下了太深的印象。

这两场战争能够获胜，关键就在一个"快"字。当初郭嘉一直对曹操强调"兵贵神速"，即使各方面条件不利，只要抓住一个"快"字，在敌人没准备好的情况下，抢先出手，就能取胜。

曹操沿用这种思路，也希望抢先一步攻打江东，杀孙权一个措手不及。

这种思路本来是对的，但有一个关键因素曹操没考虑到：孙权这些年一直在谋夺荆州，已经做好了各方面准备——江东已经把荆州水军研究透了，江东的军队和后勤，都是为征讨荆州准备的，荆州水军在江东面前，正好被克制。

而曹操南下赤壁，恰好就是用荆州水军做主力。

这等于是曹操代替荆州统治者去挨打，自己往孙权的枪口上撞。

这就让曹操的"闪击战"失去了锋芒。

更严重的地方在于，这支荆州水军还是刚刚投降过来的，忠诚度很低，跟曹操的嫡系部队也没有磨合好。

军事史上有个奇怪的规律：几支互相不熟悉的军队凑合到一起的时候，虽然看着壮观，但战斗力往往还不如单纯的嫡系部队。因为新加入的仆从军不仅不能帮忙，反而拖后腿。许多伟大将领都是在这一点上失算了，以至于遭到意外失败。

曹操自己的水军不顶用，只好用荆州水军搭配自己的嫡系部队，正好犯了这个错。

另一方面，曹操这次大军南下本来是冲着荆州来的，他前期的准备工作完全是针对荆州的情况，打江东是临时的决定（虽然有攻打江东的计划，但没想到来得如此之早）。对于江东的军事实力、长江周边地形等因素，他都没有摸透，对于江上的大规模水战，也没有研究充分，战争发生的时间、地点，也都在他的估算之外。

至于南方的气候、水土造成的疫病，之前他更是没有考虑到。

所以曹操的准备严重不足，直到在赤壁遇到江东水军，被迫对峙的时候，他才发觉这个问题，但已经晚了。

之前打乌桓能够险胜，就是因为曹操自己准备充分，而敌人没有准备，现在却反过来了，怎么能不败？

周瑜正是看清了这些因素，才极力劝孙权出兵；孙权也正是因为听了周瑜的话，才坚定了对抗曹操的决心。

另外，曹操在赤壁大败，可能还有一个史书上没有记载的原因——荆州降卒里面有内鬼。

曹操在短期内接收了七八万荆州降卒，这些人鱼龙混杂，难免有些怀着特殊目的的人混在里面。赤壁对峙期间，曹军阵营出现许多诡异的失误，例如把战船锁在一起，对火攻没有准备，轻易相信黄盖的"投降"，以及突然蔓延开的疫情……这背后很难说没有人为因素。

归根结底，还是曹操太心急了，没有等荆州降卒整合完毕就推动他们上前线，以至于军队管理漏洞百出，让敌人钻了空子。

曹操本人回顾这次失败，也是万分懊悔，甚至当着众多下属的面说："倘若郭奉孝（郭嘉）在，怎会使我沦落至此？"

然而曹操的悔悟来得太迟了，赤壁一败，耗掉了他多年的积蓄，使他失去了在有生之年一统天下的能力。

曹操没能一统天下，不仅是曹操自己的遗憾，也是天下人的遗憾。这让华夏大地错过了进入又一个大一统盛世的机会，而下一次机会，在四百年后了。

不过对于孙权、刘备来说，赤壁之战却是命运的转折点，天下局势现在出现了开放性的态势，他们争夺江山的机会来了。

而争夺江山的关键点，还是在荆州。

借荆州

荆州有七郡，分别是北部的南阳郡，中部长江沿线的南郡、江夏郡，以及南部的武陵郡、零陵郡、长沙郡、桂阳郡。（曾经还有章陵郡，被曹操夺取后并入南阳郡。）

其中最有战略价值的是南阳郡，这里处在中原、巴蜀、江东三方交界处，曹操南下进攻江东，或者孙权北上进攻中原，都要以这里为跳板，同时，这里也是实现《隆中对》计划的关键地带。

现在南阳郡已经被曹操牢牢占据着，孙权和刘备要夺取这里难度很大。

另一个重要地带是南郡，这里扼守着长江上游水道，是江东的心腹之患，也是江东和益州之间的过渡地带，所以孙权把这里看得很重，一心要拿到手。

赤壁之战过后，周瑜立即出手争夺南郡，他带领大军包围南郡治所江陵。江陵便是之前刘备南下逃亡的目标，后来却被曹操抢先占据了，曹操的船队也正是从这里出发，开向了赤壁。

现在江陵由曹仁镇守，周瑜对江陵发起猛攻，曹仁孤军苦苦支撑。

赤壁之战的结果其实是由曹操的错误决策导致的一场意外，目前江东军队的实力比起曹军还是有很大差距的，所以周瑜攻打江陵并不顺利。战争持续一年后，到公元209年十二月，曹仁才支撑不住，征得曹操同意以后，主动撤走，把江陵让给了周瑜。

于是周瑜拿下了南郡。

南郡以东是江夏郡，江夏郡的大部分也在江东集团的掌握之中，所以荆州中部落到了江东集团手上。

江东军队攻打曹军如此吃力，所以不得不继续拉拢刘备当盟友。刘备瞅准这个空当，周瑜围攻江陵的同时，他就在南方攻城略地。

刘备自称要替刘琦收服荆州，他表奏刘琦为荆州刺史，然后借着刘琦的名义，逼降了武陵、零陵、长沙、桂阳四郡太守，把这南方四郡纳入了自己掌控之下。巧的是，占据南方四郡以后不久，年纪轻轻的刘琦就离世了，南方四郡的所有权自然就落到了刘备手上。

现在刘备终于有自己的落脚之处了，而且地方不小，表面上看起来，他占据了半个荆州。不过南方四郡基本上是荒无人烟的地带，又远离中原，战略价值不大。

于是现在的局势就成了孙、曹、刘三家分割荆州。其中，孙权的态度是关键，正是他一边对抗曹操，一边扶植刘备，才造成了荆州现在的状态。

在孙权看来，扶植刘备去抵抗曹操，比自己亲自出手成本更低，所以从赤壁之战以后，他对刘备的态度都很温和。为了笼络刘备，孙权表奏他为荆州牧，还把自己的妹妹嫁给他，又把长江以南的半个南郡送给了刘备，简直可以说是有求必应了。

但孙权还是低估了刘备的脸厚程度。得到半个南郡以后，刘备马上又到京口来拜访孙权，提出：地方太小，住不下，请再多给一点土地。

孙权还在犹豫，周瑜可不干了，刘备的那点心思，早都被他看在眼里了——无非就是想借着南郡当跳板，去夺取益州嘛！这老小子表面忠厚，内心藏奸！所以周瑜直接请求孙权把刘备扣留下来，兼并刘备的军队，把刘备的基业扼杀在摇篮之中。

周瑜的建议非常明智，可惜孙权也有自己的性格缺陷——他擅长守成，却缺乏进取精神。对于周瑜这种激进的提案，孙权没敢采纳，而是让刘备回去等消息。

刘备回到南郡的公安——前不久得到半个南郡以后，他就把自己的总部迁到了这里，然后才听说周瑜想扣留他的事，刘备吓出一身冷汗，说："周瑜当真厉害！诸葛亮也厉害，提前算到了！我不听诸葛亮的劝阻，坚持去江东，果然危险！"

周瑜的战略眼光不输给诸葛亮，他向孙权解释：南郡非常重要，不能随便送人。现在我们占着南郡，下一步可以继续向西，挺进益州。拿下益州以后，再顺势拿下汉中，然后从荆州和汉中两路威逼中原。

这等于是抢在诸葛亮之前实现《隆中对》的计划，如果成真的话，天下局势将会彻底反转，孙权有很大概率能够一统天下，至少跟曹操平分天下是没问题的。

孙权对这个建议也很感兴趣，批准周瑜去实行。

可惜上天不允许。

公元210年，得到孙权授权以后，周瑜从江东返回南郡，准备进攻益州，却在走到巴丘的时候就突发疾病离世了，年仅三十五岁。

江东集团失去了一位"王佐之才"，也失去了跟曹操争夺天下的绝佳机会。

孙权非常伤心，他给予周瑜无与伦比的褒奖。周瑜有一女、两子，孙权让自己的长子孙登娶了周瑜的女儿，把自己的女儿嫁给了周瑜的儿子。周瑜获得的荣宠，在江东大臣里面，毫无疑问排第一。

周瑜的离世是对江东集团的重大打击，现在孙权手下没人能实现周瑜的计划，攻打益州的事只好搁置了。

周瑜的继承者是鲁肃。鲁肃这人虽然有一些战略眼光，但性格懦弱，行事保守，他一直牢记住一点：江东的实力不足以抗曹，必须拉拢刘备。所以他总是对刘备退让。在他的影响下，孙权对刘备的政策也更加软弱。

鲁肃拼命劝孙权把剩下的半个南郡借给刘备，理由是江东自身实力不够，不如让刘备暂时占据荆州南部，在西部战线替孙权对抗曹操，好让孙权把全部精力放到东部，这样才比较稳妥。

这时候孙权压力有点大。在东部战线，曹操大军已经沿肥水南下，屯驻到了合肥，并且在合肥屯垦，准备长期住下去。

合肥处在扬州北部，向南可以压制整个江东。曹操在那边屯田，就是公然耍流氓，一副"我吃定你了"的架势，这让孙权很恐惧。

如果这时候再跟刘备争荆州，等于东西两线作战，孙权怕自己承受不住。

于是孙权听了鲁肃的建议，把北边的半个南郡借给了刘备。

这样一来，刘备就同时拥有了荆州中部和南部，特别是占据了荆州核心部位的江陵。这样，刘备只要一只手在荆州拖住曹操，另一只手就可以伸向益州了。

刘备一生真正的功业终于要来了。

乱世中的巴蜀

巴蜀在东汉属于益州，这里是一块封闭的区域，躲开了东汉末年的大部分战乱，是乱世中的一片乐土。

灵帝末年，益州刺史是郤俭，他贪腐残暴，在益州疯狂敛财，闹得民怨沸腾。朝廷里的高官，同时也是宗室成员的刘焉就请求灵帝派自己去治理益州。

不过刘焉这个提议完全是出于私心，他看到目前朝纲紊乱，知道天下要乱了，又听人说益州有"天子气"，就想去那边割据一方，不说争夺天下，至少保得全家平安。

灵帝也没多想，就封刘焉为益州牧，命令他去益州捉拿郤俭，然后接替郤俭的职位，整顿益州的秩序。

刘焉运气相当好，他刚走到荆州，就听说益州那边出现变乱，一支农民军杀掉了郤俭。没过几天，益州从事贾龙又打败了农民军，夺回了益州控制权，然后派人来荆州接刘焉。

于是刘焉不费丝毫力气就平定了益州，成为益州新一任主人，治所在绵竹。

刘焉来益州本来就带着歪念头，他利用"州牧"这个职位拥有的巨大权力，在益州大肆培养自己的势力，逐渐让益州跟朝廷脱离开来。

这时候益州北部的汉中郡还在朝廷控制下，汉中太守是苏固，刘焉就派自己的手下张修和张鲁一起去攻打汉中。

张修和张鲁来到汉中，很快打败苏固，取得了汉中的控制权。张鲁随后又杀掉张修，独占了汉中，那是公元191年的事。

张鲁的身份非同一般，他是张道陵的孙子，是五斗米道系师，或者通俗一点说，就是民间宗教领袖。

张鲁的母亲是个民间巫婆，会一些神神道道的巫术，又容貌美丽，经常流窜在各种达官贵人家里，跟刘焉家也往来密切。因为这层关系，张鲁才得到刘焉的重用。

张鲁作风强悍，他控制汉中以后，马上跟朝廷脱离关系，阻断交通，斩杀朝廷使节，把汉中变成了自己的私人领地。

这种局面却让刘焉窃喜，现在汉中成了他和中原之间的屏障，朝廷势力延伸不过来了（当时朝廷在长安，董卓控制着献帝）。他借口说"道路不通",跟朝廷断绝了联系。随后他在益州内部大开杀戒,排斥异己,逐渐把益州变成了一个独立王国。

于是益州、汉中都事实上独立了,但张鲁受刘焉控制,他们的关系有点像南阳张绣和荆州刘表。

随着实力增长,刘焉也越来越张狂,他甚至建造皇帝乘舆,开始过起皇帝瘾来了。

有人把刘焉的这些行为举报上去,朝廷又急又气,却拿他没办法。

不过刘焉也有自己担忧的事。他有四个儿子,目前只有第三个儿子刘瑁在益州,其余的儿子刘范、刘诞、刘璋都在长安的朝廷里,这让刘焉举棋不定。

但随后董卓等人不知道哪根筋搭错了,竟然派刘焉的小儿子刘璋去益州劝说他。刘璋一去益州,当然就留了下来,不回长安了。

随后又发生了王允杀董卓,李傕、郭汜作乱等等事件,长安那边一片混乱,自然也没人关注益州独立的事了。

时间来到公元194年,李傕、郭汜控制着朝廷,马腾跟李傕闹矛盾,双方调兵,在长安附近对峙。

朝廷里的官员刘范、刘诞、种邵、马宇等人想趁机扳倒李傕,就暗中跟马腾联合起来,里应外合攻打李傕。

李傕一方派出李利、郭汜、樊稠等将领,跟马腾等人在长平观展开激战,最后李傕一方获胜,马腾逃回了凉州,刘范、刘诞等人却都被李傕杀了。

消息传到益州,刘焉受到巨大打击。正好绵竹又发生大火,刘焉的府邸和"皇帝乘舆"都被烧得一干二净,他被迫搬到了成都,一切都重新开始建设。

两个打击加在一起,刘焉病倒了,不久就离世了。

现在刘焉只留下两个儿子:刘瑁、刘璋。其中,刘璋是个唯唯诺诺的庸人,刘焉的手下将领赵韪认为这样的人才好控制,所以就把他扶立为益州牧。

刘璋果然没有任何才干,镇不住手下,上台没多久,赵韪就反叛了。

幸好刘焉当初留了一手。

当时益州以外的地区一片烽火，老百姓纷纷逃到益州来躲避，尤其是从荆州和关中地区来的百姓最多。

刘焉把这些人都收留下来，从里面抽取青壮年，组成"东州兵"。

东州兵完全是外来人口，对益州本地豪门没有感情，只忠于他们的恩人刘焉。所以尽管这支军队军纪败坏，在益州名声很差，却成为刘焉手下一支最忠实的卫队。

现在刘璋遇到危难，便把父亲留下的东州兵搬出来。经过一番血战，终于把赵韪的叛乱平息了，刘璋也因此在益州站稳了脚跟。

不过，随后刘璋又捅了一个大娄子。

张鲁有野心，想自立，这是大家都知道的事。以前刘焉一直睁一只眼闭一只眼，勉强维持双方之间的和平。现在刘璋却看不下去，指责张鲁不服从自己，双方的矛盾迅速升级。

最后刘璋把张鲁的母亲、弟弟等人都杀了，于是双方结下大仇，从此决裂。

之后的几年，刘璋派兵打过张鲁很多次，却总是失败；张鲁反击，反而占了刘璋不少土地。双方长期处于敌对关系。

其实益州（从行政上来说，汉中也属于益州，但目前已经独立了。这里和后面的"益州"指除开汉中的部分）和汉中本来是一根绳上的蚂蚱，如果和平相处，共抗外敌，还能维持得久一些。刘璋却不明白这个道理，跟张鲁闹成了生死仇敌，给了外人各个击破的机会。

就这样过了几年，外界局势风云变幻，曹操异军突起，逐个消灭了竞争对手，远在成都的刘璋也感受到压力，开始考虑起自己的后路来了。

公元208年，曹操进攻荆州，势如破竹，很快占据了荆州北部，中原霸主的势力终于延伸到刘璋身边了。这让刘璋感到极大的压力，他便赶紧派人去巴结曹操，希望得到曹操的保护。

曹操也没太在意，随手封了他一个"振威将军"的称号，算是接受了他的投靠。

刘璋又派自己手下的谋士张松去感谢曹操。张松到曹操那边以后，却发现曹操根本没把他们这个集团当回事，对他本人也很冷淡。张松觉得受到了很大侮辱，回到益州以后，就大说曹操的坏话。

正好曹操又在赤壁之战大败，连滚带爬逃回了北方。破鼓乱人捶，刘璋竟然也把曹操看低了，便决定放弃曹操这个靠山，拉拢曹操的敌人刘备。

刘璋派手下法正和孟达去联络刘备，还给刘备送去一些兵力，协助他对抗曹操。

刘备正在打刘璋的主意，没想到刘璋自己送上门来了，刘备当然欢迎，于是双方成为"盟友"。

赤壁之战过后，曹操也感到周瑜和刘备有征服益州再从益州威胁关中的打算，便主动出击，准备抢先拿下张鲁的汉中。

公元 211 年三月，曹操派司隶校尉钟繇去攻打汉中，正式表明了进军汉中和益州的野心。

这让刘璋极度恐惧，在张松等人的劝说下，他准备向刘备这个"盟友"兼同族兄弟求助。

良知，还是责任？艰难的考验

刘璋的计划是请刘备来益州当自己的藩属，自己给刘备地方住，刘备则带兵协助益州防务，类似于当初刘表和刘备的关系。

这种想法极度不合时宜。因为现在刘备集团已经壮大起来了，论实力不输给刘璋，怎么可能像当初侍奉刘表一样，再来给刘璋打下手？

所以当刘璋把这个想法说出来以后，下面的人一片反对之声，甚至有人把自己倒挂在城门上以表示抗议。然而这些意见刘璋都不听。

刘璋手下的人，除了张松以外，法正也极力劝他接刘备过来，刘璋最终听取了他们两人的建议。

可昏庸的刘璋不知道，张松、法正这两人早就准备出卖他了。

这两人都嫌刘璋昏庸无能，他们经过最近两年的接触，感到刘备才是当世豪杰，所以暗地里策划把刘备接来益州，取代刘璋——当然，也有可能是刘备主动跟他们两人接触，策反了他们，出于维护形象考虑，后来的蜀汉政府才把责任都推到了他们两人头上。

刘璋一点儿都没有察觉到异样，喜滋滋地派法正去荆州迎接刘备。

刘备这两年可以说顺风顺水，周瑜死后，鲁肃接任江东集团一把手，推动孙权的外交政策全面倒向刘备，而曹操又在合肥那边跟孙权对峙，所以荆州这边出现了空当，没人来跟刘备竞争，这让他可以把全副精力用来算计益州。

所以刘备这边早都已经准备好了，法正一来迎接，刘备便留下诸葛亮、关羽等人守荆州，自己带着庞统等人和数万兵马，跟着法正进了益州。

庞统人称"凤雏"，是荆州当地跟诸葛亮并列的人杰，曾经在周瑜手下担任功曹，刘备统领荆州南部以后，他便归到刘备手下，成为刘备的主要谋士之一。

刘璋是个天真又善良的人，他真的把刘备当作自家兄弟，他命令益州各地敞开大门，以最高礼节奉迎刘备，自己又亲自到成都以东三百六十里的涪城去欢迎刘备。

刘璋的欢迎大会极其隆重，蜀地精英全体出动，旌帜蔽天，车马满路，双方的数万兵马在一起狂欢了一百多天，花费钱财不计其数。事后，刘璋又送给刘备巨额军资，分给刘备三万兵马，包括益州的精锐之师白水军，另外还有米二十万斛，马千匹，车千乘，其余盔甲器械任凭挑选。

可以说，对于刘备，刘璋完全做到了仁至义尽。

可刘璋哪里知道，聚会的这段时间，张松、法正、庞统等人一直在劝刘备杀掉他，以便直接夺走益州。

刘备这人最大的毛病就是心肠不够狠。他这次来益州本来是不怀好意的，却没想到刘璋对他好到了这种程度，而且推心置腹，一点儿都不设防。刘备顿时心软了，下不了手。

不管庞统等人怎么劝，刘备就是一口咬定"看看再说"，杀刘璋的事就这样拖了下来。

刘璋一直没发觉这些人的阴谋，还很认真地跟刘备讨论攻打张鲁的事，他希望刘备抢在曹操前面把汉中打下来，这样益州就安全多了。刘备心不在焉地勉强答应下来。最后，双方约定，刘备到益州北部的葭萌关去驻扎，准备来年对张鲁发动攻击。

随后刘璋依依不舍地跟刘备告别，回成都去了，而刘备则带着兵马开向葭萌关。

刘备错过了夺取益州的一次绝佳机会，反倒假戏真做，真的变成了刘璋的藩属。

这一刻，刘备的内心异常矛盾。他手下几百号弟兄，还有几万兵丁，都在眼巴巴地望着他，只等他一声令下，就杀进成都；荆州那边，诸葛亮、关羽也都在翘首期盼，等这边的好消息；还有远在江东的孙权，也在等他拿下益州以后归还南郡。他这样拖着不行动，大家都有些不耐烦了，拖的时间越久，他压力越大。

然而刘璋这样毫无保留地信任他，他怎么忍心下手？再说，一旦对刘璋下黑手，天下人，还有后世的人们，会怎么评论他？

刘备始终下不了决心，只能先在葭萌关待着，当然他也根本没想去打张鲁，只是号称在准备作战，天天吃着刘璋的军饷，装模作样地瞎忙着。

就这样过了一年，看到刘备一直不开动军队，刘璋有些疑惑起来。刘璋手下的将领们更是不断劝告他：刘备这家伙不怀好意，赶快把他赶回荆州去！

另一边，刘备手下的弟兄们都急得不行，三天两头催促他尽快行动。最后，庞统直接给出三条路让他选择：

其一：直接带着葭萌关的军队杀进成都。

其二：跟刘璋说，自己要回荆州了，请求再借一些军队，看看能不能激怒刘璋。如果刘璋先对我们动手，那就找到借口了。

其三：真的回荆州，放弃短期内夺取益州的想法。

第三条当然不可能，第一条就是刘备一直不忍心做的事，所以刘备选择了第二条路。

他让人带话给刘璋说，曹操最近又在攻打孙权，孙权求救得很急，自己必须赶回荆州一趟，请刘璋再送一万兵马以及相应的粮草。

这明显是在敲诈，刘璋虽然人傻钱多，这时候也有点儿受不了了，便回复刘备：只能再给四千兵马，相应的粮草也只能给一半。

刘备就趁机发火说："我替你们益州征讨敌人，尽心竭力，毫无保留，你却这么抠门，还怎么让我替你出力！"于是做出要翻脸的姿态。

同一时期，正巧张松给刘备送密信说："我们不是商量好的，要拿下益州吗？明公怎么准备回荆州了？"这封信被张松的哥哥发觉，报告给了刘璋。

到这一刻，刘璋才终于明白了真相，他又伤心又恼怒，下令把张松斩首，然后严令手下所有人都不得再跟刘备来往。

这就是刘璋仅有的报复手段——就算到了这个地步，他还在指望刘备做回好人。

刘备听说以后，假装大发雷霆，声称："是你逼我动手的！"于是把白水军的将领杨怀、高沛召来，找了个借口杀掉，夺走了他们的军队，然后带领黄忠等人，点起兵马，杀向成都，正式对刘璋开战！

这是蜀汉的开国之战，这场战争来得非常不光彩，一年以来，刘备一直在人性的边缘试探，终于突破了底线！

但我们也无法太过于责怪刘备。

在东汉末年的各路军阀中，刘备是个特殊的个体。他有一些朴素的道德观，在重大决策上，不愿意违背自己的良心。所以他在荆州七年，也没有对刘表下手。他被曹操追杀的时候，也不忍心抛下百姓。

可是乱世之中，良心值几个钱呢？刘备坚持道德底线的结果，却往往是把自己坑了。

他这一生颠沛流离，五次抛下妻儿逃命。他被曹操追得满世界逃窜，几乎无处容身。现在他已经五十一岁了，南征北战二十八年，却还连一个稳定的基业都没有。二十八年！多么漫长的时光！这些年里，他的妻儿老小、关羽、张飞那群弟兄，他的所有追随者们，跟着他四处漂泊，吃了多少苦头，经历了多少凶险，却依然一无所有，他用什么来面对他们？

现在他已经老了，关羽、张飞那些弟兄们也老了，如果还不能建功立业，他们这些人都要被埋进历史的尘埃里，成为永久的失败者。

对于这时的刘备，建功立业已经不再是一种理想，而是一种责任，一种必须完成的使命，一种对自己和所有追随者的交代。

不管付出什么代价，他都必须成功，别无选择！

哪怕抹杀自己的良心，扭曲自己的人格，他都必须成功！

而益州，就是刘备最后的救赎，是他最后一次可能成功的机遇。

现在成功的路径就摆在他面前，那就是：对自家兄弟下黑手，去做一个卑鄙的、龌龊的人。

经过一年的煎熬之后，刘备终于出手了！

蜀汉奠基

刘璋不仅幼稚，而且毫无决断能力，对于刘备的突然反水，他拿不出任何策略，以至于一筹莫展。

有人建议他：把涪城以北、葭萌关以南的民众南迁，仓库野谷一把火烧掉，腾出大量空地，然后依托涪水（在涪城旁边）这道屏障，严防死守，刘备军粮跟不上，过段时间就会被迫撤走。

刘璋却说："战争本来是为了保国安民，怎么能反过来伤害民众？"所以他不采纳这个建议。

刘璋软弱无能的作风也传到了整个益州集团，在刘备南下的过程中，各处的地方政府都缺乏抵抗意志。

梓潼太守王连关紧城门，不参与战争，刘备便直接绕过梓潼南下。

涪城有刘璝、冷苞、张任、邓贤、吴懿等大量将领防守，他们却没做太多抵抗就退了下来，退到绵竹去防御，把涪城送给了刘备。

不久，吴懿带着自己的部队投降。眼看绵竹守军也要崩溃了，刘璋紧急派李严去督阵，结果李严也很快投降，于是绵竹也失守了。

这时候刘备军已经推进到了离成都八十里的雒城，这里由刘璋的儿子刘循带兵防守。刘循坚守不出，跟刘备对峙。刘备便一面包围雒城，一面派兵四处出击，攻掠成都平原的各处郡县。

同时，刘备通知荆州那边派援兵。诸葛亮、张飞、赵云等人火速出动，沿长江而上，一路攻破白帝、江州，然后分头出动，赵云平定江阳、犍为，张飞平定巴西（东汉末年，原来的巴郡被分为巴西郡、巴郡、巴东郡）、德阳。刘备集团因此控制了成都平原以东的大片领土。

现在刘璋控制的地区已经只剩下成都周边一带，基本上属于孤军了。

但刘备军在雒城之战出了意外，庞统在一次攻城中不小心中了流矢而亡，这对刘备军是重大打击，刘备攻城的步伐被迫慢了下来。

同时，刘备集团兵力不足的问题也暴露出来，即使从荆州调兵来占领益州，仍然捉襟见肘，还使得荆州防务明显削弱，现在只留下关羽在荆州独自领军，为后来的局势埋下了严重隐患。

雒城之战十分胶着，刘备军苦战一年才拿下城池，然后跟诸葛亮、张飞、赵云等人会合，包围了成都。

这时候法正写信给刘璋说："刘将军从起兵以来，一直念着您的旧情，愚以为您应该顺天应人，保得家族平安。"

刘备又派简雍进城劝说刘璋。当时成都城内还有精兵三万人，粮草够用一年，臣民纷纷请战，刘璋却说："我父子在益州二十余年，没有丝毫恩德加于百姓，如今却要百姓为我受尽苦楚，我于心何忍？"便决定：放弃抵抗，开门纳降。

于是在公元214年闰五月，刘备进入成都，正式成为益州的主人。

刘备接收了刘璋在益州的大多数人力资源，对刘璋的老部下，能用的就尽量用，就连那些顽固的主战派都受到刘备重用。正是因为笼络了大多数权贵，所以刘备没有遇到太多反抗，在益州的统治很快稳定下来。

至于刘璋，刘备也没有为难他，而是把他封为"振威将军"，将所有财物尽数返还，然后把他迁到荆州养老去了。

征服益州的过程比想象中轻松得多，除了包围雒城拖延了一些时间，其他时候刘备的军队基本势如破竹，以极小的代价就攻克了众多城池。在这个过程中，他还趁势招降了大量兵力，大大扩充了自己的实力。

之所以会这样，主要就是因为刘璋的软弱，或者说善良。

刘璋是一个真正的好人，但作为军阀集团的首领来说，他是极度不称职的，在他带领下，益州集团根本不可能长期生存下去。就算刘备不来夺益州，也会有其他人来夺。

跟着这样一个领导，自己的利益是很难得到保证的。

张松、法正他们都是绝顶聪明的人，正是因为看到了这一点，所以才义无反顾地投靠了刘备。

益州本地豪门也是因为看到了这一点，所以才迫不及待地要换一个人来当益州的主人。

所有这些人共同倒向刘备，导致刘璋的统治基础极度不稳固，刘璋军队面对刘备大军的时候，也就表现得毫无战斗力，一触即溃。

征服益州，是五十三岁的刘备第一次成功实现自己的战略意图，刘备集团从此有了自己的稳固基地，有了跟曹操、孙权对抗的物质条件。

东汉末年的形势到这一刻终于清晰起来了。经过二十五年持续混战，大大小小无数支军阀被消灭，最终存活下来的就是曹、孙、刘三家，三家分别占据北方、江东、巴蜀，并且分割了荆州。虽然三家实力严重不对等，但任何一家要吞并另外两家都困难重重，于是曹、孙、刘三足鼎立的局面渐渐浮现出来，一个新时代已经隐隐来临。

然而从另一个角度来说，益州之战的成功也让刘备开始"飘飘然"起来。

一方面，他的团队实力大幅增强，骤然之间就从四处流窜、慌不择路的小型团体，成长为了可以跟曹操、孙权掰手腕的大型军阀集团。

另一方面，刘备从伤害自家兄弟中尝到了甜头。原来只要丢掉道德包袱，只讲利益，不讲道义，很多事就会变得容易很多。

这大大鼓舞了刘备，他开始把这种背信弃义的作风套用到别人身上，下一个受害者就是他的大舅子：孙权。而争执的焦点，还是荆州。

第十二章　一生的对手

孙权、刘备，盟友还是对手？

刘备夺下益州以后，孙权很快便派人来，不过不是来道贺，而是来讨要荆州的。

不料刘备一口回绝："等我打下凉州，再把荆州还给你。"

荆州是孙、刘双方争斗的焦点，而双方争斗的根本原因在于，他们的扩张方向严重重合。

当初赤壁之战过后，周瑜就给孙权制定了先夺南郡，然后以南郡为跳板夺益州，再从汉中进军中原的路线。这恰好就是《隆中对》的内容（《隆中对》这时候应该还处于保密状态，所以周瑜并不是受诸葛亮启发，而是恰好跟诸葛亮想到了一起）。

刘备当然不答应，所以他写信劝告孙权："益州民富地险，刘璋虽然孱弱，自保却没问题。江东与巴蜀远隔千里，粮草运转困难之极，将军想奔袭巴蜀，即使孙武、吴起在世，也难以成功呀。何况刘璋与刘备为宗室兄弟，我们兄弟同心，仰赖先辈英灵以匡扶汉朝，如今刘璋得罪于将军，刘备不得不替他恳求。希望将军不要为难刘璋，以免伤害我们同盟之谊，使曹操乘虚而入，那时，悔之晚矣呀。"

孙权不信刘备的威胁，偏要试试，派孙瑜（孙权的堂兄）率领水军前往夏口，刘备直接拦住，说："要让你打我兄弟，老夫就披发入山，不复见世间之人！"又让关羽屯江陵，张飞屯秭归，诸葛亮坐镇南郡，全面阻挡江东水师。

孙权无可奈何，只好放弃了攻打益州的打算。

不料刘备转眼就吞并益州，拿下了自家兄弟。

孙权听说以后，气得吹胡子瞪眼，说："这老狗！安敢如此狡诈！"

孙权急着拿回荆州南部土地，还有一个原因：他前两年趁着交州内乱，拿下了交州，把整个岭南的土地收入了囊中。但荆州南部卡在江东和岭南之间，只有把这些地区也拿过来，孙权的领地才能连成一整块。

所以一听说刘备征服益州，孙权马上就派诸葛瑾去向刘备讨要荆州。

结果却被刘备直接拒绝了。

其实认真说起来，虽然刘备不还荆州是耍流氓，但孙权也好不到哪里去。当初刘备借的明明只是半个南郡，荆州其他地方是刘备靠本事抢来的，孙权现在却含含糊糊地要刘备"还荆州"，是想跟刘备争整个荆州南部，明显有欺负人的意思。

站在孙权的角度来说，他认为刘备有现在的成就，全靠他当初一力扶持，所以刘备该还人情，半个荆州都给他也是应该的；就算不给那么多，也该坐上谈判桌，该还多少人情，慢慢谈。

刘备却谈都不谈，一口回绝。

对于刘备来说，孙权当初资助他，只是想借他的力量对抗曹操而已，又不是安着什么好心，哪里就欠了人情？何况对抗曹操这件事，刘备一直在做，并没有辜负孙权的期待。更重要的在于，荆州是《隆中对》计划实施的关键因素，是刘备集团发展壮大的根本所在，怎么可能送人？

于是双方各执一词，形成死结，再也解不开了。

同一时期，双方的姻亲关系也破裂了。

当初孙权把妹妹嫁给刘备，本来是想巩固双方的同盟关系。不料孙夫人出身将门世家，又从小娇纵，性情暴烈，作风刚猛。据说她的住宅内外平时都有上百名侍婢守着，个个提刀带甲，虎视眈眈。刘备每次去见她，都战战兢兢，生怕一言不合，刀子就招呼过来。

孙夫人嫁过来的时候，带了大量随从，这些人在刘备的驻地横行霸道，无人敢管。刘备手下的许多人都受过他们的气，却敢怒不敢言。

最后，刘备实在没办法，只好在公安（当时刘备驻地在南郡的公安）附近筑了一座"孙夫人城"，专门给孙夫人和她的手下们居住，才算勉强把这些霸王们请开了。

所以孙夫人跟刘备实际上长期处于分居状态，甚至可以说，孙夫人的集团成了刘备集团内部的独立团体，是孙权埋在刘备集团内部的一颗地雷。

刘备进益州以后，孙夫人留在公安，孙权马上派人去接她回娘家。

听说终于要把这位"大爷"给送走了，刘备的手下们个个长舒一口气。

不料孙夫人却把刘禅带上了船，想带去江东。

张飞、赵云听到消息，飞速奔到江边，把孙夫人的船拦截下来，把刘禅抢了回来，这才保住了刘备的血脉——这起事件在后世被演义为"截江夺斗"的惊险故事。

但这样一来，孙夫人跟刘备的婚姻关系也就彻底破裂了，她从此留在江东，再也没有回到刘备身边。

这也进一步恶化了孙、刘双方的关系。

同时，关羽跟孙权集团的关系也非常紧张。

刘备入益州以后，只剩下关羽镇守荆州南部。关羽性情刚戾，丝毫不懂得退让，对待孙权的人处处强硬，这让双方的关系剑拔弩张。幸好鲁肃是个柔和的人，一直在中间斡旋，才勉强维持了双方关系不破裂。

到了刘备拒绝还荆州以后，孙权跟刘备赌气，设置了长沙、零陵、桂阳三郡长官，让他们去接管这三郡。

其实这时候孙权还是希望双方坐下来好好谈，互相留个面子。

关羽丝毫不客气，直接带兵把这三个所谓"长官"赶回了江东。

这下孙权彻底爆发了，派吕蒙带兵两万去攻打三郡。吕蒙是周瑜之后江东最杰出的将领，拥有过人的谋略，他不急着出兵，先写书信劝降，长沙、桂阳两郡太守马上就投降了。

刘备这时候才意识到事情的严重，于是亲自从成都赶到公安，指挥关羽争夺三郡。

孙权不甘示弱，也亲自来荆州指挥前线军队。这时候吕蒙已经用欺骗手段拿下了零陵，孙权调集鲁肃、吕蒙、孙皎、潘璋一起到前线跟关羽对峙，双方剑拔弩张，大战一触即发。

这时候双方火拼其实是很不明智的，很容易导致渔翁得利的结果——曹操已经从赤壁的失败中恢复过来，正在从合肥和汉中两路出击，同时向孙、刘双方施加压力。

可以说，孙、刘双方都在冒着后院起火的危险参与荆州对决。

最初的火气消散以后，孙、刘两人都冷静下来，开始接触，试图缓解矛盾。

鲁肃是江东的温和派，这次仍然由他出面，邀请关羽"单刀赴会"。会上，鲁肃义正词严地说："当初我们在长坂坡会面的时候，刘豫州是什么境况？被曹操追得连容身之地都没有了，甚至想逃到交州去。我们主人怜悯刘豫州，不顾众人反对，把荆州让给他住，这才让刘豫州得以开创基业。如今刘豫州拿下益州，已经有自己的基地了，却又算计起荆州的土地，如此背信弃义，这是一方霸主该有的作为吗？"

一席话说得关羽无言以对。

刘备在创业过程中确实欠了孙权很多人情，这是否认不了的，要跟孙权争荆州，确实底气不足。

更重要的是，刘备集团的实力远远不足以对抗孙权。特别是在人才储备方面，刘备比孙权差得太多了，单单一个吕蒙就已经给刘备、关羽等人上了生动的一课：刘备手下没人对付得了他。

讲理讲不过，打也打不过，面对无懈可击的江东集团，刘备只好暂时放弃强占荆州的打算。

这时候正好有消息传来：曹操即将攻打汉中，益州危急！刘备赶忙找台阶下，跟孙权签订了分割荆州的协议。

协议规定：双方分割荆州南部，长沙、江夏、桂阳属孙权，南郡、零陵、武陵属刘备。史称"湘水划界"。

随后刘备就赶回益州去了。

凉州与关中，曹操的困局

回顾"湘水划界"的结果，刘备一方其实吃了大亏。

在这之前，刘备已经占据了荆州南部五郡：南郡、零陵、武陵、长沙、桂阳。其中只有南郡是向孙权借的，其余四郡都是刘备自己打下来的，现在却还了两郡给孙权，使得孙权在荆州的兵力大大增强了。

而留在手上的南郡又是烫手的山芋。

一方面，刘备已经拿到了益州，南郡的用处不大了；另一方面，南郡是抵抗曹操的最前线，刘备占据这里，必然要跟曹操短兵相接。

更重要的在于，南郡跟益州在地理上是相互隔离的两块，刘备同时拿着这两块，很难相互支援，反而还要分兵防守，而刘备的兵力本来就捉襟见肘，这样一分兵，就更加窘迫了。

所以刘备拿着南郡真是丢也不是，守也不是，非常难受。

这就可以看出孙权战略眼光之毒辣了，"湘水划界"他看起来稍微让了一步，实际上却是摆了刘备一道。

而刘备舍不得荆州这块大肥肉，又没有能力增强荆州防务，只能把这块烫手的山芋丢给关羽去独自打理，终于为后来的"大意失荆州"种下了祸根。

不过刘备目前也确实没工夫考虑这些，目前他的首要任务是守住益州，而防守益州的关键在汉中。

汉中是一片独特的地块，这里处在巴蜀和关中之间，是两者之间的缓冲地带。历史上，关中的中原王朝和巴蜀的割据政权，谁占据汉中，谁就拥有偷袭对方的便利条件。最典型的便是秦朝末年，汉高祖刘邦从汉中"暗度陈仓"，成功拿下关中，从而拉开了争夺天下的序幕。反之，谁失去了汉中，谁就心惊胆战，处在随时可能被偷袭的境地。

所以巴蜀地区的割据政权必须占据汉中，才能保证自己统治的稳定。

曹操当然早就看到了这一点，所以早就把夺取汉中摆到了日程上。

然而曹操面临一个大麻烦，就是凉州的马超和韩遂。

当初曹操强迫马腾到朝廷里做官，马腾就留下儿子马超统领自己的嫡系部队，自己带着家属搬到了邺城。

整个东汉时期，凉州都是分裂倾向特别严重的地区。现在马超和韩遂统领凉州，依旧不服曹操控制的朝廷。

而且马超本人对曹操也非常不配合，曹操多次征召他去朝廷里做官，他都拒绝了。

这些年，曹操忙着跟孙权、刘备作战，顾不得西部局势，马超、韩遂在西部的势力便慢慢坐大，不仅凉州，连关中地区也属于他们的势力范围。他们更进一步，跟汉中的张鲁结成联盟，共同对抗曹操。

所以现在凉州、关中等地名义上属于曹操，实际上却处于半独立状态。

马超、韩遂因此成为曹操后方的一个隐患，孙权、刘备都曾经计划过跟他们合作，让他们来牵制曹操。

曹操也意识到必须尽快排除这个隐患。

公元 211 年三月，就在刘备入益州的前夕，曹操派钟繇、夏侯渊去攻打张鲁。

从中原去汉中，必然要经过关中。这时候关中处于混乱状态，除了马超、韩遂，还盘踞着大大小小许多支军阀势力。这些人当然听过"假途灭虢""唇亡齿寒"的故事，所以马上警觉起来，觉得这是曹操正式对他们和张鲁联盟开刀——当然，也有可能他们的猜测是对的，曹操的真正目标就是他们。

于是整个关中地区的大小军阀们都坐不住了，以马超、韩遂为首，总共有十个军阀集团联合起来，点起十万兵马，挡在潼关（潼关是关东到关中的门户），正式跟曹操开战！

曹操也退无可退，便自己亲自领军攻打潼关。

论军事实力，曹操完全碾压这些关中军阀，但这些军阀的部队是胡汉混合军队，作风悍勇，战斗力惊人，跟曹操大军对决，竟然不落下风。

战斗过程中，还出现了十分惊险的场面。

曹操打仗一贯的作风是亲自冲在最前线。当时曹军正在渡河，关中联军在后面追赶，曹操让士兵们先过河，自己带着百余名勇士亲自断后。马超知道以后，带领一万多骑兵追杀上来。

河边箭如飞蝗，曹操身边的侍卫们一个个倒下，曹操仍然坐着不动，坚持要最后才走。身边的许褚急了，强行把曹操扶上船。

岸边的士兵们都拼命涌上船来，眼看船要沉没了，许褚亲自斩杀许多人，才把船开走了。

谁知船夫也中箭倒下了，许褚只好一只手举着马鞍，替曹操挡住飞矢，一只手撑船，终于成功把曹操载到了对岸。

后人根据这场恶战编出了"曹阿瞒割须弃袍"的故事，可见当时曹操有多狼狈。

最后，曹操付出了很大代价以后，才终于打退了这些军阀联盟。马超、韩遂逃回了凉州，其余的小军阀们死的死，逃的逃，关中平定。

第二年年初，马超再次叛乱，攻进凉州刺史所在地冀县，杀掉凉州刺史韦康。曹操派夏侯渊来征讨，也被马超打败了。

马超随后在凉州南部建立了自己的割据政权，自称"征西将军"，凉州局势因此陷入僵持状态。

直到公元213年九月，情况才出现转机。

当时，韦康虽然死了，他的许多旧部下还在冀县里面，其中的杨阜等十一位将领密谋，先让人在其他城池反叛，骗马超去征讨，他们趁机夺取了冀县的控制权。

马超回来以后，发现冀县已经进不去了，城里的妻儿也被杀了个精光，其他城池又打不下来，他无处可去，只好到汉中去投靠了张鲁。

在这之前，曹操已经把邺城的马腾等人全部杀光了，所以马超家族基本被灭门，只剩马超孤身逃了出来。

马超是一位悲剧人物，他基本上在哪里都不受欢迎，张鲁并不信任他，张鲁的部下也排挤他。这时候正好益州那边的刘备派人来招纳他，所以他就逃到益州，投到了刘备手下。

刘备倒是挺欢迎马超，因为当时对刘璋的战争正到关键阶段，正缺马超这样的强力武将。刘备对马超委以重任，马超加入正在包围成都的刘备军，刘备军顿时声威大震，没过几天就逼得刘璋出城投降了。

刘备向来爱才，对马超很不错，先后把他封为左将军、骠骑将军，让他参加了不少重大战役。

可马超在刘备手下仍然郁郁寡欢。刘备手下主要是三类人：一同起兵的兄弟、荆州才俊、益州老臣。马超却是个外来者，不属于这三个帮派的任何一个，所以他低调隐忍、小心翼翼地生活着。

马超逃离凉州以后，韩遂继续带领军队跟夏侯渊作战，但以失败居多，韩遂也基本过着东躲西藏的生活。公元215年三月，韩遂的部下杀掉韩遂，然后归顺了曹操。

凉州和关中局势到这时候才终于稳定下来，曹操通向汉中的道路终于畅通无阻了。

回顾起来，凉州和关中之所以出现这几年的动乱，很大程度上是因为曹操的错误决策。

从失去郭嘉以后，曹操集团似乎就不再具有清晰的思路，对外政策总是走一步看一步，哪里着火去救哪里，这一点在对马超、韩遂的政策上，表现得尤其明显。

曹操似乎根本预判不到马超、韩遂的行为：先是对他们的反叛完全没有预案；再又因为"假途灭虢"的离谱决策逼反了他们；又没有想到整个关中都会反叛，以至于被迫在潼关跟叛军作战；作战的时候还安排不当，以至于差点丢了性命；最后又没想到马超会去进攻凉州刺史，又急急忙忙去救援凉州……

其实这每一次危机之前，曹操手下都有人提醒他注意防范，但曹操就是不信，总是等到出了事故以后再去灭火，以至于处处被动，一直被马超等人牵着鼻子走。

幸亏马超本人缺乏统帅能力，没能成功集结起凉州的资源，才终于让曹操挺过来了。

另外，凉州和关中的叛乱拖延如此之久，隐隐说明一个冷酷的事实：只占据半个中国的曹操，很难向西部用兵！

赤壁之战过后，曹操的地盘被压缩在北方，形成自西向东的狭长形状。而曹操的统治中心在东部，向潼关以西地区用兵，会涉及大规模的人员和物资调动，这让曹操非常吃力。同时，孙、刘两家又从扬州和荆州持续威胁曹操的根据地。最典型的是扬州的合肥，几年以来，孙、曹双方一直在那里对峙；荆州的江陵，关羽又在那边伺机而动。这就迫使曹操在从东向西两千里的防线上处处戒备，这样的损耗实在太大。

这种局面对于曹操争夺西部地区非常不利。

按照曹操的计划，平定凉州和关中以后，下一步就是拿下汉中，然后以汉中为跳板，攻取巴蜀地区。但在目前的局面下，曹操实施这个计划有相当的难度，就算成功了，也很难守得住这些地区。

公元215年三月，曹操带领十万大军杀向汉中，开始了争夺巴蜀的第一战。

汉中，食之无味弃之可惜

虽然向西部用兵很困难，但要争抢汉中，曹操也有自己的优势。

张鲁知道自己实力不足，所以这些年都尽量低调，特别是对于强大的曹操集团，他尽量不去招惹，基本处于防御姿态。

只有在马超起兵的时候，张鲁因为跟马超是盟友，曾经派兵去协助马超，这可以说是他唯一一次跟曹操作对的行为。

后来马超兵败，整个凉州军阀联盟烟消云散，张鲁也受到震慑，变得更加谨小慎微起来，甚至逐渐有了归附曹操的打算。

同一时期，刘备也在从南部威胁张鲁。但张鲁对曹操和刘备的态度截然不同，他曾经公开说："宁愿与曹公为奴，也不当刘备座上客！"

所以在曹操、刘备从两个方向夹攻汉中的时候，张鲁投靠曹操的想法就越来越强烈了。

张鲁的手下将领们跟他一样，都想着换一个地方继续享受荣华富贵，所以对抵抗曹操没有兴趣。只有张鲁的弟弟张卫坚持要抵抗。

曹操从陈仓出散关，进入汉中西部的武都郡，前方便是汉中的西大门阳平关，张卫就带着军队驻扎在阳平关的山上。

之前曹操曾经听武都本地人说：阳平关易攻难守，不必担心。现在来到阳平关下，才发现这里地势险峻、防守严密，跟他们说的完全不一样，曹操顿时就泄气了。

曹操指挥军队进攻，却收效甚微，还伤了不少士卒。

这是一场奇怪的战争，战争双方都意志低迷，对胜利没有太多渴望。

六十岁的曹操已经满心疲惫，看到进攻受阻，叹了口气，就下令收兵，准备放弃汉中了。

当时曹军前锋已经冲到了前面山坡上，曹操让夏侯渊、许褚跑过去传达收兵的口令。夏、许二人刚到山上，却听前面的人说：阳平关已经打下来了！

两人一脸蒙，一打听才知道，原来事情经过非常可笑……

当时月黑风高，一群野鹿闯进了张卫的军营，营里的士兵们不知道发生了什么事，顿时乱了起来。这时候曹军前锋正好迷路，也闯进了张卫的军营，曹军前锋无处可退，就敲锣打鼓大闹起来。张卫的军队以为曹操大军来到了，吓得魂飞魄散，四散而逃，阳平关就这样莫名其妙地落到了曹军手上。

阳平关一失守，汉中门户大开，整个汉中平原就暴露在敌人面前了。

张鲁的驻地在南郑，处在汉中平原的中心位置。听说阳平关失守了，张鲁立即便想投降。但手下又劝告他：现在就投降曹操的话，以后肯定没地位，所以假装抵抗一下还是有必要的。

所以张鲁点起兵马，逃向汉中以南的巴中（巴郡中部地区），准备凭据巴中抵抗曹操。

为了向曹操表示自己的善意，张鲁还特意嘱咐手下封存府库，把汉中的财物都完完整整地保存在里面，等曹操来接收。

前方的曹军势如破竹，不久就打到了南郑。看到仓库里面码得整整齐齐的财宝，曹操十分满意，还派人去巴中慰问张鲁。

于是在当年十一月，装模作样抵抗了一段时间的张鲁被曹操"感动"，带着全家老小出来投降了曹操。

同一时期，巴郡各地的将领们也都投降了曹操，于是曹操不费吹灰之力便拿下了汉中和巴郡。

曹操感念张鲁合作的态度，封他为镇南将军、阆中侯，食邑万户。张鲁的五个儿子和手下官员都得以封侯，张鲁的女儿还嫁给了曹操的儿子。

这是极高的礼遇，张鲁家族和手下的追随者们可以从此享受无边的荣华富贵。

不过好景不长，第二年张鲁就病逝了。

拿下汉中以后，曹操手下官员司马懿向他建议："趁热打铁！现在刘备在益州还立足未稳，我们挥师南下，益州可以立即平定。机不可失，时不再来！"

曹操却叹了口气说："既得陇右，复欲得蜀，何必如此不知足？"

于是不顾司马懿等人的坚决劝告，曹操下达了班师的命令，只留下夏侯渊、张郃、徐晃等人守汉中，便带大军开回了许都。

从军事上来说，曹操这时候班师是重大错误！

汉中是益州的门户，刘备既然占据了益州，就肯定不能允许汉中在曹操手上。

而汉中又远离曹操的统治中心，曹操大军一旦撤走，只留夏侯渊等人防守，是很难挡住刘备的全力进攻的。

所以不拿下益州，只拿下汉中，根本没有太大意义，只是等着刘备来夺回去而已。

曹操也明白这个道理，但他并没有太多办法去阻止这一切。

一方面是因为上文提到的，曹操集团向西部用兵代价太高；另一方面，巴蜀的地形决定了要征服这里需要付出极大的努力。曹操集团目前内有严峻的继承人问题，外有孙权大军在虎视眈眈，各方面条件都不允许曹操长期滞留在巴蜀前线。

再有，更重要的是，征战了一生的曹操真的累了，再也没有了夺取天下的雄心壮志。攻取益州这样一项浩大工程，对于他来说，实在是承担不起了。

他心里很清楚：自己这一生已经无法完成一统山河的任务，现在已经没必要四处征战了，只要守住已有的成果就够了。一代人有一代人的使命，君临天下的梦想，就交给子孙后代去完成吧……

曹操：汉相，还是汉贼？

公元 215 年，曹操已经到了花甲之年。

晚年的曹操，逐渐没有了年轻时的豪迈，他的目光，从远方战场移到了朝廷之内，应付内部的权力争夺才是他的头等大事。

其中，最重要的任务是完成篡夺汉家社稷的手续。

东汉朝廷早已经是个摆设，这是大家都心知肚明的事。按理说，曹操根本不必去推翻他们，只要自己走上去，坐上那个早已空置的王座就可以了。

但东汉立国二百年，在民众心里已经拥有不可取代的地位。曹操要取代汉室，成为被人民接受的合法执政者，也不可能一蹴而就，只能一步一步地来。

曹操已经掌握实权，剩下的就是争取名分，"名不正则言不顺"，曹操必须为自己正名，或者说，完成一整套"权力交接"手续，才能最终篡位成功。

从衣带诏事件以后，献帝就处在完全被控制的状态，曹操可以要他按照自己的意思发布任何命令。这是曹操的优势所在，他可以利用这一点，操纵献帝，逐步给自己正名。

袁绍在的时候，曹操还有顾忌，还要假装忠于汉室。消灭袁绍集团，统一北方以后，曹操才终于放开手干了……

公元 208 年六月，献帝下诏，废除"三公"的官职，恢复丞相这个职位，并且任命曹操为丞相。

于是曹操在法理上成了朝廷里的一号人物。

公元 212 年正月，献帝下诏，给予曹操"赞拜不名，入朝不趋，剑履上殿"的超然待遇，比肩当年的萧何。

于是曹操的地位超越了普通大臣，相当于开国元勋。

次年五月，献帝封曹操为魏公，封邑为整个冀州，并且加九锡。

九锡是天子赏赐的九种器物，按《礼记》的记载，分别是：车马、衣服、乐器、朱户、纳陛、虎贲士百人、斧钺、弓矢、秬鬯。

具体到给曹操的这一次，史书记载，献帝赏赐的是："大辂、戎辂各一，玄牡二驷；衮冕之服，赤舄副焉；轩县之乐，六佾之舞；朱户以居；纳陛以登；虎贲之士三百人；铁、钺各一；彤弓一，彤矢百，玈弓十，玈矢千；秬鬯一卣，珪、瓒副焉。"

这是皇帝能给予的最高赏赐，到这一步，曹操已经"位极人臣"，再往上，就该取代皇帝了。

也就是从这时起，魏国正式建立——都城在冀州的邺城，国内有一个完整的政府，有文武百官，还有自己的社稷、宗庙。

曹操将用这个新生的魏国，逐步取代名存实亡的东汉王朝。

公元 214 年三月，献帝又下诏，申明：魏公曹操的地位在诸侯王之上，同时赏赐金玺、赤绂、远游冠。

诸侯王之上是谁呢？皇帝！曹操的位置已经渐渐跟皇帝重合了。

公元 216 年五月，献帝封曹操为魏王。

公元 217 年四月，献帝"恩准"曹操设天子旌旗，出入称警跸。

这些都是皇帝的特权，于是曹操开始在形式上享受皇帝待遇。

当年十月，献帝下诏让曹操佩十二冕旒，乘金根车，驾六马，设五时副车。

到这一步，曹操除了没有"皇帝"称号，已经跟皇帝没有区别了。

这是一套非常标准的篡位流程，足以给后世一切篡位者当教科书。

这一套流程走下来，曹操距离皇帝之位只剩临门一脚，忠于汉朝的贵族们都坐不住了。公元 218 年正月，曹操享受天子待遇的三个月后，就出现了吉邈等人的叛乱。曹操手下的头号谋臣荀彧也曾经委婉地表示反对篡汉。同一时期，孙权、刘备等人也在骂曹操"名为汉相，实为汉贼"。

但这些人都阻挡不住曹操，因为他篡位的基础是魏国强大的国力，他不是替自己一个人篡位，而是用魏朝取代汉朝，有整个魏国的精英阶层给他做后盾。除非你消灭魏国这个国家，否则你就阻挡不住他。

那么对于这一切，汉献帝本人是什么态度呢？

根据有限的记载来看，他也做过一些反抗，但他的反抗实在太过孱弱，对曹操构不成任何威胁，反倒招来更加严厉的报复。

当年的衣带诏事件（如果"衣带诏"本身是真的话）是献帝做出的最激

烈的反抗，随后却导致国丈董承被杀，连身怀六甲的董贵人都被绞杀了。

这次惨烈报复让献帝和他身边的伏皇后心惊胆战，之后，伏皇后偷偷写信给他父亲屯骑校尉伏完，讲述了宫里的惨剧，请求伏完帮忙诛杀曹操。可是伏完哪有那个实力和胆量？只好把这件事搁置起来。

曹操的眼线可不是吃素的。公元214年十月左右，伏皇后写信的事终于被人揭发出来。曹操暴怒如狂，下令废掉伏皇后，然后派人直接去献帝身边抓人。

伏皇后紧闭房门，躲在两堵墙壁中间。曹操的士兵砸开墙壁，把伏皇后硬拖出来，拽着向外走。

献帝坐在外面，伏皇后衣衫不整、蓬头垢面，经过献帝身边的时候哭求说："皇上不能救救我吗？"

献帝掩面道："我自己都不知道能活多久。"又对身边的人说，"你们说，天下有这样的事吗？"

伏皇后就这样被拖了出去，幽禁而死。伏氏家族也被灭门，连伏皇后生的两个皇子都被毒死了。

这只是泄露出来的冰山一角，实际上，献帝和东汉皇族的悲惨遭遇大多都不为外人所知，他们已经成了曹操豢养的一群宠物，是生是死，任凭曹操处置。

不过曹操并不希望献帝就这样死掉。他把献帝养着，当一个花瓶，需要的时候就展示给人看，表示他的一切权力都是献帝自愿赐予的，不是抢来的。同时这也让东汉的遗老们有所顾忌，不敢拼个鱼死网破。

曹操甚至把自己的三个女儿都嫁给了献帝，其中，曹节被立为皇后，曹宪和曹华被封为夫人——对于帝王将相来说，女儿就是用来联姻的工具，不必把她们当人看待，更不必考虑她们自己的想法。

于是献帝想死都不成，在曹操的安排下，献帝过着物质上极度富足、精神上极度压抑的生活，同时他还要强颜欢笑，感谢曹操这个"国丈"的厚待。

站在曹操的位置来说，他觉得自己已经够仁慈了，至少让献帝活着，还有娇妻美眷环绕左右，古代那些权臣谁这么仁慈过？何况献帝本来就是他救回来的，要不是他，献帝现在可能连尸骨都找不到了。他不仅不是篡汉的奸贼，反而是汉室的大恩人，东汉的那些遗老该感谢他才对。

为了挡住那些遗老的攻讦，曹操曾经发过一封文书替自己辩解：

> 孤始举孝廉，自以本非岩穴知名之士，恐为世人之所凡愚，欲好作政教以立名誉，故在济南，除残去秽，平心选举。以是为强豪所忿，恐致家祸，故以病还乡里。时年纪尚少，乃于谯东五十里筑精舍，欲秋夏读书，冬春射猎，为二十年规，待天下清乃出仕耳。然不能得如意，征为典军校尉，意遂更欲为国家讨贼立功，使题墓道言"汉故征西将军曹侯之墓"，此其志也。而遭值董卓之难，兴举义兵。后领兖州，破降黄巾三十万众；又讨击袁术，使穷沮而死；摧破袁绍，枭其二子；复定刘表，遂平天下。身为宰相，人臣之贵已极，意望已过矣。设使国家无有孤，不知当几人称帝，几人称王！或者人见孤强盛，又性不信天命，恐妄相忖度，言有不逊之志，每用耿耿，故为诸君陈道此言，皆肝鬲之要也。然欲孤便尔委捐所典兵众以还执事，归就武平侯国，实不可也。何者？诚恐己离兵为人所祸，既为子孙计，又己败则国家倾危，是以不得慕虚名而处实祸也！然兼封四县，食户三万，何德堪之！江湖未静，不可让位；至于邑土，可得而辞。今上还阳夏、柘、苦三县，户二万，但食武平万户，且以分损谤议，少减孤之责也！

这篇文书避重就轻，绕开了大家最关心的问题，可以说是在替自己狡辩，但认真分析起来，也包含一些实在话。

其中，曹操主要说了三点。

其一：他亲手终结了东汉末年的乱局，对国家有恩。

其二：曹操本人不打算篡汉。

其三：他不能放权，把持朝政是不得已。

这三点其实都是大实话。

东汉末年的乱局终于曹操，这点毋庸置疑，就连他的敌人们都无法反驳。

这些年，曹操做了很多恢复经济的工作，使北方民众从战乱中摆脱出来，初步过上了安定的生活。从这一点来说，曹操对国家确实有大恩，这也是魏国立国的民意基础。

何况东汉并不是被曹操消灭的，东汉是在外戚与宦官的争斗中自杀自灭、自行走向崩溃的。曹操崛起的时候，东汉已经名存实亡了。曹操在汉帝国的废墟上白手起家，建立起自己的国家，对于东汉王朝，他没有亏欠什么，魏国的来历很正当。这是魏国立国的法理基础。

有这些基础在，民众对于曹操"篡汉"的行为自然不会太抵触。而要硬说曹操是"汉贼"，也很勉强。

而第二点，曹操不打算篡汉，这一点从字面意思上来说是对的。曹操的确在自己一生中没有走出篡汉的最后一步，只是把这一步留给了自己的后人去走。

他做了篡汉的事，却不想担篡汉的名，而且从严格意义上来说，你还真没法把"篡汉"这顶帽子扣到他头上。所以后人都说曹操奸诈，这一点确实没冤枉他。

但曹操当时是否可以不篡权夺位，永远当个"汉丞相"，甚至自废武功，把权力交还给献帝呢？

绝对不可以！

即使曹操要这样做，也做不到！

权力并不是一块玉玺，或者一枚印章，交到别人手上就算完成交接了。权力是国家稳定的根本所在，不是可以随便交接的。手握大权的人，对于手上的权力，必须慎之又慎，一旦权力掉出了手心，哪怕只漏掉一点点，后果都很严重。

历史上有个现成的例子——

战国时代，燕国国君燕王哙宠信手下的大臣子之，一意孤行，把国君之位"禅让"给子之。

燕王哙以为简单地把子之扶上王位就够了，不料引发燕国上下激烈反对。子之上台以后，反对者们发起叛乱，杀掉燕王哙和子之，把王位送到了燕王哙的儿子公子职手上。

齐国趁燕国内乱的时机入侵，焚烧宗庙，大肆杀戮，对燕国造成严重伤害。

这次动乱是有记载的燕国存在期间最大的一次国难，几乎被灭国。后来燕国在列际的干预下才打退齐国侵略军，躲过了亡国的命运，但国力损失惨重，人民死伤无数。可见随便转移权力的后果有多可怕。

子之是燕国头号权臣，在燕国朝廷里有许多支持者，尚且无法稳定局势。而现在的汉献帝是个毫无政治经验的毛头小子，曹操要是把权力交给他，造成的混乱会比当初的子之之乱更严重，国家就此崩溃也是很有可能的。那样的话，中原地区会再度陷入军阀乱斗状态，而曹操自己和他的家族更是免不了灭顶之灾。

所以曹操在那封诏书里说的"诚恐己离兵为人所祸，既为子孙计，又已败则国家倾危，是以不得慕虚名而处实祸也"确实是实在话。

另外，魏国的政治精英们愿意支持曹操，是因为他们在曹操手下可以获得荣华富贵，还能预定一个开国大佬的位置，以后子子孙孙享受福荫。

如果曹操退位，让位给汉献帝，这些精英们算什么身份呢？从本质上来说，他们都已经背叛了汉朝，是汉朝的"叛国贼"，是要受万人唾骂，甚至被清算的。

在开国大佬和叛国贼之间，他们会怎么选择呢？不言而喻。

所以曹操如果要让位，这些政治精英们绝对不答应，相反，他们还会尽力推动曹操加快篡位的步伐。曹操只要一天不篡位，他们悬着的心就一天放不下。曹操这几年不断表演篡位的戏码，某种程度上就是为了给这些人吃定心丸，向他们保证一切都在正常推进中。

总之，曹操是否篡位，不是他自己的事，而是关系到整个魏国上层命运的大事，曹操自己不可能跟整个魏国精英阶层对着干，他必须给这些跟着自己打天下的兄弟们一个交代。所以曹操只能被他们裹挟着，在篡位的道路上一步步走下去。

那么，"汉贼"这个名号曹操就得背着，不管他愿不愿意。

这一点，曹操的敌人们心里也清楚，但他们假装不清楚，只盯着曹操骂，说他"名为汉相，实为汉贼"。这样一来，他们与曹魏集团的斗争，就变成了汉室忠臣与篡汉奸臣的战斗。

刘备集团首先高举着"讨贼"的旗号，站上了道德制高点。

曹操、刘备，终极对决

从"湘水划界"回来，刘备就把全部精力用来争夺汉中。

当时张鲁刚刚败退到巴郡，刘备听说以后，赶忙派黄权带着军队去接应张鲁。

黄权到了巴中，才听说张鲁已经投降曹操了，于是黄权就地发起攻击，打退了曹操刚刚安插到巴郡的官员。

曹操派张郃来迁移巴郡的民众，又遭到张飞迎头痛击，张郃被打得抱头鼠窜，逃回了汉中。

巴郡就这样迅速脱离了曹操掌控。

但汉中已经沦陷，刘备已经失掉先机了。

不料随后曹操并没有发起反击，而是消极撤退，只派夏侯渊、张郃防守汉中，这又一次鼓舞了刘备。

法正也向刘备建议："夏侯渊、张郃守不住汉中，我们现在出兵，必获大胜！"

刘备同意。于是在公元217年冬天，刘备亲自领兵开向汉中，揭开了汉中之战的序幕。

这次出征，刘备倾尽了全部力量，除了关羽坐镇荆州、诸葛亮管理益州以外，刘备手下所有重要将官全部杀到汉中前线，对汉中志在必得！

刘备一出手就是大手笔，先派张飞、马超、吴兰开向武都郡的下辨，自己则带兵去攻打阳平关。

汉中地方虽然不小，但大部分是山地，真正的宜居带就是中央一块狭长平原，平原中央是汉中首府南郑，平原最左边的出口是阳平关，阳平关以外是武都郡。

武都郡是凉州、关中、汉中、益州四大地域的交界处，地理位置非常重要。占领这里，就扼住了汉中的咽喉，堵住了凉州和陈仓方向来的救援力量，同时可以借用马超在羌、氐等民族中间的影响力，拉拢这些民族共同对付曹操。

张飞他们去占领武都郡的下辨，就是这个用意。

同时，刘备又派陈式等人去封堵马鸣阁道，马鸣阁道是汉中与关中之间的一处险要栈道（马鸣阁道的具体位置有争议，但应该在汉中与关中之间），堵住这里，就挡住了关中来的救援力量。

如果计划成功实施，汉中就被隔离开来了，然后凭借汉中平原那一点点资源，必定支持不久。

这就是刘备最初的打算。

然而人算不如天算，魏军的战斗力远远超过刘备的预估。

曹操先派曹休、曹洪等人攻打下辨的张飞军队。张飞见到敌人来到，就自己带着一拨军队绕到北部的固山去，声称要截断魏军的后路。

曹休一眼就看破了张飞的伎俩，说："他们如果真要断我们后路，就该悄悄摸过去，现在这样大张旗鼓，显然是虚张声势。"

于是不顾张飞的表演，带领军队直接冲击吴兰的军队，果然迅速击溃吴兰军队，拿下了下辨，吴兰也在撤退路上被人斩杀了。

张飞、马超看到情况不对，只好后撤，主动放弃了下辨一带。

曹操又派徐晃去攻打陈式，徐晃也是勇武过人的超级武将，陈式派出十几支军队都抵挡不住。这场战争极其惨烈，蜀军跳崖而死的不计其数。最终，徐晃杀退陈式等人，控制了马鸣阁道。

曹操听到消息以后大喜，对徐晃大加褒奖。

两场战役下来，蜀军惨败，先前的计划全部落空。

这样的结果说明：目前曹操军团的战争调度能力、指挥能力、战斗力都压倒刘备军团。刘备一辈子输给曹操，到老了，仍然比不过！

目前只剩下阳平关这一处战场了，刘备带着蜀军主力跟夏侯渊、张郃等人隔着关隘对峙，却始终找不到破关的机会。

魏军随后更是主动出击，让张郃冲出关隘，直接绕到刘备背后，到西北方的广石去屯驻。

刘备打不破阳平关，又转头去打张郃，仍然失败。

于是夏侯渊、张郃一内一外，协同防御，对阳平关前的刘备军团形成了反包围的形势。

局面对刘备极端不利,刘备军团面临全军覆没的危险,他们只能拼了!

刘备送信给后方的诸葛亮,让他无论付出什么代价,都要再挤出更多的人力来支持前方战役。

小小的益州能有多少人力物力?但没办法,后方的诸葛亮、杨洪等人只能咬牙发起全民总动员,男人全体上战场,女人全体运送货物,把益州的民力压榨到极致,强行撑住了前方阵线!

曹操也拼了,不顾后方种种危机,亲自前往关中坐镇指挥,发起了跟刘备的终极对决!

为了这场战争,曹操军团也榨干了民力,关中的民力不够,就调关东的,无数物资通过崇山峻岭运进汉中,硬抗住了刘备的进攻。

这场对峙持续了大半年,一直到公元219年正月,双方仍然僵持。

两大集团都已经拼尽全力,几乎到了油尽灯枯的时刻。

但形势正在悄悄出现转折。

这场对峙,对于曹操军团来说,有一个极大的不利因素:他们太"大"了。

曹操已经占据北方半壁江山,统治的疆域极为辽阔,这在某种条件下,反而成为一个重大障碍。

就在汉中对战最激烈的这段时期,曹操集团内部各种负面消息纷纷传出来……

公元218年正月,许都,少府耿纪、司直韦晃、太医令吉本等人密谋发起叛乱,他们带兵攻打曹操在许都的代理人王必。王必勉强逃脱,随后反击,成功镇压了这起叛乱。

公元218年四月,代郡、上谷郡的乌桓部落反叛,鲜卑首领也带兵来助威。曹操派儿子曹彰去镇压。

公元218年十月,宛城守将侯音反叛,活捉南阳太守。当时曹仁正在荆州与关羽对峙,听说宛城叛乱,便紧急去镇压。

但曹仁一离开荆州,关羽就会有动作,所以曹仁镇压了宛城的叛乱以后,马不停蹄又去回防襄阳、樊城一带。

而合肥前线,曹、孙双方的对峙一直在持续,魏军只要稍微放松,孙权就会发起攻击。

同时，曹操家族内的权力争夺也到了白热化阶段，曹操最终立曹丕为太子，曹植集团受到残酷打压，连曹植的妻子都被赐死了，家庭矛盾让曹操焦头烂额。

还有，这几年曹操夺取汉家天下的步伐大幅加快，朝廷内外同情汉朝的人士都极度不满，都在寻找曹操的漏洞，准备伺机报复。许多潜在危机正在酝酿中……

所有这些内忧外患其实归根结底就是一个原因：曹操集团已经扩张得过于庞大，需要处理的内外矛盾太多了！

这时候曹操把主要力量调集到汉中前线，其他地方立即出现漏洞，于是处处起火，防不胜防。

而刘备集团，除了关羽在防守江陵以外，所有成员都集中在益州，可以倾尽整个集团的力量去汉中死磕曹操。

曹操集团因为"大"，所以处处受制约，刘备集团因为"小"，所以可以全力以赴，这是双方的重大区别，也是汉中之战胜负的关键所在。

刘备也明白这一点，所以他除了在前线跟曹操对峙以外，也让关羽在荆州主动挑起矛盾，特别是策反曹操集团的内部人员，以便让曹操集团乱上加乱。这个策略非常奏效，极大地牵制了曹操。

而曹操集团的庞大还带来一个重大困难，就是他们的执政中心距离汉中前线太远，各种人员、物资调用代价都极高。

汉中是崇山峻岭环抱的一片平原，无论从哪个方向运输物资都极度困难，这对曹操集团本来就是重大考验，而且曹操在战前还犯了一个严重错误……

收服张鲁，占据汉中以后，曹操等不及，马上把汉中的大量人口搬到了关中和邺城去。

迁走新占领土地的人口，防止他们叛乱，本来是常规操作，但汉中是曹操对抗刘备的前沿阵地，把人口迁走了，哪来的人力、物力支持战争？

于是曹操只能从关中调配资源去汉中前线。但东汉末年以来，关中是受战乱破坏最严重的地区之一，一片荒芜，人口也逃得差不多了，目前关中的人口很多还是刚从汉中迁过来的——相当于曹操把汉中民众迁到关中，然后又让他们从关中去支持汉中的战争，这样绕一圈，实在是荒唐。

当曹操发现关中的资源也支撑不住的时候，只好从关东调集资源，这样一来，补给线就拉得太长了。

对于汉中的后勤保障，刘备同样很头疼，但他运输物资的距离比起曹操短很多，代价也就低很多。战争初期，这一点还不明显，拖得越久，双方的消耗差距就越大。此消彼长，到某一时刻，曹操肯定就撑不住了。

刘备看到这一点，于是在公元219年初做了一个重大转变。

他放弃阳平关，带领军队翻过崇山峻岭，来到了汉中平原以南的定军山驻扎。

这一招看起来有些奇怪，因为刘备的后勤保障变得更加困难了，也无法再阻截曹操的援军。但这有一个极大的好处：刘备军队逼近了汉中的核心部位南郑地区，威慑力极强，而且占据制高点，居高临下，持续威胁整个汉中平原。

而如果要从汉中平原出发去攻打刘备军队，则需要翻上高山，十分吃力，而且前方还有无数高山，刘备只要往后一撤，对方就扑个空。

这时候刘备的战略就很清晰了：我不跟你打大规模决战，甚至都不打你。我只是站到你旁边，就这样盯着你看，持续恶心你。你要打我，尽管来，反正你的代价比我高。你要派人援助，也欢迎，反正你得远隔千里调集物资，看你有多少物资，看你能调集多少人手。

这一招一使出来，顿时使魏军十分难受。夏侯渊、张郃等人也急了，他们明白：不趁刘备立足未稳赶紧打掉他，后面就再也赶不走他了。

所以夏侯渊、张郃等人不得不主动出击。

而在决定命运的重大关口，运气站到了刘备一方……

汉中王！

公元219年正月，夏侯渊、张郃在定军山与刘备军队对峙。

刘备居高临下，一旦瞅准一个空当，就派人冲下山去砍杀一阵，敌人一出动，刘备就撤回山上，让敌人扑个空……这样反反复复，折腾得夏侯渊等人焦头烂额。

为了防备随时冲过来的蜀军，魏军在定军山脚下摆上了许多鹿角（一种阻挡骑兵的固定器械），里三层外三层把定军山围了起来。山脚东边由张郃守卫，南边由夏侯渊守卫。

于是刘备就调整战略：时不时冲下山去烧鹿角，点一把火就撤退。这还是让夏侯渊他们头疼不已。

有一天蜀军又下山烧鹿角，迎面撞上张郃军队，发生大战，张郃损失了许多兵马，赶忙向远处的夏侯渊求助。

夏侯渊便把自己手下的军队分了一半给张郃，自己则带着剩下一半人去修补南边的鹿角。

不料这是刘备声东击西的计策！

刘备真正盯着的是夏侯渊方向。刘备手下大将黄忠早已经准备好了，发现夏侯渊势单力孤，马上带兵冲下山，飞速杀进夏侯渊阵营，斩杀了夏侯渊。

这次突袭的成功，一方面是因为刘备的计谋，另一方面也有运气的因素。按照常理，夏侯渊这样的高级官员不会冲到最前线，之前曹操也反复提醒他要注意自身安全，不要亲自去干最危险的工作，但他这次就是不小心，以至于被黄忠抓住了空当。

夏侯渊是曹操集团西部战线的最高指挥官，更是负责汉中之战的主要人物，他阵亡的消息传出来，整个汉中地区的魏军都心慌了。

眼看汉中军队要崩溃，曹操也坐不住了，当年三月，他离开长安，亲自来到汉中督阵。

曹操和刘备两位终生的对手，到了人生的最后阶段，终于下定决心要面对面较量一场了，不仅为了争夺天下，也为了给这一生的恩怨做一个了断。

之前两人的所有较量，曹操都赢了（赤壁之战主要是孙权对抗曹操）。这一次却有些不同，曹操已经被家事国事、内忧外患折腾得身心俱疲，六十四岁的他步履蹒跚，满目苍凉，早已经没有当年的意气风发了。

而刘备正处在事业巅峰，志得意满，气冲牛斗，正准备全力一搏，把憋了一辈子的怨气发泄出来。

两人在气势上已经不可同日而语。

刘备听说曹操来到前线，豪迈地说："曹公自己到来，也改变不了局势，我要据有汉中了！"

豪言归豪言，对于魏军的战力，刘备还是相当忌惮的，他仍然执行之前的战略：占据制高点，保持威慑，敌进我退，敌退我进，敌驻我扰，持续消耗敌军实力。

于是之前夏侯渊与刘备对峙的一幕再度出现，魏军虽然有浑身的力气，却找不到地方使，反而被刘备骚扰得苦不堪言。

其中最著名的一次战役发生在赵云与曹操之间。

当时黄忠带兵去劫魏军的粮道，过了很久都没回来，赵云就带着数十骑轻骑兵去接应他，不想迎头撞上曹操带领的主力部队。

赵云丝毫不慌乱，带着手下的勇士们向前猛冲，一下就把敌军阵营冲散了，然后赵云带人边打边撤，一路撤回了蜀军营帐。

魏军来到营帐前，只见营门大开，里面偃旗息鼓，阒然无声，他们怕中了埋伏，只好撤走。

赵云立即命令事先埋伏好的弓弩手从两旁射击，一时间矢石如雨。魏军吓得飞速逃命，又被汉水阻隔，众人争相渡河，被践踏而死的、淹死的，不计其数。

第二天刘备来视察军营，看到战场的情况，又惊又喜，跷着大拇指夸赞："子龙一身都是胆！"

曹操就这样在定军山下和刘备对峙了一个多月。一个多月以来，曹操不仅没有任何收获，反而白白折损了不少兵力。而且魏军都是从遥远的关东赶来的，在这边熬了一年多，早已经苦不堪言，人心思归；关中那边的民众也是怨声载道；远方的许都那边更是危机四伏：处处都不稳。

曹操当然明白汉中的重要性，只要把汉中拿在手上，刘备就发展不起来。但要守住汉中，代价实在是太高了。曹操亲自督阵的情况下，也只是勉强守住，曹操一旦返回许都，这边的军心肯定就马上崩溃，留在汉中平原上的几万大军，很可能都会成为刘备的盘中餐。

这样勉强守下去有什么意义呢？这时候的汉中，真是"食之无味，弃之可惜"呀。

曹操十分苦闷，到了当年五月，愁眉苦脸的曹操在吃一只鸡的时候，不禁心生感慨，叹气说："鸡肋，鸡肋！"

汉中就是一根"鸡肋"，曹操再不愿意，也只有放弃了。

最后曹操只好下达了全军撤退的命令，汉中平原的魏军全部退到了关中。

经过一年半的对决，刘备终于挺到了最后，拿下了至关重要的汉中平原。

同一时期，刘备派自己的养子刘封和大将孟达征服了汉中东部的房陵、上庸、西城等地，把汉中板块完整地收纳到了自己手中。

到这一刻，巴、蜀两地加上汉中，全部到了刘备掌控之下，刘备集团终于完整地掌控了一个地理单元。这个地块虽然人口较少，可利用土地小，然而具备天然的地理险阻，是一个易守难攻的稳固基地。再搭配上荆州的南郡等地，形成对中原的双重威胁，进可攻，退可守，真正是建功立业的好地方！

刘备一生都以高祖刘邦为偶像。高祖当年就是凭借汉中这个基地，暗度陈仓，征服关中，然后依托关中的资源攻伐关东，最终成就了汉家四百年基业。

所以汉中这个地区在刘氏子孙心里具有非同寻常的意义。

如今刘备占有的地理形势甚至比当年的高祖更优越，看来，复制高祖的伟大成就大有希望，这一点真是鼓舞人心啊。

而且经过汉中之战，刘备终于第一次单独战胜了曹操，打破了对曹操屡战屡败的心魔。这开了一个好头，以后刘备集团东出潼关，征战中原的时候，再也没有对曹操的畏惧感了。

公元219年夏天，上天似乎完全站到了刘备一方，一切看起来都无比顺遂，刘备也站上了一生的巅峰。

当年七月，刘备在沔阳设坛祭拜天地，自封为"汉中王"，与高祖的"汉王"一字之差，正式宣示自己君临天下的野心。

这一刻，暖风吹遍汉中平原，日光和煦，天地清朗。文武百官和亿万黔黎，满怀希望地匍匐在台下。每个人都万分欣喜，怀着无比崇敬的感情，望着台上至高无上的领路人。他们将在这个伟大人物的带领下，开启一统山河、重兴汉室的宏伟篇章。

第十三章　三分天下

孙权、曹操，微妙的关系

刘备称王的消息传到江东，孙权非常不屑。

在孙权看来，刘备能有今天的成就，跟他关系很大。

不说遥远的"借荆州"，就说最近几年，刘备入蜀和攻打汉中时期，孙权就帮了他很大的忙——江东军队一直在东部战线拖着曹操，所以刘备才会这么顺风顺水。

赤壁之战过后，曹操就把孙权认作了头号对手，在东部的江淮地区，曹操长期压上大量军队，跟孙权展开激烈对决。

规模最大的一次冲突出现在公元212年十月，当时，曹操点起四十万兵马杀向江东，发誓为赤壁之败报仇。

当时孙权已经迁都到建业，为了阻挡曹操大军，孙权接受吕蒙的建议，在建业附近的江边建造了濡须坞（濡须口的船坞）。

第二年初，曹操大军南下以后，双方交战的主要地点就在濡须口。

孙权率领七万大军迎战曹操军队，双方相持一个多月，曹操虽然攻破了孙权的江北大营，但要跨过长江也非常困难。

曹操看到江东水师军容整肃，凛然不可侵犯，不由得感叹："生子当如孙仲谋！"

最后孙权写信给曹操说:"春水方生,公宜速去。"又说,"足下不死,孤不得安。"

曹操大笑说:"孙仲谋(孙权)果然坦率,诚不我欺。"于是大军北撤,结束了这次对江东的进攻。

比起刘备忘恩负义的卑琐行径来说,孙权留给曹操的印象实在好太多了。他年轻有为,行事坦荡,手下又有一群众志成城的江东俊杰。这个集团从上到下都焕发出蓬勃的朝气,让年迈的曹操不由得从心底升起一股敬意,产生出一种对后生晚辈的爱惜之情,孙、曹双方的关系也因此悄然变化。

随后曹操急着确立自己的地位,把主要精力放到了朝廷内部,攻伐江东的步伐也随之缓了下来,在东部战线便主要以防御为主了。

而孙权则试图主动出击。

公元215年,"湘水划界"之后,孙权调集起十万大军,对合肥发起总攻。

谁料曹军战斗力惊人,守卫合肥的张辽仅仅凭借八百壮士,猛烈冲击孙权的防线,杀得江东军队亡命逃窜,孙权本人都差点被活捉,依靠甘宁、吕蒙、凌统等人拼死护卫,才勉强逃脱。

这场战役让江东将士心惊胆战,真正思考起自己的战略方向来了。

既然我们的实力支撑不起目前的扩张计划,我们为什么还要这样走下去?

江南地区自古以来就缺乏扩张欲望,孙权本身又只有守成的才能,在对北方的进攻受挫以后,集团内部要求改变策略的呼声便越来越强烈。孙权不得不做出调整,对曹操的政策渐渐变成了以自保为主,对于北伐中原,已经在事实上放弃了。

这就导致孙权怀有跟曹操媾和的强烈倾向,只是因为双方结怨太深,内部对和谈有抵触情绪,而且要考虑刘备的反应,所以暂时没法表现出来而已。

之后几年,双方打打停停,低烈度的战争不断,但冲突的地点都在合肥和濡须口,没有人试图做出新的突破。可以说,现在双方的对决,更多是因为缺乏安全感,为了给子孙后代争个更有利的地理形势而已,而不是真的想要征服对方了。

公元 217 年初，孙、曹双方又在濡须口对峙了三个月，孙权主动派人去向曹操求和。曹操立即同意，双方结为姻亲，握手言和，东部战事终于告一段落。

随后更发生了一件影响不小的事件……

当年年底，鲁肃病逝，孙权让吕蒙接替了鲁肃的位置。

东南擎天一柱

吕蒙是整个三国时代最杰出的人物之一。

他本来是北方人，生于豫州汝南郡，年少时，可能为了躲避战乱，来到了江东。

他的姐夫是孙策手下的将领，于是年少的吕蒙也入了行伍，跟着姐夫四处战斗。

当时吕蒙的上司很瞧不起他，公开说："这样一个臭小子有什么本事？"吕蒙一怒之下，拿刀杀了这个上司，逃到外面躲避。后来通过孙策手下的校尉袁雄牵线，吕蒙出来自首，这才得到赦免，并且引起了孙策的重视，开始在孙策手下当差。

孙策死后，孙权接掌军队，想淘汰一些带兵较少的将领，把他们的军队整合起来。吕蒙事先听到消息，就赶忙筹钱置办了许多全新装备，给自己的军队换上。过了几天，孙权来检阅，看到吕蒙的军队铠甲鲜明，仪表不俗，十分满意，不仅没有裁撤他，反而给他增加了兵力。

从这以后，吕蒙凭借自己刚毅、果敢的作风，在战场上屡立奇功，不断得以升迁，也得到了孙权的赏识。

孙权特意栽培吕蒙，他看到吕蒙其他方面都好，就是文化水平差一些，就劝吕蒙多读些书。

吕蒙不以为意地说："臣手上军务繁多，实在没时间。"

孙权说："你能有我的事情多吗？我每天都读书到深夜。读书不是为了让你当个经学博士，而是让你开阔眼界，增长一些见识。"

吕蒙听了，便开始认真读书。

不久以后，鲁肃见到吕蒙，跟他谈了一会儿，大惊失色，说："你已经不是当初的'吴下阿蒙'了！"

吕蒙笑着说："士别三日当刮目相待，你现在才知道我不一样了啊？"

通过孙权的栽培，以及自身的努力，吕蒙很快成熟起来，成为江东阵营里一等一的战略大师。

吕蒙是个头脑特别灵活、见机特别快的人，往往能先于对手做出判断。而且他非常有独立思考的能力，在周瑜手下任职的时候，他多次提出独到的见解，对周瑜帮助很大。

赤壁之战过后，曹仁驻守江陵，周瑜奉命去赶走他。

周瑜在江陵跟曹军对决，同时派甘宁袭取了长江上游的夷陵。曹军去攻打甘宁，想夺回夷陵，甘宁便紧急向周瑜求救。

当时江陵这边的战事也吃紧，对于要不要救援甘宁，周瑜很为难。

吕蒙便说："可以留凌统驻守这里，我和您去救援甘宁，凌统坚守十日没问题，十日之内，我们一定能返回。"

吕蒙还建议说："我们可以派人在险要道路上堆一些柴草，敌人逃走的时候受到阻挡，就会把马丢下。"

周瑜听他的建议，亲自和他带兵去救援甘宁，果然很快杀退了夷陵城外的曹军。曹军逃跑的时候，又被周瑜预先堆积的柴草阻挡，只好丢下马匹逃走。于是周瑜军队捡到了几百匹良马，满载而归。

回到江陵，凌统果然还在坚守，周瑜也不得不佩服吕蒙判断之准确。

周瑜死后，吕蒙成为孙权手下最重要的参谋，向孙权提出了许多独到的见解。

公元212年，孙权刚刚迁都到建业，就传来曹操大军要南下的消息，吕蒙立即对孙权提议：在濡须口建立船坞。

当时孙权手下很多人都不理解，说："我们跟敌人在岸上打，打完就上船，要船坞有什么用？"

吕蒙说："你们有没有想过，如果被敌人骑兵追赶，来不及到船上怎么办？船坞就相当于固定堡垒，有船坞就有地方躲避和抵抗。"

于是孙权按他的建议修筑了濡须坞，后来果然在抵抗曹军的战役中发挥了重大作用。

公元214年,曹操派庐江太守朱光到庐江郡的皖县屯垦,初期派的人不多,看起来威胁不大。当年夏天,吕蒙及时提醒孙权:"皖县土地肥美,一旦等到秋收,粮草丰厚,他们就可以驻扎更多军队了。我们应该趁早拿下皖县。"

孙权点头同意,准备马上攻打皖县,便让人去皖县外面修筑土山。

吕蒙又说:"修筑土山要耗费许多时日,到时候敌人的援军就来了。如今是雨季,我们应该趁雨水漫城立即出击。我看皖县的城防不算坚固,强行攻城,也能突破。"

于是孙权便在攻城器械没有准备好,土山也没有垒起的情况下,派吕蒙、甘宁等人强行攻城,果然拿下了皖县,端掉了曹军在庐江的重要据点。

吕蒙最厉害的地方在于他能"料敌机先"——抢在敌人之前考虑到很多问题,凭借这种能力,他向孙权提出了许多有先见之明的建议,这些建议后来都直接帮助孙权获得了胜利。随着时间推移,孙权对他的信赖也逐渐增加,遇到任何难题,都派他出来解决。

刘备拒绝还荆州,孙权就立即派出吕蒙去攻取荆州南部三郡。吕蒙仅仅写了两封书信,就招降了两郡太守,又用计骗得零陵太守郝普投降,兵不血刃拿下了荆南三郡。这个操作把刘备一干人看傻了,刘备无可奈何,只好接受了孙权集团在荆州的存在。

仅仅凭借这样逆天的才干,吕蒙已经足以在孙权的朝廷里占据第一人的位置了,但他带给孙权的惊喜还远远不止于此。作为朝中重臣的他,还同时拥有敦厚的性格、崇高的品性、优雅的风度,以及为集体牺牲个人利益的觉悟……总之,吕蒙无论做人做事,都堪称完美!

吕蒙在孙权的朝廷里是黏合剂一般的存在,他跟所有同僚都保持互敬互爱的关系。

鲁肃、甘宁等人都拜见过吕蒙的母亲,跟吕蒙亲如兄弟。鲁肃曾经瞧不起武将出身的吕蒙,后来却被他的才干所折服,对他无比赞赏。甘宁是江东猛将,性情暴躁,多次得罪孙权和吕蒙,吕蒙却劝孙权说:"甘宁这样的猛将天下罕有,主公应该多容忍他。"孙权顿时醒悟,对甘宁出格的举动更加宽容了。

成当、宋定、徐顾三员将领战死以后，孙权想剥夺他们后人的兵权，把他们的军队合并到吕蒙那边去。吕蒙却坚决推辞，他对孙权说："成当等人一生为国操劳，如今他们的子弟虽然年幼，难以领军，但作为烈士遗孤，不应受到国家抛弃。"孙权听到以后，才收回成命。

后来吕蒙亲自找来名师辅导三人的子弟，终于把他们培养起来。

如此顾全大局的属下，自然受到领导的喜爱，孙权把吕蒙看作自己的左膀右臂，处处倚仗他，甚至认为他的才干和贡献超过了鲁肃，仅仅谈吐、气度略输给周瑜而已。

鲁肃之后的时代，吕蒙就是江东的擎天一柱，是孙权争夺天下的神兵利器。

实际上，吕蒙在孙权手下最重要的作用不在于领兵打仗，而在于对集团整体方向的规划。吕蒙是江东朝廷里的战略大师，他抛掉江东领导层过去那些不切实际的想法，为江东集团制订了一套符合实际形势的规划。

吕蒙一个最重要的预判，就是他认为刘备集团和江东这边不可能长期保持和睦，双方必然要火并，所以孙权应该抢先出手，把主动权攥取到自己手中。

这一点上，他跟鲁肃的看法完全相反。

鲁肃一直坚定认为：江东必须跟刘备合作，这样才能抵挡住曹操的侵犯。

吕蒙却认为：刘备是什么货色？他和他那伙兄弟，有一个靠得住的吗？江东不需要这样一个所谓的"盟友"。刘备集团起到的作用，无非是在荆州、益州等地牵制曹操，而如果江东把这些地方拿过来，自己去牵制曹操，效果只会更好。

何况这几年刘备扩张得太猛烈了，这样下去，他们会反客为主，把江东抛在一边，自己成为对抗曹操的主要力量。

江东就算保留刘备这样一个"盟友"，也应该以自己为主，而不能被刘备掌控节奏，变成他的附庸。

归根结底，在"孙刘联盟"中，孙权一方应该始终占据主导，对刘备该扶就扶，该压就压，把刘备培养为江东对抗曹操的马前卒，而不能被刘备牵着鼻子走。

而要压制刘备，关键点还是在荆州。

关羽镇守江陵以后，吕蒙就在盘算：怎样才能赶走关羽，由江东来主导荆州局势。

当时江东集团有两个可能的突破方向：一个是在东部，向北攻取徐州；另一个就是夺取关羽镇守的荆州三郡（南郡、零陵、武陵）。

吕蒙给孙权的建议是：徐州很容易攻克，然而攻下以后却无法防守；荆州三郡占据长江上游，攻取三郡，可以完全拥有长江天险，进一步保证江东的安全。有了安全，一切才有了保证。

这里其实涉及江东整体的发展方向问题：是向北攻伐中原，追求君临天下？还是划江而治，谋求稳定的生活？

如果要攻伐中原，就应该跟刘备联合，共同北伐。

如果要追求稳定，就要先保证自身的安全，那么荆州三郡就必须拿到手。换言之，就是要背叛刘备这个所谓的"盟友"，直接对关羽发起攻击。

吕蒙给孙权的建议是选择后者。

而江东集团和整个江南地区都有"偏安"倾向，都更希望先追求安全、稳定的生活，再谈逐鹿中原的事。

所以孙权也更倾向于选择后者。

鲁肃在世的时候，他带领集团里的亲刘派，还能影响到孙权，使孙权处在摇摆不定的状态。而鲁肃离世、吕蒙执政以后，江东集团的政策就彻底倒向了亲曹派一方了。

即使这样，孙权也还在犹豫。因为他知道这个决定太重大了，会直接决定孙、曹、刘三方的命运，甚至决定整个天下的归属。而且开弓没有回头箭，一旦付诸实施，就没有后悔的机会了。

公元219年年中，荆州一声惊雷，天下震动，孙权彻底坐不住了。

水淹七军

刘备在汉中称王的同时，关羽领兵北上，对荆州北部的襄阳、樊城一带展开了大规模进攻。

由于史料缺乏，特别是蜀汉史料的极度稀缺，这场战争始终笼罩在迷雾中，给后人留下了无数疑惑。

首先，关羽为什么会在这个时候发起襄樊战役？从时间上来说，根本不合适。

发动襄樊战役的最佳时机应该是曹魏大军被拖在汉中的时候，现在汉中之战已经结束，曹操已经从泥潭里脱身，有充分的兵力可以保护襄樊两城了。

曹魏内部，侯音的反叛已经被平息，短时间内南阳地区会很平静，再要找人来策应关羽很难了。

而益州那边，刘备刚刚称王，正在忙着封赏群臣，还有一堆内部事务要处理，军队也刚刚从汉中回来，需要休整，所以很难对荆州这边提供支援。

江东那边，吕蒙取代鲁肃已经一年多了，手下的荆州军团已经很稳定，吕蒙也已经熟悉荆州事务了，要对付他很难。

而且，经过前几年剑拔弩张的对峙，关羽的动向已经引起了曹魏方面的严重关注，上一年（公元218年），曹操把曹仁派到了樊城来，就是专门为了防范关羽。

所以关羽发起进攻的时候，敌人是有充分准备的，不论城防还是后勤，都相当成熟。

不管从哪方面看，现在都不是攻打襄樊两城的合适时机，但关羽偏偏就出动了，而且是毫无保留地全面进攻。

更奇怪的在于，关羽的这次行动似乎没有得到益州那边的策应。

从当年夏天关羽发动进攻起，到年底败亡，整整半年时间，没有刘备的任何消息，整个益州都没有动静，似乎只是关羽一个人在跟整个曹魏集团对决。

按理说，关羽这个级别的将领，他的一举一动都代表本集团的动向，他发动的战争，就是整个集团的对外战争，一定会有整个集团在背后撑腰。

但史书上偏偏就没有记载。

在这些谜团背后，一定有特别的原因，或者有一些特别的事件，但没有被史书记载下来。

我们只知道：公元219年夏天，关羽带上江陵的大部分兵力，对襄樊两城发起了总攻！

出发之前，关羽也做了充分部署，他留糜芳驻守江陵，傅士仁驻守公安。

糜芳是糜竺和糜夫人的兄弟，他们家族当年在徐州，刘备最困难的时候，曾经帮过刘备，现在又是刘备的亲属，从政治上来说绝对可靠。

而傅士仁是幽州人，很可能是刘备早期的手下，所以也是极度可信的人物。

江陵和公安一北一南守住长江，西边就是入蜀的通道，只要两座城池平安，关羽就随时可以退入巴蜀，不必担忧。

而在襄樊两城西边，是汉中的上庸地区，那里由刘封和孟达驻守。刘封是刘备的养子，政治上更是百分之百可靠。

万一战事吃紧，可以要求刘封等人协助，至少向上庸方向撤退是没问题的，从这一点来看，也不必担忧。

而江陵本身又是荆州中部最大的军事堡垒，曹仁曾经在这里抗衡周瑜一年之久，这几年，经过关羽的苦心经营，更是变得坚固无比，堪比金城汤池。江陵以东，沿着长江，处处都有蜀军的哨塔，一旦有风吹草动，立即可以发觉，所以江陵这个后方基地是根本不用担心的。

做好所有这些部署以后，关羽认为后方绝对不可能出问题了，便放心大胆地开向了襄樊两城。

这是荆州北部的核心地带，在汉水两岸，一南一北立着襄阳、樊城两座城池，目前分别由吕常和曹仁驻守。

战争初期的情况，史书没有记载。当年八月，关羽已经推进到汉水北岸，吕常和曹仁分别被压制在襄阳和樊城里面，情况危急。

襄阳和樊城都异常坚固，关羽包围了城池，却攻打不下来。其中，樊城的城防要薄弱一些，因此成为关羽的主要攻击目标。

同一时期，关羽还派出手下将领向北攻掠南阳盆地，一路打到了南阳北部、豫州西部，已经开始威胁洛阳和许都了。

幸亏襄樊两城的战事拖住了关羽，导致他的主力不能北上，洛阳等地才暂时安稳。

所以襄樊两城，特别是樊城，成了整场战役的关键点，天下人都在密切注视着这里的局势。

曹操派出于禁，带领七军三万人前往救援樊城。曹仁把这些人马都安置在樊城以北，曹仁的手下庞德也在那里。

事实证明，这是曹仁的一个严重失误！

樊城紧挨着汉水，樊城以北又地势低洼，曹仁又没有预先做好准备，结果便遭了大灾。

当年夏天，荆州北部暴雨连连，汉水暴涨，很快漫出河道，淹没了大片土地，最严重的时候，樊城外平地积水五六丈（史书记载有夸张），成了一片泽国。

于禁和庞德的军队都被淹没了，由于曹仁事先没有准备好船只，军士们只能躲到破烂的小船上，死伤无数，一片混乱。

而关羽早有准备，军队都驾着大船战斗，四处放箭射杀魏军士兵，荆州军队本来又擅长水战，驾船技术远远胜过魏军，顿时杀得魏军惨不忍睹。

于禁无处可逃，只好投降，被押回江陵关押。

庞德站上堤岸，继续拿着弓箭跟蜀军对射。最后他身边的人都投降了，只有他跳上一艘小船，想开回曹仁的军营，却在水中翻了船，被蜀军俘虏。

关羽想招降庞德，庞德却破口大骂，最后他被关羽杀了，成了曹魏集团认可的国家英雄之一。

而于禁本来是曹操最早的老部下之一，是曹操阵营里地位最高、战功最卓著的将领之一，却晚节不保，成了人人唾弃的卖国贼，后来他辗转回到曹魏，却受到曹丕羞辱，羞愧而死。

樊城的城墙也在洪灾中崩塌了，城里面处处破损，人们忙着抢修，一片慌乱。

眼看关羽的军队就要杀进城里了，樊城军民人人心惊胆战，曹仁考虑要不要弃城逃走，手下的谋士满宠却劝告他：“现在关羽的主力不敢向北推进，就是因为有我们樊城在坚守，要是我们放弃城池，关羽顺利向北推进，恐怕黄河以南都不复为国家所有了！我们必须坚守呀！”

曹仁听了他的话，于是下了必死的决心，他让满宠把一匹白马沉入河里，跟将士们盟誓，为国家死守樊城，城里的军心这才稳定下来。

当时虽然关羽的主力才打到樊城，但形势其实相当凶险。之前几年，曹魏内部局势已经明显不稳了，襄阳、樊城危急的消息传来，曹魏内部更是人心惶惶，各种反叛势力蠢蠢欲动。洛阳附近的陆浑、梁县、郏县等地都出现了叛乱，叛军甚至接受关羽的册封，成了关羽的外围势力，里应外合，劫掠州县。

如果这时候曹仁弃城逃跑的话，必然引起军心的大崩溃，整个南阳地区都会兵败如山倒，曹魏内部的叛军跟关羽联合起来，洛阳、许都等地也都会很快陷入危机，曹魏的地盘可能会缩减到当初袁绍集团的程度。

正是因为考虑到这种潜在危险，当时曹操已经在认真考虑是否要把许都的汉献帝迁走，以免他被关羽劫走——曹魏集团的政府机构大部分已经搬迁到冀州的邺城，只有汉献帝和名存实亡的东汉政府留在许都。

吕常和曹仁的坚守，把战乱死死限制在了南阳盆地以南，最终避免了南阳地区的总崩溃，保证了曹魏集团的根本不发生动摇。

这成为襄樊之战发生转折的关键所在。

随着雨季过去，洪水渐渐退却，关羽的进攻步伐也缓慢了下来，但仍然把襄阳和樊城重重包围，吕常和曹仁仍然在孤城中苦苦坚守，襄樊之战进入了最难熬的相持阶段。

这时候最惊人的变故来了！

大意失荆州

襄樊之战对孙权刺激很大。

从赤壁之战过后，天下局势就是孙、刘联合，共同抵抗曹操。其中，孙权一方占主导。

为了扶植刘备这个盟友，孙权做了很多让步，在他的帮助下，刘备集团成功站稳脚跟，成了跟孙、曹两家并列的力量。

然而刘备的野心显然远远不止于此，在北伐问题上，他比孙权更加激进，步子迈得更大。

现在汉中和荆州的南郡等地都在刘备手上，刘备集团同时从两点突破，两只手威胁中原，已经隐隐成为北伐的主力部队，而一旁的江东反而被边缘化了。

更让孙权气愤的是，刘备走的路线本来是他想走的，当初周瑜早就提出了从汉中和荆州同时威逼中原的战略，却因为周瑜的早逝，没能实施这个计划，白白把这个机会让给了刘备。

现在的局势演变下去，很可能出现刘备跟曹操争夺天下的局面，最后不管他们谁获胜，孙权都只能当一个藩王。

自己牵线搭桥，让别人去君临天下，这怎么能接受呢？孙权感到自己前几年似乎选错了方向，把江东集团带沟里了。

他必须阻止局势这样发展下去。

而左右局势的关键，就在荆州。只要拿下关羽控制的荆州三郡，北伐的主导权就回到了孙权手上。

那么，如果孙权抢先对关羽下手，把荆州三郡抢过来，会有什么后果？

曹魏集团毫无疑问会成为最大赢家，孙、刘联盟夺取北方的希望会大幅度减小，中原可能永远姓曹了。

但与其让刘备主导北伐，不如大家都不要北伐，最差的情况，孙权还可以凭借长江天险，划江而治，保得子孙后代平安。

而刘备集团会受到严重削弱，不管他们怎么想，都没有能力再威胁江东了，只能乖乖当一个小伙伴，协助江东抵抗曹操——这才是最符合江东利益的结果。

推演到这一步，已经没有什么可犹豫的了，孙权必须对关羽出手了。

接下来就看关羽那边的情况。

关羽是个天才将领，但并不是一个合格的政治领袖，他的性格中存在重大缺陷。

他的性格最大的特点就是"傲"，基本上，除了刘备、张飞、赵云几兄弟以外，关羽瞧不起任何人，尤其瞧不起那些出身高贵的名门子弟。

他的高傲是不分场合、不分对象的，就连对刘备，他都敢甩脸色。

例如，前不久刘备封赏群臣，给了黄忠"后将军"的头衔，名义上跟关羽并列，然后派使者去给各个将领颁授官印。

关羽见到使者来了，就详细询问每个人受赏的情况，听说黄忠居然跟自己并列，关羽大动肝火，说："大丈夫岂能与老兵同列？"于是当场拒绝刘备的封赏。

给关羽颁发印绶的人是费诗，他只好劝说关羽："汉中王与君侯休戚与共，情同手足，岂是别人能相比的？现在汉中王封赏那些人，只是为了利用他们而已，在汉中王心里，您的重要性当然超过那些人。您何必跟那些人一般见识呢？"

关羽听了以后，才回心转意，接受了印绶。

关羽脾气如此之差，如此不会顾全大局，在工作中自然会跟很多人产生矛盾。实际上，没有几个人忍受得了他，他周围的人往往都心怀怨恨，但又不敢表露出来，因为关羽是刘备最亲密的兄弟，是集团内部的二号人物。

所以关羽统治的荆州三郡，内部矛盾重重。这一点，别人可能不清楚，吕蒙却是很清楚的，毕竟他这两年的主要工作就是跟关羽打交道。

再有，如果关羽的狂傲仅仅表现在集团内部，那影响还有限，但他对江东的人也同样傲慢，所以造成的危害也更大。

关羽镇守荆州这几年，跟江东没少闹矛盾。按照史书的说法，这些矛盾的起因基本都在于关羽。他作风刚猛，丝毫不懂得退让，往往需要鲁肃以及后来的吕蒙说好话哄着他，才能维持双方表面上的和睦。

即使这样，关羽对江东也没有哪怕最起码的尊重。襄樊战役爆发以后，关羽缺粮，他毫不客气，直接攻打江东军队在附近的粮仓，抢走了粮食。还有一次，孙权派使者去拜访关羽，使者到得迟了一点，关羽就大骂："鼠辈！等老夫拿下樊城，再来灭你们！"

关羽的这种表现，成为吕蒙判断孙刘双方必然翻脸的主要证据之一，吕蒙对孙权说："看看刘备那几兄弟的样子！即使我们现在不跟他们翻脸，以后他们也会主动攻击我们。所以不如趁我们这批老臣在的时候先动手！否则，等我们这批老臣一离世，就没人挡得住关羽了。"这种说法让孙权心惊胆战，不由得不从。

孙权曾经请求让关羽的女儿嫁给自己的儿子，却被关羽一口拒绝了，还大骂孙权的使者。

这也是极端不得体的举动。孙权好歹是一方诸侯，却被一个外臣拒婚，还破口大骂，这是对整个江东集团的极大侮辱。按照传统道德观，"君忧臣劳，君辱臣死"，江东集团内部以后再有人替刘备、关羽辩解，就意味着对整个集团的不忠。这对江东的亲刘派是致命打击，所以以吕蒙为首的派系迅速在江东内部占据了主流，没人可以反对他们了。

关羽毫不克制的高傲，给自己挖了一个大坑，可惜他还没察觉到。

关羽的另一个缺陷是喜欢听别人的奉承，不管朋友还是敌人，往往几句好话就能哄得他神魂颠倒。这可能跟他出身于社会底层有关，他内心深处亟须获得别人的认可，当看到那些出身名门的贵公子觍着脸来巴结他的时候，他乐开了花，简直忘乎所以。

当初马超来益州投靠刘备集团，关羽听说了，心里很不舒服，写信给诸葛亮，问："马超人才如何？可以跟谁相比？（比得上我吗？）"

诸葛亮回复道："马超文武兼备，雄烈过人，乃一世之豪杰，可与益德（张飞）并驾齐驱，但比起您这位超凡绝伦的美髯公，那是万万不及了！"

关羽素来对自己"美髯公"的形象非常看重，马超是当时著名的美男子，诸葛亮却说他的形象不如关羽。看到这封书信，关羽大为得意，一边轻抚着下巴上的"美髯"，一边把这封信展示给宾客们看。宾客们都跷起大拇指夸赞："君侯真是当世第一等的人物呀！"

关羽不知道，这些赞美之辞没有几句是真心的，人们对他的所有赞美其实都来自他的地位，当他沉浸在周围排山倒海的赞赏声中的时候，他已经被迷住了眼睛，看不清眼前真正的局势了。

奉承话就像一剂甜蜜的毒药，让人在虚幻的满足感中迷失方向，丢失判断能力。

关羽极端自大的性格、对集团利益的无视，都跟他的对手吕蒙形成鲜明对比。而刘备、孙权分别任用关羽、吕蒙，一个任人唯亲，一个任人唯贤，仅凭这一点，两个领袖就分出了高下，两个集团的命运自然也就走向了不同的方向。

孙权、吕蒙等人察觉到关羽有疏忽大意的倾向，开始谋划偷袭荆州三郡。

为了进一步麻痹关羽，吕蒙向孙权献上计策：吕蒙声称自己病重，由孙权下令，撤销他的职务，召他回建业养病，同时派陆逊去荆州接替他的职务。

陆逊是这两年刚冒头的青年才俊，没什么名气，他去荆州统领江东军队，关羽就更加放松警惕了。

陆逊更进一步，他到荆州以后，又给前线的关羽写了一封书信，言辞极度谦卑，把关羽大大地吹捧了一番，让关羽更加飘飘然起来。

关羽看到江东的人如此低声下气，简直一点儿脾气都没有，便彻底放下了戒心，逐步把留守江陵的军队派上了襄樊前线。

于是后方江陵、公安等地的防务明显松懈了下来。

到这时，孙权已经做好了偷袭关羽后方的全部准备，但他还是没动手，只是密切关注着襄樊前线的局势。

他在等，等关羽的进攻受挫的那一刻。

现在关羽气势正盛，一旦后方受到攻击，可以马上放弃襄樊两城，调头回防，而如果江陵和公安又一直坚守，江东军队就可能面临偷鸡不成反蚀一把米的尴尬局面。

当关羽进攻受挫以后，再去偷袭他后方，他就很被动了，他一调头，曹魏的军队就会追过来，然后跟江东军队两面夹击，任凭关羽本事再大，都插翅难飞。

当年十月，襄樊战场进入相持阶段，孙权暗中写信给曹操，表示愿意"为朝廷效力"，替曹操讨伐关羽。

而曹操手下的司马懿等人也提议："我们可以指使孙权去偷袭关羽后方，分担襄樊前线的压力。"

于是双方一拍即合，达成协议。

同一时期，襄樊前线局势也发生了明显转变。

曹操派徐晃带兵去救援襄樊两城。徐晃极其勇猛，一上战场就玩命，关羽围了十重鹿角，他都敢直接杀进去。关羽有些招架不住，加上洪水已经退去，关羽的水战优势不复存在了，战场形势渐渐倒向了有利于曹魏的方向。

这时候孙权已经把自己偷袭荆州三郡的计划报给了曹操，并且请求曹操替他保密。

曹操手下的董昭却说："襄樊两座城池还在贼兵围困中，如果得不到外援即将到来的消息，他们很可能信心崩溃。我们何必顶着这个压力替孙权保密？不如直接把孙权的动向透露给关羽和我们的军队，一来动摇关羽的军心，二来增强襄樊两城的信心。"

曹操同意，于是让人用箭把书信射到了关羽军营和襄樊两城里，透露了孙权即将偷袭荆州三郡的消息。

关羽得到消息，难辨真假，有些犹豫该不该撤兵。

但局势发展之快远远超过他的想象，实际上，他撤不撤兵已经不重要了……

荆州裂变，天下三分

孙权和吕蒙的谋划极其周密。

为了迷惑关羽的守军，孙权军队分成了"明""暗"两路。

前不久，关羽缺粮，刚刚劫掠了孙权在湘关的粮仓，孙权就以这个为借口，亲自带兵，从陆路扑向关羽统治的荆州三郡。

但同时，吕蒙却从寻阳出发，带着许多士兵，穿上平民服装——也就是所谓的"白衣"，装扮成长江上的商人，又雇佣老百姓来划船，沿着长江而上，开向江陵。

长江两岸有许多蜀军的哨塔，可蜀军阵营从上到下都已经放松了警惕，他们万万没想到吴军会以这种方式来到，所以也没仔细检查，就让这些"商船"停靠在岸边。随后，这些蜀军士兵在毫无防备的情况下，都被偷偷摸上来的吴军给控制了。

等蜀军守兵最终发现异常的时候，吕蒙他们已经来到了江陵和公安附近，两座城池顿时陷入恐慌状态。

但即使到这一步，如果两城坚持抵抗的话，也能拖到关羽回来，至少前线关羽的军队不至于立即崩溃，那么局势就还有转机。

可惜吕蒙已经谋划好了，他再次使出他的绝活：劝降。他让人写信给傅士仁，说明利害关系。出人意料的是，傅士仁基本没做太多犹豫，直接就开门投降了。于是公安陷落。

傅士仁又领着吴军去江陵城下劝降糜芳，糜芳也很快开城投降了。于是江陵陷落。

糜芳和傅士仁的不战而降成为荆州局势的关键转折点。按理说，在刘备、关羽看来，这两人都是绝对可靠的，所以才放心让他们镇守后方。那为什么他们会不约而同地迅速叛变？

史书上给出的解释是，两人都因为后勤供给不力而受到关羽责难，关羽出发前，直接对两人吼："等我回来再跟你们算账！"

军备供应历来是一个难题，牵涉一个集团运作的方方面面，下面的官员需要到处去求人，去协调各方关系，还往往四处碰钉子。战事吃紧的时候，这些官员不管怎么做，都很难让上级满意，以至于动不动就被扣上"办事不力"的帽子。而以关羽的暴烈性格，他可能根本不会听下属辩解，直接就要治罪。

现在问题甚至更严重：敌人都杀到江陵城下了，糜芳、傅士仁才察觉到，等关羽回来，他们毫无疑问是死罪。

那么与其被这样一个暴躁上司杀掉，还留下"罪有应得"的臭名，不如放弃抵抗保命算了。

所以糜芳、傅士仁的叛变应该跟关羽过于严苛的管理方式有关。

当然，关羽沉浸在众人的马屁声中，忽略了两人的不满情绪，以致用人失当，也是主要原因。

这两人投降不打紧，却把关羽害死了。

关羽带的军队都是荆州兵，他们的妻儿老小都在江陵，江陵陷落的消息传到前线，士兵们都焦躁不安，急切地打探后方的消息。

吕蒙早已经考虑到这一点，所以他进入江陵以后，严格约束军队，秋毫无犯。

吕蒙手下有个士兵，可能是负责掌管军备的，他从老百姓家里借了一副斗笠来覆盖铠甲。事情被报告给了吕蒙，吕蒙认为：虽然铠甲是公家的器物，小兵保护公物没错，借用老百姓的东西却是严重错误。所以还是把这名士兵斩首了。

吕蒙对军队的约束到了这种程度。

所以江陵百姓在他手下没有吃到任何苦头，生活照常。

吕蒙刻意表演，他在江陵城里四处走访百姓人家，送钱送米，慰问鳏寡孤独，抚恤烈士遗孤，对前线士兵们的家属更是关怀备至，俨然是一副仁义之师的样子。

关羽派使者来跟吕蒙谈判，吕蒙就带着这些使者去城里到处参观，尤其是去士兵们的家里访问。士兵们的家属纷纷围上来，连声夸赞吴军的仁义，甚至要使者把自己写的亲笔信带到前线，劝前线士兵迎接"王师"。

使者回到前线以后，把这些情况一说，前线士兵便再也没有斗志了。

而江陵、公安两座城池更是彻底倒向了吕蒙一方，再也没有人起来抵抗。不久以后，孙权亲自来到江陵，接受了城中文武官员的投降。

关羽的后方基地因此被一锅端，干净彻底。

孙权、吕蒙这些"作秀"的行为虽然是为了笼络人心，但也确实明显减轻了民众的痛苦，是整个三国时代难得的善举。

战火纷飞的年代，百姓要的不就是这样一个懂得善待他们的统治者吗？百姓才不管你打的什么旗号，谁能给他们安稳的生活，他们就支持谁。

从这一点来说，东吴最终能成功统治荆州南部，是他们的善良举动取得的回报。

到这时，前方的关羽才终于确认后方城池已经陷落了，他终于撤军，解了对襄阳、樊城的围困，赶回江陵方向。

但一切都已经太迟，关羽再也回不去了。

南逃的路上，手下军士人心涣散，纷纷逃亡，前不久还"威震华夏"的数万雄师，几天之内便已经烟消云散。

最后，关羽带着一群老弱残兵，勉强逃进了江陵以北的麦城。

曹魏那边，曹操听说关羽撤走，火速通知前线：不得追击关羽！公开的理由是他不希望孙权赢得太轻松，实际上，可能曹操内心深处对关羽还是有感情的，并不希望看到他被逼上绝路。

所以曹魏军队关上大门，继续防守，没有追上来。

可惜这样仍然救不了关羽。孙权已经下定决心把事情做绝，他一面派军队攻伐南方的零陵、武陵等地，一面派陆逊绕到江陵以西，迅速拿下夷陵、秭归等地，直接断了关羽入蜀的道路。

刘备集团在荆州的势力因此被清理得干干净净，荆州中部和南部兵力全部归到了孙权帐下。

现在关羽唯一的希望是上庸，那里由刘备的养子刘封和大将孟达镇守。

可惜刘封和孟达也不想帮关羽。

从围困襄樊两城起，关羽就不断催促刘封、孟达派兵来协助，可是两人找各种借口推脱。现在关羽情况危急，两人仍然丝毫不动兵，眼睁睁看着江东军队把关羽围在麦城。

于是关羽最后的希望也断绝了。

当年十二月，关羽在城头用旗帜伪装成守兵，自己带着十余名亲信悄悄逃出麦城，冲向西北方向。

孙权早已经布好了防线，麦城周围四处是伏兵，最终由潘璋手下的将领马忠在临沮附近捉住了关羽和他儿子关平，随后把他们父子二人斩杀在临沮。

天下局势从此彻底明朗了。

刘备丢失了荆州所有土地，孙权和曹操一南一北分割荆州。华夏东部和中部形成了孙、曹两大集团南北对峙的局面，而可怜的刘备集团被压缩在偏远的西南角落，三足鼎立的局面正式形成。

对于刘备集团来说，这是无可挽回的重大损失，《隆中对》中的构想彻底成为泡影，"兴复汉室"的梦想再也不能实现了。

无法实现的《隆中对》

刘备集团的失败有很多原因，其中一个原因是他们太"执着"，太在意荆州的得失。

刘备对荆州的执念非常深。

从诸葛亮做出《隆中对》以后，刘备就深深记住了一件事：荆州是争夺天下的关键，要夺天下，先夺荆州。

这种观点本身没错，但问题在于，你知道荆州的重要性，别人也知道，别人也会想尽办法夺荆州。

对于曹操来说，控制荆州，就扼住了江东的命脉，曹魏集团对南方的威胁将会大大增强，同时也压缩了刘备的生存空间，可以有效阻止刘备发展起来。

对于孙权来说，必须据有荆州，或者至少据有荆州南部，江东的安全才有保证，同时可以对北方形成反制，江东的处境将会大大改观。

所以他们从一开始就把荆州当作了自己的猎物，想尽办法也要夺到手。

那么刘备凭什么可以和他们争夺荆州呢？

当初见到诸葛亮的时候，刘备连自己的根据地都没有，但他有一个重要优势：他已经在荆州扎下了根，近水楼台先得月。按照诸葛亮的想法，刘备在刘表手下六年，已经初步培养出了自己的势力，只要心狠手辣，直接除掉刘表，就可以鸠占鹊巢，抢在孙、曹两家之前占据荆州。

这本身也没错，但还有一个问题：荆州是一片无法防守的地带。或者更进一步说：荆州本身不能作为一个独立板块，它如果附加到其他板块上，可以使拥有者实力大增，但如果独立存在，则只能成为别人眼里的大肥肉。

所以要想长期、稳定地据有荆州，首先就需要拥有自己的根据地，然后再把荆州拿过来，作为附加板块，两处合力，这才能扛住敌人的进攻。

这一点诸葛亮也考虑到了，他给出的解决方案是：拿下荆州的同时，火速挺进益州，把益州也抢到手，然后以益州为总部，以荆州为附加板块，成功建立起自己的根据地。

这一点本身也没问题，问题却出在敌人身上——曹操提前算到了这一点，抢先出手，把刘备赶走了。

虽然刘备又借着孙权的力量打了回来，但已经失掉了先机，荆州北部已经被曹操占领了。

于是刘备只能厚着脸皮向孙权"借"来了荆州南部，再加上益州，勉强拼凑出一个残缺的《隆中对》版图。

到这时候，《隆中对》计划已经打了折扣，但问题还没完，刘备还面临一个困局：荆州和益州在地理上是互相隔离的两块，融合不到一起。荆州的地理优势附加不到益州上面去，益州的人力物力也协助不了荆州防务。

刘备拿着两块"神器"，却无法把它们合到一起，发挥不出其应有的功能。

最后，刘备只能分兵，让关羽防守荆州，其他人跟着自己进益州。

但刘备的兵力本来就很有限，管理层人才更是捉襟见肘，这样一分兵，就很难兼顾两头了。荆州这块"神器"，反倒成了拖累。

所以刘备不得不做出割舍，把主要兵力放到了益州，荆州那边则只能祈祷关羽能扛住了。

把天下最凶险的、各大集团觊觎的黄金地带交给关羽一个人，关羽就算有通天彻地之能，也很难保证长期不出岔子。何况关羽只是一个武将，强迫他承担一方诸侯的责任，这太为难他了，他支撑不起。

这是关羽最终败亡的根本原因。

平心而论，关羽已经非常尽责了，他整整守了九年，到公元219年才出了差错。这期间，刘备基本没给过他什么援助，只让他在荆州自生自灭，他能扛九年，实在不容易。

可惜最后的一次错误却是灾难性的，九年的坚守功亏一篑，而刘备集团的底子又太薄弱，承受不起任何失败，一旦丢掉荆州，就再也收不回来了。

回顾整个过程，刘备一直在走钢丝，一直凭借最小的成本博取最大的利益。之前他一直成功，因为他运气好，但运气不会永远站在他那边，一旦某一次出错，就满盘皆输了。

归根结底，还是因为刘备集团的实力太弱，撑不起他们的野心，支撑不了《隆中对》中的宏大计划。

那么有没有其他实力更强的集团可以实现这个计划呢？

我们如果把目光转向其他地方，会发现《隆中对》计划反倒更像是为孙权量身打造的，更适合江东集团。

如果由江东集团来实施《隆中对》的计划，一切都会不同，最关键的在于两点：他们有足够的实力，江东跟荆州在地理上可以无缝对接。

这一点，周瑜、甘宁等人都考虑到了，他们早就向孙权提出了占据荆州、挺进益州的计划。

但孙权也犯了一些错，他太保守，不敢单独去对抗曹操，只好拉上刘备，让刘备替自己实施《隆中对》计划，或者说，让刘备分担自己一半的工作。

随后孙权又发现刘备完全脱离了自己掌控，不仅没有成为自己的马仔，反而要骑到自己头上了，于是果断翻脸，打掉了刘备的上升势头。

这样一来，不论刘备还是孙权，都已经无法实现《隆中对》的构想了。天下三分终于无法避免。

那么站在刘备这一方来考虑，最初的时候，他到底有没有办法避免最后的失败呢？有没有哪怕一线可能把《隆中对》的计划执行下去呢？

有！

那就是退一步，在拿到益州以后，主动让出荆州南部。

那时候，曹操正面临内忧外患的困扰，曹魏在北方的统治有所松动。而孙权仍然把北伐作为主要目标，得到荆州以后，孙权受到极大鼓舞，会把全部精力用来争夺中原。所以孙、曹双方都会拉拢刘备。

然后刘备出汉中，孙权出南阳，双方联手攻伐中原。事实上就是孙、刘两家联手实施《隆中对》计划。

这种局面下，曹操一定扛不住，中原会大乱，刘备便可以趁火打劫，强夺关中地区。

不管孙、曹两家争斗的局面怎么样，刘备只要拿下关中，就拥有了一处进可攻退可守的稳固基地。再等待关东的战争决出结果，到时候就是又一次楚汉相争，谁能笑到最后，就看各自的本事了。

这也正好是孙权在"湘水划界"之前的构想。

所以孙权希望刘备在取得益州之后就归还荆州南部，然后双方继续密切合作。

但是刘备坚决不答应，他对荆州有深深的执念，这里是他发迹的地方，也是他一生事业的希望所在，绝对不能放弃！

他冒着跟孙权火拼的危险，硬把孙权的要求顶了回去，为自己争来了荆州三郡。

表面上看来，刘备赢了，实际上他却把自己逼到了悬崖边上，成了孙、曹两家共同忌记的敌人。

能力支撑不起野心是很危险的，从那以后，刘备的每一步都必须成功，不能容许任何差错！

最后终于"大意失荆州"，一次失误葬送了所有。

所以也许可以说，刘备最后走到这一步，一个主要原因就是他太执着了，太放不下。

可是世上又有几人放得下呢？

第十四章　汉家倾覆，三国来临

刻薄寡恩的曹丕

杀死关羽以后，孙权把他的头颅装好，派人送到洛阳，向曹操报功。

曹操的心情是复杂的，关羽是他主要的对手之一，又是他念念不忘的一位老朋友，是他一生最欣赏的人之一，他并不希望关羽落得这样的下场。

曹操也知道，孙权送人头的举动可没安好心，是希望挑起刘备跟他的矛盾。所以他以诸侯礼节安葬了关羽的头颅。

安葬完老朋友以后，一股无处排遣的孤寂涌上心来，戎马一生的曹操已经到了垂暮之年，他真的累了，再也不想纠结于烦琐的世事。

然而还有亿万黔首在仰望着他，新兴的曹魏政权到底该往何处去？人们希望他给一个明确答案。

可惜他回答不了。

他这一生，既有伟大的成就，又有巨大的遗憾。

最大的遗憾，是没能完成一统天下的任务，他亲手缔造的曹魏帝国成了一个发育失败的半成品，这让他耿耿于怀。

另外一个遗憾，是他没能戴上天子冠冕。

前不久，孙权向曹操上书称臣，说"天命"在魏，请求曹操代汉而立。接到这封书信，曹操手下的官员们顿时炸了锅，都趁这个机会劝他登基称帝，曹操却说："要是天命在我，我就当周文王吧。"至于孙权的请求，曹操评价："这小子想把我放在炉火上烤啊！"

周文王一生没有背叛商朝，只是做好了背叛商朝的一切准备，把取代商朝的任务留给了自己儿子去完成。曹操这样说，意思很清楚了。

曹操把篡汉的最后一个步骤留给了继承者曹丕去完成。

曹操有二十五个儿子，地位最高、最受宠的是曹昂、曹丕、曹植、曹冲四人。

曹昂早在当年征张绣的时候就战死在沙场上了，后来曹操最喜爱的儿子是曹冲。曹冲天资聪颖，又待人宽厚，一度受到曹操重点培养，可惜在十二岁那年（公元208年）夭折了。

从那以后，太子之位的争夺主要就在曹丕、曹植之间展开。

曹丕、曹植都是卞夫人生的，性格却完全不同。

曹丕比较沉郁，还带一些阴险，更像一个老练的政治家。曹植却狂放不羁，充满浪漫主义情怀，是典型的文人。

他们兄弟二人都有过人的才华，尤其在文学方面，两人都站在当时文坛的顶端。不过曹植的才华还是压曹丕一头，他不仅是当时，也是整个中国历史上顶级的文人。

虽然曹操早在公元211年就把曹丕任命为五官中郎将，算是当作太子来培养了，但随后曹操没有进一步的动作，以至于立太子的事情一拖再拖。

朝臣们也在揣摩曹操的意思，他们迅速站队，分成两派，分别支持曹丕和曹植。

曹丕身边有贾诩、崔琰、司马懿等人，曹植身边有丁仪、杨修等人。这些人绞尽脑汁帮助自己的主人，使出了许多阴谋诡计。

关于曹丕如何巧妙伪装骗取父亲好感的故事，史书上有很多。

例如说，曹丕向贾诩请教如何赢得父亲的信任，贾诩说："没什么特别的，您只要谨守士人的道德，遵守为子之道，平时兢兢业业，勤勤恳恳，就够了。"

曹丕照着做，果然各方面都表现得像个合格的接班人。

一次，曹操要远征，曹丕、曹植都去送行，曹植慷慨陈词，悲壮激烈，让人动容，曹丕却一言不发，暗自垂泪。大家看到，都觉得曹植为人华而不实，曹丕才真正德行高尚。

曹丕就通过这些表演逐渐赢得了曹操的好感。

不过史书上这些记载可信度不高，大多是外人根据自己的揣测编造出来的，曹丕真正用的那些手段，是不可能让外人知道的。

但这些传言也说明了一个事实：曹丕这人的名声不太好，以至于大家都觉得他是用阴谋诡计骗来的太子之位。

事情的真相是怎样的呢？

曹操一直犹豫不决的原因，可能是他对这两个儿子都不太满意，曹丕和曹植都有各自的问题。

曹丕的问题在于他生性阴沉，跟曹操不亲近，却又表现得过于贴近曹操的喜好，以至于让曹操觉得他太能装，怀疑他忠厚的外表下隐藏着一张暴君的面孔。

曹操自己就很奸诈，所以对那种表面忠厚内心藏奸的人有天然的警惕心理，曹丕那些假惺惺的表现让曹操很不放心。

而曹植呢？他虽然有过人的才华，但主要表现在文学方面，在政治上他很幼稚，而且他自控能力太差，常常醉酒误事，甚至做出一些僭越的事，因此多次触怒曹操。

最严重的一次，曹植乘车在驰道（皇帝专用车道）中行驶，还擅自冲出王宫的大门司马门（只有皇帝才能驾车通过），惹得曹操暴跳如雷，把管理司马门的官员处死，对曹植也进行了处罚。

曹植这些荒诞不经的行为很像一位亡国的昏君，曹操最终确信，曹植绝对不可能成为一位合格的领袖，所以虽然对曹丕很不满意，但也只能把国家交给他了。

公元217年十月，曹操终于立曹丕为太子。

在曹操看来，曹丕虽然资质平庸，又疑似内心藏奸，但好歹能够认真办事，又得到士人的支持，让他掌权，总不至于出大乱子。

公元220年正月，曹操带着无数遗憾病逝于洛阳，曹丕紧急从邺城赶往洛阳，继位为魏王、汉丞相。

事实证明，曹操的感觉是对的，曹丕果然一直在伪装。曹丕本质上是个自私、残暴又贪图享乐的人，曹操在的时候，他不敢表现出这些阴暗面，现在终于无所顾忌了。

刚即位不久，还在守丧期，曹丕就宴饮、游猎、享受歌舞伎乐，又娶汉献帝的两个女儿为妃。这些行为都是严重违反礼数的，因此受到很多人的批评或者劝谏。

而曹丕对于敢劝谏他的人，表现得十分刻薄。

长水校尉戴陵劝谏曹丕不要沉迷于游猎，曹丕大怒，判了他"减死罪一等"的重刑。

度支中郎将霍性劝谏曹丕不要急于对江东用兵，尽管言辞十分委婉，仍然触怒了曹丕，被曹丕直接处死。

而在用人方面，曹丕把自己小气、刻薄的性格完全展现出来。他上台以后，对当初支持自己当太子的贾诩、司马懿等人都给予重用，对于当初支持曹植的官员们，则秋后算账。

其中最著名的是丁仪、丁廙（yì）兄弟的案子。

丁仪、丁廙都是曹操手下著名的才俊，他们的父亲是曹操多年的好友，曹操也非常欣赏丁仪的才华，曾经想把自己的大女儿嫁给丁仪，曹丕却说丁仪的眼睛有些疾病，把这桩婚事拦下来了。于是曹丕跟丁仪结下了仇。

后来丁仪、丁廙两兄弟都投靠到曹植手下，成为曹植一党的主要成员，这让曹丕恨得咬牙切齿。

曹丕即位以后，马上把丁仪贬为右刺奸掾，希望逼他自杀，丁仪却没自杀。

丁仪知道大祸来临，对朝中重臣夏侯尚磕头哀求，请他去求曹丕宽恕。夏侯尚早在很多年前就是曹丕的好友，然而他去说情，曹丕都坚决不同意。他记恨的人，是一定要除掉的，谁阻拦都没用。

没过多久，曹丕又指使手下上奏表说："临淄侯（曹植）酒后胡作非为，劫持使者。"曹丕收到奏表，便下令贬曹植为安乡侯，同时诛杀丁仪、丁廙两兄弟以及他们全家男丁。

这是赤裸裸的挟私报复，简直连一个像样的理由都懒得编。

曹丕把这种刻薄寡恩的作风也用到了他自家兄弟身上，即位以后，他急不可耐地宣布：诸位王子立即回到自己的封国。这些王子到封国以后，都受到严密监控，基本上失去了人身自由，还不如平民活得开心。

其中，曹植是重点打压的对象。

关于曹丕对曹植的打压，民间有许多传说，最著名的便是《七步诗》的故事。

传说，曹丕想杀害曹植，就把他叫来，命令他在七步内作诗一首，诗里要包含兄弟情谊，但不能涉及"兄弟"二字。作不成，就杀头。

曹植略微一沉吟，脱口而出："煮豆持作羹，漉菽以为汁。萁在釜下燃，豆在釜中泣。本自同根生，相煎何太急。"（后人改写的版本：煮豆燃豆萁，豆在釜中泣。本是同根生，相煎何太急？）

曹丕听到后，有所感悟，只好暂时放弃了杀害曹植的念头。

不过这些故事都是民间传闻，不能作数。只能说，曹丕对自家兄弟的迫害在当时就已经不是什么新闻，早已经传开了。

丁仪被灭族以后，曹植被贬为安乡侯，从此长期受到曹丕压制。

曹丕之所以仅仅压制曹植，而不杀害，当然不是因为《七步诗》感动了他，而是因为他们共同的母亲卞夫人的存在。对于这一点，曹丕自己都不回避，他在诏书里面明确说："曹植乃朕之同母弟，朕于天下无所不容，何况骨肉之亲（当然更能容得下）？特此免除曹植死罪，改封安乡侯！"

曹植是个宅心仁厚，又有些幼稚的人，还具有文艺青年特有的忧郁气质。对于曹丕扣在他头上的种种罪名，他无力辩驳，只能含泪上书说："臣自知罪孽深重，羞愧已极。然则若要自裁以谢，又违背圣人遗训；若要苟且偷生，又无颜见天下人。幸而陛下圣恩浩荡，有如慈父，臣徘徊于恩泽之中，才得以苟活于世。"

看到亲弟弟把自己比作"慈父"，曹丕十分得意，便暂时放过了曹植，让他在自己封国安安静静地待着。

通过曹丕这一系列挟私报复的行为，终于可以彻底明白当初曹操为什么不喜欢他了。

曹操豁达大度，能容一切难容之人，曹丕则刻薄寡恩，跟曹操完全是两类人，对于这种人，曹操当然看不上。

可惜现在一切都无法改变了，曹丕已经执掌大权，可以按自己的想法干任何事了。

新官上任三把火，志得意满的曹丕准备干几件大事，以便证明父亲选择自己是对的。

首先就是完成篡汉的最终手续。

篡　汉

汉献帝现在就是魏国王室养的宠物，要他把皇冠交出来，也只需要曹丕一句话而已。

不过，曹丕还是严格按照篡位的标准流程来走——

从曹丕上台以后，魏国各地就涌现出各种"谶纬"和"祥瑞"，预示魏朝将取代汉朝。随后，各路大臣争先恐后地上表，请求曹丕"顺天应人"，接受上天赐予的天子之位。

曹丕却说："孤何德何能，敢当如此褒奖。"驳回了所有这些请求。

但各种"祥瑞"不断涌现，从天象到动物的异常行为，无所不包。每一处"祥瑞"都在说明这一年是不平凡的一年，江山必须在这一年改姓，似乎上天在变着法子逼曹丕登基。

大臣们又从古书里面找到许多奇奇怪怪的"预言"，每一条预言都指明魏朝应该取代汉朝。

他们又从黄帝、尧、舜、禹开始举例，一直列举到汉高祖，向曹丕说明：这些贤君们是如何响应上天的预兆，接受天命，从而使天下黔黎共沐恩泽，开创一段万古未有之基业的。

曹丕继续推辞说："孤王怎能与上古贤君比肩？何况上次孤王东征，见到百姓衣衫褴褛，面有饥色，国事至此，罪皆在孤王一人。以此看来，孤王就算称王都不配，如何能称帝？"

最后曹丕斩钉截铁地说："关于此事，不宜再讨论，就此截止！"

但大臣们不依，他们反复请求，更多的人也加入进来，联合上奏的大臣越来越多，到后来，几乎整个朝廷都在苦苦哀求曹丕接受上天的任命。

看来曹丕要是再不接受天子之位，从上天，到群臣，再到亿万黔黎，都不能答应。

最后汉献帝也坐不住了，亲自发下诏书，请求曹丕顺应天命，接受禅让：

> 朕在位三十有二载，遭天下荡覆，幸赖祖宗之灵，危而复存。然仰瞻天文，俯察民心，炎精之数既终，行运在乎曹氏。是以前王既树神武之绩，今王又光曜明德以应其期，是历数昭明，信可知矣。夫大道之行，天下为公，选贤与能，故唐尧不私于厥子，而名播于无穷。朕羡而慕焉，今其追踵尧典，禅位于魏王。

大臣们也把禅让仪式的一切物资都准备好了，黄道吉日也都选好了，受禅坛也都开始修筑了。再由满朝文武共同上书，请求曹丕接受天命。

曹丕仍然推辞。

献帝只好再发诏书，满朝文武又一次请求，曹丕又推辞；然后是又一次请求，又一次推辞……

这样反复推让了许多次之后，眼看黄道吉日都要过了，大家都急得汗流浃背，日夜催促曹丕。

最后时刻，曹丕实在顶不住众人的压力，只好"勉为其难"地接受了全国上下的一致请求。

公元220年十月二十九日，曹丕在许都附近的繁阳亭登上受禅坛，接受汉朝大臣奉上的皇帝玺绶，正式登基为帝，史称魏文帝。曹魏帝国的实际开创者曹操被尊为魏武帝。

汉献帝在册文里说道：

> 咨尔魏王：昔者帝尧禅位于虞舜，舜亦以命禹，天命不于常，惟归有德。汉道陵迟，世失其序，降及朕躬，大乱兹昏，群凶肆逆，宇内颠覆。赖武王神武，拯兹难于四方，惟清区夏，以保绥我宗庙，岂予一人获乂，俾九服实受其赐。今王钦承前绪，光于乃德，恢文武之大业，昭

尔考之弘烈。皇灵降瑞，人神告征，诞惟亮采，师锡朕命，金日尔度克协于虞舜，用率我唐典，敬逊尔位。於戏！天之历数在尔躬，允执其中，天禄永终；君其祗顺大礼，飨兹万国，以肃承天命。

立国一百九十五年的东汉王朝终于黯然谢幕，曹氏的魏帝国正式接过天命，成为中原百姓的新一任主人。

曹丕下令改元"黄初"，这一年便成为魏朝的黄初元年。随后，改正朔，易服色，殊徽号，定都洛阳，封赏百官，大赦天下，举国同庆，一派祥和。

不料这个过程中还是出了一点儿糟心事。

大臣们去找汉献帝要传国玺的时候，献帝的皇后曹节（曹丕的妹妹）拿着玉玺破口大骂，最后实在被逼不过，才把玉玺扔到地上，大哭说："天不祚尔（天不保佑你的国家）！"

天不祚尔！在这举国欢庆的日子，不识大体的曹节给自己的亲哥哥，以及新生的曹魏帝国，抛下一个狠狠的诅咒，也给这场隆重的禅让典礼蒙上了一丝阴霾。

新生的曹魏帝国是带着诅咒的！

季汉立国

曹丕对汉献帝十分优待。

他封汉献帝刘协为"山阳公"，食邑万户。并且特地恩准：献帝在自己的封邑山阳县内可以实行汉朝历法，建汉朝宗庙，以天子之礼祭祀。

献帝的四个儿子都封列侯，两个女儿入宫为嫔妃，荣华富贵世代相传。

曹丕还当众宣称："天下之珍宝，朕当与山阳公共享。"对前朝皇帝的礼遇之高，世所罕见。一向刻薄寡恩的曹丕能做到这样，可以说无可挑剔了。

然而曹丕对自己宽厚仁慈的举动似乎宣传得不够，同一时期，遥远的西部，益州民众纷纷在传播一则消息：汉献帝已经被曹丕杀害了！

这则离谱的谣言是怎么流传开来的？没人说得清。而刘备君臣的表现也很奇怪，对于如此重大的一则消息，他们根本没去仔细鉴别，就全体相信了。

于是刘备给献帝上谥号"孝愍皇帝"（后来曹魏给的谥号是"孝献皇帝"，所以史称汉献帝），益州上下纷纷挂上白布替献帝举哀，人们无比悲痛，对曹魏帝国的痛恨又增加了一层。

献帝"被杀"，汉朝灭亡，一直以汉室宗亲自居的刘备集团该怎么办呢？

公元220年是神奇的一年，跟中原一样，巴蜀地区同样涌现出大量祥瑞。刘备手下的大臣们态度很明确：既然汉朝已亡，又有上天的启示，我们的主公继承汉朝大统便是顺应天意的事，不能再拖。

于是刘备的大臣们也联合起来上奏折，竭尽全力劝刘备称帝。

他们也从各种古书里面找到许多证据，再结合最近的祥瑞，证明汉朝将在西南方重兴，而带领汉室复兴的人就是刘备。

刘备同样一口回绝，大臣们也是再三请求。最后刘备实在拗不过大家，只好勉强接受了大家的请求。

第二年四月初六，刘备在成都附近的武担山南登基为帝，国号为"汉"，因为位居蜀地，被后人称为"蜀汉"，亦称"季汉"。

刘备的诏书说：

> 惟建安二十六年四月丙午，皇帝备敢用玄牡，昭告皇天上帝后土神祇：汉有天下，历数无疆。曩者王莽篡盗，光武皇帝震怒致诛，社稷复存。今曹操阻兵安忍，戮杀主后，滔天泯夏，罔顾天显。操子丕，载其凶逆，窃居神器。群臣将士以为社稷堕废，备宜修之，嗣武二祖，龚行天罚。备惟否德，惧忝帝位。询于庶民，外及蛮夷君长，佥曰"天命不可以不答，祖业不可以久替，四海不可以无主"。率土式望，在备一人。备畏天明命，又惧汉祚将湮于地，谨择元日，与百寮登坛，受皇帝玺绶。修燔瘗，告类于天神，惟神飨祚于汉家，永绥四海！

随后，刘备下诏书，设置文武百官，以诸葛亮为丞相，许靖为司徒。又在成都立汉室宗庙，祭祀汉高祖以来的列位汉室先祖。

刘备建立的这个"汉帝国"其实挺尴尬。

他的汉室继承人身份纯属自封的，缺乏真正的汉朝皇帝的认证，从法理上来说，还不如曹丕的魏帝国来得正当。

再有，刘备跟汉室的血缘关系实在太远了，远到了很多问题都难以处理的地步。

就说立宗庙这件事。刘备是汉景帝的后人，那么该祭祀哪些先祖呢？汉景帝以后的各位汉朝皇帝要不要祭祀？如果要祭祀，刘备这一系的祖先又往哪里摆？如果不祭祀，那么凭什么说自己是汉室继承人呢？这都是很尴尬的事。

何况蜀汉处在偏远的巴蜀地区，国力弱小，连自身的生存都成问题，有什么资格自称正统？这世界毕竟是靠实力说话的，实力不足的情况下，硬要抬高自己的地位，只会成为别人的笑柄。

而最大的问题在于：刘备一直声称要匡扶汉室，却在汉献帝仍然健在的时候称帝（汉献帝在世，刘备君臣应该是心知肚明的。就算当时不清楚，后来也很容易弄清楚），事实上就是背叛汉室了。

他当了一辈子的"忠厚长者"，讲了一辈子的忠君爱国，到了人生的最后阶段，终于按捺不住，彻底撕下面具，要过一把皇帝瘾了。这样心口不一的做派，怎么向天下人交代？

本质上，他跟曹操一样，都在利用汉朝皇室为自己谋利，一个利用汉室的人，一个利用汉室的名，谁也不比谁高尚。可他却口口声声骂曹操是"汉贼"，声称自己才是汉家的正统继承人，这样的嘴脸，只会引起真正的汉室遗老的反感。

所以刘备称帝的行为更像是一位老年人的自娱自乐，除了满足自己的私欲以外，对整个集团其实并没有什么好处。

相比起来，江东的孙权就理智得多。在曹丕、刘备先后称帝以后，他仍然只是自称"吴王"，还向曹丕的魏帝国称臣（法理上来说，魏承汉祚，孙权作为汉臣，向魏称臣没问题），一直到七年之后的公元229年，他才称帝。

同样，曹操纵横一生，文治武功天下第一，也压住了自己的私欲，没有走出称帝这一步。

这样一比较就可以看出，刘备的格局比曹操、孙权小，也比他们更沉不住气，难怪在跟他们的争斗中处处吃亏了。

不过刘备自己可不这么想。现在，就在刚刚称帝以后，他就要跟孙权算一次总账了。

江山、兄弟

刘备称帝是整个蜀汉集团的大喜事，集团上下都沉浸在欢乐的海洋中，一派喜庆之色。

然而在表面的欢乐之下，这次登基典礼却笼罩着一片阴霾——整个集团刚刚经受了前所未有的挫折，不仅二号人物关羽被杀，还丢掉了至关重要的荆州。

这一刻，蜀汉君臣都有各自的心事。有人憋着一肚子火，一心要找东吴报仇；有人忧心忡忡，想着怎么阻止即将到来的灾难；更多的人则忐忑不安，小心翼翼地关注着局势发展。

不过大家都清楚，等办完这次典礼，就要跟东吴摊牌了……

荆州之战是刘备不可忍受的耻辱。他不像那些贵族子弟，有世家大族拱卫，他这一生南征北战，一直依靠的就是身边那群兄弟，对于他来说，"兄弟如手足，妻子如衣服"，兄弟是比妻子儿女更重要的亲人，是真正的骨肉至亲。

在刘备这群兄弟里面，关羽处在最核心的圈子。

他从刘备起兵的时候就跟在刘备身边，两人一桌吃，一床睡，无话不谈，毫无保留。

他可以当面跟刘备发火，也可以历经千难万险从曹营来投奔，他和刘备之间的情谊，早已超越了普通的亲情、友情，是战火中磨炼出来的生死之交。

他参与了刘备从创业到称王的整个过程，刘备的蜀汉集团能取得今天的成就，处处都有他的功劳。

他也是刘备最重要的助手，是整个集团的副统领。益州和荆州地理上不相通，需要两个领袖分别统治，除了刘备以外，只有关羽才能担起统领蜀汉半壁江山的重任，所以刘备才把荆州交给他去镇守……

总之，关羽在蜀汉集团的位置是不可替代的，他的重要性，怎么评价都不为过。

这样的人被杀，犹如砍掉刘备一只臂膀，是刘备绝对不可接受的。

与关羽一同被砍掉的还有蜀汉的半壁江山。

荆州是刘备发家的地方，是蜀汉的根基所在，是《隆中对》计划完成的保证，是刘备争夺天下的总基地。手握荆州，刘备才有资格跟孙、曹两家掰手腕；丢掉荆州，刘备就只能被挤压在西南边陲，成为小小的番邦领袖。

丢掉荆州的蜀汉，已经失去了跟孙、曹两家正面较量的能力；丢掉荆州的蜀汉，也不再是刘备心目中的那个"汉"国了，而是"蜀"国，是一个任人宰割的偏安小朝廷罢了。

而且这样的损伤是不可逆的，蜀汉已经没有能力再夺回荆州。换言之，刘备一生的事业，事实上已经终结了！

三十七年前，涿郡的乡下，刚刚起兵的刘备，想过自己有一天会在蜀地当一个藩王吗？绝对没有！这根本不是他追求的结果！

君临天下的荣耀，光复汉室的伟业，所有的这一切梦想，现在都已经终结了。

已到花甲之年的刘备，再也没有能力拾回这些失去的理想，他这一生，终究是败了……

既然一切都已经无法再挽回，那就什么都不必再顾忌，不必再担心，不必再犹豫。拼了这个国家，为兄弟报仇吧！

盛怒之下的刘备，准备点起蜀汉全部兵马，去找孙权算账。

夷陵之战前的局势

当初荆州被偷袭的消息传来，诸葛亮等人心里就压了一块大石头，他们很清楚：刘备一定会不顾一切要报仇。但以蜀汉目前的实力，怎么可能拼得过东吴呢？何况还有曹魏在北方伺机而动。不计代价报仇的结果，很可能是给蜀汉带来灭国之灾。

尽管现在去劝说刘备会冒很大风险，诸葛亮等人还是只能试试。

目前刘备身边的人，只有赵云资格最老、跟刘备最亲近，于是赵云首先劝道："国贼是曹操父子，而非孙权。如今曹丕篡汉，我们既以匡扶汉室为己任，便当先攻曹贼，曹贼一旦灭亡，孙权自然宾服。如果放过曹贼，与孙权缠斗，恐怕并不利于国家。"

这是搬出了"匡扶汉室"的大义来委婉地压刘备，可惜刘备不听。

也有人说得更直接。

广汉人士秦宓就直说：目前我们的国力敌不过东吴，恐怕难以取胜。刘备大怒，下令把他打入监狱。

以诸葛亮为首的文武百官也竭力劝阻刘备，但都被刘备驳回了。

但群臣的联合反对还是给刘备造成了明显压力，刘备也不得不再仔细考虑攻打东吴的事，事情看起来似乎还有挽回的余地。

这时候又一个爆炸性消息传来：张飞被杀！

这几年，张飞担任巴西太守，长期驻守在阆中。刘备要调兵伐吴，便通知张飞，让他带领阆中的军队开向南方的江州，去跟自己会合。

张飞性情粗豪，对手下很暴戾，常常为小事鞭挞下属，因此手下将吏往往对他心怀不满。对这一点，刘备也很担心，但他担心的不是张飞虐待下属，而是张飞把这些心怀不满的人留在身边，埋下隐患。刘备也曾经劝过张飞要小心，但张飞并没放在心上。

这次出发之前，也不知为了什么事，张飞终于把下属逼急了，他手下的将官张达、范强便杀掉他，带着他的首级，逃到东吴去了。

按照常理推测，张达、范强在军营里杀掉主帅再逃出去，困难非常大。而且他们的家属应该都还留在蜀汉国内。再有，他们背着"杀主求荣"的罪名逃到东吴，也未必会被收留。所以他们要不是被逼上绝路了，也不会干出这种极端冒险的事，可见张飞对下属的凌虐到了什么程度。

张飞被杀纯属恶有恶报，却把蜀汉集团拖累了。现在刘备已经处于狂怒状态，没人敢再劝说他，事情再也无法挽回了，伐吴之战必然开打。

大军还未开动，集团核心人物之一就被下属杀掉，这暴露出蜀汉内部管理上的严重问题，从心理上来说，也让人感觉"出师不利"。这样的结果必然对军队士气构成沉重打击，同时也增强了敌人的信心。

归根结底，刘备任人唯亲，对亲信又缺少约束，以这样狭隘的方式统领一个国家，自然竞争不过东吴。

当年七月，称帝仅仅三个月之后，刘备留下诸葛亮守成都，自己点起蜀汉的全部主力四万大军（后来又有五溪蛮的一万军队加入），以雷霆万钧之势杀向荆州，开启了对东吴的复仇之战。

这时候孙权也有自己的烦恼。

偷袭荆州从头至尾都是吕蒙在规划，对于之后刘备的报复，吕蒙应该也有应对之策，可惜吕蒙在打下荆州以后不久就病逝了，东吴骤然失去了一位掌舵人。

吕蒙病重的时候，孙权不顾什么忌讳，把他接进宫里，安置在内殿，自己日夜照看，还请全国的名医来治疗。

谁知这样还是没能挽救吕蒙的生命，吕蒙最终病死在了孙权的内殿，只给孙权留下无尽的哀痛和遗憾。

吕蒙过世以后，江东立即出现人才断层，现在能顶上来的人只剩陆逊了，但陆逊在朝廷里算是新人，又是个手无缚鸡之力的书生，他真能带领东吴挡住外敌吗？所有人心里都没底。

因为是儒臣出身，陆逊的行事风格比较文弱，但他实际上外柔内刚，"说最软的话，做最狠的事"，这就是他的作风。

在陆逊带领下，东吴一边备战，一边向蜀汉求和。

东吴使节向刘备呈上诸葛瑾的书信，说："陛下与关羽的关系，能比跟先帝（汉献帝）更亲吗？如今曹丕杀害先帝，陛下应该先找他报仇呢，还是先找我们？"

这又是抬出"匡扶汉室"的大义来压刘备，但刘备哪里会听。

同一时期，东吴也向曹魏派出使节，以极其谦卑的姿态称臣（曹操在的时候，孙权已经称臣了，现在又表演一次），并且把于禁等降将送回了曹魏。

这几年，孙权越来越滑头，他对曹魏的态度是：能哄就哄，能骗就骗。尽量稳住曹魏，同时对蜀汉下重手打击。

这种伎俩蒙蔽了以曹丕为首的曹魏领导层，而曹丕手下许多心术不正的家伙也趁机拍马屁，这些人每次收到孙权的来信，就向曹丕道贺："孙权又来朝贺了，看来我们真是天命所归呀！"

尽管也有一些清醒的人提醒曹丕不要上当，但曹丕根本听不进去，他已经沉浸在孙权和周围那些人的马屁中，飘飘然，忘乎所以了。

这次也不例外，曹丕看到孙权的书信，喜不自胜，马上大笔一挥，赏了孙权一个"吴王"的称号（这时孙权才算正式称王），加九锡，同时派人通知孙权：感谢他的朝觐，希望他永远效忠于朝廷，当一个规规矩矩的藩王。

这是曹丕一生犯的最大的错！

这一刻，出现了消灭东吴的最佳机会！刘备已经倾尽蜀汉国力去讨伐东吴，孙权必然会被迫把主力部队调往西线，如果曹丕表面上答应孙权称臣的请求，等孙权把军队调走以后，他再发起突袭，那么东吴的长江防线必然崩溃，曹魏短时间内就可以消灭东吴。

东吴灭亡以后，凭蜀汉的资源根本支撑不了多久，必然也很快被消灭，那么三国时代就结束了，曹丕将成为一统天下的一代大帝。

如果曹操还在的话，这个机会他一定会抓住。可惜曹丕是个庸才，竟然被孙权几句软话给骗了，白白错过了这千载难逢的机会！

即使这样，曹丕也还有一次机会，就是在东吴和蜀汉对决之后，派兵攻打失败的一方。

可惜曹丕实在太过于平庸，他居然连这样的计划都没有，在东吴和蜀汉激烈对决的时候，曹魏国内莺歌燕舞，一派祥和，根本没有发动战争的打算，于是这一次机会也错过了。

曹魏帝国从此永远没有一统天下的机会了。

对于孙权来说，他其实也在赌，赌曹丕不会来偷袭东吴，所以他把主要精力都放到了西部，让陆逊带兵五万兵马去阻击刘备。

夷陵之战

东吴和蜀汉的国界在巫山附近，这里南北两侧都是崇山峻岭，中间的长江自西向东穿过三峡，连通两边的巴蜀和荆州。刘备的军队便从这里攻击东吴。

蜀军水陆并进，沿着长江而下，穿过巫山的狭长通道，很快打败敌人的先头部队，挺进到秭归。

这里向长江下游不远就是江陵、公安等地，是荆州的核心地带，东吴必须守住，而如果蜀军战况不利，只要向西退入三峡地区，吴军就不敢追击了，所以从地形上来说，对蜀军更有利，这也是刘备敢于出击的原因之一。

所以如果硬要区分天时地利的话，可以说，东吴占据天时，蜀汉占据地利，剩下的就是"人"的因素了。

恰恰在这一点上蜀汉存在重大缺陷！

首先，蜀汉前期所有的名将都没有参与这次战役。

蜀汉的名将，为首的便是被后人称为"五虎上将"的关羽、张飞、赵云、马超、黄忠。

其中关羽、张飞已经罹难；黄忠刚在不久前病逝；马超从来不被刘备信任，而且可能已经病重（在夷陵之战结束后不久逝世）；赵云年纪也大了，又反对刘备出兵，所以刘备把他留在后方的江州，负责殿后。

魏延在镇守汉中；为了防备曹魏方向可能到来的偷袭，刘备把黄权派到长江以北；为了安抚武陵地区的五溪蛮，刘备又把马良派往了武陵。

到这一步，刘备身边几乎无人可用了，只能用新提拔上来的吴班、冯习、陈式、张南等人。

结果刘备看来看去，发现自己竟然是蜀军中战斗经验最丰富的将领。

同时，法正已经在前一年去世（法正、黄忠、吕蒙都在公元220年病逝，东吴和蜀汉都有大量重要人物死在公元220年前后，所以后人猜测这一年有瘟疫），诸葛亮又要守成都，刘备身边连一个像样的谋士都没有。

名将名相缺席的结果就是：刘备缺少一套清晰的战略，甚至可以说，刘备根本不知道这场战役该怎么打。

刘备以举国之力去攻打东吴，是想达成什么目的呢？是灭亡东吴呢，还是收回荆州？又或者说，只是为了出口气，"替兄弟报仇"而已？每一种目的都对应一种不同的战术，刘备该执行什么战术呢？恐怕他自己都没想好。

对于蜀汉集团来说，灭亡东吴或者收回荆州都不现实，所以攻打东吴的正确战术不应该是大规模兵团战，而应该是骚扰战。

把大部队化整为零，用许多支小分队顺长江而下，潜入江汉平原，在荆州中南部各个城镇之间扫荡，隐蔽出击，快速移动，不求杀伤敌人，只求干扰敌方的生产生活。而一旦敌人的大部队来到，就立即从三峡撤回巴蜀，让敌人无法追击。

东吴的大部分精力要用来防御北方的曹魏，如果蜀汉持续在荆州执行骚扰战术，会让东吴相当难受。虽然这样也无法收回荆州，但能增加敌人的防务压力，把荆州变成东吴的负担，而蜀汉的战争成本也在可承受范围内。

可刘备并没有选择这种策略，而是以四万人的浩荡兵力扑向东吴。如此庞大的军队，首先就失去了机动性和隐蔽性，从进入东吴境内以后，蜀军的一举一动就暴露在敌人目光下，方便敌人正面拦截。

同时，一次性投入全部国力，也让后勤负担大大加重，以至于刘备必须速战速决才能保持后方稳定，只要战争拖的时间稍微久一些，蜀汉就支撑不住了。

陆逊很清楚地看到了这一点，所以他的战略就是：正面挡住敌人，然后，拖！

从秭归向东，有相当大一片山区，再向东，经过夷陵、猇亭地区，则进入了平坦的江汉平原。陆逊放弃了夷陵以西地区，让吴军一路撤退，一直退到平原地带，把蜀军滞留在了广袤的山区。

吴军领导层有许多人不理解这种做法，因为这样看起来，敌人已经逼近了荆州南部城市群，风险太大了。

但陆逊顶住压力，坚持自己的战略。孙权也把"用人不疑"落到了实处，给予陆逊毫无保留的支持，让陆逊把自己的战略推行了下去。

陆逊只是卡住夷陵、猇亭附近几个关键关口，军队躲在营垒后面，不管敌人怎么挑战，都不出动。

这让蜀军很难受。山道崎岖，大军铺展不开，蜀军的进攻步伐慢了下来。

公元222年二月，刘备不顾手下的劝阻，自己前往夷陵，亲自督阵。但这样并没有什么用处，蜀军前锋仍然推进缓慢。

于是吴、蜀双方进入了旷日持久的相持战。

随着时间推移，蜀汉一方的压力越来越大。刘备以一国之君的身份，长期滞留前线，难免引起人心浮动，后方渐渐躁动起来，前线蜀军的士气也越来越低迷。刘备急了，想尽一切办法逼迫、引诱陆逊出战，但陆逊根本不上当，一直不出战，就这么耗着。

时间来到了公元222年夏天，夷陵的山谷里潮湿闷热，蚊虫铺天盖地，让蜀军苦不堪言。

刘备只好放弃了水陆并进的策略，让水军上岸，跟陆军合并。山地上军队没法集中，只好分散开来，从巫峡到夷陵处处扎营，连绵七百里。

这在兵法上是严重错误！

如此分散的营帐，任何人都没法统一指挥，蜀军实际上变成了一群荒野求生的难民，每天为寻找食物就已经耗尽精力了，哪里还有心思准备战斗？

据说洛阳那边的曹丕听到手下报告以后，大笑说："刘备不懂兵法，连营七百里，焉有不败之理？"

陆逊看到刘备这样扎营，知道蜀军短时间内没法集结起来了，现在不用担心他们出什么花样，可以发起反攻了。于是征得孙权同意以后，陆逊在当年闰六月发起了总攻。

山谷里丛林茂密，正是火攻的好去处。陆逊先派小股兵力试探性进攻了一次，摸清了敌人的底细，随后命令军人人手一支火把，趁夜冲进蜀军扎营的地区，四处点火，吴军主力再从后方掩杀，蜀军随即大乱。

七百里的军营，蜀军相互之间根本无法协调，前方蜀军的溃败很快传到后方，士卒疯狂逃窜，整个蜀军阵营轰然坍塌。

吴军全体出动，朱然、潘璋、宋谦、韩当、徐盛、鲜于丹、孙桓等人率领部众沿各条道路追杀蜀军，先后斩杀张南、冯习、马良、五溪蛮首领沙摩柯等蜀军将领，杜路、刘宁等将领被迫投降，蜀军士卒也死的死，降的降，尸体拥塞河流，惨不忍睹。

东吴水军占据长江水道，两岸蜀军互不相通，北岸的黄权等人被迫到走投无路，也只好投降了东吴。

刘备逃到夷陵西北的马鞍山，剩下的蜀军都赶来护卫，吴军在山脚团团包围，双方展开激战，蜀军被歼上万人。刘备几乎被活捉，最后靠焚烧己方丢弃的物资，阻断道路，才在众人护卫下逃脱了。

刘备沿着长江一路西逃，在秭归附近的石门山又被东吴的孙桓阻截，刘备又一次差点被活捉，最后刘备亲自翻山，从崎岖的山路上逃走，这才幸免于难。

蜀军残兵拥着刘备，穿过巫峡，进入白帝城。这里已经是蜀汉地界，赵云又带兵来救援，众人这才稍稍安定下来。

托孤白帝城

夷陵之战，蜀汉五万大军灰飞烟灭，所有军械、物资、船只全部丢失，蜀汉国力遭到无可挽回的重创。

刘备仰天长叹："朕竟然被陆逊小儿所辱，岂非天意哉？"

之后的一年，刘备一直留在白帝城，因为这里是离荆州最近的蜀汉国土。望着东方不远处的荆州土地，他心心念念，始终意难平——向东再迈一步，就到荆州了呀！

可现实无比冷酷：这一步终究是迈不出去了。

他独自躺在白帝城的病榻上，满心抑郁，追悔着自己这一生。

刘备这一生，颠沛流离，多次被人追得四处逃窜。中年以后，终于从同宗兄弟手上抢下益州，勉强有了自己的基业，没想到刚站稳脚跟的他，却遭到人生最惨痛的一次失败，手上的基业眼看又要被毁了，君临天下的梦想更是早已遥不可及。

问题出在哪里呢？他自己也无比困惑。

其实仔细分析起来，刘备一生能让人挑的错还真不算多。

他算得上是一个非常谨慎的人，处处小心，如履薄冰；他也是一个异常勤奋的人，一生几乎没有享受的时候，所有精力都投到了自己的事业上；他也是一个很有决断的人，曾经数次抛下妻儿逃命。

最重要的，他还是一个绝顶聪明的人：眼光毒辣，能够敏锐地发现机会；心明如镜，对人才的鉴别异常精准；又有足够的领导才能，足以驾驭一众英豪……

他一生以高祖刘邦为榜样，他的才干跟刘邦类似，他的作风处处模仿刘邦，也按照刘邦夺天下的路线在走，不管从哪方面看，他都拥有称霸天下的条件。

然而他还是败了。败得糊里糊涂，甚至于让后人都有些难以接受。

硬要找原因的话，只能说：他的对手太过逆天了。

刘备的失败，首先是败给了曹操。

曹操的文韬武略在整个中国历史上都可以排在前列，刘备虽然杰出，但跟曹操比起来，还是稍微差了一点点。

仅仅是这一点差距还不足以致命，但曹操的家族背景又比刘备深厚得多，甚至可以说两者根本没有可比性，所以曹操轻而易举获得的人脉资源，刘备却要用毕生的精力去苦苦追寻。

这才是刘备致命的缺憾所在。

这样一来，刘备自然没法跟曹操竞争。

而在起兵的早期，曹操与刘备在时间上、空间上都明显重叠，形成直接竞争的局面。在曹操的压制下，刘备始终发展不起来，因此错过了乱世初期的黄金扩张期，后来就再也追不上了。

曹操统一北方以后，天下局势渐渐稳定下来，这时候刘备借着曹操、孙权争斗的机会，硬从两者的夹缝中开辟出一片天地，这已经非常不容易了，但仍然改变不了自身的劣势。

从这以后，刘备的竞争对手其实变成了孙权。

可惜孙权同样难对付，不仅因为他的起点比刘备高，有先发优势，更因为他本人的才略不输给刘备，在双方的竞争中，始终没露出破绽，又有江东的大量精英辅佐，所以刘备从他手上还是占不到便宜。

似乎上天一心要让这个时代看起来绚丽多彩，于是一次性派来三位顶级战略大师，迫使他们正面交锋，演绎出一场史诗级的巅峰对决。

在曹、孙两位大佬的挤压下，刘备最终败退下来，被赶到偏远的西南角落，在小小的益州艰难求生，实际上退出了对江山社稷的争夺。

这是让刘备和他的追随者们无比遗憾的结果，也让后人唏嘘不已，以至于后人把大部分同情都给了刘备和他的蜀汉集团。刘备输了江山，却赢得千秋令名，这大概是上天的变相补偿吧？

可惜这样的结果对刘备本人并没有意义，丝毫不能弥补刘备的遗憾。

上天也不会再给他太多时间去追忆往事了，持续的征战和长期抑郁已经摧毁了他的身体，他终于来到了生命的尽头，被迫要给下臣们交代后事了。

丞相诸葛亮和尚书令李严跪在榻前听令。

刘备把蜀汉的大小事务都交代清楚了，其中最重要的就是继承人问题。

蜀汉太子是甘夫人的儿子刘禅，今年十六岁，才能平平，又没什么从政经验，刘备对他很不放心。

刘备请求诸葛亮、李严二人尽力辅佐刘禅，随后对诸葛亮抛出一句惊人的话："刘禅如果能辅佐，你就好好辅佐他；如果不能，你就自己取而代之吧！"又亲自嘱托刘禅，"你跟着丞相学习处事待人，事之如父！"

诸葛亮悲从中来，叩头泣血道："臣必定竭股肱之力，效忠贞之节，以死报答陛下！"

从这一刻起，诸葛亮已经下定决心，余生的所有岁月，都要献给蜀汉，卧龙岗上闲散的生活，终究是回不去了。

后人读到这一段史书，往往认为刘备奸诈，在变相敲打诸葛亮。其实细想起来，刘备的遗言倒更可能是真心话——从刘备的角度来说，蜀汉是他用毕生心血换来的国家，这个国家的存亡比刘禅本人的命运更加重要，如果必须抛弃其中一个的话，刘备宁可抛弃刘禅，也希望蜀汉的基业可以万古长青。

最后，刘备给刘禅几句忠言："勿以恶小而为之，勿以善小而不为！惟贤惟德，可以服人。汝父德薄，不足效也……"

"汝父德薄，不足效也"，算是刘备对自己一生的追悔吧。

交代完所有遗言以后，公元223年四月，刘备病逝于白帝城永安宫，终年六十二岁，谥号"昭烈皇帝"。

中国史书上最绚烂夺目的一页就这样翻过去了。

第十五章　南征与北伐

三国局势重新洗牌

公元 223 年五月,刘禅登基,是为蜀汉后主,由诸葛亮辅佐。

刘备看人从来都很准,对诸葛亮更是绝对没看错,诸葛亮的确是辅佐刘禅的最佳人选。

诸葛亮是一个行事极度谨慎、作风极度平稳的人,能把一切都打理得井井有条,又善于处理对内、对外关系,这样的人,特别适合替君王料理内政。

这几年刘备四处征战的时候,就是诸葛亮坐镇成都,充当蜀汉的掌舵人。即使在夷陵之战以后,刘备长期滞留在外的情况下,诸葛亮都有条不紊地处理着国家事务,保证着国家正常运转。

诸葛亮之于蜀汉,犹如萧何之于大汉,或者荀彧之于曹魏,甚至比他们的地位更重要。

刘备就是考虑到这一点,才要求刘禅给予诸葛亮最高级别的信任,甚至"事之如父"。

而刘禅也遵守父亲的遗训。

刘禅这人虽然才能平平,但很有自知之明,他知道自己能力不够,就把国家事务全部委托给诸葛亮。

刘禅刚登基，就封诸葛亮为武乡侯，领益州牧，并且给予"开府"的特权，让诸葛亮全权决定国家大小事务，自己绝不乱插手。

这之后很多年，诸葛亮都是蜀汉实际的决策者，刘禅则以国君的身份协调各方关系，给诸葛亮执政提供支持。

而诸葛亮也以自己的忠诚与勤勉报答刘禅的信任。

夷陵之战以后的蜀汉，国力受到重创，所以诸葛亮无论对内对外都不再发动征战，把全部资源投入到经济恢复上面，让国家休养生息，逐步恢复国力。

当时，蜀汉国内出现了大量叛乱，诸葛亮采取隐忍的态度，不派兵征讨，而是对叛乱地区尽力抚慰，终于稳定住了国内局势。

对外，最大的问题是怎么处理跟东吴的关系。

一年前，刘备在夷陵惨败，逃入白帝城以后，陆逊就没有进一步追击，而是带领军队回去向孙权复命了。

这一方面是因为，蜀汉占据易守难攻的地理优势；另一方面，更重要的在于，魏、蜀、吴三方关系已经发生了根本性变化。

其实东吴方面一直有一个基本判断，就是：曹魏才是东吴的主要对手，东吴的对外政策一定要落实到抗击曹魏的方向上来。

从偷袭荆州开始，东吴的战略就是：打掉蜀汉的上升势头，把它变成一个温顺的小兄弟，然后带着这个小兄弟抗击曹魏。

偷袭荆州和夷陵之战两次战役以后，东吴已经完全达成了自己的战略目的，现在需要调整策略，开始拉拢蜀汉了。

同时，占据荆州南部以后，东吴已经具备了跟曹魏抗衡的底气，以前对曹魏"能哄就哄，能骗就骗"那一套伎俩可以放弃了。

之前为了稳住曹魏，孙权向曹丕称臣，并且同意把自己的太子孙登送到曹魏去为侍子（人质）。

夷陵前线大胜的消息传来，孙权马上变脸，不再提派侍子的事。曹丕派人去质问他，孙权涕泪交加，指天发誓，表示绝不背叛"皇上"的信任；但曹魏的使者一走，孙权又变脸，又拖着，还是不派侍子。

曹丕要再派使者去东吴，孙权干脆一口回绝，叫使者别来了。

曹丕这才发现自己被骗了。

盛怒之下的曹丕，当即决定点起兵马攻打东吴，有手下提醒他：现在伐吴的时机已经错过了，不宜再出兵。但曹丕不听。

夷陵之战的那年九月，曹丕出动魏军全体精锐，由曹休、曹仁、曹真率领，张辽、徐晃、张郃等名将参战，兵分三路，攻向东吴的洞口、濡须、南郡三处。

这时候陆逊已经从前线撤回来了，孙权派出吕范、朱桓、诸葛瑾等人分别在三处战场抵挡魏军。

作为报复，孙权派出使者去白帝城，跟卧病在床的刘备沟通，表示愿意重修旧好。刘备已经没有资格谈任何条件，只好也派出使者回访，双方的联系开始恢复。

这一通操作把曹丕气得脸红脖子粗，但他又没办法，谁叫当初刘备伐吴的时候他不帮忙呢？现在只能自己跟东吴死磕了。

曹魏的战争实力远远高于东吴，但东吴准备充分，长江防线难以突破，魏军虽然取得一些局部胜利，却难以真正打败吴军。

不久以后，张辽在军队中病逝，魏军进攻受挫，双方转入对峙阶段。

第二年二月，对峙了半年以后，东吴的朱桓在濡须口大败曹仁军队。魏军营中又暴发瘟疫，眼看坚持不下去了。曹丕无可奈何，只好下令收兵。曹丕的第一次伐吴之战无功而返。

这次胜利进一步说明之前吕蒙的决策有多么明智——占据荆州南部的东吴，防务形势大大改观，曹魏已经啃不动这块硬骨头了。

但魏、吴双方是彻底撕破脸了，双方断绝来往，重新转向敌对关系，孙权甚至改元为"黄武"（之前因为向曹魏称臣，所以东吴用曹魏的年号），正式跟曹丕划清界限。

没过多久，传来刘备病逝在白帝城的消息，东吴进一步调整策略，准备跟蜀汉结盟。

不过孙权有自己的姿态：得蜀汉先去求他才行。

诸葛亮非常清醒，知道过去的仇怨都不必提了，蜀汉目前唯一的选择就是委曲求全，投到东吴手下，乖乖地当个小兄弟。

这就是东吴一直以来追求的结果，可以说让东吴称心如意了，却又是蜀汉的巨大耻辱。但有什么办法呢？这个世界毕竟是靠实力说话的，蜀汉眼前没资格谈什么尊严！

邓芝是蜀汉朝廷里的尚书，以行事严谨著称，诸葛亮便派他出使东吴，恢复两国关系。

邓芝来到东吴，求见孙权。孙权直接给他一个下马威，拒绝见面。邓芝只能又一次上表恳求，孙权才接见了他。

孙权说："孤王倒是想跟你们亲近，但你们国小势弱，连自保都难，又是个黄毛小儿掌权，我怎么信得过你们呢？"

邓芝说："吴、蜀二国共占有四州之地（东吴荆、扬、交三州，蜀汉益州），蜀有山川之险，吴有三江之阻，二国勠力合作，共为唇齿，进可兼并天下，退可鼎足而立。如果大王委身于曹魏，曹魏必然又要让太子入侍，大王怎么办呢？一旦不从，曹魏必然讨伐，再命令蜀国顺流而下，两处合兵，则江南危矣。"

对于邓芝这番不太好听的话，孙权竟然不生气，反倒点头说："是这个道理。"于是派大臣张温去回访蜀汉，商讨结盟事宜。

没过多久，邓芝再次出使东吴，孙权故意阴阳怪气地说："你说我们两国合作可以兼并天下。我想了想，等灭了曹魏以后，我和你们主人并列称王，二人分治天下，倒也不亦乐乎呀！"

邓芝回答："天无二日，民无二主。真到了那一天，我们主人与大王各修德政，再擂鼓而攻，那时再来争个高下不迟。"

孙权哈哈大笑道："你果然是个实在人！"两国的同盟关系便这样重建起来了。

从此以后，吴、蜀之间往来不绝，比刘备在世的时候更加亲近，两国并肩合作，使得曹丕再也找不到南下的机会了。

魏、蜀、吴三国关系至此进入了稳定阶段，天下局势也渐渐平静下来。

这时候，一条毒蛇却在曹魏内部悄悄成长……

老奸巨猾的司马懿

曹魏朝廷里有许多盖世英才，司马懿算得上其中最拔尖的一位。

司马懿出身于名门望族，祖上世代为汉朝高官，他父亲司马防担任过洛阳令、京兆尹（相当于首都市长）。

司马懿有兄弟八人，都是当时的著名人士，因为他们的字里面都带个"达"字，所以号称"司马八达"。司马懿在兄弟里面排行老二，年少的时候，就被认为是诸多兄弟里面最有才略的。

出生于如此煊赫的家族，在特别看重出身的东汉时期，当然是必须要当官的。

公元201年，曹操听说了司马懿的才干，就征辟他到自己手下去当官（当时的制度，皇帝和"三公"级别的高官都可以征召民间人士到自己手下为官，称为"征辟"）。

根据后来的《晋书》记载，司马懿却看不上曹操这个"汉贼"，不想到他手下当差，所以声称自己得了风痹症，行动不方便，没法响应朝廷征召。

曹操派人半夜去偷偷查探，只见司马懿果然躺在床上一动不动，曹操也没办法，征辟司马懿的事只好作罢。

又过了几年，曹操又去征辟司马懿，并且嘱托手下说："那家伙要再不来，就给我抓起来！"这次司马懿没敢再耍花样，只好来到曹操手下，领了一个"文学掾"的官职，这是司马懿进入政坛的起点。

司马懿非常有谋略，看人、看事眼光独到，常常提出高人一等的见解，所以逐渐受到曹操赏识，官职也一步步提升，从黄门侍郎、议郎，一直到丞相主簿。

整个曹操时代，司马懿的晋升之路都十分平稳，最终成了曹操手下一等一的谋士。

后人总认为司马懿天生就是个大阴谋家，满肚子阴谋诡计，在曹操手下不干正事，整天谋划怎么夺权，而曹操一直对他严加提防。史书上也说，曹操梦见三马同槽（预示着司马氏夺曹氏江山），又发现司马懿有"狼顾之相"，于是提醒太子曹丕要防止他篡位。

但实际上这是马后炮。谁也不会天生就带着篡位的使命，当时的司马懿不过是曹操手下一名谋士，他的目标也就是尽力发挥自己的才干，在曹魏帝国的朝廷里爬到高处罢了。而且以曹操的明察秋毫，也不会允许身边存在一个随时会篡位的阴谋家。

实际上，当时的司马懿的确是"治世之能臣"，他替曹操出谋划策，给出了许多明智的建议，为曹操征战天下做了不少贡献。

比如在拿下汉中以后，曹操满心疲惫，宣布班师，司马懿就建议说："如今刘备刚刚夺到益州，立足未稳，又跑去跟孙权争荆州（湘水划界事件），我们只要在汉中压上大军，对益州军民施压，就能促使他们内部出现变故，益州唾手可得！"

曹操却不听，坚持班师，结果果然让刘备捡到大便宜，不仅在益州站稳脚跟，随后还把汉中也拿下了。

关羽发起襄樊战役前，司马懿向曹操检举荆州刺史胡修执政粗暴、南乡太守傅方骄奢淫逸，声称：这两人都不适合镇守边疆，应该尽快替换掉。

曹操也没听，没有替换两人。结果关羽攻击襄樊以后，胡、傅两人果然很快投降。

襄樊之战最激烈的时候，曹操召集朝中重臣商讨是否要迁都，司马懿表示反对，说："于禁的军队是遭遇水灾被淹没的，不能算败于敌人，不应过于夸大关羽的威胁。如果现在迁都，反而是向敌人示弱，引起人心动荡。我们正确的做法是去联络孙权，鼓励他偷袭关羽后方。"

曹操同意他的说法，不再讨论迁都的事。

关羽被灭以后，曹操考虑把荆襄地区的遗民迁走，防止他们跟吴、蜀勾结，司马懿却说："不可！荆楚地区民众易动难安，如今关羽刚被打败，他的支持者还有许多躲在山野中，如果把合法民众迁移走，这些流民受到惊吓，就不会回来了。"

曹操听取了他的建议，对荆襄地区以安抚为主，躲藏的民众果然渐渐返回家园，社会秩序便逐渐恢复了。

虽说史书可能经过司马懿后人的篡改，夸大了他"英明神武"的成分，但从这些零星记载也可以大致看出：司马懿的见识确实高于曹魏朝廷的其他人物。他能受到曹操赏识，逐步被重用，也就不难理解了。

司马懿真正的机遇在曹丕时代。

曹丕当太子的时候，司马懿是太子中庶子，相当于太子身边的谋臣，于是在立储之争中，司马懿站到了曹丕一边。

曹丕和司马懿都是心机很重、特别阴沉的人物，两人互相欣赏，一拍即合，竟然结出了深厚情谊。从此以后，曹丕给予了司马懿毫无保留的信任。作为回报，司马懿也尽力献计献策，为曹丕最终继位立下了汗马功劳。

曹丕心胸狭隘，登基以后拼命迫害当初不支持自己的人，同时大力提拔自己的嫡系人马，于是司马懿飞速蹿升，几年之内便成了朝廷里地位最高的官员之一。

到这时候，司马懿已经进入了曹魏帝国的最高权力中枢，作为人臣来说，职位基本到顶了，一生的事业似乎也完结了。

但曹丕随后的一些政策，让事情起了变化。

曹丕只信任自己的几个亲信，对其他人很冷漠，对那些可能威胁到自己的人——特别是自家兄弟，更是绝不容情。

对曹植的迫害就不用说了。实际上，曹丕对自己的所有兄弟都尽力打压，千方百计防止他们坐大。

曹丕登基以后不久，就命令所有兄弟都回到自己的封国——不是回去享福的，而是去接受朝廷监管。这些曹氏王孙们，在自己封国内部受到严厉限制，一举一动都在朝廷监视之下，类似于被羁押的犯人。

从一个例子可以看到这些王孙们的处境。

曹丕有一个弟弟曹衮，十分勤勉，其他兄弟们都在游玩的时候，他却忙着读圣贤书。

曹丕派来监视他的官员们就商量道："我们虽然是被派来监察王爷的过错的，但他有优异表现，也应该奏报上去。"于是联合上奏表，称赞曹衮勤勉好学。

曹衮知道以后，极其惊恐，对这些官员们说："我读书不算什么了不起的事，不该惊动皇上。诸君这样报上去，是在害我呀！"

从此以后，连他做的好事，官员们都不敢上报了。

曹氏诸王的生活就压抑到了这种程度。

在曹丕的严厉打压下，曹氏诸王都没能拥有自己的势力，这虽然防止了他们作乱，却让中央政府失去了拱卫，给那些心术不正的权臣留下了机会。

在当时，这个问题还没有凸显出来，但之后会对局势产生重大影响。

同时，曹丕对外戚也严加提防，毕竟外戚是东汉灭亡的元凶之一。

曹丕特意下诏：妇人不得干政，群臣不得奏事太后，外戚家族不得当辅政大臣。并且特意说明："以此诏传后世，若有背违，天下共诛之。"在如此严厉的规定之下，外戚根本没有上位的机会，当然就没法干政了。

东汉灭亡的另一大元凶是宦官。于是曹丕下令废除中常侍和小黄门（任这两个官职的宦官在东汉年间曾经掀起滔天巨浪），并且规定，以后宦官的职位最高不能超过"署令"，通过这来严厉限制他们的权力。最后，把这些政策刻在金策上，藏在石室中，永久警示后人。

经过这些限制以后，曹丕认为现在所有导致大权旁落的危险因素都已经不存在了，皇权已经足够安全了，曹氏的江山应该可以保得千秋万代了吧？

藏在权力中枢内部的司马懿，冷冷地望着这一切，默不作声。他心里在盘算什么呢？没人知道。也许他还在等待，等待命运赐予更大的机会。

从文帝到明帝

公元226年五月十七日，曹丕驾崩，曹魏帝国的命运迎来重大转折。

曹丕执政六年，没有多少政绩，唯一值得记录的是三次攻伐东吴。

公元222年那一次，曹丕发现自己被孙权耍了，勃然大怒，不顾东吴已经有准备的事实，悍然发动大军南下，对峙了半年，始终攻不破长江防线，只好无功而返。

公元224年，从前线撤军一年以后，曹丕又调集大军，准备再一次伐吴。

当年九月，他亲自来到广陵，查探东吴的情况。

东吴听到消息以后，紧急组织民夫，沿着长江南岸，一夜之间用木头垒起许多"城寨"，外面再用芦苇覆盖，连绵数百里，远远望去，蔚为壮观。

第二天一早，曹丕来到长江北岸眺望，看到南边那些雄威的"城寨"，不禁叹息道："东吴不可伐也。"于是班师回朝了。

公元225年，曹丕第三次准备伐吴。

当年十月，曹丕再一次来到广陵，数十万魏军聚集在长江北岸接受检阅，旌帜蔽天，十分壮观。

不料随后寒潮来到，通向长江的水道结冰，魏军的战船无法开进长江，曹丕叹息道："嗟乎！天之所以隔南北也！"只好带军北还。

曹丕的三次伐吴战争便这样收场了。

其实在夷陵之战过后，曹魏征服东吴的时机就已经错过了。曹魏内部许多人已经看清了这个事实，所以曹丕每次伐吴都有大臣上书劝阻，眼光极其刁钻的贾诩也委婉地提醒曹丕："昔者，舜舞干戚而有苗服（舜依靠德化征服有苗部落）。皇上不必急于讨伐吴、蜀二国，只要勤修德政，抚临率土，二国自然归附。"

可惜这些忠言曹丕都听不进，一意孤行，终于三次伐吴之战都草草收场。

曹丕一生的功绩也就到此为止了。

病重的曹丕召来陈群、曹真、曹休、司马懿，任命他们为辅政大臣，让他们共同辅佐太子曹叡，随即病逝于洛阳宫。

太子曹叡随后即位，是为魏明帝。

曹叡的身世很特殊，导致他的继位之路也充满波折。

曹叡的母亲是三国时期有名的大美人甄氏（名字已失传）。

当年曹操跟袁绍的几个儿子作战，其中，袁尚驻扎在冀州，袁熙驻扎在幽州，曹操先攻打袁尚。

公元204年，曹操打败袁尚，攻下邺城。曹丕也在军队里，他抢先闯进袁府，见到一名年轻女子躲在袁绍夫人刘氏身后，钗鬟散乱，满面污垢。

曹丕把这女子脸上的污垢擦掉，顿时艳光照人。一问，才知道她是袁熙的妻子甄氏，目前留在邺城侍奉婆婆刘氏。曹丕对甄氏一见钟情，便向曹操通报，迎娶了她，称为甄夫人。

甄夫人不仅貌美，而且知书达理，性情和顺，是一位几乎完美的后妃。之后很多年她都受到曹丕宠爱，还为曹丕生下了长子曹叡。

曹叡从小就聪慧又俊美，非常讨人喜欢，曹操对他宠爱异常，经常把他带在身边，还让他参加各种宴会，跟王公大臣结交。曹操说："我们家有了你，可以保得三世繁荣了。"

在祖父、父亲的悉心栽培下，曹叡小小年纪就学富五车，成长为曹家下一代的佼佼者。

后来曹丕被立为太子，看来曹叡成为曹家的继承人也只是时间问题了。

却不想随着时间推移，甄夫人渐渐失去了曹丕的宠幸，在后宫斗争中输给了郭女王。

曹丕称帝以后，册封郭女王为贵嫔，另外又封了李贵人和阴贵人，甚至大肆提拔郭女王的亲属，却把甄夫人冷落在一边。

公元221年，刚登基一年的曹丕突然下诏赐死甄夫人，并且在不久以后立郭女王为皇后。

甄夫人失宠和被赐死的具体情况是历史上的谜案，后人普遍猜测跟郭女王有关，但没有证据。

据说甄夫人下葬的时候以头发遮面，以糠塞口，这样是为了使她的灵魂无处申冤，可见曹丕对甄夫人的怨恨。

甄夫人被杀立即牵连到了曹叡，曹丕下诏，把曹叡降为列侯。

甚至有传闻说，曹叡是袁熙的遗腹子，这进一步对曹叡的地位构成了打击。

但曹丕也没有太多选择，因为他子嗣不兴旺，虽然他有十个儿子，但竟然有五个都早逝（死在曹丕之前），而他最宠爱的郭女王也一直无子，加上曹叡确实优秀，曹丕还是在不久以后又把曹叡提拔上来，封为平原王。

曹叡对母亲被杀的事一直耿耿于怀，考虑到这一点，曹丕也一直没立太子。

直到有一次，曹丕带着曹叡去狩猎，看到一只母鹿带着小鹿，曹丕射杀了母鹿，命令曹叡射杀小鹿。曹叡却眼含热泪说："陛下已杀其母，儿臣不忍再杀其子。"曹丕大受震撼，从此坚定了立曹叡为太子的决心。

曹叡通过自己的表演，旁敲侧击地让曹丕想起来对他的亏欠，终于为自己争来了太子之位。

曹丕也怕曹叡和郭女王将来有矛盾，所以让曹叡认郭女王为养母，两人既然是法定上的母子，曹叡就算有再大怨气，也不敢找郭女王复仇了。

曹叡也收起自己的怨愤，在表面上认郭女王为母亲，两人母慈子孝，看起来十分和谐，曹丕悬着的心才终于放下了。

熬过了曹丕在位的七年，公元226年，曹叡终于成功即位。

事实证明，曹操看人果然分毫不差，曹叡真的是一位优秀的帝王。

曹叡即位以后的第一件大事，就是限制四个辅政大臣的权力。

司马懿是老狐狸，不用说了，曹休、曹真也是曹氏的元老，十分难对付。

曹叡对付他们的第一招就是：把他们支上前线，远离权力中心。

司马懿斩孟达

曹叡登基以后，曹魏的兵权掌握在曹休、曹真、司马懿手里，之后很多年，曹魏的对外战争都由他们统领，三人也充分展示了他们高超的军事素养。

其中，司马懿斩杀孟达就是一次军事上的杰作。

事情还要从孙权偷袭荆州说起。

当时，蜀汉的刘封和孟达共同镇守上庸三郡（西城、上庸、房陵）。但两人都跟关羽有矛盾，在荆州后方被偷袭，前线战事岌岌可危的时候，关羽多次催促两人发兵去援助，两人却拒不发兵，最终导致荆州陷落，关羽身死。

两人不发兵除了个人恩怨以外，很有可能也因为他们确实没能力救援关羽。上庸三郡本来就是新归附的领土，各方面都不稳定，又紧挨着曹魏的襄阳、樊城，兵力也极其有限。在关羽遭到曹魏、孙权两方围堵的情况下，以上庸那点可怜的兵力去救援，恐怕是飞蛾扑火，最坏的结果，魏军可能直接突袭刘封、孟达后方，把上庸一起拿下。

所以两人可能也有不得已的苦衷。

不过对于蜀汉来说，刘封、孟达的行为等同于叛国，绝不能接受。

尤其刘封还是刘备的养子，这样的背叛行为，让刘备心冷到极点。

狂怒的刘备立即问罪，刘封、孟达都感到极大的压力。而且两个逆臣之间也有矛盾，孟达索性一不做二不休，修书一封给刘备，说明自己的苦衷，然后带领手下军队投降了曹魏。

孟达的到来对于曹魏是意外之喜。上庸地区又被称为东三郡，属于汉中东部板块，紧挨着襄阳、樊城，是益州与荆州之间的缓冲带，当年刘备攻打汉中的时候从曹魏手上抢到了这里，曹魏统治者一直耿耿于怀，想收回这片土地，但找不到机会。现在有孟达帮忙，收回东三郡容易多了。

曹丕对孟达非常热情，对他大加封赏，各种封号都往他身上安，然后让他带着曹魏大军杀向东三郡。刘封抵挡不住，只好弃城逃走，到成都以后被刘备逼迫自尽了。于是东三郡重新落入了曹魏掌控之下。

曹丕把东三郡合并为新城郡，让孟达去镇守，孟达达到了自己的人生巅峰。

但孟达是个十足的蠢人，他以为自己真的很受人欢迎，却不知道自己之所以受到曹丕抬举，是因为曹丕想借他的力量夺回东三郡。现在东三郡已经收回了，他还有什么价值？于是从东三郡回归开始，孟达就逐渐受到曹魏统治者冷落了。

后来曹丕驾崩，新登基的曹叡对孟达更看不上，孟达这个外来户在曹魏朝廷里被孤立起来，日子越来越难过了。

这时候他又想起老东家来了，觉得还是以前刘备对他更好。诸葛亮看到这个机会，便暗地里跟孟达联络，游说他反叛曹魏。

孟达脑子一热，便听了诸葛亮的话，计划背叛曹魏，把东三郡再给蜀汉送回去。

诸葛亮知道孟达只是一时没转过弯来，等他清醒过来可能又要反悔，于是直接把事情做绝。

当时曹魏的魏兴太守申仪（以前是蜀汉的西城太守，跟孟达是同僚，后来也投靠了曹魏）跟孟达有矛盾，这几年一直在打小报告控告孟达。诸葛亮就派人向曹魏诈降，却在"不经意"间透露了孟达即将回归蜀汉的消息，又故意让申仪听到了这条消息。

申仪如获至宝，立即去报告给司马懿。

孟达知道消息泄露以后就慌了，想着朝廷肯定要派兵来讨伐，于是盘算着怎么起兵来对抗朝廷。

不料随后他却收到司马懿的来信,司马懿说:"将军切莫惊慌。要真如蜀人所言(你要叛归蜀汉),那是惊天的大事,诸葛亮怎会轻易泄露?可见只是诸葛亮的反间计而已。蜀人愚鲁,以这等雕虫小技骗人,不必当真。"

孟达收到这封信,惊疑不定,不知道该不该相信司马懿。

但有一点是不必担心的:当时司马懿驻扎在南阳的宛城,宛城到洛阳八百里,到孟达所在的东三郡一千二百里,司马懿要讨伐孟达,需要先上表给洛阳的曹叡,得到曹叡批准以后再发兵过来,这样一折腾,少说也要一个月才能到达。

所以孟达慢吞吞地在自己驻扎的上庸城加固城防,防备一个月以后可能到来的朝廷大军。

没想到,八天之后,司马懿大军来到!

司马懿写信给孟达的同时,不等曹叡批准,直接自作主张开向东三郡,日夜兼程,飞速杀到。

这下孟达傻了,城防加固工程才刚刚开始,就被杀了个措手不及,只好仓促应战。

吴、蜀两国已经探听到了司马懿大军开动的消息,紧急派兵去救援孟达,但司马懿先行一步,已经派兵挡在了交通要道上,两国军队只能眼睁睁看着司马懿杀向孟达。

公元228年正月,司马懿攻打上庸城,经过十六天的战斗,攻破城池,擒斩孟达,平息了一场酝酿中的叛乱。

诸葛亮收回东三郡的努力因此失败了。

至于另一个反复无常的小人申仪,司马懿对他也不放心,不久以后就借口说他刻假印章,把他抓起来,送到洛阳问罪去了。

擒斩孟达这一战,显露出司马懿惊人的政治和军事才能,可以说在目前的魏、蜀、吴三国中,没有谁的综合才能可以胜过他,之后的很多年,他都会是吴、蜀两国最强劲的对手。

不过目前曹魏的最高军事统帅还是曹休、曹真两人,对抗东吴和蜀汉主要还是他们两人的任务。

东吴北伐的努力

孙权这些年做事都很没有底线，听说曹丕过世，他立即派兵，趁曹魏国丧北伐，对荆州北部展开攻击。

其中一路由孙权亲自率领，攻打江夏郡。

江夏太守文聘苦苦支撑。

曹魏大臣们都建议立即派兵援助江夏，曹叡却说："孙权只擅长水战，不擅长陆战，这次不过趁文聘不防备发起突袭，暂时占据上风而已。文聘既然顶住了第一波进攻，后面就不用担忧了。孙权支持不了太久。"

没过多久，孙权果然攻不下江夏，只好退兵了。

另一路由诸葛瑾、张霸率领，攻打襄阳。

曹叡派司马懿迎击，很快打退诸葛瑾，斩杀了张霸。

另一支吴军攻打寻阳，曹叡派曹休迎击，也很快获胜。

孙权的第一次北伐便这样黯然收场了。

不过从这时候起，魏、蜀、吴三方关系已经从曹魏南侵，变成了以吴、蜀北伐为主，曹魏主要是防守一方了。

其中的主要原因便是，吴、蜀关系已经处于高度稳定状态，双方都以曹魏为敌人，都想逆境求生，在北伐中为自己打开生存空间。

而曹魏怎么打算的呢？当年贾诩劝谏曹丕的一番话可以代表他们的主流观点：吴、蜀各自凭据山川险要抵抗北师，内部又有诸葛亮、陆逊这样的战略大家，短时间难以攻克；曹魏不宜轻易动兵，而应勤修德政，待吴、蜀内部出现变局，再南下讨伐。

说到底，曹魏占据的是天下精华部分，只要努力发展经济，随着时间推移，跟吴、蜀的国力差距就会逐渐拉开，所以现在不必急着动兵，等下去，总有可以动兵的时候。

这种观点影响了曹魏之后的几代人，所以从这以后，"积极防御，等待变局"就成了曹魏对外关系的主基调。

不甘心失败的孙权，随后又心生一计。

公元 228 年年中，驻扎在淮南前线的曹休忽然收到鄱阳太守周鲂的密信，说他在东吴受到责罚,想以整个鄱阳郡投降曹魏,请求曹休派兵去接应。

曹休派人打听,鄱阳郡那边最近果然有很多朝廷使节来调查周鲂,周鲂受尽责难,以至于亲自到郡府门前剃掉头发谢罪。

一旦拿下鄱阳郡,长江天险将不复存在,东吴的整个防线就崩溃了,这是建立千古奇功的绝佳机会。曹休没仔细甄别,便亲自带领十万大军南下接应周鲂。

这当然是孙权的诈降计。孙权已经准备好了,他亲自来到长江上的皖口驻扎,陆逊为大都督统领全局,陆逊、朱桓、全琮各带三万大军在长江北岸埋伏好,一旦曹休来到,他们就杀过去,来个瓮中捉鳖。

曹休来到长江北岸的石亭,这里已经深入东吴境内,前方被长江阻隔,后方又有大量湖泊、湿地,道路难行,更有大别山阻断东西交通,地形十分凶险。

周鲂的军队根本不见踪影,曹休这才知道自己被骗了,但他仗着自己兵多将广,便就地发起袭击,准备跟东吴决一死战。

陆逊、朱桓、全琮、周鲂等人已经在各个方向埋伏好了,这时分别从各处杀出来,围住曹休,展开了一场大战。

魏军无论人数、装备还是战斗力都超过对方,但对地形完全不熟悉,他们在三路吴军的夹击下,很快被分割开来,失去了统一指挥,迅速崩溃了。

曹休带着魏军向北方逃窜,一路逃到夹石。吴军沿路追击,杀得魏军丢盔卸甲。

战前,朱桓曾经建议:在夹石的道路上预先堆上柴草,阻断交通,以便把曹休军队一网打尽。但这个提议被陆逊否决了,所以这时候夹石的道路还能行走,曹休便想从这里逃走。

吴军还想追击,但曹魏那边也有准备。

早在曹休出发前,曹魏内部的蒋济、满宠等人就认为可能有危险,所以曹叡为了保险起见,同时派出司马懿杀向江陵,牵制吴军,派贾逵奔向东关(在石亭以东,长江下游),接应曹休。

贾逵带着前锋刚到东关,就听到了曹休战败的消息,于是他来不及等待后方军队,只带着少量魏军飞速开向夹石,沿路打出大量旌旗。吴军远远望见，以为曹魏大军来到了，赶忙撤走，曹休这才逃掉了。

这场战役，吴军斩杀、俘获魏军上万人，获得牛马骡驴车辆上万，粮草、辎重截获了无数，取得了赤壁之战过后对曹魏的最大规模胜利。

这场胜利使曹魏军事力量受到重创，之后很多年，曹魏都无力再南下讨伐东吴，东部战线迎来了一段较长时间的和平。

曹休逃回魏国以后，虽然受到曹叡的宽恕，但他内心忧惧不安，痈发于背，不久以后就病死了。曹真接替他的位置，成了曹魏的三军统帅。

而孙权受到这次大胜鼓舞，在一年以后终于称帝，正式建立了孙吴王朝。

称帝的时候，为了刺激曹魏，孙权还跟蜀汉使节签订盟书，约定以后北伐成功，双方以函谷关为界中分天下，豫、青、徐、幽四州属吴，兖、冀、并、凉四州属汉。

曹叡听到这个消息，不知道是想气呢，还是想笑？但也确实无可奈何，只好随他们去吧。

孙权在东线对曹魏大打出手的同时，诸葛亮在西线也发起了一系列战役，这些战役持续时间更久，对历史进程的影响更大，这是蜀汉的求生之战。

艰难求生的蜀汉

刘禅登基以后，蜀汉实行了几年的休整政策，对内、对外都尽量不用兵，努力修复战争创伤，发展经济，恢复国力。

公元 225 年，蜀汉已经从两次战争失败的阴影中走了出来，诸葛亮开始出兵讨伐南中地区的叛乱。

南中地区叛乱已经好几年了。先是当地豪强雍闿杀掉蜀汉的官员，号称要以南中各郡叛归东吴，还得到了孙权册封。后来，当地夷人首领孟获也跟着叛乱，在孟获煽动下，各个夷人部落都背叛了蜀汉，南中地区实际上成了独立王国。

蜀汉政府这几年一直隐忍，到这时候才让诸葛亮去平叛。

出发之前，手下的参谋马谡提醒诸葛亮："用兵之道，攻心为上，攻城为下。要收复南方夷人，关键是让他们心服。"诸葛亮点头称是，把这些话牢牢记在了心里。

诸葛亮到达南中的时候,雍闿已经被同伙杀了,他手下的军队都合并到了孟获那边,所以现在的主要目标是讨伐孟获。

诸葛亮采取"攻心"策略,打败叛军,生擒孟获以后,又把他放了,让他继续来跟自己战斗,据说总共"七擒七纵"。到最后一次被打败以后,孟获终于心服口服,向诸葛亮保证:"南人不复反矣!"

南中地区从此平定,蜀汉的大后方终于稳定了。

回到成都以后,又休整了两年,其间曹魏的主人从曹丕换成了曹叡。公元227年,诸葛亮向刘禅上了一封奏表,便是闻名千古的《出师表》。

> 先帝创业未半,而中道崩殂。今天下三分,益州疲敝,此诚危急存亡之秋也。然侍卫之臣不懈于内,忠志之士忘身于外者,盖追先帝之殊遇,欲报之于陛下也……

这封奏表明确说明了蜀汉目前的困局,以及打破困局的迫切性。

"大意失荆州"以后,蜀汉已经把棋局下成了死局。被逼到西南一角的蜀汉,面临严重的生存危机。

益州虽然物阜民丰,但体量太小,资源有限,发展后劲严重不足。目前天下局势已经趋于稳定,魏、蜀、吴三国都在努力恢复民生,随着时间推移,蜀汉跟魏、吴的国力差距只会越来越大。

目前这种差距已经首先在人力资源方面体现出来了。

从建国时起,蜀汉的人才储备就明显落后于魏、吴。被困在益州以后,他们只能从益州本地征召人才。益州本身就人口稀少,文化落后,能提供多少青年才俊?所以蜀汉在人才后备力量上变得更加捉襟见肘。

现在国内还有刘备的老部下撑着,等这一代人故去以后,蜀汉必定陷入无人可用的境地,到时候不管刘禅有多么贤能,都独木难支了。

对于这个问题,诸葛亮十分忧虑。包括他自己在内,刘备的老部下们年纪都已经大了,已经没有多少时间来保护这个国家了,所以他必须争分夺秒,趁这一代人还在的时候,努力求生,为国家摆脱困境。

要摆脱困境，就只能对外出击，拓展生存空间。

蜀汉对外只有两个出击方向：荆州和关中。

荆州是天下敏感地带，对那边的任何动作都会招来魏、吴的联手绞杀，所以蜀汉对外扩张的方向只能是关中。

只要拿下关中，蜀汉就会从偏安一隅的小朝廷变成中原群雄之一，局面顿时就打开了，目前所有的困扰都将不复存在，逐鹿中原的大幕也会就此拉开。

这样的吸引力实在太大，以至于刘禅和诸葛亮无论怎样都要试一试。

蜀汉攻打关中有一个明显优势：关中是一个相对封闭的地块，远离曹魏的统治中心，在那里发起战争，曹魏调兵支援会很困难，因为他们的主力部队要留在东部防备东吴。

所以关中其实是曹魏统治的薄弱地带，攻打的难度相对较小。

但蜀汉也有自己的劣势：蜀汉攻打关中，得从汉中出兵，需要穿过秦岭，道路异常险峻，后勤压力极大。

从汉中到关中，主要的道路是子午道、傥骆道、褒斜道、陈仓道。不管蜀汉如何出奇兵，都只能从这几条道路攻入关中，变不出什么新花样。

所以曹魏只要死守住这几条道路的出口，就基本防住了蜀汉的偷袭。

当年楚汉相争，韩信曾经从陈仓道偷袭关中，创造了一个彪炳史册的军事奇迹。但正因为是奇迹，所以不可复制。从那以后，人人都知道了"暗度陈仓"的故事，北方守军对于汉中来的偷袭已经有所防范，再要从汉中偷袭关中，难度便大大提高了。而且就算偷袭得手，给敌人造成的心理震撼也不会那么大了，很难导致敌人崩溃。

雪上加霜的是，汉中本身体量太小，不能支持长期战争，所以蜀汉还需要从更远的成都平原调集资源，成都平原到汉中之间也有崇山峻岭阻隔，再到关中，要翻两次山，后勤压力成倍提高。

如果仅仅是这些困难，都还可以想办法克服，但还有另一个问题，彻底否决了蜀汉获胜的一切可能：关中地区是一个整体，没法分割统治。

这意味着，蜀汉必须一次性吞下整个关中，把曹魏军队赶到潼关外面去，然后闭上潼关大门，在关中内部移民、屯垦、平叛、重建社会秩序，同时挡住曹魏大军的反攻，等这一切都完成以后，才算真正拿下了关中。

否则，只要潼关大门闭不上，蜀汉就要被迫在关中平原跟曹魏打消耗战，以蜀汉的后勤压力来说，这种消耗战根本没有取胜的可能。

而蜀汉的国力又支撑不起大规模战争，所以"一次性吞下整个关中"这个任务首先就不能完成。

这样看来，蜀汉真是进退维谷，无论怎样都吞不下关中了。

凭诸葛亮的才能，这些问题他应该都考虑到了。但他还是坚持出兵，因为他的国家已经站在悬崖边上，没有退路了。他只能主动出击，以呕心沥血的姿态，凭借自己的才干，去寻找那一点点微渺的破局希望。

这是一次飞蛾扑火似的尝试，前方的道路注定无比坎坷，需要诸葛亮以毕生鲜血去填补沿途的沟渠。但他义无反顾，他以这种悲壮的方式来报答刘备的知遇之恩，报答卧龙岗上的"三顾"，报答白帝城那一次推心置腹的托孤。

鞠躬尽瘁，死而后已！

第一次出祁山

从益州直接出击关中有巨大困难，诸葛亮不得不退一步，采取迂回包抄的方式，先拿下关中以西的陇右地区，再谋夺关中。

关中以西有山，名陇山，陇山以西是陇西高原，传统上称这里为陇右。

陇右居高临下，对关中形成压制，蜀汉如果控制这里，就可以随时从这里出击关中，比从汉中出发、通过狭窄的栈道攻打关中方便多了。即使不从这里出兵，只在这里屯垦，都会使关中守军提心吊胆，大大增加他们的防务压力。

所以拿下陇右可以大幅改变蜀汉和关中之间的战略局势，对蜀汉发起后续攻势有很大帮助。

而且陇右是游牧民族聚居区，长期不服中原政权，对曹魏的向心力很弱，又因为马超的缘故，他们反而跟蜀汉比较亲近，这也是蜀汉攻取陇右的优势之一。

所以诸葛亮第一次北伐就把陇右定为目标。

从汉中出发，向西通过武都郡，再穿过祁山地区，便到了陇右。这条道路隐藏在崇山峻岭中，方便瞒过曹魏守军。诸葛亮计划从这里出击，对曹魏发起突袭。

为了迷惑曹魏的关中守军，诸葛亮同时派赵云、邓芝从汉中出褒斜道，占据箕谷（在褒斜道南部），做出攻打关中的姿态。

出发前，汉中太守魏延献了一条计策：让他带领五千精兵，直接从子午道杀奔关中。

子午道的北出口就在长安附近，从子午道出击，可以直接杀到长安城下，造成奇袭的效果。长安守将夏侯楙（mào）是靠裙带关系上位的，怯而无谋，必定会被吓走，一切顺利的话，蜀军可以很快控制长安。

同时，诸葛亮再带领蜀军主力出褒斜道，到长安城下跟魏延会合，那么长安以西的半个关中就轻易到手了。

这条计策具备一定的可行性。因为当时蜀汉的出击属于偷袭，而曹魏统治者认为既然刘备已经死了，蜀汉肯定没能力再对外用兵，所以完全没防备。这种情况下，蜀汉大军一旦突然出现在长安城外，确实有可能短期内拿下长安。

但蜀汉还是面临一个根本问题，就是兵力不足。即使拿下长安，也不足以扫清整个关中的曹魏势力，那么潼关大门就闭不上，就必然要在关中平原抗击源源不断到来的曹魏援军。而曹魏大军一旦来到，必然先堵住蜀军撤回汉中的通道，然后来个"关门打狗"。最坏的局面下，就连诸葛亮的主力部队都要陷入关中战场，被迫跟曹魏打一场正面决战，这是极度危险的！

所以诸葛亮考虑再三，还是没用魏延的计谋，而是继续采用原来的比较稳妥的方案。

公元228年初，诸葛亮亲自领兵杀向祁山方向，拉开了北伐曹魏的序幕。

不出诸葛亮的预料，陇右地区的豪强一听说蜀军到来，马上发起大规模叛乱。天水、南安、安定都被叛军控制了，只剩广魏郡和陇西郡还在负隅顽抗。这样一来，蜀军不费一兵一卒，已经拿下了陇右五郡里的三个，形势极为有利。

陇右的倒戈引起关中震动，曹魏高层确实没料到蜀汉真敢来进攻，更没料到诸葛亮竟然把陇右作为主攻目标，曹叡和大臣们一时间有点儿蒙了，手忙脚乱。

不过他们很快定下神来。曹叡安慰大臣们说："不必担心。蜀贼这些年都依靠山川地形坚守，如今诸葛亮抛弃自身优势，孤军前来，正是自投罗网。"

曹叡紧急派张郃带领五万援军开往陇右，派曹真去阻挡赵云，自己亲自来到长安坐镇指挥。同时，凉州刺史徐邈也在陇右地区发起反击。

诸葛亮的计划是派兵守住东部陇山防线，把曹魏援军挡在关中，自己带兵清扫陇右内部的抵抗势力，等把这些抵抗势力清理完毕，陇右就拿下来了。

陇山防线的关键位置在街亭，守住街亭，敌人的主力就很难进入陇右。

但蜀汉的人才危机这时候显露出来了，诸葛亮手下没有几个能征善战的大将，唯一一个经验丰富的老将魏延又不受诸葛亮信任，现在能派谁去守街亭呢？

越巂太守马谡这几年很受诸葛亮器重，他熟读兵书，谈起兵法来头头是道，上次征南中，诸葛亮就是采取他"攻心"的提议，终于平定了夷人叛乱。所以经过慎重考虑以后，诸葛亮把守街亭的重任交给了他。

马谡也知道自己责任重大，所以尽量把自己从兵书上学到的才能发挥出来。

他一到街亭就坚持"置之死地而后生"，要把军队都开到山上去驻扎。副将王平等人竭力反对，却争不过他，只好由他把军营扎到了一座山上。

在山上最大的问题是水源会被人控制住，张郃是征战多年的名将，当然不会放过这样的机会。他看到蜀军在山上安营，立即命人四面围住，切断水源，这样一来，山上的蜀军很快就慌了。魏军再发起进攻，马谡的军队没抵抗多久就分崩离析，四散而逃，只剩王平率领的一千多人勉强守住营垒，再跟马谡的残兵一起撤回了后方。

街亭之败是一次小规模失败，却使整个陇右地区门户大开，没法再拦截关中方向来的魏军。加上陇右本地的魏军也在疯狂反扑，同时赵云那边也败了，诸葛亮怕出意外，只好下令全军撤退，于是蜀汉的第一次北伐战争就这样草草收场了。

后人常常把这次北伐失利的责任算到马谡头上，其实这次北伐本来就胜算不大。蜀军要想获胜，只能寄希望于敌人犯错，但曹魏领导层并没有犯错，他们的应对非常及时，调动也有条不紊。所以蜀军即便暂时守住街亭，要挡住曹魏之后的进攻，也还有相当大的困难。街亭的陷落，只是让蜀军的失败提前了而已。

归根结底，还是因为蜀汉实力太弱了，必须每一步都走对，同时还要对手犯错，才会有奇迹出现。

诸葛亮也明白，以蜀汉目前的国力，承受不起任何失败，所以他小心再小心，竭尽全力保存实力，宁愿无功而返，也绝不冒险，这也成为诸葛亮后面几次北伐坚持的原则。

回到成都以后，蜀汉政府检讨这次出兵的过失。

马谡用兵失策，是这次溃败的主要原因。更不可原谅的是，在随后的战斗中，马谡丢下士兵独自逃走（也可能是士兵逃亡而马谡没能约束），导致整个阵营崩溃，手下士兵逃亡殆尽，这样的表现没法交代，只能按军法处斩。

诸葛亮跟马谡私交非常好，斩马谡之后，诸葛亮亲自祭奠，痛哭流涕，后来一直善待马谡的家属。

这次处罚牵连到很多人，马谡手下大量军官被杀或被贬，只有王平受到了奖赏。

赵云也被贬官，随后在第二年病逝，蜀汉前期的名将们从此全部离世了。

诸葛亮也上奏折，请求自贬三等。于是刘禅贬诸葛亮为右将军，同时继续行使丞相职权。

从直接的损失来看，这次北伐失败造成的后果并不严重，但有一点对蜀汉极其不利——诸葛亮的战略意图已经暴露了，曹魏从此有了准备，以后不管偷袭关中还是攻取陇右，难度都进一步加大了。

这次北伐也有一些收获。

蜀军撤退的时候，带走了西县一千多户人家，把他们安置到了汉中，使得蜀汉的人口略微有了一点增加。

而从后来的影响来看，这次北伐最大的收获竟然是招降了姜维。

姜维本来是天水郡参军，在天水太守马遵手下做事。蜀汉大军到来的时候，姜维等一群官员正跟着马遵在外面巡查，当时天水各地官吏纷纷反叛，马遵怀疑姜维等人也有异心，于是丢下他们独自逃向上邽去了。

姜维他们去追赶马遵，追到上邽城下，发现城门已经关闭了，不让他们进去，再去别的城池，那边也不让他们进，走投无路的姜维等人只好投降了诸葛亮。

诸葛亮很欣赏姜维的才华，从此以后就对他予以重用，但姜维在后来发挥的作用，恐怕远远超过了诸葛亮的预估。

魏、蜀双方拉锯战

第一次北伐给蜀汉君臣指出了一条可行的道路：瞄准曹魏在西线的薄弱环节，在合适的时候发起突袭；同时保持谨慎用兵，一旦形势不利就立即撤回汉中。用这种方式，可以在损耗很低的情况下反复试探敌人的防线，万一哪天找到了突破口，出现奇迹也不是没有可能。

于是刘禅和诸葛亮继续对曹魏发起小规模、试探性的攻击。

公元 228 年中，东吴诱骗曹休带军南下，在石亭围歼曹休部队，给了曹军一次重创。

消息传到蜀汉以后，诸葛亮立即出兵偷袭关中。

这次诸葛亮走的是陈仓道，出陈仓道以后，可以直接杀到关中平原西部的陈仓，这是当年韩信突击关中的线路。

不料曹魏高层已经算到这一点了。

上次北伐战争以后，曹真即提出：诸葛亮下次北伐必走陈仓道，应该先在陈仓道的出口加强防御。

于是曹真派郝昭修治陈仓城，加强防御。这次诸葛亮来进攻的时候，发现陈仓城已经坚如磐石，难以攻克了。——这正是蜀汉北伐的难点之一，汉中到关中的道路就那几条，难以逃出敌人的算计。

诸葛亮试图说降郝昭，但郝昭不为所动，于是蜀军只能强行攻城。

诸葛亮使出各种招数攻城，云梯、冲车、井阑、地道都用上了，围城二十多天，仍然攻不破陈仓的城防。

蜀汉攻城的军队有上万人，而陈仓守军才一千多人，即使这样，蜀军仍然毫无机会。

这时候张郃已经带着援军杀来了，诸葛亮只好撤走，撤退的路上击杀了曹魏大将王双。

这次攻打陈仓的失败揭示了直接攻打关中的难度——蜀汉的国力支撑不起关中平原上的大规模军团战，而小规模骚扰战又不痛不痒，对于曹魏的关中守军来说，只相当于练兵。

公元229年春天，诸葛亮派出陈式攻打曹魏的武都、阴平二郡。

武都、阴平在汉中与凉州之间，已经属于秦岭山脉，曹魏援军从关中来救的话，非常困难。

对于曹魏来说，这两地类似于当年的汉中，虽然有一定战略价值，但防守的代价太大，属于"食之无味，弃之可惜"的地块。

曹魏派出大将郭淮来救援，诸葛亮亲自带兵到祁山以南的建威坐镇，郭淮找不到机会，只好撤走，于是诸葛亮轻松拿下了武都、阴平二郡。

这次双方没有爆发大规模战争，武都、阴平从地理上来说属于益州汉中板块，蜀汉把这两地拿到手也算在情理之中。从此以后，蜀汉、曹魏的国界线就以地理界限来划分了。

因为这次胜利，刘禅又恢复了诸葛亮的丞相职位。

不久以后，曹魏的朝廷里，曹真升为大司马（接替不久前过世的曹休），成为曹魏的头号权臣。他存心立功，便利用国内主战派对蜀汉的愤怒，强烈要求曹叡发起反击，给蜀汉一点儿厉害瞧瞧。

公元230年七月，曹叡派曹真从关中出发，出子午道，攻打汉中；同时派司马懿沿着汉水而上，支援曹真的进攻；另外还派张郃等人带兵从褒斜道、武威等地杀奔汉中。

诸葛亮派李严带领两万兵马到汉中防御。

这次出兵受到曹魏朝廷里许多人的反对，众人纷纷上书，向曹叡说明伐蜀得不偿失。

不巧秦岭地区又遭遇连续三十天的大雨，栈道断绝，道路十分难走，曹真的军队一个月才走了一半路程。消息传回后方，朝廷里的反对意见更强烈了。

当年九月，曹叡只好下诏召回了前线军队，这次伐蜀的尝试便这样夭折了。

这次失败进一步坚定了曹魏上下的信念：现阶段攻打蜀汉没有意义，对蜀汉的政策还是该以防御为主。从这以后，曹魏很多年都不再主动攻击蜀汉。

曹真不仅没能完成自己立功的愿望，反而惹得怨声载道，他满怀抑郁，不久就病倒了，在第二年（公元231年）过世了。

现在剩下的老臣里面，只有司马懿声望够高，军事经验又足够丰富，曹叡便让他接替曹休、曹真作为三军统帅，当然，主要的任务便是抗击诸葛亮的入侵。

这时候的司马懿已经是五十多岁的老人了，来到政治生涯末期的他，也急于证明自己的能力。接下来，他要在西部战线跟诸葛亮好好较量一番，看看谁才是当今天下第一等的军事奇才。

卧龙、冢虎，巅峰对决

诸葛亮继续按自己的节奏走。公元231年二月，他再次带兵开向祁山，开始了自己的第四次北伐。

前几次北伐失败的一个重要原因是粮草不济，这次北伐，诸葛亮做足了准备，用刚刚制造出来的"木牛"运送粮草，大大缓解了后勤压力。

这次北伐由李严负责督运粮草。李严跟诸葛亮一样，也是刘备的托孤大臣，由他负责，可以确保万无一失。

同时，诸葛亮还联络上了鲜卑首领轲比能，让他在石城屯集大军，拖住曹魏一部分兵力。

祁山地区有曹魏的重要堡垒祁山堡，这是一座建在小丘上的小型堡垒，虽然规模小，但极其坚固。蜀军来到以后便重兵包围了祁山堡，跟堡垒上的魏军相持。（上次诸葛亮出祁山没有攻打这里，可能是因为当时曹魏没有派重兵把守，或者因为陇右三郡的迅速反叛导致祁山堡也跟着陷落了。）

同时，诸葛亮在祁山堡东北修建了卤城，作为蜀军的兵营。

看样子，诸葛亮准备以祁山为大本营，持续威胁陇右南部的天水等地。

另外，卤城周边是产盐地，也是养马区，诸葛亮大军卡在这里，会让曹魏十分难受，以至于他们不得不救。

曹真已经病危，曹叡紧急把司马懿从荆州调来，让他全权负责西部战事，统领张郃、费曜、戴陵、郭淮等大将。

出发前，曹叡握着司马懿的手，语重心长地说："西部战区就交给您了，除了您，别人都应付不了。"

于是司马懿来到陇右，亲自会一会诸葛亮。

为了了解这个对手的情况，司马懿还特地让人去查探诸葛亮是怎样一个人。使者回报，诸葛亮"乘素舆，葛巾，自持白羽扇指麾，三军随其进止"——坐在小车上，羽扇纶巾，指挥三军，从容不迫，仪态翩翩。司马懿听说后感叹道："真名士也！"

陇右南部最重要的城池是上邽，司马懿让郭淮、费曜领着精兵四千去增援上邽，其余的兵力跟着自己去救援祁山堡。

张郃提议道："诸葛亮可能分兵偷袭关中，所以我们应该再派一部分兵力去防守关中的主要关卡。"

司马懿却不屑地道："将军不懂兵法！我们的兵力本来就不占优势，再分为前后军，实力更单薄。当初楚分三军，为黥布所败，便是前车之鉴（西汉初年，淮南王黥布反叛，攻打楚国。楚国兵分三路迎击，黥布打败了其中一路，另外两路楚军便惊慌失措，四散而逃了）。"

张郃不好再说什么，只能接受命令。

但从这以后，张郃一直跟司马懿意见不合，司马懿似乎有故意打压张郃的意思，两人的关系十分微妙。

司马懿自以为这个安排十分妥当，没想到走到半路却听到一个让他十分震惊的消息：诸葛亮已经离开祁山，带着蜀军主力杀到上邽了，而且不是去攻打上邽的城池，而是割城外的麦子。

陇右是一片贫瘠的土地，产粮的地方很少，上邦周边就是陇右主要的产粮地。现在还没到麦熟的季节，按理说去割麦也没用，可诸葛亮偏偏就去了，他割掉麦子以后虽然自己不能用，但能让曹魏守军之后一年都缺粮！

上邦的四千守军赶忙出城去阻拦，却遭到蜀军迎头痛击，只好又退回城里，眼睁睁看着蜀军在城外毁掉他们的口粮。

司马懿大动肝火，赶忙改变方向，急行军去救援上邦。

到了上邦，魏军摆开阵势，刚准备大战一场，蜀军却又撤了。

现在司马懿也吃不准诸葛亮下一步会去哪里捣乱，只好远远跟着蜀军。

这时候司马懿跟张郃又闹矛盾，张郃建议不要被蜀军牵着走，司马懿不听，坚决要跟过去。于是蜀军一路撤，魏军一路跟随，终于来到了蜀军的大本营卤城。

卤城就是诸葛亮挑选的决战地，这里四面都是山地，曹魏的骑兵施展不开，有利于蜀汉的步兵发挥。

更加要命的是，蜀军这样一调动，魏军绕了几个大圈子，连续很多天都在急行军，已经累得精疲力竭了。而卤城的堡垒里，蜀军却休养了很多天，以逸待劳。

司马懿心里气得骂娘，却又没办法，表面上还要保持气定神闲。

但司马懿也有自己的绝招——拖。

司马懿让军士们就地驻扎，掘土为营，就在卤城旁边跟蜀军耗着。

诸葛亮远征陇右，最大的问题就是运粮困难，虽然经过充分准备，蜀军的粮草暂时能坚持一段时间，但要长期拖下去，最后肯定还是坚持不住。

不过这一点诸葛亮也想到了，所以他一上来就割了上邦的麦子。现在魏军同样缺粮，而且短期来说，魏军缺粮比蜀军更严重。

要是从关中调粮食过来，耗费巨大不说，而且等于承认司马懿在前线吃了大亏，要靠后方援助了，刚刚升级为三军统帅的司马懿当然不肯打自己的脸。

所以前线魏军十分狼狈，想尽办法搜刮粮草，最后派人去陇右的羌胡部落里挨家挨户要粮食，这才勉强凑够军粮，撑了下来。

诸葛亮不断派人挑战，约司马懿来一场决战，司马懿却高挂免战牌。

双方对峙了两个月，曹魏阵营里的将领们都坐不住了，都说："司马公畏蜀如虎，不怕天下人笑话吗？"祁山堡那边更是心急火燎地派人来，请求尽快去救援。

最后司马懿也顶不住了，只好下令出战。

司马懿一生最惨烈的失败就此来临！

卤城有南北两座山，蜀军分别在两处驻扎，北山蜀军由诸葛亮统领，南山蜀军是王平在指挥（马谡在街亭大败的时候，王平的部队顶住了敌人进攻，之后王平便受到诸葛亮重用），双方互相支援。

当年五月，司马懿让张郃攻南山，自己亲自带兵攻打北山。

两座山上是蜀汉全国的精锐部队，他们早已排好了阵势，就等这一刻了。魏军一来到，山上诸葛连弩开动，顿时矢石如雨，倾泻而下，砸向山下的魏军阵营。

魏军躲避不及，遭到惨烈屠杀，北山的战况尤其惨烈，魏军几乎全军覆没，只有司马懿这些高级将领逃回了上邽。

这是诸葛亮军事生涯最辉煌的一战，也是司马懿最不堪回首的一次惨败，以至于后来晋朝的史官都不敢直接记录这场战争的伤亡，只委婉地写道：蜀军获得甲首三千级，玄铠五千领，角弩三千一百张，并且"大破"魏军。按照这个战果来推算，魏军伤亡估计有几万人，是三国时代以来最严重的伤亡之一。

诸葛亮是儒臣出身，之前很多年都在蜀汉朝廷里负责内政，没有什么行军打仗的经验。刘备死后，蜀汉缺少将帅，诸葛亮才不得不自己领兵上前线。按理说，这样一位书生对于军事是不太精通的，最多纸上谈兵而已。谁想到诸葛亮却好似一位毕生驰骋沙场的功勋将领，一上战场，就展现出绝高的指挥技巧、滴水不漏的行军布阵，以至于让老狐狸司马懿都抵挡不住。

他的军事才干是怎么来的？后人琢磨不透，只能膜拜，以至于渐渐把他神化成了千古第一的聪明人，成了华夏智慧的化身。

可惜的是，上天并不给他太多表现机会，卤城之战就是诸葛亮一生的绝唱了。

遗憾的第四次北伐

司马懿、张郃带着残兵逃回上邽，诸葛亮随后追到，司马懿只能继续高挂免战牌，据城坚守。

到这一步，司马懿仍然不向后方要支援，因为时间站在他这边，只要拖下去，蜀军的粮草就接不上。

司马懿预计得没错，一个月以后，蜀军的粮草问题果然暴露出来了。

从成都平原到汉中再到祁山，是天下最险峻的一条补给线，以蜀汉的国力根本支撑不了太久。现在又赶上夏秋季节，阴雨连绵，道路泥泞不堪，后方督运粮草的李严终于维持不下去了。

李严怕担责任，只好两头骗。

他派人向前线的诸葛亮假传圣旨，要求退兵。诸葛亮不敢怠慢，只好退回来。

看到前线军队撤回来，李严却假装惊讶地说："我军粮草充足，怎么就撤了呢？"又去向刘禅解释说，前线军队是在"假装撤退"，"诱敌深入，准备反击"。

对于李严的这些伎俩，诸葛亮可能是有觉察的，但既然后方粮草已经供应不上，不管李严是不是在骗人，都必须撤退了，所以他也无可奈何。

回到成都以后，诸葛亮把李严前后给的书信都递给刘禅，揭露了李严两头骗的伎俩。

其实李严一直在阻挠北伐，之前诸葛亮多次让他帮忙镇守汉中，他都推三阻四的，由于他也是朝中元老，诸葛亮为了顾全大局，才只好先稳住他，只给了他督运粮草的任务，哪知道还是出岔子了。

刘禅下令把李严革职，废为庶人。只可惜第四次北伐就这样失败了。

撤军的时候，诸葛亮让人在上邽以南的木门道设下伏兵，专等魏军的追兵来自投罗网。

谁料却来了一条大鱼——张郃亲自来追击，正好被蜀军的连弩射中，回去不久以后就死了。这样的意外收获，连诸葛亮自己都没想到。

张郃之死很可疑，不排除是司马懿在清除政敌，史书上的一个细节暗示了这一点——对于卤城之战的具体战况，史书记载得很简略，却不厌其烦地大篇幅描述张郃与司马懿在具体战术上的争执，史官可能是在用这种方式隐晦地告诉后人真相。

对于卤城之战过后司马懿受到的"奖赏"，史书也一笔带过，显然是不太好意思明写了。

从卤城前线回来以后，曹叡和司马懿等人讨论之后的对策，有人说：陇右目前严重缺粮，应该赶紧支援，不然诸葛亮再杀回来就麻烦了。

司马懿却表示不必担心：诸葛亮每次出征都受困于粮草不足，这次回去，他又得从头积攒粮草，我估计没有三年时间，他来不了……

三年以后，诸葛亮果然卷土重来了。

星陨五丈原

公元234年二月，诸葛亮再次发动蜀汉全国兵力，开始了第五次北伐。

这次用了新发明的"流马"运送粮草，进一步保证军队粮草供应。

诸葛亮带领全部军队出斜谷（褒斜道），直接插入关中平原中部，来到郿县附近的五丈原扎营。

这是权衡利弊以后不得已的选择。

经过前四次北伐，蜀、魏双方都摸透了对方的套路，诸葛亮要发动奇袭当然不可能，攻打对方的大城市也困难重重，直接出祁山、攻取陇右，敌军又防备森严。所以不如直接明了地在关中平原插入一枚钉子，然后以这里为中心扩张，逐步蚕食关中领土。最理想的情况下，可以阻断关中东部跟西部、陇右的联系，然后策反陇右的游牧部落，复制第一次北伐的成功。

进入关中平原以后最怕的是被敌人截断后路，所以诸葛亮就在斜谷出口不远处的五丈原驻扎。向南，紧紧守住斜谷出口，万一战事不利，可以立即退回汉中；向北，依托渭河，可以最大限度地阻拦敌军。

诸葛亮明确表示"我住下来就不走了"，派军民在五丈原附近屯垦，准备跟曹魏守军长期耗下去。

出征之前，诸葛亮还特地派人去联络东吴，说服孙权出动十万大军攻向合肥方向，牵制曹魏。

可惜东吴这个盟友非常不给力，十万大军看着来势汹汹，实际上却不堪一击，一到前线，便被曹魏大将满宠挡住。随后，曹叡亲自带兵到合肥前线督阵，东吴军队便急急忙忙地撤了回去。

自从三国局面形成，东吴偏安的倾向便越来越强烈，从上到下都越来越满足于在江南一隅享受生活，对于北伐中原事实上已经放弃，所以对北方用兵也就心不在焉了。诸葛亮要依靠这个盟友帮忙，已经基本不可能。

听到东吴撤军的消息，诸葛亮也很无奈，只能自己苦苦坚持。

但蜀军在五丈原屯垦，对曹魏的威胁其实非常有限，基本上只能起到恶心人的作用。曹魏高层根本不着急，打退东吴大军以后，曹叡根本懒得管西线战事，直接回了洛阳，只派司马懿去关中跟诸葛亮对峙。

司马懿很清楚以下两点：其一，蜀军不敢发动大规模攻击；其二，诸葛亮后勤压力很大，无法长期坚持。

所以他继续拒绝跟诸葛亮正面对决，只是在渭河北岸驻扎，紧紧盯着南岸的蜀军。

这种策略让蜀军非常尴尬，诸葛亮也试图做出突破，派兵渡过渭河，但立即被北岸的郭淮部队给挡了回来。

诸葛亮又派大将孟琰渡过武功水（渭河的支流之一，在五丈原以东）去扎营，不承想恰好天降暴雨，武功水大涨，把两边的蜀军隔开了。司马懿便带领大军去进攻孟琰的部队。孟琰部队一度十分危急，诸葛亮紧急造桥，才把他们救了回来。

从这以后，司马懿在武功水以东，郭淮在渭河以北，从两个方向死死卡住蜀军。蜀军被困在武功水以西、渭河以南的狭窄地带，进退两难。

蜀军竭尽全力挑战，哪怕跟魏军正面打一场也好，不管输赢如何，至少还有希望。可司马懿铁了心不出战，只是紧紧顶住蜀军，不让他们挪动半步。就这样，双方相持了一百多天，蜀军毫无进展。

到这一刻，诸葛亮的北伐努力已经陷入绝境，所有道路都被封死了。

五十三岁的诸葛亮终于感到无力回天，他呕心沥血，苦苦支撑，终于来到了油尽灯枯的时候。

感到自己已经时日无多,诸葛亮做出最后的努力,派人送给司马懿一套女人的服装,嘲讽他"跟个娘儿们似的"。

司马懿一笑置之,毫不在意,他知道诸葛亮急了,胜利即将来临。

曹魏的将领们却不干了,觉得受到了莫大的侮辱,纷纷请战。

司马懿懒得跟他们争辩,只是说:"大军出击需要皇上授权。"于是派人去洛阳向曹叡请战。

曹叡明白司马懿的意思,随后派人来"节制"司马懿,不准他出战。

对于司马懿的表演,诸葛亮看在眼里,只能摇头叹息。"将在外,君命有所不受",司马懿真要出战,根本不需要千里迢迢去向曹叡要授权,他只是在和曹叡联合表演而已。

所以要想司马懿出战是根本不可能的。

司马懿也在打听诸葛亮的情况,从蜀军的使者那里听说,诸葛亮"事事亲力亲为,食少事烦",司马懿大笑说:"诸葛亮坚持不久了。"

公元234年八月,诸葛亮带着无数遗憾病逝于五丈原军营,以毕生心血报答了刘备的知遇之恩。

这是蜀汉无可挽回的重大损失,蜀汉从此失去了自己的顶梁柱,征服中原的构想永远成为泡影了。

而吴、蜀联盟从此也无法再攻破曹魏的防线,随着时间推移,两国只能逐渐衰落下去,被北方征服已经只是时间问题。天下大势,从此再没有悬念了。

第十六章　司马氏上位

诸葛亮之后的蜀汉

诸葛亮病逝，不过蜀军的大旗还不能倒。

诸葛亮临终前已经安排好：让杨仪、费祎统领全军撤退，魏延、姜维负责断后，全军秘不发丧，徐徐撤退。

司马懿看到蜀军撤退，猜到诸葛亮已经过世，立即追击。不料蜀军随即重整军旗，杀了回来。司马懿害怕有埋伏，只好赶忙撤走。姜维这才带兵退入斜谷，然后举哀，为诸葛亮发丧。

直到这时，曹魏方面才终于确信诸葛亮死了，但已经无法追击蜀军了。

司马懿只是笑笑，说："我能料其生，不能料其死呀。"

于是后人都传言："死诸葛能走生仲达。"

据说，司马懿后来到蜀军留下的营地里面参观，对诸葛亮的排兵布阵赞赏不已，叹道："真是天下奇才也！"

司马懿内心对于诸葛亮恐怕暗藏着一份感激，诸葛亮这一系列北伐战争，实际上成就了他，使他在曹魏军队中的地位不可动摇了。

蜀汉方面，成功撤回斜谷以后，却出了点意外……

魏延是蜀军的元老，曾经一度受到刘备赏识，但在诸葛亮手下，他似乎有些受冷落，跟其他将领也不和睦。

蜀军还在为诸葛亮致哀，魏延跟杨仪的矛盾就爆发了。

按照事先安排，杨仪带领大军先行，魏延断后，但魏延不服，自己带着人马先赶回汉中方向，而且一路烧毁栈道，阻拦后面的杨仪部队。

杨仪也急了，让士兵一路修复栈道，跟在魏延后面赶回汉中。

魏延和杨仪同时派人发书信到成都，向刘禅控告对方谋反。刘禅问朝廷里的大臣：到底该信谁？结果大家都力挺杨仪。

魏延先退回汉中，堵住斜谷出口，跟杨仪的军队展开大战。人们普遍认为魏延理亏，所以魏延手下的士卒纷纷逃亡，魏延的军队很快被杨仪打败。

最后魏延父子几人逃向汉中腹地，被马岱追上以后斩杀了，这场小规模叛乱才平息下来。

杨仪平定了魏延叛乱，自以为功劳巨大，开始张狂起来。据说他随后灭了魏延三族，又把魏延的头颅扔在地上用力踩，大骂："狗东西，现在还能作恶吗？"

他却没想到，这些张狂举动都被人看在了眼里，刘禅是一定会知道的。刘禅虽然表面上站在他一边，内心却也对他不放心，所以后来并没有重用他，而是明升暗贬地把他冷落起来。

这下杨仪就非常失落了，开始抱怨起来，甚至说出"不如当初投降曹魏"的话。他身边的人立即把这些话报告给刘禅，刘禅便抓住把柄，把他废为庶人。杨仪惊恐难状，自刎而死。

魏延和杨仪的矛盾显示了蜀汉内部残酷的权力争夺，幸好诸葛亮的安排十分细致，没有给各种小人太多钻营空间，所以诸葛亮之后的权力交接还是相当平稳的。

按照诸葛亮临终的意见，刘禅重用蒋琬和费祎，这两人都具备足够的才干，对朝廷也尽职尽责，在他们辅佐下，蜀汉朝政继续保持平稳。

诸葛亮离世以后，刘禅被迫承担起更多责任，这时候他的个人才能就非常重要了。刘禅这人的才能怎么样呢？简单地说，他缺小聪明，却有大智慧，大事上基本不糊涂。

当时朝廷里有个叫李邈的小人，猜测刘禅要对诸葛亮家族发起清算，复制当初汉宣帝清算霍光家族的一幕，于是他便向刘禅上书，把诸葛亮比喻为霍光，说：诸葛亮专权这么多年，国家一度十分危险，还好他死得早，没有夺权成功……

刘禅看到这封奏表以后，勃然大怒，马上下令处死李邈。

于是那些揣摩上意、准备捞一把的小人，都不敢露头了。

诸葛亮是怎样一个人，刘禅最清楚不过。诸葛亮在世的时候，刘禅给予他毫无保留的尊重与信任，大小事务都由他决断。诸葛亮离世以后，刘禅也以最高礼遇对待他们家族。而诸葛亮的后人，也一直全心全意报效国家。

这种君臣之间互信互利的状态，在整个中国历史上都是十分罕见的。

后人只记得诸葛亮对蜀汉的巨大功勋，却忘记了这些功劳都建立在刘禅的支持之上，这是很不公平的。

不过有一个问题略微有点尴尬。

诸葛亮在蜀汉国内拥有巨大声望，他离世以后，蜀汉国内有一种呼声，希望替他立宗庙。

但按照古礼，只有天子可以立庙，没有给大臣立宗庙的，所以这个问题让刘禅有些为难。

没有宗庙，就不好祭祀诸葛亮，这以后许多年，蜀汉老百姓只能在野外私自祭祀诸葛亮。

为了解决这种尴尬，刘禅最终用了变通的手段，不在成都，而是在汉中立武侯庙，从此才有了祭祀诸葛亮的正式场所。

其实不仅是对诸葛亮，刘禅对于所有大臣都以宽柔为主，真正把"用人不疑"落到了实处。而且他有识人之明，有足够的驾驭能力，不会被臣子架空。所以当同一时期，曹魏和东吴朝廷里为权力争得死去活来的时候，蜀汉朝廷却风清气朗，君臣互信，至少从史书记载来看是没有出现过明显矛盾的。

这一切的基础，都是刘禅的仁善。当初刘备临终前嘱托刘禅："勿以恶小而为之，勿以善小而不为。惟贤惟德，可以服人。"这番话，刘禅真的听进去了，真的身体力行在实践。如果不是后来蜀汉亡在他手上的话，刘禅可以称为历史上难得的仁君了。

毁誉参半的魏明帝

诸葛亮病逝,曹魏君臣都松了一口气,今后很多年,西部边境都可以确保平安了。

通过最近几次战事,又证明了东吴的战斗力不值一提,曹魏只要守住合肥一线,就足以压制东吴。这样一来,曹魏面对的军事压力大大减轻,看起来基本可以高枕无忧了。

魏明帝曹叡荒淫好色的本性开始暴露出来。

曹叡一直热衷于营建宫室,先造许昌宫,后造洛阳宫,又在洛阳宫里不停建造新殿,因此耗费了许多钱财。对于这一点,大臣们忧心忡忡,多次劝谏,希望他爱惜民力。前些年,曹叡对这些建议还比较能接受,还能约束一下自己。从公元235年开始,曹叡就加快了营建宫室的进度,对大臣们的劝谏也基本不理会了。

平心而论,曹叡这些大兴土木的行为跟历代帝王比起来其实并不是特别过分,但目前曹魏只占有半壁河山,又刚经历过大规模战乱,中原地区的经济还没有恢复,所以这种程度的花费对于国家来说也是相当大的负担。

曹叡的后宫生活极度奢侈:妃嫔、歌妓、侍婢各有几千人,加起来,后宫人口恐怕上万,后宫女官们都按照朝廷百官的俸禄来供养。曹叡本人天天在莺莺燕燕中间厮混,一方面荒废了国政,另一方面身体也越来越差了。

但让人难以置信的是,沉溺于女色的曹叡反而子嗣不兴旺,只生过三个儿子,却都夭折了。随着时间推移,他自己也急了,不知从哪里找来两个曹氏子孙,认为养子,分别叫曹芳和曹询。后来曹芳被封为齐王,曹询被封为秦王。

曹芳和曹询的来历是高度机密,外人都不知道他们的父母是谁,既然曹叡无子,大臣们也就不便说什么,只好接受了这两个从天上掉下来的皇子。

从这时起,曹氏皇族便人口凋零了,来路不明的曹芳和曹询又缺少外戚家族支持,皇权隐隐出现了不稳的迹象⋯⋯

除了荒淫以外,曹叡还是个冷酷无情的人,从他对嫡母和正妻的态度就看得出来。

曹叡的生母甄夫人死得很惨，这是他一生的痛，即使当上了皇帝，他也一直对这件事耿耿于怀。

甄夫人的死是后宫机密，连曹叡本人都不清楚内情，而外界一直猜测郭女王郭太后是凶手之一，曹叡便时常去逼问郭太后，要他说出甄夫人被杀的内情。

郭太后回应说："甄氏是先帝杀的，为什么问我？皇上身为人子，难道能为了亲母逼杀嫡母吗？"

两人因此常常闹得不愉快，郭太后的寝殿里没有一天安宁。

公元235年初，郭太后暴崩，死因不明。

曹叡对甄夫人死因的追查，这时才终于停止了。

另外，尽管对自己母亲被赐死耿耿于怀，曹叡却也学父亲的做法，赐死了自己的嫡妻。

曹叡当太子的时候，封的王妃是虞氏。后来虞氏受到冷落，竟然口出狂言道："他们曹氏从来就喜欢立贱人为后。"一句话把甄夫人都骂了（甄夫人被追封为文昭皇后）。曹叡大怒，便废黜了虞氏，把她打入冷宫。

虞氏说的"贱人"就是指毛皇后。

毛皇后出身于平民家庭，但她从入宫以后就受到曹叡宠爱，步步高升，终于坐上了皇后之位，她的家族也受到曹叡提拔，平步青云。

不料好景不长，曹叡不久以后又宠上了其他妃嫔，把毛皇后冷落在一边。

毛皇后虽然心里有气，却也不敢公开抱怨。

有一天，曹叡带着后宫妃嫔们去游玩，才人以上的妃嫔都去了，只是没请毛皇后。有人说："要不把皇后也请来？"曹叡不同意，并且嘱咐下人："不得让皇后知道我们在这里游玩。谁泄露消息，杀无赦！"

第二天，曹叡见到毛皇后，毛皇后酸溜溜地问他："皇上昨日游宴北园，玩得开心吧？"

一句话惹得曹叡勃然大怒，当场下令赐死毛皇后，顺便把昨天跟在自己身边的十多个随从都杀了。

另外，还有传言，曹叡宠幸男色，跟曹休的儿子曹纂有不正当关系……种种荒淫举动，外界也难以了解。

执政后期的曹叡已经明显显露出暴君迹象,他荒淫、好色、耽于享乐又残忍好杀,要不是手下还有大量贤臣在辅佐,曹魏的国政很可能就滑向深渊了。

即使这样,如果曹叡多活几岁,等到皇子长大再来继任皇位,那也还好。但偏偏天不假年,正当壮年的曹叡意外崩逝了,曹魏的皇权顿时陷入了危机之中!

曹氏的权力危机

公元238年十二月,曹叡突然患病,很快就不行了。

曹叡赶忙安排自己的身后事,他拟定了这样一份辅政大臣名单,包括燕王曹宇(曹操的儿子)、领军将军夏侯献(可能是曹操外孙)、武卫将军曹爽(曹真长子)、屯骑校尉曹肇(曹休长子)、骁骑将军秦朗(曹操继子,其母杜夫人被曹操霸占)等人。

其中,燕王曹宇与少年时期的曹叡交好,又是曹氏宗亲里举足轻重的元老,所以成为头号托孤大臣。

其余几人也是曹氏家族的核心人物。

这份名单囊括了曹氏宗亲的所有重要人物,这几人来辅政的话,基本能确保权力平稳交接,算是一个比较稳妥的方案。

而司马懿却被抛到了一边。他前不久去征讨辽东,刚刚灭了公孙渊的割据政权,现在正在班师的路上,对朝廷里的局势无能为力。

司马懿刚走到半路,就收到曹叡的命令,要他直接带兵去镇守关中——这明显是想把他调离权力中心。他没多说什么,便踏上了去关中的道路。

走了没多远,忽然有紧急诏令到来,要司马懿立即赶回洛阳!

司马懿还没反应过来,后续诏书又来到,三天之内,连续发来五道诏书,一道比一道催得急,最后一道诏书是曹叡的手谕,写着:"速来洛阳,直接入宫,见我的面!"

司马懿心头如同一道响雷炸起,想起前不久做的一个噩梦:梦里,曹叡仰面躺着,头枕在他的膝盖上,对他说:"见我的面!"他一低头,却见到一张恐怖的面容。

现在联想到诏书上的内容，司马懿感到洛阳那边出大事了，很有可能皇帝要驾崩，于是他急忙调转方向，一夜之间狂奔四百里赶回了洛阳。

到了洛阳，司马懿直接进入皇宫，却看到曹宇、秦朗等人一脸颓丧，都被赶在了外面。

司马懿进入曹叡的寝殿，曹叡握住他的手，泪流满面，说："可等到你了！"又把曹芳、曹询叫出来，对司马懿说："以后两个孩子就靠你了。"

两个孩子紧紧抱住司马懿，痛哭流涕，司马懿也是老泪纵横，对曹叡磕头说："臣以死报答陛下！"

曹叡随后下诏，立曹芳为皇太子，命令司马懿和曹爽共同辅佐曹芳。一切安排妥帖以后，当天曹叡就驾崩了。

曹叡不是安排曹宇等人辅政吗？怎么会忽然改变主意，把司马懿提拔成了辅政大臣？官方说法是：曹叡身边有两个近臣刘放和孙资，他们在关键时刻向曹叡进谗言，让他换掉了辅政大臣。

史书描写得绘声绘色——

刘放和孙资长期在皇帝身边担任秘书，参与了许多机密事务，引起秦朗等人的嫉恨。两人也担心以后遭到秦朗等人的报复，看到曹叡的辅政大臣名单以后，两人惊恐万分，便想尽办法阻拦秦朗等人执政。

当时曹叡已经气若游丝了，曹宇到寝殿外去找人商议给皇帝办后事，只有曹爽在殿内，刘放、孙资就趁机潜入寝殿，对曹叡说："有些事怕陛下不知道，小人不敢隐瞒。小人刚刚从外面经过，看到曹肇、秦朗在跟陛下的才人调情，双方眉来眼去，不成个体统！小人们想进来禀告陛下，又被燕王带兵阻拦，好不容易才找到机会进来。陛下想想，您还健在，燕王这帮人就敢如此，不就如同竖刁、赵高之流吗？陛下怕是被他们骗了！"

一席话说得曹叡勃然大怒，问他们："谁可以替代燕王？"

刘放、孙资就说："司马懿与曹爽可以辅政。"又催促曹叡赶紧写手诏召司马懿回洛阳。

曹叡说："我的手抬不起来，写不了手诏。"

刘放就自己跳上床，执着曹叡的手，强行写了诏书，拿出去宣读：罢免燕王曹宇等人的职位，限期离京，召司马懿回洛阳辅政。

于是，一项决定天下大势的决策就由两个小人定下来了。

这段记载不太可信，但也透露了一些信息——撤换辅政大臣的过程是由曹爽全程参与的！

实际上这很可能是曹爽推动的一起阴谋。

按照原来的方案，曹氏的五个骨干成员共同分担朝政，谁也无法专权，这显然是曹爽不想看到的局面，所以他通过某些暗箱操作，挤掉了另外四人，自己独自代表曹氏。为了平息争论，又拉了朝臣的领袖司马懿来挡枪。

表面上看来，宗室和老臣联手主持朝政，似乎比原来的方案更加公道了，却给曹爽独霸朝纲开了方便之门。

对于这一切，司马懿心知肚明，不过既然权力自动送到手上来了，凭什么不接住呢？所以他跟曹爽密切配合，完成了对朝廷大权的篡夺。

随后，在曹爽、司马懿的联合主持下，太子曹芳在曹叡灵柩前即位，成为曹魏的新一任皇帝。

曹氏皇权的旁落到这时已经无法避免了！

曹氏皇族已经严重凋零，曹芳这一辈的皇子只有他和曹询两兄弟，两人分别是七岁和八岁的孩子，而且都来路不明。这样两个小孩，怎么能把江山社稷握在手上？只能任人摆布罢了。

这时候如果有强势外戚来支撑，还能保住皇权不被人篡夺。但东汉一朝外戚专权的教训太深了，所以曹魏从一开始就严厉限制外戚势力，从曹操开始，几任皇帝都立出身低贱的女子为后（所以曹叡的王妃虞氏说，曹氏喜欢立贱人为后），这就导致皇后、太后的家世都十分单薄，外戚的力量根本不足以拱卫皇权。

如今的太后郭氏就属于这种情况。

郭氏（跟郭女王郭太后没关系）出身于凉州西平郭家。郭家本来是当地望族，但后来他们参与了西平郡的叛乱，遭到朝廷镇压。当时的皇帝曹丕严厉惩罚郭家，把他们家族的许多人没入皇宫为奴，其中就包括年轻貌美的郭氏。

不料年少的曹叡却对郭氏一见钟情，把她封为夫人，又在临终时刻把她立为皇后，随后她便升为了太后。

由于这样的身世，郭太后在朝廷里根本没有根基，保全自己都很难，当然更没法保护年幼的皇帝了。

那么现在唯一能拱卫皇权的只有曹氏宗亲了，但曹宇、曹肇等人都被一次性罢免了，曹氏宗亲只剩下了曹爽这一派。失去了制衡，曹爽当然就不会成为皇权的护卫者，反而会威胁皇权了。

这一切从小皇帝登基的那一刻就开始了。

曹爽专权的闹剧

既然花了大力气偷来一个"托孤大臣"的位置，曹爽集团的人当然不会就此罢手，他们还有更加远大的目标。

他们先稳住司马懿。

经过抗击蜀汉、征伐辽东的战争以后，司马懿的声望如日中天，在曹魏国内已经是战神一般的存在。而且司马懿把自己的野心隐藏得非常深，看起来对皇室忠心耿耿。不管从哪方面来看，他都是朝廷的顶梁柱，江山社稷最忠实的捍卫者。

司马懿是三朝老臣，曹爽在他面前是后生晚辈。所以曹爽对司马懿表现得十分恭敬，一切事务都要先跟他商量才敢决断，两人表面上看起来非常和睦。

暗地里，曹爽却在加紧布局。他执政以后，飞速提拔自己的亲信，短期内接连提拔何晏、邓飏、李胜、丁谧、毕轨等大量新人进入朝廷，迅速占据了各大重要岗位。曹爽的弟弟曹羲、曹训、曹彦等人更是纷纷占据高位。

布局完成以后，曹爽又给了司马懿一个"太傅"的职位——这个官职很受人尊重，却没什么实权，而曹爽自己把持了尚书省的职权，有重大事务不必再跟司马懿商量了。

曹爽对朝廷的替换是全方位的，以司马懿为首的老臣们全部受到排挤，重要岗位都替换成了曹爽自己的人。其中，他弟弟曹羲担任中领军，曹训为武卫将军，曹彦为散骑常侍、侍讲，表弟夏侯玄为中护军，其余兄弟都为列侯。而何晏、邓飏、丁谧都担任尚书，何晏负责官员选拔，毕轨担任司隶校尉，李胜为河南尹……短短几年之内，曹魏朝廷已经变成了曹爽派系的天下。

在曹爽的压制下，司马懿只好退让，主动称病，远离朝政，表面上退出了权力中心。

曹爽能够如此迅速而成功地掌握朝政，不是因为他威望高或者才干出众，而是因为他背后是整个宗室的力量——曹宇等人被贬黜以后，曹爽已经在曹氏宗室里面胜出，成为整个宗室的代言人了。而在小皇帝不能主政的情况下，为了防止皇权被老臣们夺去，曹氏宗室就只能集体站在曹爽背后，支持他把持朝廷。虽然曹爽也不一定靠得住，但总比外姓的老臣们好，这是曹氏宗室无可奈何的选择。

可曹爽这样的手段却存在严重失误——他太激进，步子迈得太大了。

他在几年之内就把朝廷替换掉，逼得老臣们团结一致，都站到了司马懿一边，虽然目前他们还不敢发作，但一切都在暗地里悄悄酝酿着。

而曹爽自己是怎么样的人呢？

他是在曹叡时代冒出来的新人，虽然靠着承袭父亲的爵位，年轻的他直接进入了权力高层，但他既无资历也无能力，说白了，就是个混饭吃的"官二代"。所以在成为辅政大臣以前，他的政绩基本为零。

曹爽成为辅政大臣可以说是一个意外，他的资历和才干都配不上这个位置，他目前能坐稳这个位子，全靠背后的曹氏宗室在支撑。这样的局面，当然没法让大家心服，所以曹爽的地位其实是不稳固的，暗地里对他不满的人太多了。

曹爽集团的人也明白这一点，所以他们动起歪脑筋，想硬给曹爽加一些政绩，当然，最简单的办法就是发动对外战争，靠军功刷政绩。

他们选择了看起来比较弱的蜀汉。

这几年蜀汉方面都由蒋琬镇守汉中。前不久蒋琬病重，被迫把职务交给王平（街亭之战时马谡的副将），自己回家养病去了，所以汉中那边出现了一些人员调整，防备有所松懈。

曹爽等人觉得这是趁火打劫的好机会，便决定在这个时候发起对蜀汉的战争。

公元 244 年三月，曹爽不顾朝臣们的反对，亲自来到关中，和驻守当地的夏侯玄会合，两人带领十万大军，从傥骆道杀向汉中。

但他们这伙人是纯粹的草包！从曹操时代开始，曹魏几十年来基本不对汉中用兵，这背后是有深刻原因的！当年曹真一意孤行去攻打汉中，就吃了大亏，现在曹爽不吸取教训，又走上了他父亲的老路。

十万大军来到汉中，确实给蜀汉方面带来了短暂的震撼，当时汉中守军不足三万，前线将领们甚至想要放弃一些关卡，退守到几座大城市中等待援军。

王平坚决要求抵抗，他带兵驻扎到傥骆道上的兴势，抢先一步占据城池。当年四月，魏军来到，两国军队开始在兴势对峙。

汉中道路都是一夫当关万夫莫开的小径，曹爽的十万大军根本发挥不了作用，就这样被拦在傥骆道上，进退两难。

前方大军受阻，后方的物资供应还不能停，曹魏政府被迫从关中、凉州等地征集大量物资去供应受困的军队，一时间，车队塞满道路，民夫疲惫不堪，骡马倒毙满地。

仅仅对峙了一个月，关中等地就承受不住了。前线将领也强烈希望退兵，跟曹爽手下的主战派发生激烈争吵，曹爽难以下决心。最后还是司马懿从洛阳来信劝他们退兵，才让曹爽找到台阶下，终于决定撤走军队了。

但他们晚了一步！蜀汉那边的费祎已经带领援军来到，抢先截住了他们的退路。曹爽只能指挥军队死战，魏军死伤无数，在付出惨烈代价以后才勉强撤回了关中。

这一战，曹爽不仅没能捞到任何政治资本，还闹得民怨沸腾，折损了许多名望，在国内的形象变得更差了。

以司马懿为首的老臣们看到这一切，都在背后偷笑。

即使这样，曹爽也不消停。既然通过军功提高声望的路走不通了，要巩固地位，就只能更进一步控制小皇帝。

公元 247 年三月，曹爽和手下的何晏、邓飏、丁谧等人发起宫变，强行把郭太后赶到永宁宫去居住，把小皇帝单独控制起来。

这是影响非常恶劣的一招！历来的乱臣贼子要篡权夺位，都有一套标准流程要走，而幽禁太后、挟持皇帝，这是最后的几步，不到完全掌控局势，绝不能走出这几步。

曹爽专权不过八年，已经快把篡位的流程走完了！如此急迫的步伐，如此不加掩饰的野心，怎么能不引发人们的激烈反抗？

这时候朝廷里还有大量老臣，他们对曹魏皇室还有相当高的忠诚度，不会容忍有人明目张胆地篡权夺位，在曹爽的步步紧逼下，他们不得不反击了。

诈病赚曹爽

曹爽是政治暴发户，本来轮不到他来抢夺曹魏江山，偏偏他运气特别好，这一路走来，几乎没遇到阻碍，八年之内就走完了篡位的大部分流程。这让他受到很大鼓舞，做事再也没有顾忌了。

他和手下的何晏、邓飏、丁谧等人都是目光短浅、行事急躁的人物，他们一爬上高位，就要赶紧逍遥一番，认为这样才对得起自己一直以来的辛苦付出。

以他们目前的地位来说，追求奢侈享乐的生活倒也正常，但他们做得太过分了，竟然直接踩到了皇权之上，干出许多让人瞠目结舌的勾当。

曹爽的日常饮食、车马乘舆都是帝王规格；家里的珍玩器物，跟皇宫里的一样奢华；家里姬妾无数，甚至把曹叡留下的才人都掳了去；又在家里蓄养伎乐、师工，偷拿皇宫的乐器，整天吹吹打打，十分热闹。

对皇帝都敢这样明目张胆地欺负，对下面的官员们就更不用说了。曹爽和他的党羽们在朝廷里就是霸王，谁要惹到了他们，马上会大祸临头。至于对地方政府的欺压，更是不胜枚举，他们敢公然侵吞国家土地，向各地政府索要财物，全国上下没人敢拒绝他们的要求。

要是皇帝手上有权力的话，曹爽这些行为每一条都是抄家灭族的大罪，可曹爽现在劫持了皇权，朝廷已经拿他没办法了。

曹爽和他们的党羽们已经把国家变成了自己的私人产业，他们对全国上下无休止的索取和压榨早已激怒了许多人，人们迫切希望有人出来主持大局，把这个匪帮从权力宝座上赶下去。

目前能够带人跟曹爽抗衡的人只有司马懿，所以朝廷上下都在盯着司马懿那边，看他会不会有什么动作。

曹爽同样盯着司马懿，虽然那个老家伙这几年都在家养病，基本处于退隐状态，但曹爽还是不放心。

有一次，曹爽的党羽李胜去荆州担任刺史，临走前，曹爽让他去拜别司马懿，顺便探查一下老家伙的病情怎么样了。

李胜来到司马懿府上，司马懿躺在卧榻上，气若游丝，看到李胜进来，连忙让丫鬟扶自己坐起来。他伸手去穿衣服，衣服却掉到地上；又指着自己的嘴，示意丫鬟给粥喝，丫鬟端来粥，司马懿喝了几口，却咽不下去，汤粥流得满身都是。

李胜告诉司马懿，自己要去荆州当官了。司马懿颤颤巍巍地说："并州啊？那边靠近胡人，不好治理呀。"

李胜说："不是并州，是荆州，您老人家听错了。"

司马懿又说："去了并州，要好好保重呀。我老了，怕下次见不到先生了。"说着就流下泪来。

李胜也陪着痛哭流涕，心里却在暗笑，回去以后就向曹爽报告：老家伙活不了几天了，咱们不必担心他。曹爽对司马懿的警惕这才放松下来。

后人读到这段"诈病赚曹爽"，都说司马懿奸诈，其实司马懿当时的处境极端危险，装病也是为了保护自己，不然曹爽很可能就直接下手把他除掉了。

现在曹爽一党控制着朝廷内外，司马懿为首的老臣们都战战兢兢，生怕被曹爽盯上，成为他的打击目标。当然，他们也在暗地里酝酿反击，但反击曹爽也是一件极端危险的事，稍不留神就是身死族灭的惨剧。所以司马懿他们丝毫不敢懈怠，一直密切关注着曹爽集团的动向，寻找他们可能出现的漏洞。

司马懿他们的机会很快就来了。

公元249年正月，曹爽带着小皇帝曹芳去洛阳郊外祭拜高平陵——高平陵是明帝曹叡的陵墓，按照礼法，是要定期去祭拜的。

这次出行，曹爽集团的主要人物全部出动了。在这之前已经有人提醒过曹爽：您和手下全部出城，万一城里出现变乱，有人把城门关上，怎么办？但曹爽没把这放在心上，这次还是带着全体人马出城了。

司马懿早已安排好了——他现在虽然不掌握实权，但他两个儿子司马师、司马昭都在朝廷里为官，手下有一些兵马，还有他在朝廷里的那些故旧也能提供一些支持。

曹爽的人刚一出城，司马懿就飞速进宫面见郭太后，向太后痛陈曹爽集团的罪行，得到了郭太后的支持，随后他拿着太后手谕出宫，向洛阳城各处政府机构发布命令：关闭城门，占住兵器库。他又派自己手下官员占据了曹爽在城内的兵营，然后在城外的伊水以北驻扎兵马，跟曹爽的军队对峙。

司马师、司马昭兄弟带兵守住皇宫大门，又召集手下的"三千死士"出来作战。这些年，司马师暗地里养着许多"死士"，这些人的身份极为机密，他们平时作为老百姓散居在民间，一旦得到司马师的召集，就立即出来参与战斗。

凭着这些为数不多的兵力，司马懿勉强控制了皇宫和城门。

因为事件的起因是曹爽去祭拜高平陵，所以这次事变史称"高平陵事变"。

司马懿随即以太后名义通告全国：曹爽、曹羲、曹训等人罪行深重，即日起罢免曹爽等人的官职，责令曹爽等人立即回家等候处置！

消息一出来，城里城外的人们都蒙了，曹爽更是如同五雷轰顶，久久回不过神来。过了好一会儿，曹爽才发下命令：军队就地驻扎，构筑防御工事，准备跟司马懿的军队对决。

但曹爽手下也有清醒的人，他的同党桓范冒着生命危险逃出城去，找到曹爽，向他建议：带着皇帝去许昌（曹魏建国以后，许都改名为许昌），然后号召天下兵马攻打反贼司马懿。

其实当时曹爽手上握着极好的条件，曹芳这张最大的王牌在他手里，大量军队也跟在身边，洛阳城外还有他的一些兵营，许昌那边又有武器库，桓范又带来了大司农印章，可以向天下征集粮草。

而司马懿那点军队根本不够看,控制洛阳城都十分勉强。如果曹爽坚决果断一点,以皇帝名义号召天下兵马勤王,那么司马懿的行为就是赤裸裸的谋反,仅凭一座洛阳城是根本挡不住曹爽的反攻的。

可惜曹爽是个没吃过任何苦的"官二代",他已经被眼前的局面吓倒了,迟迟拿不定主意,不知道该不该发起反击。

司马懿吃定了这一点,所以安置好各处兵马以后,就派出许多官员去游说曹爽,对他说:太后只是想夺你的权而已,只要你把手上的权力交出来,免官回家,我们一定不会为难你们,一定会保护好你们家族的利益,还可以保留你们家族的爵位,荣华富贵代代相传。

这些说客都是平时跟曹爽关系不错的,他们指天发誓,信誓旦旦地向曹爽保证自己没有骗他。而桓范等人则说司马懿绝对不能信,劝曹爽发起反击。

曹爽夹在中间,左右为难,不知道该信谁的。最后,一夜过去,眼看要天明了,曹爽才憋出来一句话:"要不,我还是当个富家翁吧?"

这一句话说出来,手下的人心就彻底散了。

既然主帅都选择投降,我们何苦还抛头颅洒热血?回到城里继续以前的生活不好吗?

于是曹爽向小皇帝请求:免除他们几兄弟的官职。同时回复司马懿:自己愿意自首,请求宽恕。

收到曹爽的回复以后,司马懿这边的人都松了一口气,终于放下心来了!

"高平陵事变",司马懿和他的同党们冒着极大风险。

司马懿离开权力中心已经有好几年了,实际上已经被边缘化,而他的同党们也一直遭受曹爽集团的排挤,手上的权力被大幅压缩,他们能调动的军队极其有限,甚至连平时养的"死士"都被当作了主力来使用。

更不利的地方是,小皇帝被曹爽控制在手上,司马懿的行为名不正言不顺,他实际上被困在洛阳城里了,只要曹爽以皇帝名义发号施令,洛阳就成了一座孤城,肯定支撑不住。

所以司马懿发起这次政变可以说是绝地反击,是孤注一掷。到底能不能成功，他自己心里都没底。

他实际上是在赌：一是赌曹爽的行为已经惹怒了曹魏皇室的支持者，大多数朝臣会站到自己这边；二是赌曹爽是个废物，不敢还击。这两项都赌赢了，他才有成功的机会。

同时也要赌太后会支持他，他的兵力足够控制洛阳局势，以及他的准备活动不被曹爽察觉……所有这一切事先都难以保证，能不能成功全靠天意。

最终的结果是，天意站在司马家这边，司马懿赌赢了！

回到城里以后，曹爽乖乖地回家，满怀忐忑等待司马懿对他的"宽恕"。

等来的结果却让他无比郁闷。

司马懿派人围住曹爽的府邸，所有人不得出入，又在四周建起塔楼，密切监视着曹爽家里的一举一动。曹爽家族的所有人都沦为了囚犯，连基本的生活都不能保证，甚至需要请求司马懿赐予食物。

同时，司马懿紧锣密鼓地展开对曹爽党羽的审判工作，没过多久就取得了重大"成果"：黄门张当在监狱里招供，曹爽、何晏等人密谋在当年三月发动叛乱，正在私下练兵。

这下曹爽的罪名就坐实了，随后由皇帝下诏：逮捕曹爽及其党羽，灭三族！

司马懿的雷霆手段震慑了所有人，皇室的支持者们到这时才发现自己选错了人，原本希望有人来赶走曹爽，拯救皇室，却不承想前门拒狼，后门引虎，消灭了曹爽，却引来了更加凶残的司马懿。

但他们的觉醒来得太迟了！

曹爽集团覆灭以后，曹魏国内已经没有任何势力可以制衡司马家族了。虽然皇帝和太后还在，但他们早已被曹爽剥夺了权力，现在权力又从曹爽手上转移到了司马家族手上，皇帝只能在旁边看着。司马家族跃过龙门，从被排挤的边缘人物，一跃而为曹魏的实际掌权者，整个朝廷都被他们把控了。

三国争雄的最终结果也由此确定下来了。尽管三个国家都对这个结果不服，但有什么办法呢？

只有曹魏国内还有些抵抗势力，之后几年，对司马家族不满的人们发动了许多叛乱，但都被司马懿父子镇压了下去，史称"淮南三叛"。

淮南一叛

王凌是东汉末年的司徒王允的侄儿,目前在曹魏朝廷里担任司空。

他同时也是曹魏的著名将领,参加过许多战役,战功卓著,因此曾得到曹爽赏识,受到曹爽大力提拔。

司马懿也极力拉拢王凌,诛灭曹爽以后,司马懿就把他任命为太尉,让他继续留在权力中枢。

但王凌内心却对司马懿专权非常抵触,想要不计代价干掉司马懿。

朝廷目前已经被司马懿控制了,王凌找不到机会,索性来个釜底抽薪。他跟自己的外甥令狐愚谋划,另外立一个曹氏皇帝,到许昌再建一个朝廷,跟司马懿控制的朝廷分庭抗礼。

他们选中了曹操的儿子楚王曹彪。令狐愚是兖州刺史,而曹彪的封地就在兖州,曹魏的国家政策严厉限制亲王的自由,地方政府可以监视亲王的一举一动,所以曹彪实际上在令狐愚控制之下。

令狐愚派人暗地里联系上曹彪,委婉地表达了自己的想法,曹彪当然没法抗拒,只能含糊答应着。

不料在这紧要关头,令狐愚竟然突然病逝了!

他手下的官员杨康害怕被牵连,立即向朝廷告发了令狐愚密谋叛乱的事,于是司马懿知道了整件事的前因后果。

但司马懿十分镇静,没有立即捉拿王凌,只是静静地派人去兖州接替了令狐愚的位置。表面上一切如常,似乎朝廷什么都不知道。

王凌当然不知道自己的阴谋已经泄露了,还在积极谋划下一步动作。

公元 251 年,东吴孙权年老体衰,认为自己已经撑不了太久了,为了防止自己死后曹魏来进攻,便派兵抢先封锁长江以北的涂水。

王凌当时正在镇守扬州的寿春,便以这件事为借口,请求朝廷出兵"教训"东吴。他认为朝廷只要决定对东吴用兵,就得把扬州地区的兵权交给他,他拿到这些军队,便可以反对司马懿了。

司马懿一声冷笑,直接驳回王凌的请求。

王凌还没明白真相,又派自己的手下去找当时的兖州刺史黄华,把自己的计划和盘托出，希望黄华跟自己共同举事。

哪想到王凌的手下和黄华一合计，竟然联名写了一封书信，把王凌的阴谋原原本本报告给了司马懿。

这下一切都曝光出来了。王凌也终于知道自己的阴谋泄露了。

司马懿却表现得十分大度，先是发下诏书赦免王凌的罪行，随后又亲自写了一封信，以无比温和的言辞抚慰王凌，劝他不必担心，朝廷并不打算治他的罪。

同时，司马懿亲自带领大军从水路杀向扬州，几天之内就来到寿春城下。

王凌刚读完司马懿的书信，正在感叹司马懿的宽宏大量的时候，却发现朝廷大军已经开到城外了！

王凌吓得魂不附体，只好连忙把自己绑起来，乘着小船到城外，当面向司马懿请罪，同时献上自己的官印、节钺。

司马懿先让人解开王凌身上的绳索，又把官印、节钺还给他，随后沉下脸说："我宁负卿，不负国家，得罪了！"于是让人把王凌押解上岸，带往洛阳。

在路上，王凌满心狐疑，不知道司马懿会怎么处置自己，于是请求士兵给司马懿带信，让司马懿送给自己几根棺材钉子，司马懿立即送来了。王凌这才死心，他走到项县，看到附近有贾逵（字梁道，曾辅佐曹操、曹丕、曹叡，病逝于公元228年）祠，便大呼道："贾梁道，王凌至死忠于大魏，你在天有灵，一定知道！"随后便在贾逵祠旁自杀了。

司马懿的清算随后开始，他进入寿春以后，把参与这起阴谋的人们都抓来审问，最后降罪：曹彪赐死，家人发配平原郡，其余参与者全部灭三族！

回到洛阳以后，司马懿继续报复，下令把王凌、令狐愚开棺戮尸，暴尸三日，两人的印绶、朝服全部烧成灰烬，就地掩埋……

一大波忠于曹魏的老臣便这样被消灭了，剩下的人们更加战战兢兢，不敢再触碰司马家族的底线。

最后，司马懿把曹魏的王爷们全部迁到邺城，让官员严厉监视，不准他们相互往来。

曹魏王室由此全体变成了囚犯，失去了一切反抗能力。

司马懿一生的任务也终于完成了。平定王凌之后三个月，这只战斗了一生的老狐狸，在心满意足中离世了。

篡位的交接棒交到了司马懿的儿子们手上。

司马师和司马昭都是极其优秀的接班人，他们接过老爹未完成的事业，进一步掌控朝廷，对金銮殿上那把熠熠生辉的皇帝宝座发起了冲击。

他们没受过曹家恩惠，没有"先帝托孤大臣"的名誉负担，做起事来更加肆无忌惮，跟皇权的碰撞也更加激烈。

而皇帝也被迫用激进手段自保。

曹魏从此进入了权臣与皇帝激烈交锋的时代。

第十七章　权臣、幼主，风雨中的皇权（上）

孙权晚年的大错

曹爽与司马懿轮流架空皇权的时候，东吴也出现了类似的局面，东吴的权臣是诸葛恪与孙峻、孙綝（chēn），被架空的皇帝是孙亮。

一切还要从孙权晚年办的糊涂事说起。

孙权年轻的时候十分英明，执政几十年没犯过大错，不料晚年在继承人问题上却连出昏招。

孙权有七个儿子，分别是：孙登、孙虑、孙和、孙霸、孙奋、孙休、孙亮。

孙登很早就被立为太子，受到孙权的重点培养。

当年孙权向曹丕称臣，曹丕多次要求东吴把孙登送到魏国去当侍子，孙权坚决抵制，最后不惜跟曹丕翻脸，终于把孙登保了下来。

而孙登也对得起父亲对他的栽培，他成年以后，才干卓越而气度恢宏，完全符合帝国接班人的标准。

如果事情就这么发展下去，东吴的未来会非常光明。可惜天不遂人愿，公元 241 年，年仅三十二岁的孙登病逝。

孙权悲痛难状，只好重新找继承人。

次子孙虑也在多年以前去世了。剩下的皇子里面，三子孙和、四子孙霸都特别受孙权宠爱。权衡利弊以后，孙权在公元 242 年正月立孙和为太子，几个月以后，封孙霸为鲁王。

晚年的孙权优柔寡断，虽然已经立了孙和为太子，但手心手背都是肉，他同样舍不得孙霸，于是让两个儿子继续住在一起，品秩待遇也都一样。

大臣们觉得这样不妥，纷纷劝谏，要求分清楚太子和藩王的地位。孙权这才把他们分到了不同的宫殿，待遇也区分开来了。

但这给了年轻的孙霸一个错觉：他本来是跟太子平等的，现在受到打压，被降级了。

孙霸和他身边的官僚们都愤愤不平，想跟孙和争个高下，于是开始攻击孙和的人。

孙和身边的官员们感到气氛不对，也开始躁动起来。

这时候东吴的老臣们基本都已经故去了，朝廷是"官二代"们的天下。大家都是养尊处优的年轻人，吃不得一点儿亏，既然情绪被点起来了，大家便都聚到自己的主人身边，指桑骂槐，吹胡子瞪眼，跟对方集团明里暗里斗起来，史称"南鲁党争"（"南"代表太子，因为东吴太子住南宫）。

有些心术不正的人觉得这是上位的好机会，便加入自己认为会获胜的一方，甚至主动挑事，攻击对方。

有些官员之间本身就有私人矛盾，这时候正好借题发挥公报私仇。于是两派的争斗变成了大家发泄情绪和攻击政敌的机会，卷进来的人便越来越多了。

双方的争斗迅速升级，变成了两个政治集团的互相攻击，最后蔓延到了整个朝廷。

而朝廷官员们也被迫选边站，其中，孙和一边有顾谭、吾粲、朱据、诸葛恪、滕胤、施绩、丁密等人，孙霸那边是步骘、吕岱、全琮、吕据、孙弘等人。

朝廷因此分成了泾渭分明的两派，甚至号称"举国中分"！

这股风潮更是进一步蔓延到了宫廷内部。

孙权的长女名叫孙鲁班，因为嫁到了全家，便被称为全公主。她跟孙和的母亲王夫人有仇，怕孙和当上皇帝以后报复她，于是也加入诋毁孙和的阵营中来。

有一次，孙权生病，孙和去宗庙祭祀，孙和的太子妃是张氏，张氏的叔父家离宗庙很近，便邀请孙和顺便去他家里坐坐。

全公主探听到了这个消息，马上到孙权跟前告状，说："太子借口去宗庙，其实是去张氏家里，不知道在商量些什么事。"又说，"王夫人听说父皇病了，面露喜色。"

孙权听到这些话，禁不住勃然大怒，从此疏远了孙和，而王夫人也是又惊又恐，不久就离世了。

在各方势力的联合诋毁下，孙和的地位明显下降，太子之位有了松动的迹象。

而孙权本人是什么态度呢？

其实以孙权的威望，他只要坚持维护太子的地位，这场党争就很容易平息下去。可惜晚年的孙权已经明显昏庸了，缺乏基本的判断力，他犹豫了很久以后，给出的处理方案竟然是"各打五十大板"。

他认为这场党争纯粹是两个儿子那些手下挑起来的，便告诫两个儿子：好好钻研学问，不要跟那些不三不四的人来往！

这种不痛不痒的处理方式反而鼓舞了那些人，两派人马都感觉看到了获胜的希望，虽然孙和、孙霸两兄弟不敢公开说话了，支持他们的官员们却斗得更凶了。

关键时刻，两派人马都急于寻找外援，于是都把目光放到了东吴头号重臣陆逊身上。

陆逊现在已经是东吴丞相，在朝廷里拥有举足轻重的地位。而且他对人、对事从来都有极其精准的判断，在东吴民众心里，陆逊已经是衡量对错的尺子，他的表态，对舆论会有很大影响。

陆逊驻守在武昌，并没有参与到朝廷里这些争斗中来，于是两派人马都不断去联络他，希望他表态支持自己这一方。

一开始，陆逊并不想表态，只是淡淡地说："两宫相争，必然招祸，这是古人非常忌讳的事情啊。"

孙和的地位继续下降，随后更出了一件大事，让孙和这一派的人彻底急了。

有一天，孙权召大臣杨竺谈话，杨竺极力推崇孙霸的才干，建议孙权改立孙霸为储君，孙权口头上答应了。

不料却有孙和的眼线躲在孙权床下，偷听到了两人的谈话，赶忙出去报告了孙和。

正好陆逊的侄儿陆胤要从建业去武昌，孙和就秘密接见他，说自己目前的处境极度危险，要他帮忙请陆逊出来说话。

陆胤到武昌以后，把孙和的情况一说，到这一步，陆逊终于坐不住了，于是他不避嫌疑，向孙权上了一封奏表，说："太子乃国之正统，鲁王只是藩臣而已，两人有上下之分，方是国家安定之根本。"

其实陆逊并不是站在太子一方，而是担心孙权随意改换储君，造成国家动荡，为了国家利益，他才冒着政治风险站出来说话。

不料孙权看到奏折以后勃然大怒，一是怀疑太子勾结朝中重臣，二是怀疑有人偷听到了他的私密谈话，两件事都是他绝不能接受的。

孙权立即调查谁泄露了他的机密谈话。问陆逊，陆逊也莫名其妙，他不知道自己的奏表涉及什么"机密"了，只好交代：陆胤跟他说过朝廷里的情况。

孙权又召陆胤来拷问，陆胤当然不肯供出孙和，便一口咬定："是杨竺把跟陛下的谈话转告给了下臣。"

孙权气得发抖，把杨竺抓进监狱拷问。

杨竺禁不住酷刑，屈打成招，他咬牙切齿，攀扯上陆逊，连续供出了陆逊二十条罪状。

孙权随后把杨竺斩首，又让人拿着这二十条罪状去武昌，当面申斥陆逊。陆逊一生没犯过错，没想到老却惹来这场羞辱，他满心羞愧，含垢忍辱，不久以后就抑郁而死了。

孙权还不罢休，又派使者拿着二十条罪状去诘问陆逊的儿子陆抗。陆抗据理力争，终于让孙权的使者无话可说，孙权的态度也终于有些松动了。

到这时，两宫之争出现了谁也不想看到的结果，东吴朝廷被彻底割裂开来，剑拔弩张，人人自危。

孙权想强行把事情压下去，撤换了许多激进的大臣，双方的争斗才逐渐缓和下来。

但这件事成了孙权的一个心病。当年，袁绍没能调和几个儿子之间的纷争，在他死后，几个儿子间爆发激烈内战，终于导致了袁氏集团的覆灭，这一幕，孙权是亲眼见过的。

孙权非常担心袁绍家族的悲剧在自己家族内重演，之后很多年，他都在考虑这个事，终于在公元250年下定决心，发布命令：废掉孙和太子之位，软禁在宫中；赐死孙霸，孙霸党羽全部处死！

消息一出来，孙和的支持者们都崩溃了。

骠骑将军朱据和尚书仆射屈晃带领众多官吏，在头上涂满污泥，绑着双手，到宫门前为太子请命。

孙权在高台上看到这一幕，很不高兴，把两人杖责一百，降职处分。

后来，无难督陈正和五营督陈象又上书，以春秋时代晋献公杀太子申生的故事劝谏孙权，孙权大怒，灭了两人满门。

太子辅义都尉张纯上书劝谏，也被处死。

还有无数大臣因为替太子喊冤，都受到了孙权的处罚。

孙权已经铁了心：这个太子绝不能留！哪怕其他人不适合当太子，也要换人！

于是他冒着"主少国疑"的风险，强行换了太子，终于把东吴朝政带上了歪路……

诸葛恪专权

前面说过，孙权有七个儿子，现在前四个儿子死的死，废的废，还有谁可以继承皇位呢？

五子孙奋性情暴戾，常常胡作非为，而且娶了袁术的孙女为妻，把国家交给他，孙权不放心。

六子孙休的母亲王夫人（跟孙和的母亲王夫人是两人）不受宠爱。

七子孙亮年纪太小，目前只有七岁。

这样看来，他们都不太让人满意。其中只有孙亮聪慧过人，最得孙权喜爱，他的母亲潘淑也很受宠爱，立他为太子是一个勉强能接受的方案。

全公主也在积极活动，只要能扳倒孙和，她就乐意，于是她时常在孙权面前夸赞孙亮，让孙权对孙亮的印象越来越好了。

公元 250 年十一月，孙权正式下诏，立孙亮为太子，半年之后，又立潘淑为皇后。

这是一记严重的昏招！东吴从此走上了曹魏的老路。

两年以后，孙权病重。看着仅仅九岁的太子，孙权也有点后悔自己当初的决定了，想再把流放在外的孙和召回来，然而全公主和大臣孙峻、孙弘等人坚决劝阻，孙权只好打消了这个想法。

公元 252 年四月，孙权驾崩，孙亮即位为东吴皇帝。

孙权临终时为孙亮指定了几个辅政大臣，主要有：大将军诸葛恪、侍中孙峻、少傅孙弘、太常滕胤、荡魏将军吕据。

其中诸葛恪是诸葛瑾的长子（诸葛亮的侄儿），代表着朝廷里的"官二代"，是这几年最受孙权赏识的人；孙峻是孙坚的弟弟的后人，代表宗室。这两人权势最大。

孙弘的身份，史书上没有记载，可能也是宗室。但他是个阴险小人，惯于用阴谋诡计害人，就在孙权卧病的这段时期，他就伪造诏书，赐死了当朝驸马、东吴重臣朱据。

另外两人——滕胤是德高望重的老臣，吕据是军中强人，两人是连襟关系，又都跟诸葛恪有千丝万缕的联系。

孙权把这些人糅合到一起，本意是希望他们互相配合又互相制约，共同维持朝政的稳定。

然而这个愿望根本不可能实现！

不说新皇帝孙亮年仅九岁，即使他是成年人，他也面临严重困难——孙亮是被临时提拔上来的，没有经历一个培养的过程，缺乏政治根基！

当年孙权为了培养孙登，历经二十年，费了九牛二虎之力，才把他培养成了合格的接班人。

后来的孙和就没有经历这个过程，所以政治基础不牢靠，在政敌的攻击下难以抵挡，以至于有了"南鲁党争"。

现在的孙亮更没有政治基础可言，怎么有能力把权力握在手上？

这种时候，要是有个强势太后出来撑场面，还能保一保小皇帝，偏偏前不久宫廷里又出了一件诡异事件……

孙亮的母亲潘淑本来已经被立为皇后了，孙权应该是希望她来保护未来的小皇帝。而且这女人有野心，有手段，看来会成为一个强势太后。

孙权病危的时候，潘皇后忽然找到孙弘，询问西汉初年吕后临朝听政的故事，没过多久，潘皇后暴毙……

具体的内幕，外人无法知晓，但对孙亮的影响是致命的——现在没有任何人可以保护他了，这个懵懵懂懂的小孩子完全暴露在众多阴谋家面前，任凭处置。同时，东吴的皇权也暴露在光天化日之下，任由人们争抢。

几个辅政大臣首先看清这一点，所以立即行动起来，争取把更多权力攫取到手上——这种时候手上权力越多，自己越安全。

孙权刚驾崩，孙弘就封锁消息，秘不发丧，同时假传圣旨，准备诛杀诸葛恪。

孙峻得到消息，急忙通知诸葛恪。于是诸葛恪假意请孙弘商量事情，就在座席上刺杀了孙弘，夺回朝政主导权，然后为孙权发丧。

从这一刻起，东吴的皇权就已经丢失了，几个辅政大臣成了实际掌权者。

辅政大臣里面以诸葛恪和孙峻为首，而孙峻又表现得十分低调，处处迎合诸葛恪，所以诸葛恪成了朝廷里无可争议的第一人，朝政大事全部由他处理，皇帝孙亮只是个摆设罢了。

这种局面跟十年前的曹魏相似，诸葛恪就如同当年的曹爽，他的想法也跟当年的曹爽相似，也准备在东吴干一番大事，通过逐步强化自己的地位，达到最终篡权的目的。

他首先收买人心。

孙亮即位以后，诸葛恪被拜为太傅，为百官之首。他取消了孙权末年的一些苛政，减免税赋，善待百姓。东吴朝政为之一新，百姓也非常感激诸葛恪，据说诸葛恪每次出行，都有许多仰慕他的百姓远远围观。

同时，诸葛恪也严厉限制宗室的权力。他发下命令，迁移孙奋到豫章、孙休到丹杨，通过这种方式削弱两人的实力。孙奋不肯答应，诸葛恪就写信给他，提醒他注意孙霸的"前车之鉴"，在诸葛恪的威胁之下，孙奋只好服软，同意了迁移的命令。

但诸葛恪还是担心自己威望不够。他为官这么多年，最大的功绩是平定山越，这样的功绩根本配不上他现在的地位，所以他亟须为自己添加一些政绩。

当初曹爽因为缺少政绩，便强行对蜀汉用兵，希望用军功来提升自己的威望，现在诸葛恪也是同样的想法，他的目标是曹魏。

曹魏比东吴强大，直接发动战争的话，国内肯定不同意，所以要想个办法挑动他们先来攻击。

目前东吴和曹魏的边界在淮南地区，而淮南地区冲突的热点在濡须口附近。

濡须口以北有濡须水，向北联通到巢湖。东吴曾经在濡须水上修过一座堤坝，叫东兴堤，如今已经废弃了。诸葛恪掌权以后，马上派民夫重修东兴堤。

东兴堤一修起来，巢湖水位上升，会淹没北面的一些曹魏领土，属于变相侵略。何况东兴堤所在位置本来就是两国冲突的焦点所在，这里的任何动静都会引起双方大打出手，所以诸葛恪的行为就是赤裸裸的挑事。

而曹魏那边也非常配合。

目前曹魏掌权的人是司马懿的长子司马师，他也正需要一场对外战争来巩固自己的地位，本来听到孙权驾崩的消息，司马师就已经准备出兵了，现在诸葛恪又来主动挑事，正中司马师下怀：立即满足他！

司马家族的狠人

司马懿有九个儿子，其中，长子司马师最有勇略，是一等一的狠人。

年轻的时候，司马师娶了夏侯尚的女儿夏侯徽。夏侯徽不仅出身高贵（她是夏侯玄的妹妹，曹真的外甥女，曹爽的表妹），而且聪明过人，十分有见识，司马师做决断，往往要听取她的建议。可以说，她是真正的"贤内助"。

两人度过了一段恩爱时光，夏侯徽接连为司马师生下五个女儿，夫妻和睦，琴瑟甚笃。

不料司马家族和曹爽家族很快成了竞争对手，司马师对夏侯徽这个枕边人非常不放心，直接毒杀了她，另外娶了吴氏为妻。

吴氏出身不够高，没过多久就被休了，司马师又娶了出身名门的羊徽瑜为妻。

似乎冥冥中有天意，杀妻以后这些年，司马师跟吴氏、羊徽瑜都没能生下一男半女。眼看人过中年，快要绝后了，司马师终于着急起来，只好过继了司马昭的儿子司马攸，偌大的家业才算找到继承人了。

高平陵事变之前的晚上，司马师、司马昭兄弟听说了父亲的计划。司马昭担心得一夜没睡，司马师却一点儿都没事，呼呼大睡。

第二天发动兵变，司马师把自己蓄养在民间的死士召集出来，成为控制洛阳城的关键兵力，自己又亲自带兵守住司马门，一举一动都如同征战多年的老将，以至于父亲司马懿都禁不住惊叹："我儿子这么有本事！"

兵变以后，司马师被加封为卫将军，正式执掌大权，随后也参加了讨伐王凌的战争。

司马懿过世以后，司马师便成了家族的领军人物，朝政大权都落到了他手上。

但他毕竟是新人，缺少威望，要提升威望，最便捷的方法是用一场战争来证明自己。

公元252年四月，东吴孙权驾崩，太子孙亮继位。司马师想趁丧攻打东吴，随后诸葛恪又重修东兴堤，给了司马师开战的理由。

经过讨论以后，曹魏决定分三路大军，分别由司马昭、毌丘俭、王昶统领，进攻东吴的东关、武昌、南郡。

其中，司马昭率领的七万东路军是这次出征的主力，司马昭为都督，手下还有诸葛诞与胡遵两员大将。而东吴方面，由诸葛恪率领四万大军迎击。

十一月，东路大军到达东关。

东关在濡须口以北，地势十分险峻，东部有濡须山，西部有七宝山，中间有濡须水流过，东兴堤就建在两山中间、濡须水上。诸葛恪又在东兴堤两头依山建了两座城堡,两座城堡各有上千士兵守卫,互相接应,极难攻克。

魏军先在濡须水上建了浮桥,从浮桥登上东兴堤,再从东兴堤自下而上攻打两边的城堡,战争进行得异常艰难,迟迟没能打下城堡。

这时候诸葛恪的军队已经赶到附近,他们本来想走陆路,翻过七宝山去攻打魏军,诸葛恪手下的老将丁奉却献计说:"这样翻山过去恐怕太迟了,不如咱们兵分两路,我带领三千精兵从水路前进,先一步赶往东兴堤。"

于是丁奉从东兴堤以北的巢湖上乘船疾行,趁着北风,两天时间赶到了东兴堤。

东兴堤上的只是魏军的先头部队,人数不多。曹魏将领们根本没想到吴军会这么快来到,正在堤上摆酒宴取乐。丁奉突然杀到,当时天降大雪,丁奉对手下士兵们大吼:"取封侯爵赏,正在今日!"让士兵们脱掉铠甲,扔掉长枪,人人手持短刀、盾牌,冲入魏军阵营乱砍。

看到吴军拿短刀来打仗,魏军将帅们都没放在心上,还在暗笑。不料吴军这些勇士都豁出性命来了,拼死力搏,短刀、盾牌又适合近战,一时间杀得魏军招架不及,阵容大乱。

东兴堤上的魏军先头部队向后方溃逃,众人一起拥上浮桥,很快把浮桥压塌了,随着一声震天巨响,桥上士兵全部落到河里,淹死的不计其数,乐安太守恒嘉等将领也都溺水身亡。

随后东吴的吕据等人也从山上杀来了,于是魏军阵营全体崩溃,军士四散奔逃。

这一战,魏军死伤上万人,丢下骡马数千匹,兵器辎重无数,这些都成了东吴的战利品。

听到东线主力部队败退了,中线、西线魏军也只好撤退,这次伐吴以大败告终。

败退回来的路上,司马昭召集下属们问道:"这次失败是谁的责任?"

手下参军王仪答道:"责任在元帅(司马昭)。"

司马昭顿时大怒,说:"你是想让我来背锅吗?"马上下令把王仪拖出去斩了。

不过回到朝廷以后,司马师的表现却跟他弟弟截然相反,当时朝堂上议论如何处罚参战的将领们，司马师抚慰大家道："当初公休（诸葛诞）劝孤不要兴兵，孤不听，致有今日之败。此我之过也，诸将何罪？"

于是下令赦免了大部分将领的罪行，只处罚司马昭一人，削了他的爵位。

这次受到赦免的将领包括毌丘俭、诸葛诞等人，他们都是曹魏军队里的顶级干将，司马师赦免他们本来指望可以换来他们的感激，不料却给自己的家族带来了大麻烦……

权臣对权臣，黑吃黑

另一边，东兴的大胜极大鼓舞了诸葛恪。

回到建业以后，诸葛恪受到极度褒奖，被任命为丞相，进封阳都侯，加荆、扬二州牧，督中外诸军事。

这时候诸葛恪在国内的声望如日中天，他希望趁热打铁，再来一场对曹魏的大胜，进一步提升自己的地位。

第二年二月，吴军刚刚从东兴前线回到建业，诸葛恪又在朝堂上提出：希望再对曹魏用兵。

大臣们全体反对，理由是军士疲劳，国力虚耗，亟须休整。当然，大家不好说出口的理由是：诸葛恪想挟持国家军队替自己刷政绩，这样的战争根本不符合国家利益。

诸葛恪的好友丹杨太守聂友、辅政大臣滕胤等人都出来劝说诸葛恪，但都没用。

诸葛恪坚决驳回所有反对意见，还亲自写了一篇长文，以诸葛亮北伐为例子，苦口婆心地劝说大家："长江天险不能长久依恃，我们不能满足于偏安一隅，必须替子孙后代考虑。只有尽力消灭曹魏，才能保得子孙后代平安。"

其实诸葛恪这番言论本身没错，东吴目前的处境跟蜀汉类似，确实都需要主动对外出击，才能保得子孙后代平安。可惜诸葛恪对外用兵却是出于私心，他不顾客观条件，在将士没有得到休整的情况下，强行出兵，从军事上来说，已经处于危险境地了。

目前诸葛恪已经完全把控了朝廷，所以尽管朝野上下一片反对声，却还是阻止不了他。当年三月，刚刚开回建业的东吴军队又被调集起来，再一次踏上了远征之路。

这次诸葛恪赌上了全部国力，一次性派出二十万军队，发誓要给曹魏一点儿厉害瞧瞧。

同时他还联络上蜀汉的姜维，让姜维从陇右地区牵制曹魏。

这是诸葛恪的又一个错误，他以举国之力北伐，没给自己留退路，一旦北伐失败，民众的失望情绪就会特别强烈。

而朝中大臣全体反对，也让这次出征的队伍士气低了不少。

诸葛恪的另一个错误是没有明确目标。同样是北伐，当年的诸葛亮一直有清晰的战略意图，要么拿下关中的城池，要么攻取陇右。而这次诸葛恪的北伐要实现什么目的呢？连他自己都说不清楚。

一开始，诸葛恪只是指挥大军向着淮南地区横扫，淮南的曹魏民众扶老携幼向北方逃去，丢给东吴大片无人的土地。

手下劝告诸葛恪：敌人的民众全部逃窜了，我们拿到这么多荒地并没有什么用处，而且深入敌境已经太远了，太危险，不如放弃这种全面推进的战法，主攻敌人的特大城市。

曹魏在淮南地区的主要城市是合肥新城，目前合肥新城已经在吴军后方。诸葛恪听了手下的建议，便不再向北推进，而是撤回军队，包围合肥新城，于是这场战争就变成了东吴对合肥新城的攻城战。

诸葛恪以举国之力围攻一座城池，从战略上来说就已经输了。如此高昂的开销，要求前方军队必须迅速取得胜利。只要曹魏方面守住城池，甚至即使守不住，只要防守的时间足够长，东吴就会被巨大的战争成本压垮。

所以曹魏方面只需要一直坚守，等待敌人崩溃的时机再发起反击。

曹魏方面也看清了这一点，所以司马师听取手下的建议：只让西部的军队主动出击去攻打姜维；合肥新城这边，却让援军远远扎下营来，不出战，只是让他们深沟高垒，看着吴军攻城。

姜维那边遇到了跟当年的诸葛亮同样的问题：粮草不足。他看到曹魏大军来到，所以很快率军撤走了。

合肥新城这边却战况激烈。城内守军只有三千人，由一个叫张特的将领指挥，硬是顶住了东吴二十万大军的进攻（古代的战争人数有很大水分，不能完全相信）。

战争相持了三个月，合肥新城内的守军战死过半，但仍然坚守，诸葛恪终于紧张了。

当时正值盛夏，暑热加上被污染的饮水，击倒了很多士兵，瘟疫很快在东吴军营内蔓延，士兵们人人自危，苦不堪言。

将官们把情况报上去，诸葛恪却怪他们扰乱军心，要杀掉报告的人，所以再也没人敢报告真实情况了。

诸葛恪已经陷入骑虎难下的境地。前方的士气极度低落，悲观情绪在军营里蔓延。军队高层也迅速分化，将领们都满怀怨恨，抱怨诸葛恪的胡乱指挥，甚至有将领带领士卒逃向了曹魏。

曹魏方面，司马师看到时机成熟，便命令早已在附近待命的文钦、毌丘俭出动，准备从四面合围，在合肥新城附近歼灭吴军。

看到这情形，诸葛恪再也不敢硬撑下去了，只好赶忙带领军队撤回了后方。在撤退的路上，诸葛恪遭到文钦带领的魏军主力拦截，吴军死伤上万人，才勉强撤走。

诸葛恪还不死心，又带兵跟魏军相持了一个月。当年八月，后方的人们已经不耐烦了，召诸葛恪回朝的诏书一封接一封地送来，他才勉强回建业去了。

新城之战的惨败让诸葛恪声名扫地，在国内的形象彻底逆转，从朝堂到民间，人们都在怀疑他的能力。执政仅仅一年的诸葛恪遭遇严重的信任危机。

不过，归根结底，新城之战的失败对东吴的伤害并不算致命，曹魏方面也没有继续南下的计划，这时候诸葛恪如果好好休养生息，还有机会逐步挽回形象。

可惜他的敌人们不会给他机会了。

当年十月的一天，小皇帝孙亮召诸葛恪进宫赴宴。诸葛恪心里有些疑虑，但还是去了。

刚走到皇宫门口，忽然有几个宫里的官员给诸葛恪送来密信，说："今日宫里气氛与往常不同，小心！"

滕胤听说以后也劝诸葛恪不要入宫，但诸葛恪考虑再三，还是进去了。

不过诸葛恪也有所准备。他有"剑履上殿"的特权，所以这次特意带着佩剑进宫；又号称"身体不好，平常要服药酒"，所以带着自己的酒。

宴席上，孙亮和孙峻都在，两人劝酒，诸葛恪却不喝，默默地取出自带的酒喝了起来，孙亮等人也没说什么。

酒过三巡，孙亮找借口出去了，孙峻也借口如厕，去了外面。

不一会儿，孙峻身穿铠甲，拿着长刀进来，大叫："有皇帝诏书，诛杀反贼诸葛恪。"四面的伏兵一拥而起，把诸葛恪和手下砍翻在地。

孙峻随后出宫，指挥军队四处搜捕，把诸葛恪家族全体诛杀，夷灭三族！

事情发生得十分突然，诸葛恪在朝廷里的同党们根本来不及反应，只得接受既成事实，于是诸葛恪家族的势力就这样覆灭了。

孙峻成了这次事变的最大赢家。他本来代表着宗室力量，跟诸葛恪是相互制衡的关系，但他伪装得相当好，一度看起来像是诸葛恪的亲密战友，以至于让诸葛恪和他的同党们都没有防备，才在关键时刻一击成功。

这次事变是曹魏高平陵事变的翻版，结局也类似——由于朝政大权已经落到了权臣手上，所以当一个权臣被诛杀以后，权力并没有回到皇帝手上，而是立即转到了下一个权臣手上。小皇帝孙亮自始至终只是看客而已。

消灭诸葛恪势力以后，孙峻成了东吴朝廷里的头号权臣，他让孙亮封自己为丞相大将军，自己独霸朝廷。

现在孙峻就担心一件事——小皇帝虽然好控制，但还有个废太子孙和在外地，万一诸葛恪的同党拥立孙和为帝，来跟自己分庭抗礼怎么办？

所以他借口说"孙和跟诸葛恪勾结，密谋篡位"，派人赐死了孙和。

孙峻这才彻底放心了。

东吴也从此进入了孙峻专权的时代。

同一时期，曹魏那边的权臣也在兴风作浪，这次的主角是司马师。

天道轮回，司马师废魏帝

一场新城之战，让两个权臣的命运走向了相反方向。

东吴的诸葛恪声名扫地，以至于被政敌诛杀，落得身死族灭的下场。

曹魏那边，司马师却赢得了巨大的名声，进一步巩固了自己在朝廷里的地位。

这使得他可以做出更加过分的事情。

公元254年，小皇帝曹芳已经二十二岁了。他当皇帝十五年，先后被曹爽、司马懿、司马师架空，一直没能掌握实权。现在他的一切都在司马家族控制之下，外界对他的情况完全不了解，只知道有这样一个皇帝存在而已。

这一年二月，沉寂了许多年的皇宫，突然爆出一则重大消息：有人在密谋推翻司马师，而背后的主谋可能就是曹芳！

根据史书上留下的蛛丝马迹来看，事情的经过可能是这样：

已经成年的曹芳，急于摆脱目前的傀儡身份。

但谁能帮他呢？

整个朝廷都在司马家族控制之下，曹芳能指挥的人屈指可数；郭太后早已被隔离起来，无法联络；而曹氏诸王全体受到打压，连起码的人身自由都没有，更不可能提供任何帮助。

曹芳最终找到了自己的两个亲戚：中书令李丰、光禄大夫张缉。

李丰的儿子娶的是曹芳的姐妹齐长公主，张缉的女儿是曹芳的皇后，他们算是曹芳唯一能依靠的人。

但这点资源实在可怜。张缉从当上国丈以后就被司马师冷落了，目前赋闲在家；李丰虽然官职不小，但并没有多少实权（实权都在司马师和他的党羽手上），特别是手上没有军队。

他们又联络上同样没有实权的夏侯玄。

夏侯家族在曹魏内部是一个地位独特的家族，他们不仅跟皇室、跟曹爽关系密切，跟司马氏也有千丝万缕的联系。

其中的一个关键人物就是夏侯玄。他是曹爽的表弟，曾经跟曹爽一起策划入侵蜀汉，但他又很受司马懿赏识，同时他还是夏侯徽的亲哥哥、司马师的大舅子。

曹爽时代，夏侯玄是曹爽的亲信之一，地位尊崇。曹爽一党被诛灭以后，司马懿立即把在外带兵的夏侯玄召回洛阳，夺了他的兵权。

同一时期，夏侯玄的叔叔夏侯霸害怕受迫害，逃到了蜀汉，夏侯家族的实力严重下滑。

夏侯玄不愿背叛国家，又没有能力跟司马家族对抗，只能接受司马家族的安排，交出一切权力，小心谨慎地生活着。

这样的生活显然不是他想要的。

现在李丰等人联络上夏侯玄，许诺他，等除掉司马师以后，就扶植他来取代司马师的位置。夏侯玄同意了。

于是这个临时拼凑起来的"造反小组"开始了自己的行动。

他们先通知李丰的弟弟兖州刺史李翼，让他借口朝觐皇帝，带兵进入洛阳，对司马家族发起攻击。但司马师警惕性很高，直接拒绝了李翼的请求，李翼的计划失败。

张缉等人又心生一计，让曹芳下令册封贵人，册封仪式上，宫里会有大量卫兵出动，他们准备调动这些卫兵诛杀司马师。

李丰又说动了黄门监苏铄、永宁署令乐敦、冗从仆射刘贤等人，让他们跟自己配合行动。

一切准备就绪以后，就等册封仪式了。

然而当今朝廷是司马师的朝廷，他们那点计划哪里瞒得过司马师呢？

司马师很快得到了情报，他立即出手，让人把李丰劫持过去，当面质问。

李丰被逼不过，大骂司马师。司马师暴怒，让人用刀把打死了李丰，然后下令：捉拿张缉、夏侯玄等人，交给廷尉，严厉逼供。

夏侯玄等人坚决否认所有指控，然而没用。司马师下令：废张皇后，处死张缉、夏侯玄以及他们的一切同党，灭三族！

朝廷里仅剩的一点儿忠于曹芳的力量就这样被消灭了。

接下来轮到曹芳本人。

当年九月，司马师联合满朝文武，向郭太后提出：曹芳沉溺于女色，亲近小人，不理朝政，请太后效仿霍光废刘贺故事，废曹芳，另立新帝。

尽管"不理朝政"这种理由实在令人瞠目结舌，但郭太后也无可奈何，只能同意司马师的要求。

当了十五年傀儡皇帝的曹芳被废为齐王，随后被赶出了洛阳，迁到了河内郡。

这一幕让人想起当年的"衣带诏"事件。当年曹操杀国丈董承，杀董贵人，灭董氏三族，后来又杀伏皇后，一时间人人战栗，腥风血雨笼罩汉家宫廷。五十四年过去了，同样的命运落到了曹操后人身上，甚至变本加厉，连皇帝自身都没保住。

而这仅仅只是开始，还有更多残酷命运等着曹操后人们。

曹芳被废以后，司马师本来想立彭城王曹据为新皇帝，但郭太后死活不同意。因为曹据是曹叡的叔叔，他当皇帝，意味着曹叡这一支皇族绝嗣了，郭太后的太后之位也保不住了。

郭太后坚持立高贵乡公曹髦。曹髦是曹叡的侄儿，法理上来说，可以继承曹叡的血脉。

最后司马师只好让步，派人去元城县把曹髦接来，把他扶立为帝。

这一年，曹髦十三岁，成了又一个傀儡皇帝，而朝政仍然被司马师牢牢把控着。

第十八章　权臣、幼主，风雨中的皇权（下）

淮南二叛

曹髦的皇帝之位还没坐稳，淮南那边又叛乱了。

这次带头叛乱的是扬州刺史文钦、镇东大将军毌丘俭。

这两人虽然一起叛乱，但他们其实是完全不同的两类人。

文钦出生于将门，强横威猛，是朝廷里著名的虎将。他的暴脾气是出了名的，他几乎对所有人都很粗暴，被他得罪过的人不计其数，就连上次叛乱的主角王凌都跟他有很深的矛盾。

但当初曹爽很赏识他，对他格外照顾。曹爽被诛灭以后，文钦本来很担心，不料司马懿却也想笼络他，不仅没迫害他，反而加封他为前将军，继续给予重用。

虽然司马家对他不错，文钦心里却一直念着曹家的恩惠。司马师公然欺凌皇帝，让文钦义愤填膺。

毌丘俭却是儒生出身，他是当时著名文人，辞赋闻名于天下。曹叡还是皇子的时候，毌丘俭担任他的文学掾，与年轻的曹叡结下了深厚情谊。

曹叡即位以后，大力提拔毌丘俭，毌丘俭成为朝廷里的红人。

随后他以文臣身份参与军事，立即表现出卓越的军事才干。他多次替国家征讨辽东和高句丽，取得了许多伟大成就；又在淮南地区对抗东吴，在东兴之战、新城之战中，他都是曹魏的重要统帅，表现亮眼。

毌丘俭兼有名士的高风亮节与武将的忠直悍勇，是当前朝廷里一等一的人物。司马家族掌权以后，也非常看重他的才干，从司马懿到司马师都尽量笼络他。

但毌丘俭内心不站在司马家族这边，他始终认为自己是曹魏的臣子，司马家族要篡魏，自己必须尽力去阻止。而且他不仅跟先帝曹叡感情深厚，跟李丰、夏侯玄等人也是好友。李丰等人被杀，他十分震撼。曹芳被废的消息传来，更让他忍无可忍，动了兴兵反叛的念头。

但他还有些顾虑，他的妻儿老小都在洛阳，一旦起兵，家人必定遭殃，该怎么办呢？

毌丘俭的长子毌丘甸也在洛阳，他的心思却跟父亲一样。曹芳被废以后，毌丘甸写信给父亲，满怀豪情地说："父亲身为国之栋梁，眼看社稷倾覆而明哲保身，必受天下人责骂！"

这番满腔热血的豪言看得毌丘俭热泪盈眶，拍案而起，当即决定起兵。

文钦虽然到处是仇家，却跟毌丘俭关系不错，两人现在又联手统领着淮南地区的兵马，政治立场也完全一致，于是很快联络上，决定共同举事。

公元255年正月，一颗彗星从淮南地区的天空掠过，飞向西北方。文钦、毌丘俭大喜，认为曹魏江山将受到拯救，于是暗地派人联络国内各大将领，劝说他们跟自己共同反抗司马家族。

事实证明他们这个天真的举动是重大错误！

他们首先联系驻守豫州（文钦、毌丘俭在扬州，豫州在扬州以北）的镇南将军诸葛诞。

诸葛诞是曹爽的老部下，又是夏侯玄的好友，按理说他也反感司马家族。不料他却是个政治投机分子，他收到密信以后，直接杀掉文钦的使者，把密信转交给了洛阳朝廷。

于是文、毌丘二人的计划就这样暴露了。

同时，他们也派人联系兖州刺史邓艾。邓艾的反应跟诸葛诞一样，也杀掉使者，然后派人去洛阳告密。

他们又联系征西将军郭淮。郭淮却在不久前病逝了，他的继任者陈泰目前正在陇右大战姜维，顾不得东南的局势。

文、毌丘二人无可奈何，只好凭借自己手上的淮南兵马对抗司马师了。

他们把淮南地区各个将领召到寿春城内，拿出假造的郭太后诏书，声称：郭太后号召大家起兵反抗司马家族。

淮南将领们被胁迫着跟文、毌丘二人歃血为盟。文、毌丘二人把淮南的所有兵马都兼并过来，总共六万人，开始了对司马家族的战争。

事不宜迟，文、毌丘二人留下少量军队防御寿春，自己带着淮南魏军主力向西开动，希望以最快速度杀奔洛阳；他们同时派人联络东吴，请求孙峻派兵来支援。

但司马师这时也出动了，亲自带着十万大军杀向淮南，并且指挥诸葛诞、荆州北部的王基、荆州南部的王昶、徐州的胡遵等将领，带着各自的兵马前往淮南前线，共同绞杀叛军。

而邓艾这只司马家的"忠犬"最积极，竟然在得到文钦的密信以后，不等司马师下令，直接就带兵杀向了淮南，行动比任何人都快了一步。

邓艾的抢先行动成为左右战局的关键。当时淮南叛军还没有开动，邓艾已经抢先一步来到豫州西部的乐嘉，开始建造浮桥，修筑城防，挡住了叛军通向洛阳的道路。

文、毌丘二人带着军队走到豫州境内的项县，才发现一切都太迟了。前方的乐嘉城已经有军队在防守，同时朝廷兵马已经从四面八方杀过来，他们再坚持开向洛阳的话，会陷入敌人的包围圈。于是他们只好停止北上，就在项县驻扎，就地抵抗。

到这一步，淮南叛军实际上已经处于不利境地。

这时候王基的军队已经到达项县以西，跟邓艾合围，从两个方向困住了叛军，司马师的主力部队也快要到来，而诸葛诞、胡遵等军队已经杀奔叛军后方的寿春，截断他们的退路了。

文钦和毌丘俭陷入困境，两人紧密配合，毌丘俭死守项县，文钦向外出击。

文钦看到附近的邓艾军队最弱，就把他们作为突击目标。一天夜里，文钦和自己的儿子文鸯兵分两路，去攻打邓艾的军营。

文鸯年仅十七岁，将门虎子，勇猛无比，他带着自己的军队先到邓艾军营，不等文钦来到，便带着手下猛冲过去。

他万万没想到，自己这一冲锋，竟然改变了历史！

邓艾军营里的统帅就是司马师本人！他偷偷来到淮南前线，潜伏在邓艾的军营里，让邓艾故意示弱，诱使文钦来进攻，然后让自己的主力去截杀文钦的军队。

但司马师当前面临一个大麻烦：他眼睛旁边有颗肉瘤，最近刚刚做手术割掉，伤口还没愈合，就听说淮南叛乱，只好带伤出征。

文鸯的兵马虽然不多，但都是一群暴躁青年，在营帐外面大呼小叫，高喊司马师的名字，一时间竟有千军万马的声威。营帐内的司马师受到惊吓，伤口崩裂，眼珠竟然从伤口蹦出来了！

他怕手下军士知道，就自己蒙在被子里，忍着剧痛不发声。

外面，司马师的军队拼死抵抗，终于没让文鸯冲进来。拖到天亮，文鸯看到面前竟然是敌人的主力部队，吃了一惊，文钦那支军队又不知道什么原因一直没来，于是文鸯只好撤走了。

营帐内的司马师终于松了一口气，叫人进去。手下这才发现他的伤势，过来一看，他身边的被子已经被咬得稀烂，血污满床。这一夜，他都不知道疼晕过去多少次了。

司马师强行支撑起来，指挥军队追击文鸯。

魏军很快在前方赶上文钦和文鸯的部队。不料文鸯真有万夫不当之勇，竟然单枪匹马对着魏军冲了过去，冲进魏军阵营，疯狂砍杀，刹那间砍倒无数魏兵。这样反复冲击了六七次，杀伤数百人。魏军上下人人震骇，不敢靠近。

魏军援军渐渐来到，司马班、乐林、邓艾军队先后从各个方向杀到，成功会合，把文钦等人包围在中间。箭如飞蝗，铺天盖地，文鸯虽然奋力拼杀，却也挽救不了败局了。

淮南兵马渐渐溃散，文钦一看势头不好，带着文鸯等人，手执盾牌挡住箭雨，杀开一条血路，向东吴方向逃去了。

东吴孙峻把文钦父子收留下来，封文钦为"镇北大将军"，预备将来对付曹魏。

魏军主力随后开向东方，包围了项县。城里的淮南士兵听说文钦部队已经被剿灭了，顿时偃旗息鼓，毌丘俭带人苦苦抵挡了一会儿，支撑不住，只好连夜逃出了项县。

毌丘俭带着自己的兄弟和孙儿逃到慎县，被追到走投无路，躲在河边的草丛里。当地一个平民发现了他们，一箭射死毌丘俭，传首京师，从此得以封侯。

毌丘俭的兄弟、孙儿成功逃脱，也逃到了东吴避难，但文钦和毌丘俭留在洛阳的家属全体被诛杀了。

同一时期，寿春也被朝廷兵马攻破，淮南叛军死的死、降的降，轰轰烈烈的第二次淮南叛乱就这样被镇压了。

文钦、毌丘俭败亡得太快，东吴援军刚到寿春，就发现城池已经被占领了，只好撤了回去。

文钦、毌丘俭的迅速败亡说明一个冷酷的事实：曹氏皇权已经丧失太久了。司马家族经过两代人的经营，在朝廷里已经根深蒂固，难以拔除了。而且司马家族是自上而下的篡位，除非像李丰策划的那样直接在高层发起兵变，否则，要自下而上推翻他们，会立即面临全国兵马的围剿，成功的可能性微乎其微。

但这次叛乱的影响非常深远。文鸯半夜袭营导致司马师伤口崩裂，无法愈合，他疼痛难忍，在班师的路上，走到许昌，就活活痛死了。

从司马师的角度来说，他用自己的坚韧，为家族成功篡位扫除了障碍。司马家能够得天下，司马师厥功至伟！

司马师没有亲生儿子，他死后，权力由司马昭继承。经过这些年的锤炼，司马昭已经成长为老谋深算的政治家，他将会带领自己的家族，完成篡夺江山的最关键步骤。

淮南三叛

司马师在许昌病危的时候，司马昭亲自去看望他，随后料理了他的丧事。

这时候却忽然接到洛阳那边发来的诏书：小皇帝曹髦命令司马昭就在许昌驻扎，不要回洛阳了，让其他人带兵回洛阳。

司马昭不禁暗笑：这小毛孩儿真够幼稚，以为这样就能限制我吗？

他直接带着兵马大摇大摆回到洛阳，然后要求曹髦封他大将军加侍中，让他接任司马师的全部职位。

曹髦是个乳臭未干的小孩子，被司马昭的嚣张气焰吓傻了，只好听他安排。

没过多久，司马昭又要求曹髦加封他为大都督，然后进封高都公，加九锡，假斧钺，假黄钺，剑履上殿，入朝不趋，奏事不名……

司马昭把小皇帝拿捏得死死的，一年时间就继承了司马师的全部特权，曹魏的朝政大权从司马师手上平稳转移到了司马昭手上。

小皇帝曹髦发现自己在司马昭面前一点反抗能力都没有，除了哀叹命运不公，没有任何办法。

位子坐稳以后，司马昭开始剪除国内剩下的反抗力量。

跟司马师的刚猛暴戾不同，司马昭更加阴狠毒辣而诡计多端，他认为目前可能的不安定因素还是出在东南方向，所以继续把目光瞄准淮南。

诸葛诞在淮南二叛中抢先告密，又带头攻破寿春，立了大功，因此被封为镇东大将军（后来加封为征东大将军），接替文钦等人，负责淮南地区的防务。

这时候文钦在东吴竭力怂恿孙綝北伐。孙綝为了巩固自己的地位，也非常希望对曹魏来一场大胜。于是吴、魏双方剑拔弩张，淮南地区的魏军持续保持高度戒备状态。

公元 255 年二月，孙綝带领十万大军攻打寿春，被诸葛诞打败。

孙綝不死心，继续磨刀霍霍，准备再次对淮南发起攻击。诸葛诞就借这个机会大肆扩充自己的军力，朝廷只好尽量满足他，淮南地区的军事力量便很快膨胀起来。

就这样，诸葛诞还不满足，又在公元 257 年初，直接请求朝廷增加十万大军来防守寿春。

收到这个离谱的请求，司马昭没有立即回应，内心却怀疑诸葛诞有二心，便派贾充去试探诸葛诞的想法。

贾充回来以后禀报："诸葛诞在扬州很得人心，又蓄养了许多军队，已经难以遏制。朝廷应该立即征他回洛阳，防止有变故。即使他不同意，现在反，也比以后再反好。"

司马昭便下令："提拔"诸葛诞为司空，命令他把兵马交给扬州刺史乐綝，即刻回洛阳赴任。

诸葛诞收到命令以后，认为这是在跟他摊牌，于是决定奋起反击。

当时扬州刺史乐綝就驻扎在附近，诸葛诞二话不说，带兵冲过去，杀掉乐綝，把扬州的控制权夺到了自己手里。然后他收集淮南、淮北等地兵马十余万人，囤积了一年的粮草，就驻扎在寿春城里，公然跟朝廷对峙。

在短短十年之内，淮南地区第三次发生叛乱。

诸葛诞的反应完全在司马昭预料之内。朝臣们请求司马昭马上发兵去讨伐，司马昭说："不急！之前文钦、毌丘俭过于急躁，不等准备完毕便反叛，因此被朝廷剿灭。现在诸葛诞吸取教训，必然不会轻率出动。依我看，他会先去联结东吴，然后才敢发兵。正所谓'变大而迟'，我们可以从容应对。"

于是司马昭向曹髦上表，请求他御驾亲征，以天子威名，号召全国兵马围剿叛军。

曹髦不敢反对，只能听从司马昭安排。

当年六月（史书记载时间有矛盾），诸葛诞反叛一个月以后，司马昭带着曹髦、郭太后出征淮南。既然皇帝都亲征了，调集全国兵马便名正言顺，于是司马昭调动青州、徐州、荆州、豫州以及关中各地兵马二十六万，从各个方向扑向扬州。

同时，镇东将军王基与安东将军陈骞等人先行一步，围困寿春。

司马昭如此大张旗鼓是有道理的，因为这次出征不仅是在讨伐叛军，更是跟东吴的一场大战。

如同司马昭预料的那样，诸葛诞对文钦等人的败亡印象深刻，所以他一开始就不是仅仅依靠淮南兵马去对抗朝廷，而是拼尽全力把东吴拉过来。

杀掉乐綝以后，诸葛诞立即派自己的儿子诸葛靓等人去东吴称臣，请求东吴派兵援助，而且是要大规模援助。

这时候的东吴朝廷已经换了领导人。

孙峻本来有大志向，希望像司马家族一样，先架空皇帝，然后一步步夺权，可惜人算不如天算，他执政仅仅三年，就突发心脏疾病过世了。

孙峻可能没有儿子，所以他过世以后，权力都转交到了堂弟孙綝手上。

孙綝继承孙峻的遗志，继续控制小皇帝孙亮，为以后篡权夺位做准备。

但孙峻好歹是先帝指定的辅政大臣，孙綝算什么呢？名不正言不顺，又没有任何政绩，所以他也急于靠军功提升自己的威望。

所以孙綝掌权以后，马上把北伐曹魏作为自己的主要任务之一——正是这样，才让诸葛诞找到借口，要朝廷增强淮南地区的防御，以至于引发随后的叛乱。

现在诸葛诞派人来求援，孙綝正中下怀，便派出文钦、唐咨、全端、全怿等人，带领三万兵马前往寿春增援。

文钦等人来到寿春，发现曹魏的王基正在攻城，他们经过苦战以后，终于进入寿春，跟诸葛诞合兵一处，共同防御城池。

同时，孙綝还任命大将朱异为大都督，带领三万人屯驻安丰，与曹魏的兖州刺史州泰展开大战。

当年七月，孙綝亲自率领大军来到前线，又派朱异、丁奉、黎斐等五万军队进攻曹魏。

到这一步，东吴可以说举全国之力了。

于是第三次淮南叛乱迅速演变成了曹魏和东吴的一场大决战！

曹魏那边，司马昭带着曹髦等人进驻到项县。

司马昭对淮南叛军和东吴军队采取不同的策略。

对于淮南叛军，司马昭采用攻心战术，用兵马重重包围寿春，阻断诸葛诞等人与外界的联系，等待城中出现变乱。同时派使节到淮南各地宣示朝廷政策，招降纳叛。

对于东吴军队，魏军以游击战为主，派轻骑兵截断吴军运粮路线，迫使他们撤退。

诸葛诞等人被二十万大军围在城里，无计可施，只能眼巴巴望着城外的东吴援军，所以东吴援军跟魏军的战斗就成了决定战争结果的关键。

可惜东吴军队的战斗力实在太差了!

朱异带领的吴军虽然看着来势汹汹,在魏军面前却不堪一击。他们先是在安丰被兖州刺史州泰打败,仓皇逃窜,后来又在黎浆被魏军的监军石苞和州泰联手打败。同时,泰山太守胡烈又出奇兵袭击吴军后方粮草基地,一把火烧了吴军的辎重粮草。在魏军几路兵马夹击之下,吴军节节败退,不仅救不了寿春,连自己都快被歼灭了。

孙綝气不打一处来,又增兵三万人,命令朱异再次杀向寿春。朱异却说:"粮草已经被烧光,士兵都在吃树叶了!不能再战!"坚持撤兵。怒不可遏的孙綝直接以"违抗军令"的理由斩了朱异。

孙綝的表现证明他完全不适合做三军统帅。他这次带兵出征,对军队的指挥表现得毫无章法,一片混乱;在粮草被烧的情况下,他还强迫军士出战;最后又在危急关头斩杀大将,严重打击士气。种种错误操作,终于把东吴大军带进了深渊。

同一时期,孙綝后方也烽烟四起。从当年八月起,东吴各地的叛乱此起彼伏,会稽、鄱阳、新都……都发生了叛乱,孙綝在指挥前线军队拼死力战的时候,还要不断派军队去镇压后方叛乱。

朝廷里反对孙綝的声浪也日渐高涨,甚至有大将认为东吴可能要大乱了,暗中联络蜀汉,准备投靠过去……

面对这种四面楚歌的局面,孙綝终于不敢再硬撑下去,只好下令撤兵,带着东吴的残兵败卒退回了建业。

这一下就把寿春城里的诸葛诞等人坑死了。

听说东吴军队撤走,寿春军民顿时泄了气,再也没心思战斗了。而且经过这几个月的围城,城里的粮草已经消耗了不少,眼看也没法再坚持太久。面对这种局面,诸葛诞等人个个一筹莫展。

而最大的麻烦却出在城里的东吴将领身上。

之前寿春刚刚被围困的时候,东吴将领全怿、全静、全端、全翩、全缉等人闯进了寿春(全怿的母亲就是孙权长女,大名鼎鼎的全公主孙鲁班)。全氏在东吴是大家族,还有许多家人留在建业,而且他们家族参与了朝廷内部的许多争端,是个是非很多的家族。

当年十一月，全氏家族内部爆发矛盾，全怿的侄儿全祎带领一家老小逃到了曹魏那边。

司马昭顿时大喜，便让人伪造了全祎的书信，给寿春城里的全怿等人送去，说："孙綝要杀尽建业的全氏家族！目前全氏的人都逃到曹魏来了！（实际上只有全祎一家人逃了过来，而且是因为家族内部矛盾，不是因为外人的迫害。）"

全怿等人收到信以后极度震骇，再也没心思抵抗了，便带着自己部下几千人打开城门，投降了外面的魏军。

这件事在寿春城里引发极大恐慌，人们以为军队高层发生了内讧，消息越传越离谱，以至于人人自危。

事情进一步发酵。

剩下的东吴军队由文钦统领，但文钦跟诸葛诞本来就是老仇家，文钦沦落到今天的地步就是被诸葛诞害的。两人虽然现在共同守卫城池，却都严密防备着对方，全端等人一投降，诸葛诞顿时警惕起来，生怕文钦暗算自己。

两人的矛盾越来越严重，最后终于爆发激烈争吵，公元258年正月，诸葛诞直接杀掉文钦，把他的军队兼并了过来。

这又引发连锁反应。

文钦的儿子文鸯和文虎都在寿春城里，文钦被杀以后，两人带兵跟诸葛诞火拼，但被打败了，两人拼死翻出城墙，投到了司马昭手下。

司马昭大喜，手下劝他杀掉文鸯两兄弟，他却不同意，毕竟文鸯间接害死了司马师，才使他现在掌握了大权。所以他反而给两人封官晋爵，又让两兄弟带着兵马到寿春城下四处巡游，大叫："文钦的儿子投降以后都不被杀，大家还有什么好怕的？"

寿春军民的心理防线终于彻底坍塌了！到了最后，甚至城墙上的卫兵看到外面的敌人都不放箭了。

看到这情形，司马昭觉得时机成熟，终于在当年二月下令发起总攻。

魏军没花太大力气就攻破了城池。诸葛诞被杀，随后被灭三族，城里剩下的东吴将领全体投降，第三次淮南叛乱就这样平定了。

第三次淮南叛乱实际上是东吴与曹魏的正面较量，甚至可以说是孙綝与司马昭两大权臣的直接比拼。结果孙綝输得干净彻底，输得让人看不到一点希望。从最初的排兵布阵，到战争期间的指挥，以及最后杀大将、草草撤退、坑死诸葛诞，种种行为都可以看出，孙綝缺乏作为一个军事统帅最起码的能力，这让他在东吴国内的威望受到重大打击。

东吴朝廷内部本来就有许多人对孙峻、孙綝专权不满，孙綝在前线的失败让他们找到机会，准备对这个权臣家族发起反击。

曹魏和东吴局势从这时开始走向了相反方向。

东吴的权臣专权

孙峻靠刺杀诸葛恪上位，本来就得位不正，国内反对他的人一直很多，偏偏他又死得早，留下一堆反对者没有处理，这些问题都堆到了继承者孙綝面前。

孙綝接掌大权的时候才二十五岁，他是纯粹的"官二代"，毫无政绩可言，却直接一步登天，被提拔到了朝廷第一人的位置。他的资历和才干都配不上他的地位，所以他根本压不住朝廷里的反对声浪。

其中反应最激烈的就是孙权留下的两个辅政大臣：吕据和滕胤（另外三个辅政大臣诸葛恪、孙峻、孙弘都离世了）。

当初孙权交代得明明白白，要他们跟孙峻共同辅佐小皇帝，现在孙峻过世了，却抛开他们两个元老，直接把朝政交给自家亲戚，这让他们怎么心服口服？

所以吕据听说孙峻把权力交给孙綝，立即勃然大怒。

当时他还在带兵攻打曹魏的路上，一时半会儿回不了建业，他便上了一封紧急奏表，推荐滕胤为丞相，希望阻拦孙綝接掌大权。

可是小皇帝在孙綝手上，孙綝操控朝政，任命滕胤为大司马，并且让他去驻守武昌。

这逼得吕据只好公开摊牌，他顾不得讨伐曹魏的事，带着前线军队，掉头扑向建业，想直接推翻孙綝。

建业这边，滕胤也被逼到无路可走，只能点起自己手上所有兵马，宣称孙綝造反，准备跟孙綝拼了。

孙綝这时候占据着两个优势：一是他控制着小皇帝，掌控着官方舆论；二是他控制着建业对外的交通要道，可以把滕胤和吕据隔离开来。

所以他一方面发兵去江都抵挡从前线回来的吕据兵马，另一方面在建业围剿滕胤，同时以皇帝命令声讨滕胤和吕据，把两人都定义为反贼。

滕胤和吕据互相不了解对方的情况。滕胤这边苦苦支撑，等待吕据来救援，而吕据根本不知道建业那边发生了变乱，以为只有自己在抵抗孙綝，只好带兵跟朝廷兵马硬拼。

孙綝对皇帝的控制发挥了关键作用。江都那边，朝廷使节带着皇帝诏书来讨伐吕据，于是那边的军队都以为吕据是在反叛朝廷，都不肯服从他的调遣，吕据很快就被政府军打败了。

随后建业那边的滕胤也被孙綝剿灭。吕据和滕胤都被灭三族，朝廷元老对孙綝的反抗就这样失败了。

从这以后，孙綝才算真正掌控了朝政。

但他随后就面临一件很头疼的事。

公元257年，小皇帝孙亮十四岁了，按照规定，这时候他应该亲理政事了，不管朝政现在在谁手里，都得还给小皇帝。

如果孙綝实力够强的话，完全可以不理会这种所谓的规定。但偏偏他执政才半年，又刚刚平定叛乱，地位严重不稳，所以尽管极度不情愿，他还是只好放弃一部分权力，让孙亮登台亮相，开始"亲政"。

但这样下去孙亮就要真的收回权力了，孙綝该怎么办呢？

就在孙綝左右为难的时候，淮南那边传来爆炸性消息：诸葛诞反叛，并且以淮南地区归附东吴，请求东吴派援军！

孙綝大喜过望，这是他继续掌权的绝好机会，所以他连忙派出大军去支援诸葛诞，这才有了第三次淮南之叛的东吴、曹魏大决战。

偏偏孙綝的才干又太差，救援诸葛诞不成，反而遭到大败，损兵折将，最后灰头土脸地撤了回来。

结果他不仅没捞到军功，反而折损了许多名望，对朝廷的控制力大大降低了。

这时候小皇帝孙亮又主动发难，翻出了几年前的一桩旧案。

事情还得从那位唯恐天下不乱的全公主孙鲁班说起……

全公主的母亲是步皇后，废太子孙和的母亲是王夫人，步皇后和王夫人在后宫可能发生过激烈竞争，导致两家结下深仇大恨。

全公主一直记恨王夫人，也顺带恨上了孙和，所以在"南鲁党争"中，她坚决站在孙霸一边，千方百计诋毁王夫人、孙和母子。

这还不够，她还想拉上别人。

孙权的三女儿嫁给大臣朱据，因此人称"朱公主"。

朱据是站在太子孙和一边的，但是全公主找到妹妹朱公主，希望他们夫妇也能支持孙霸。朱公主却不愿意表态。

就因为这件事，全公主又恨上了朱公主。

后来孙峻专权，全公主倒向孙峻一边，成了他的坚定盟友，甚至有传言说两人有不正当的关系。

公元255年，宗室成员孙仪密谋暗杀孙峻，事情败露，孙仪自杀身亡，孙峻顺藤摸瓜，又杀了很多人。

这本来是一起很清楚的案子，全公主偏要插一脚，她对孙峻说：朱公主也是孙仪的同谋。孙峻为了讨好全公主，懒得辨别是非，就把朱公主也杀了。

朱公主之死成为东吴朝廷一起著名的冤案，各方势力都拿这起案子说事。尤其是朱公主死后很惨，被直接扔到郊外乱葬岗草草掩埋，连具体的坟墓位置都没人记得，更引起大家的同情。

小皇帝孙亮对这件事一直耿耿于怀，之前他没有实权，没法说话，现在他亲政了，存心要算个清楚，于是他找到全公主逼问："当年是谁诬告我的三姐姐？"

前不久，全公主的儿子全怿刚刚投降了曹魏，全公主受到拖累，已经成了惊弓之鸟，现在又被问到当年的旧事，她心惊胆战，连忙摇头说："真不关我的事呀！据我所知，是朱熊、朱损告的状。"

朱熊、朱损是朱据的儿子，可能不是朱公主生的，但他们怎么会去污蔑朱公主呢？所以这也可能是全公主在随便攀扯别人。

孙亮听说以后却十分高兴，因为朱损是孙綝的妹夫，这下终于攀扯到孙綝身上了。

所以孙亮也没有仔细辨别，就下令杀了朱熊、朱损。

孙綝知道以后怒不可遏，因为孙亮明显是冲着他来的。他咬牙切齿，把所有怒火都集中到了孙亮和全公主身上。

他向孙亮称病，不再参与朝中事务，只派自己的弟弟孙据、孙恩等人带领京城卫队驻守在各大关口，牢牢控制着建业城内的防务。

孙綝自己则在外面大兴土木，建造自己的宫殿，忙着享受生活。

孙綝这种消极对抗的方式反而给了孙亮机会。孙亮趁着孙綝不参与朝政的时机，暗中联系上全公主、黄门侍郎全纪、将军刘承等人，密谋诛杀孙綝，夺回朝政大权。

全纪也是全氏家族的重要人物，他的父亲是国丈全尚（全尚的伯母便是全公主），母亲是孙綝的堂姐，他的姐妹是孙亮的皇后。

据说，孙亮跟全纪制订好计划以后，特地嘱托他："你回家去以后，可以把我们的计划告诉你父亲，但千万不要告诉你母亲，免得她去向孙綝告密。"

全纪回家以后，果然只把计划透露给了父亲全尚，不料全尚回过头就告诉了自己的妻子，也就是孙綝的堂姐。

孙綝的堂姐吓了一跳，默默地退出去，让自己的手下飞奔去向孙綝告密，于是孙亮他们的计划就泄露出去了。

孙綝连夜点起兵马，围住皇宫，同时派人抓捕全尚，控制住全氏家族，又让孙恩斩杀刘丞。全纪知道机密泄露，感觉对不起皇帝，自杀身亡。于是孙亮立即变成了孤家寡人。

天亮的时候，皇宫已经被包围得严严实实，孙綝派人去宗庙向祖宗申述孙亮的"罪行"，又召集群臣通报情况，大家这才知道发生了什么。

皇宫内部，孙亮年少气盛，大叫："孤乃大皇帝之适子，在位已五年，谁敢不从？"说着就要单枪匹马杀出皇宫去，身边的太监、乳母等人拼死拉住他，他才没出去。

孙亮又大骂全皇后："都是你父亲（全尚）老糊涂，坏我大事！"全皇后战战兢兢，不敢答话。

孙綝任凭孙亮在那边蹦跶，只是紧紧围住皇宫，又让孙恩等人控制住城内各处军事机构，同时召集大臣们紧锣密鼓地展开废立皇帝的行动。

孙綝通告群臣："少帝荒病昏乱，不可以处大位，我已经派人告祭宗庙，准备废除皇帝。谁有不同想法，尽管提！"

建业各处要害都已经被控制住，文武百官谁还敢反对？大家只有唯唯诺诺地答应下来。孙綝便通告天下，废除孙亮皇帝之位，随即派人去收了孙亮的玺绶，贬他为会稽王，让他即日起离开京城。同时孙綝又流放了全尚、全公主，灭了全氏家族。

最后在诏书上署名的时候，只有尚书桓彝不肯签名，随后被孙綝诛杀。这成了朝廷百官唯一的反抗行动。

接下来是立新皇帝的事宜。孙权的七个儿子目前还剩下孙奋和孙休，孙奋多次违法乱纪，前几年还因为杀害朝廷命官而被废为庶人，这样的人当然没法当皇帝，所以只能选择孙休了。

时间紧急，来不及考虑太多，孙綝迅速派人去会稽郡把孙休接来，扶立为皇帝。公元258年十月，孙休在建业即位，是为吴景帝。

一次惊心动魄的废帝行动便这样完成了。

两大权臣，不同的命运

表面上看起来，孙綝完全掌控了局势，成功替换掉不听话的皇帝，成为最后的赢家，其实仔细分析起来，形势对他很不利。

孙綝确实想除掉小皇帝孙亮，但不是这个时候。

篡权夺位是要有步骤的，废立皇帝是最后几步之一，走到这一步，就意味着离最后篡位不远了。

那么孙綝现在可以篡位了吗？还差得远！

从孙峻杀诸葛恪、夺取朝政大权算起，孙峻、孙綝家族掌权不过五年。这五年期间，他们没取得任何成就，反倒因为擅杀大臣，又输了对外战争，闹得怨声载道。所以到现在为止，他们家族的地位都不稳固。虽然表面上他们控制着朝政大权，但朝野上下都有许多反对者在蠢蠢欲动。

这种情况下，孙綝夺权的时机完全不成熟。对于孙綝来说，继续让孙亮在位，才是最佳选择。

却没料到孙亮初生牛犊不怕虎，竟然主动出击，挑起冲突，逼得孙綝出手废了他。

所以废立皇帝这一步走得太早了，扰乱了孙綝夺权的正常节奏。

这直接导致了孙綝在立新皇帝的时候没有太多可选项，只能立已经成年的、辈分也很高的孙休为帝。

孙休今年二十三岁，是孙亮的兄长，这些年一直在会稽的贵族圈子里混。经过这么多年的起起落落，他已经被锻炼成了一位政坛老手，经验老到，心机深沉，并且跟各方势力都有密切联系。这样的人上台，瞬间对孙綝形成巨大压力，使得他束手束脚，反倒不如孙亮在位的时候轻松了。

孙綝只比孙休大四岁，人生阅历和政治经验比起孙休并不占优势，个人才干甚至还比不上孙休，所以他没法压倒孙休，反倒被孙休盖过了。从此他从权臣的位子上跌落下来，逐渐恢复到了普通朝臣的地位。

可问题在于，他正走在谋朝篡位的路上，这是单行道，没法回头，现在却突然发现"篡"不动了，这就很尴尬了。

孙綝很快对扶孙休上台后悔起来，甚至在酒后跟人说："要知道我会沦落到今天这个位置，当时就不立他为天子了……"

对于孙綝明里暗里的抱怨，孙休视而不见，反倒登基以后不久，就给予了孙綝和他的家族极高的礼遇：封孙綝为丞相，兼荆州牧；提拔孙綝的弟弟孙恩为御史大夫、卫将军，封县侯；孙据为右将军，封县侯；孙干为杂号将军、封亭侯；孙闿封为亭侯。

孙綝家族一门五侯，看起来风头一时无两，比在孙亮手下的时候更加风光了。

孙休对孙綝表现出毫无保留的信任。孙綝请求让他带兵去驻守武昌，孙休马上同意了，还让他带着手下的一万多兵马去，武器库里的各种兵器铠甲随便他拿。有人告发孙綝要谋反，孙休马上把这人抓了，交给孙綝，任凭他处置。至于平时的各种赏赐，更是数不胜数，生怕孙綝不满意。

看起来，孙休对于孙綝这位权臣真是相当忌惮，以至于处处退让，不敢有丝毫得罪。

暗地里，孙休却在谋划对孙綝家族斩草除根，而且动作比大家想象的快得多！

孙休登基两个月后，到了年底，按规定皇帝要带领百官举行"腊祭"。

这是孙休登基以来第一次主持大型典礼，朝廷官员当然都应该参加，但这时候有些风声，说孙休准备在这次典礼上捉拿孙綝，所以建业城里的气氛有些诡异。

孙綝也感到气氛不对，所以找各种借口拒绝参加这次典礼。

孙休也不生气，只是不断派使者去孙綝府上请他。使者们都毕恭毕敬，赔着十二分小心，但态度非常坚决，就是要他出门。最后连续来了十几拨使者，孙綝实在推脱不掉了，只好答应去参加。

临行前，孙綝跟家人约定：自己出去不久，家里人就放起火来，自己便借着"救火"的名义赶回家去。

孙綝来到典礼上，刚跟众人寒暄完，果然就有人来报："家里起火，请老爷速回！"

孙綝刚想告辞，孙休便拦住："朕已经派兵去丞相家里救火，丞相再坐坐吧！"说着一拍掌，左将军张布、丁奉带着武士围了上来，亮出明晃晃的兵刃。

孙休一声令下，武士们马上冲上去，把孙綝按在地上绑了起来。

孙綝懊悔不已，伏在地上乞求说："臣愿没为官奴，只求陛下饶命！"

孙休回复他："你当初怎么不饶滕胤、吕据的性命呢？"

孙綝无话可说，只好伏法。

孙休让人砍下孙綝的头颅，拿出去向众人展示，并且传下圣旨："只诛杀反贼孙綝，其余人等全部赦免！"

于是孙綝在外面的手下纷纷放下兵刃，归降了朝廷。

之后，孙休对孙綝家族展开大清洗，灭了孙綝三族，发掘孙峻棺木，以平民规格重新下葬，把孙峻、孙綝从孙氏族谱中除名，改称为"故峻""故綝"。孙休又下诏替诸葛恪、滕胤、吕据平反，以功臣规格改葬他们，赦免他们被流放的全部家属……

东吴六年以来的权臣当政局面就这样结束了。

其实按当时的情况来说，诛灭孙綝的条件根本不成熟，孙休贸然出击是冒着极大风险的，一旦有任何闪失，必然会走上孙亮的老路。

但孙休看清了一点：孙綝还没有完成控制朝廷的所有步骤。或者说，孙綝目前的权力网还有巨大漏洞，趁他还没有修补完这些漏洞的时候出击，才有获胜的可能。否则，等孙綝完全布置好以后，孙休就没有机会了。

而孙休在条件不成熟的情况下抢先行动，也起到了兵法上"出其不意，攻其不备"的效果，反而杀得孙綝手忙脚乱，以至于阴沟里翻船。

孙休能在纷繁芜杂的局势中找到一线机会，并且果断出击，说明他确实有过人的才干。随后他的表现也证明了这一点。

最明显的是，他非常精明，懂得平衡各方利益。

他在会稽当王子的时候，张布是他的将官，为他出了很多力，后来诛除孙綝，张布又立了大功，所以孙休就更加宠信张布了，对他委以重任，张布因此成为朝廷里新一代权臣。

有一次，孙休想召集几个当世大儒讨论学问，张布知道这些儒生非常敢说，怕他们趁机弹劾自己，就竭力阻止孙休召见他们。

孙休就对张布说："我知道你的意思，你就是怕他们揭发你的丑事嘛！你的那些事，我早都知道了，不需要谁来揭发。"

张布惶恐万分，连忙磕头致歉。

孙休又说："何必磕头？你的忠心，我是知道的。诗云：'靡不有初，鲜克有终。'善始容易，善终最难。你跟我这么多年，希望能善始善终！"

张布连连道谢，跪拜而出。

考虑到张布的面子，孙休最终取消了这次集会，没有见那些儒生。

就是凭借这样精明务实的作风，孙休成功驾驭住朝廷上下各方力量，在孙綝集团覆灭以后，接过权柄，把东吴带上了平稳发展的道路。

孙休非常自律，处处以历史上那些"明君"的标准来要求自己，他推行儒家传统的"仁政"，课劝农桑、减免税赋、偃武修文，尊崇古道，提倡王化……种种政策之下，东吴国力得到了一定恢复，国内迎来了一番新气象。

随后他还办了一件大事。

孙亮被废以后，被撵到会稽居住。公元 260 年，忽然有人告发孙亮，说他在家里请巫师作法，诅词里面有些"妖言惑众"的话。孙休接到报告，马上把孙亮贬为候官侯，命令他即日启程前往新的封地。孙亮出发以后，还没到封地，就神秘死亡了，护送他的人也因为失职被判了死罪。

从此再也没人能威胁到孙休的地位了。

再说曹魏那边。

东吴局势尘埃落定的同时，曹魏的局势却骤然绷紧，小皇帝与权臣也走到了最终摊牌的地步⋯⋯

司马昭弑君

司马昭掌权以后，司马氏篡位的计划已经接近水到渠成了。

司马昭开始了"受禅"表演。

从登基起，小皇帝曹髦就开始了对司马昭的轮番赏赐，赐衮冕、赐赤舄、加九锡、假斧钺、假黄钺⋯⋯各种荣誉郑重其事地加到司马昭身上。

而司马昭对所有这些褒奖都极力推辞，有时候，一项奖励他要推辞十多次。

而曹髦又不断拒绝司马昭的推辞，坚决要把这些荣誉颁给他。

诏书来回传递，使节往来穿梭，司马昭家大厅跪满各路官员，苦苦哀求他接受皇帝的赏赐，大家都在竭力配合司马昭完成这场热烈表演。

最后小皇帝都快哭了："你要把我折腾到什么时候呢？"

公元 258 年五月，平定了诸葛诞的叛乱以后，司马昭的声望达到前所未有的高度，于是一个更加意义非凡的赏赐来了——曹髦下诏，封司马昭为晋公，以并州、司州等地七百里置晋国。

这让人想起当初魏国的建立，所以大家都知道这样的赏赐意味着什么。

司马昭当然又竭力推辞，连续九次推让之后，曹髦只好收回成命。

公元 260 年四月，曹髦再次下诏封司马昭为晋公，司马昭依旧拒绝。

但人们心里都很清楚，司马昭每推让一次，就离接受这个赏赐近了一步，可以说司马昭正稳步走在谋朝篡位的路上，一切都按照固定剧本在表演。

这场演出中最受煎熬的就是小皇帝曹髦了。他已经完全丧失了自由，被司马昭当作玩偶来摆弄，配合他进行这场令人作呕的演出，还不能表露出任何不耐烦。

这个少年承受的精神压力，外人根本无法想象。

如果曹髦是一位得过且过的平庸君王，他可能会接受命运的安排，就这样任人摆布了。但他不是。

三国后期的所有君主里面，曹髦是特别有志向的一位。

他从小就以聪明好学闻名于天下。他是当世著名文人，诗词歌赋无所不通，还是九言诗的创制者；他精研儒学多年，有著作《春秋左氏传音》流传后世；他还是一位杰出的书法家与画家，他的画作在整个三国时期排名前列。

当上皇帝以后的曹髦，处处以前代圣贤为榜样，立志把自己打造为一位泽被苍生的仁君。

他没有多少国政需要处理，于是他把大部分时间用来学习治国之道。他承袭东汉的传统，时常召集国内大儒们聚会，大家平等交流，共同研讨历代政权的得失，品评古今豪杰的成败。从三皇五帝，到汉朝帝王，曹髦和学者们都曾经仔细研讨过。有时候一场会议要连续召开几天，最后的讨论结果以文书的形式记录下来，以供以后查阅……

十几岁的小皇帝正处在充满求知欲的年龄，他孜孜不倦地学习，很快成长起来，成为一位学识渊博的优秀少年。

接下来应该把所学的知识运用到实践中去了，他雄心勃勃，跃跃欲试，然而，他却永远没有这个机会！

他只是司马昭豢养的宠物而已，司马昭养着他，只是为了让他配合自己完成禅位的流程，他不能有任何自由意志，一切照着司马昭说的做就可以了。

他就是一个提线木偶，而且是一个绝顶聪明，才华过人，有着远大志向和旺盛生命力的提线木偶！

这种处境让曹髦无比痛苦，他竭力想摆脱这种处境，不仅为自己，也为了整个曹氏家族，为了身上的煌煌帝王血脉！

东吴孙休诛杀权臣、夺回权柄的消息传来，让曹髦激动不已，他认为：孙休都可以，为什么我不可以？难道我们大魏王朝的皇族还比不上一个小小的藩王吗？

司马昭三番五次要建立晋国，又让曹髦感到时间紧迫，再不出手就来不及了。

少年人的血性激励着他，人生苦短，时不我待，不如拼了！

就在司马昭第二次推掉"晋公"之后一个月，曹髦悄悄找到侍中王沈、尚书王经、散骑常侍王业，说："司马昭之心，路人皆知。朕不能坐等受辱，希望卿等以魏家社稷为念，与朕并立协作，共讨逆贼！"

曹髦这几年被控制得很严，身边一个亲信都没有，王经等人已经是他能找到的最可靠的人了。

可是王经却冷冷地说："依臣所见，这样不可行。'那人'执政已经很久了，朝廷上下都愿意为他效死力，谁肯听从陛下？陛下贸然行动，只怕会招来大祸！"

曹髦拍案而起，拿出写好的诏书扔到地上，大声说："朕意已决！你们不必阻拦，纵然失败又怎样？有死而已！"

王经等人只能唯唯诺诺地答应下来，退出大殿，假装去准备兵马。

曹髦则转身进入太后寝宫，带着满腔义愤，向郭太后控诉司马昭的罪行，请求太后支持他讨伐司马昭。

可曹髦没想到，就连他找来的这几个人都不忠于他。王经还好，虽然不帮忙，也不拆台。王沈、王业两个奸贼退出大殿以后，却扭头就跑向外面，派人向司马昭报信去了。

司马昭得到消息，并不慌张，只是命令自己的爪牙司马伷和贾充带着兵马开向皇宫。小皇帝要缴械投降还好，要是顽抗，就看着办……

曹髦听说消息泄露，知道一切都完了，已经无法再调集外面的兵马。事到如今，只能拼死一搏，以自己的热血献祭魏家江山。他要告诉世人：魏武大帝的后人不是窝囊废！

他亲自持剑登上金銮殿，召集宫里的宿卫、太监、僮仆们："还有谁是魏室忠臣？跟我走！"

一群太监、仆从拿着兵器，发一声喊，乱糟糟杀出了金銮殿，向着皇宫外面的司马府杀去。

曹髦亲自驾车冲在最前面。刚到皇宫大门，就遇到司马伷带兵闯了进来，曹髦和手下们大叫："你们这群反贼要弑君吗？"司马伷吃了一惊，只好带着手下退开了。

出了宫门，刚走了两步，又遇到贾充的兵马。贾充二话不说，上来就开打，曹髦只好亲自持剑跟贾充的兵马对打。

贾充这些人看着来势汹汹，但都留着个心眼，谁也不肯抢先"弑君"，所以他们虽然几十个人围着曹髦混战，却一直没把他拿下来。

眼看着大家都出工不出力，贾充也急了，他心念一转，对身边的太子舍人成济说："司马公养着你们，便为了今日。今日之事，你知道该怎么做。"

成济是个头脑简单的浑人，一股热血冲上脑门，说："看我的！"带着兄弟成倅，拿着长矛冲上去，只一下，前胸贯穿后背，把曹髦刺死在了车上。

曹髦手下的杂牌军一哄而散，这场乱糟糟的战斗才终于结束了。

宫外的司马昭听说了这边发生的事，大惊失色，捶胸顿足地说："哎呀！天下人会如何议论我呀！"他马上下令，控制住现场，捉拿刺杀皇帝的反贼。

没过多久，战斗现场的血迹就被清理干净了。司马昭召集群臣通报情况，脸色铁青，气氛肃穆。大家战战兢兢，不敢多说一句话，只能听着。

司马昭又找来尚书左仆射陈泰，涕泪交加地问他："玄伯（陈泰的字），你说我该怎么办啊？"

陈泰正色说："只有斩贾充，才可以平息天下人的议论。"

司马昭脸色变了变，小声问："你再想想，还有没有别的办法？"

陈泰冷冷地说："我想不到其他办法。"

过了几天，司马昭的处理结果出来了，他向文武百官下了一道诏书说："成济、成倅二人弑君，罪不可赦，依国法处斩！"

据说，成济、成倅两兄弟光着身子跳上屋顶，大骂司马昭，随后被乱箭射死了。

司马昭随后灭了成济三族，又顺手杀了王经。

曹髦被弑的消息传遍全国，人们义愤填膺，却没有一个人敢站出来说话，一场弑君大案便轻飘飘地过去了。

司马昭又向郭太后启奏，立常道乡公曹璜为新皇帝，于是派人去邺城把曹璜接来，扶立为帝，改名曹奂，史称魏元帝。

曹奂今年十四岁，是又一个小皇帝。他的事迹，史书记载得很少，因为根本不重要。现在曹魏的主人，是司马昭！

回顾司马氏成功上位，以及孙峻、孙綝败落的过程，同样是幼主当政，同样是权臣专权，同样成功废立皇帝，司马氏和孙峻、孙綝却走向了截然相反的方向。

为什么会有这样的结果呢？

除了双方才干、运气的差别以外，司马氏和孙峻、孙綝还有一个重大区别：司马家族赢了几乎所有外战、内战，而孙峻、孙綝却输掉了所有重大战争。

从抵挡诸葛亮入侵开始，司马家族就不断立下军功，这使得他们在朝堂上和军队内部始终保持极高的支持度。所以他们能够一直压制住小皇帝，步步紧逼，逐渐把权力篡夺过来。

最后，当小皇帝要反击的时候，却发现整个朝廷已经被司马家族彻底把控，根本没有任何漏洞，也就没有任何人可以支持自己去推翻司马家族，他只能亲自披挂上阵，以生命为代价做出无谓的反抗。

而东吴的孙峻、孙綝却没能通过军功提升自己的支持度，只能通过阴谋诡计去夺权，所以他们始终积攒不到足够的威望去维持自己地位，压不住朝廷内部的反对派，最终也就挡不住皇帝的反噬。

这一点在孙休诛杀孙綝的过程中表现得尤其明显。

孙綝虽然竭力控制住建业的军队，但朝廷里还有许多实权人物不站在他这边，导致他对朝廷的控制出现了巨大漏洞。孙休就是利用了这一点，从孙綝的权力网里面撕开一条口子，最终找到机会除掉了他。

总之，当乱臣贼子也是有门槛的，关键就是你要有"功绩"，要对国家做出足够的贡献，这才能让国内的精英阶层相信你是一个更加优秀的领导人，才愿意抛弃原来的领袖，投靠到你身边。

没有"功绩"，只靠阴谋诡计，终于是走不长远的。

司马昭很清楚这一点，所以现在，当所有人都催促他走出篡位的最后一步的时候，他却觉得还不够，他还需要一项惊天动地的伟大功勋，来让国内精英阶层心甘情愿地把江山交给他。

他瞄准的目标是蜀汉。

三足鼎立的局面终于要终结了!

第十九章　灭　蜀

姜维北伐，蜀汉最后的救赎

曹魏和东吴内部权力斗争如火如荼的时候，蜀汉国内却十分平静。

刘禅是一位大智若愚的领导人，他虽然没有十分突出的才干，却非常懂得如何用人。他当政这些年，朝堂上接连出现诸葛亮、蒋琬、费祎、董允等著名的贤臣。

刘禅继承了刘备宽厚的作风，跟下臣的关系十分和谐，下臣们也敢于批逆鳞。例如，有一次，刘禅想选秀女来充实后宫，董允就说："古代天子后妃之数不过十二，你现在妃嫔媵嫱都有了，不必再增加。"刘禅没办法，只好打消了这个念头。

刘禅的仁厚直接带动了朝廷风气，蜀汉大臣之间的关系也相当和睦，除了诸葛亮过世以后出现过魏延、杨仪之乱以外，再也没有爆发过比较大的冲突。从蒋琬、费祎到下面的各路官员，大家都通力合作，共同维持国家的平稳运行，把国家利益放到了政治斗争的前面。

甚至连刘禅的后宫都十分和谐，后妃之间、皇子之间，都没有出现明显矛盾。这样的景象，在整个中国历史上都是罕见的。

而刘禅还有个相当巨大的优势，就是他的身体比较健康，寿命也挺长。这一点直接保证了蜀汉国政的稳定，使蜀汉避免了曹魏和东吴主少国疑的危险局面。

在刘禅和一众贤臣的治理下，蜀汉政通人和，风清气朗，一片太平气象。

不过，作为偏安一隅的小朝廷，蜀汉的日子并不好过，他们始终面临外界的巨大压力。

从诸葛亮时代起，蜀汉就确立了自己的外交方针，即：结好东吴，加强北方防御，伺机讨伐曹魏。

这种政策在整个刘禅时代都没有变化。

诸葛亮之后，蜀汉负责对外用兵的人主要是姜维。

姜维是诸葛亮最优秀的学生，他文武兼备，又忠心耿耿，他继承诸葛亮的遗志，一直把光复中原、兴复汉室作为自己最重要的目标。

英明的刘禅对姜维这个降将也做到了"用人不疑"，他给予姜维最大权力，尽力支持姜维讨伐曹魏的工作。

诸葛亮过世以后，姜维接过他的衣钵，继续对曹魏用兵。从公元238年到公元262年，姜维对曹魏发起了十一次战争。

这些战争可以分为三个阶段。

公元238年第一次北伐，到公元253年费祎遇刺，是第一阶段。

这个阶段，朝廷里掌权的是费祎，他虽然是诸葛亮指定的继承人，想法却跟诸葛亮相反。他认为北伐不会有什么结果，纯属浪费国力，所以坚决反对北伐。

姜维虽然强烈希望北伐，但费祎依靠自己掌握的朝政大权限制他，给他的兵力从来不上万。在这种情况下，姜维只能对曹魏发动一些小规模的骚扰战。

当初诸葛亮北伐的经验教训让蜀汉统治者意识到：直接夺取关中是绝对不可能成功的。所以现在姜维北伐的目标只能是陇右。

姜维本来就是陇右出身的，对那边的情况很熟悉，他知道陇右的各游牧民族一直不服曹魏的统治，所以蜀汉可以利用这个机会，尽力联络陇右的游牧民族势力，跟他们共同抗击曹魏。

这种策略确实取得了一些成果，但也仅仅能搅得陇右地区不安宁而已，对曹魏造不成较大的威胁。每当曹魏从东部调兵来平定叛乱的时候，陇右地区的叛军就迅速被镇压下去，蜀汉也只能劳而无功而已。

第二阶段是从公元 253 年费祎遇刺起，到公元 258 年陈祗过世为止。

费祎待人宽厚，没有防备心理，结果在公元 253 年被曹魏降将郭修刺杀身亡。之后陈祗接任了费祎的职务。

有一点需要明确：费祎虽然一直在阻拦北伐，但这是出于对国家利益的考虑，他本人是忠诚又尽职的贤相，蜀汉上下对他的评价都是相当高的。他本人跟姜维也没有什么矛盾，两人都在替国家尽忠，只是观点不同而已。

跟费祎不同，陈祗是**坚决的主战派**，他当政以后，姜维不再受制约，终于可以发起对曹魏的大规模攻击了。

从这时起，蜀汉和曹魏的战争规模骤然升级。

姜维知道，以蜀汉的国力，难以对曹魏造成实质性的杀伤，所以需要联合其他各方力量。

恰好也正是从这时候开始，曹魏国内相继出现淮南二叛、淮南三叛，陇右也出现叛乱，司马家族忙着四处平叛，司马师又意外身亡，国内乱糟糟一团。东吴跟曹魏也连续爆发冲突。姜维便乘虚而入，每次曹魏国内一出现动乱，他就出兵，虽然无法真正打败曹魏，却严重牵制了曹魏的兵力，增加了司马昭等人执政的成本。

这一时期，姜维最大的一场胜利是公元 255 年在洮西大破王经的兵马，杀伤数万敌军，姜维因此被刘禅封为大将军，权力达到极限。

司马昭意识到问题的严重性，以郭淮、王经等人为首的将领已经挡不住蜀汉大军了，于是做出人事调整，任命邓艾为安西将军，把抵抗蜀汉的主要任务交给了他。

前不久，在淮南二叛中，邓艾抢先出击，挡住了文钦、毌丘俭通向洛阳的道路，为政府军平定叛乱立下了大功，因此得到了司马昭高度信任。

邓艾是个头脑极其灵活、反应极其迅速的人，往往能料敌机先，抢在敌人之前行动，堵得敌人进退两难。这样的人在战场上十分难缠。

果然，邓艾一来到前线，顿时成为姜维的主要对手，压制住了姜维的锋芒。

这之后，姜维接连在邓艾手上吃到大亏，北伐事业渐渐陷入困境。

蜀汉国内的反战呼声因此迅速高涨，以谯周为首的主和派，跟陈祗为首的主战派在朝堂上发生激烈争辩，谯周最后写了《仇国论》劝说国民放弃北伐，对舆论造成了明显影响。

为什么明知道没有结果，陈祗、姜维等人还要坚持北伐呢？

因为蜀汉被挤压到西南一隅，时间一久，很容易在歌舞升平中被磨掉战斗意志，只有一直对外用兵，才能保持民众对外敌的警惕性，才能保持军队的战斗力，才能让国家保有抵抗外敌入侵的能力。

一旦松懈下来，整个国家的意志就垮了，只能等着敌人来收割。

但你怎么向国民证明这一点呢？怎么让他们相信你呢？做不到！

而且这些年姜维连续发动大规模战争，也产生了一个意想不到的作用。由于蜀军不管取得什么胜利，都无法从根本上改变局势，这就渐渐给国民留下一种印象：曹魏是不可战胜的，我们所有的努力都会徒劳无功。

既然这样，北伐还有什么意义呢？或者进一步说，跟曹魏作对还有什么意义呢？

加上连年征战带给老百姓的经济压力，终于使得反战力量抬头，国民对于姜维北伐的反对声越来越大了。

这次辩论更让双方的冲突达到白热化的程度，陈祗承受着极大的压力，在第二年就病逝了。

这下朝廷里再也没人可以替姜维分担压力了，所有重担都要他自己扛，北伐战争进入了第三阶段。

蜀汉的人才危机在这时候彻底爆发出来，朝中缺相，前方缺将，朝廷内外只剩下姜维一个人苦苦支撑。

刘禅同样愁眉不展，他身边已经无人可用，为了保卫自己的权力，他不得不祭出一件邪恶的大杀器——宦官。

宦官专权是东汉灭亡的主要原因，所以汉末三国以来，各国统治者都极力提防着后宫这群野心家，而贤明了大半生的刘禅，在晚年竟然开始启用宦官，这让所有人都大跌眼镜。

以姜维为首的老臣们极力抵制刘禅的这种倾向，他们把矛头对准刘禅最宠信的宦官黄皓，攻击他是祸乱朝纲的妖人，姜维甚至直接请求处死黄皓，但刘禅不同意。

刘禅让黄皓亲自去向姜维赔罪,希望协调双方关系,姜维却不接受。

其实这时候宦官对国家的危害还远远没到东汉末年的程度,黄皓那种人不过是刘禅的看门狗而已,翻不出刘禅的手掌心。从刘禅的角度来看,他觉得自己完全可以控制局势,不必担心。

这却给了老臣们一个很恶劣的信号——皇帝已经不信任你们了,开始祭出大杀器来保护自己了。所以老臣们也开始警觉起来,也开始想办法保护自己,君臣互相的和谐气氛便很快被破坏掉,蜀汉政坛迅速糜烂了下去。

所以晚年宠信宦官是刘禅一个抹不去的污点。

姜维独自站在风口浪尖,面临着最猛烈的冲击,他终于也顶不住了,只好收敛锋芒,暂避风头。

公元262年,姜维进行了最后一次北伐,毫无悬念地,又输在邓艾手上。班师以后,姜维便向刘禅请求:交出兵权,不再回成都,到西北方的沓中去屯田。他从此离开了蜀汉的权力中枢。

他对国家的忠心却没变,虽然身在遥远的沓中,却一直关注着天下局势。

第二年,姜维向刘禅上了一封奏表,说:"请尽快派人守住阳安关口、阴平桥头。情况紧急!"

贪天之功,灭蜀之战

司马昭需要一件大功德来帮助自己完成篡位的最后一步,于是提出了讨伐蜀汉的计划。

不料朝廷里大多数人都不支持。

这些大臣们倒不是想跟司马昭作对,而是觉得伐蜀的时机不成熟。

蜀地易守难攻,攻打蜀汉的代价太大,成功的可能性太低,这已经成了曹魏上下的一种共识。

过去几十年,曹魏每次主动攻打蜀汉都吃到大亏,更加坚定了大家的这种判断。

现在虽然蜀汉已经有了明显的衰落迹象,但以刘禅的贤能、姜维的忠勇,蜀汉的国防仍然没有露出明显破绽，这时候去攻打他们，明显不太合适。

何况大家心照不宣，都知道司马昭推动伐蜀并不是出于对局势的正确判断，而是为了强行立军功而已，这跟当年曹爽伐蜀有什么区别呢？曹爽的教训还不够深刻吗？

所以司马昭的想法一提出来，朝廷里马上一片反对声，邓艾更是连续上表，言辞激烈地反对这项提议。

这时候司隶校尉钟会却站出来，旗帜鲜明地支持司马昭。

钟会是曹魏名臣钟繇的儿子，出身名门的他，年轻时就混迹于曹魏的贵族圈子，因此跟司马师、司马昭等人都有密切交往。司马家族掌权以后，钟会受到提拔，成为他们最忠实的幕僚之一。

淮南二叛、淮南三叛时，钟会都随军出征，为司马师、司马昭献计献策，出了不少力气，是平定叛乱的功臣，因此他成了司马家族的重要智囊。

淮南三叛过后，钟会更是声名鹊起，被人称为当世张良，司马昭甚至要给他九卿的官职，被他拒绝了，最后任命他为司隶校尉。

如此重要的一位人物支持伐蜀，让司马昭大受鼓舞，于是把钟会找来仔细筹划，制订了伐蜀的详细计划。

魏军分为三路大军：

第一路，十余万人马，由钟会率领，从关中攻打汉中；

第二路，三万大军，邓艾领军，从陇右出发，直扑姜维镇守的沓中；

第三路，三万大军，诸葛绪率领，从祁山出发，攻打武都，截断姜维的退路。

同时让卫瓘为镇西军司马，监督钟会、邓艾。

汉中是巴蜀的门户，也是蜀汉伐魏的后方大本营，所以司马昭把这里作为主攻方向。

沓中有姜维带着大量边防军在驻守，所以用两路包抄的方案，把他闷死在中间。最起码，也要阻止他们回防成都。

姜维听到消息，连忙向刘禅提议：立即增加阳安关口（阳平关）和阴平桥头的防御力量。阳安关是汉中通向蜀地的关口，阴平桥头则是沓中到蜀地的必经之路，只要卡住了这两处，魏军就攻不进成都平原。

可姜维万万没想到，刘禅竟然压下他的奏表，不予处理。据说是因为受到黄皓蛊惑，认为魏军不会来。

因为刘禅的刻意隐瞒，蜀汉朝廷里的官员们也不知道曹魏大军即将来攻的消息，都没有做好准备。

而汉中的防御形势，这时候也出现了重大变化。

汉中到关中由几条小路联通，之前很多年，蜀汉都把防御重心放在这几条道路上，试图直接把敌军挡在汉中之外。

曹爽攻打蜀汉的时候，就是在傥骆道上被卡住，以至于吃到大亏。

但姜维主导防务以后，提出一种新思路：我们不必把敌人拦在汉中之外，反而可以放他们进汉中。然后守住汉城、乐城两座重要城池，再闭上阳安关，把敌人关在汉中平原。他们在汉中平原找不到补给，后方粮草又供应不上，坚持一段时间，只能撤退。这时候我们再派大军出击，攻打他们的疲惫之师，必然赢来大胜。

这种策略是很明智的，却忽略了一点：没有容错能力了。敌方大军进入汉中以后，我方的汉、乐二城和阳安关必须守住，一旦失守，就不仅困不住敌军，反而会直接导致汉中失去屏障作用。

蜀汉兵强马壮的时候，用姜维的计策确实可以守住汉中，甚至还能反击敌人，但一旦蜀汉国力下降，在敌人占据绝对优势的情况下，这种防御策略就极度危险！

现在汉中就遭遇了这种局面。

当年八月，钟会率领十万大军从关中出发，杀奔汉中。由于秦岭栈道几乎没有防御力量，魏军轻松进入汉中，随后包围了汉、乐等几座重要城池。

这时候刘禅才发觉事态严重，急急忙忙地派出廖化等人去增援前线，但已经迟了一步。

钟会不跟蜀军多纠缠，亲自带兵攻打阳安关，很快破关，随后来到西南方的关城，又迅速拿下。这时候汉、乐二城还在苦苦支撑，但没有意义了，魏军绕开他们，径直离开汉中，扑向南方的剑阁。

剑阁是成都平原北大门，一旦失守，敌军就进入成都平原了！

这时候沓中那边也陷入了危机，邓艾手下王颀、牵弘、杨欣三路大军从三个方向攻向沓中，姜维带领的蜀军有被围歼的风险！

不过，姜维甚至顾不上沓中战事了，听说汉中已经沦陷，姜维知道事情糟了，剑阁那边有大麻烦，只好放弃沓中，紧急撤向剑阁方向。

诸葛绪的军队已经绕到姜维身后，截断了他的退路，姜维虚晃一枪，反而绕到诸葛绪身后，去截他的后路。诸葛绪赶忙后撤，姜维这才甩开了他，继续赶向剑阁方向。

路上姜维又遇到刘禅派来的援军，由廖化、张翼、董厥等人率领，他们本来是去救援汉中和沓中的，到这里才听说两处都失守了，于是大家跟姜维合兵一处，共同增援剑阁。

经过阴平、桥头、白水之后，姜维终于来到剑阁。还好，钟会大军还没到，姜维和他手下的军士们才松了一口气，开始布置防线。

剑阁有剑门关，是天下著名雄关之一，有着一夫当关、万夫莫开的绝险地形，姜维守住这里以后，基本可以挡住魏军了。

没过多久，钟会大军来到，被阻挡在了剑门关下，双方对峙。

剑门关果然是金城汤池，钟会十万大军在这里竟然无用武之地，相持了很久都不能攻克。

钟会写信劝降姜维，表达了对姜维的无比仰慕，但姜维没回复他。

随着时间推移，魏军的粮草供应渐渐成为问题，同时，蜀汉已经向东吴求救，东吴援军正在赶来的路上，形势渐渐向着不利于魏军的方向发展。钟会无可奈何，只好跟下属商议是否要撤军。

伐蜀之战到这时已经陷入绝境，看来朝廷里大多数人的判断确实是对的，现在蜀汉虽然国力下降，但仍然不是轻易可以攻破的。

这时候远在阴平的邓艾却提出一个方案，彻底扭转了战局。

邓艾偷渡阴平道

要消灭蜀汉，最大的困难就是剑门关难以攻破，但剑阁又是进入成都平原的必经之地，这可让人左右为难了。

邓艾便提出自己的想法：我们可不可以不走剑阁，而是从阴平的山上翻过去？

这是一条奇计，从阴平出发，翻过七百里崎岖山地以后，就可以到达江油城下，随后便是一马平川的成都平原了。如果这条路走通，魏军便直接进入了蜀汉心脏地带，剑阁攻不攻得破都不重要了。

但为什么很多年来都没人提过这种伐蜀方案呢？因为这个方案看起来根本不可行！

阴平的七百里山地是人迹罕至的深山，根本没有道路可走，大军从这里走过去，将会面临不可想象的困难，人员损失会大到无法想象，后勤保障更是不能指望。

蜀汉只要在这里略微布置一点防御力量，就可以让偷渡的魏军全军覆没。

即使成功走过了这里，魏军也会承受极高的伤亡，最后能有多少人到达成都平原呢？靠这点人马，怎么可能征服蜀汉？而且又没有援军，没有退路。一旦蜀汉调集大军围剿，偷渡的这点魏军就是来送人头的！

所以邓艾的计策提出来的时候，大家都不看好。但伐蜀之战已经面临全面失败的风险，回去没法交代，大家也就只好试试看了。

当年十月，邓艾带着少量军队从阴平出发，进入七百里无人区，让他们松了一口气的是，蜀汉果然没有派人防守这里。他们逢山开道，遇水搭桥，一路磕磕绊绊，几次面临绝境，在最险峻的摩天岭，邓艾亲自冲在前面，用毛毯裹住身体滚下悬崖……经过无数艰难险阻之后，这支军队奇迹般地翻过阴平道，来到了江油城下。

魏军骤然出现在城外的时候，江油守将马邈彻底蒙了，他怎么也想不通敌人是从哪里来的。

其实当时蜀军的形势十分乐观。江油有江油关，是当年刘备为了防备偷渡阴平的敌军设立的关卡，以江油关的防御能力，抵挡城外这群衣衫褴褛的残兵败卒简直轻而易举。

可惜马邈被吓傻了，竟然没做什么抵抗就开城投降了——当前的蜀汉，从上到下都没了抵抗意志，马邈的反应，其实代表了蜀汉官员的整体状态。

马邈的不战而降使得蜀汉错过了挽救局势的宝贵时机，邓艾的军队终于度过了最危险的阶段，现在，他们有了固定堡垒，又获得了大量补给，算是在成都平原站稳脚跟了。

消息传到成都，蜀汉朝廷轰然震动，大家猛然意识到：我们已经到了亡国边缘！

刘禅紧急派诸葛瞻增援前线。

诸葛瞻是诸葛亮的儿子，也是当朝驸马、朝中重臣，对国家一片赤胆忠心。

出发以后，诸葛瞻的手下提醒他："我们应该迅速出击，抢在敌人前面占据险要地带。"但诸葛瞻没听，到达涪县以后便徘徊不前。

这让邓艾找到机会，他指挥手下迅速推进，很快打到涪县。诸葛瞻只好退守绵竹。

邓艾随后追到绵竹，经过一场血战，成功消灭绵竹的蜀军，诸葛瞻等将领也都战死了，魏军终于逼近了成都。

这时候蜀汉仍然有可能化险为夷。首先，剑门关还没破，敌军主力还被挡在那里。其次，进入成都平原的仍然只有偷渡来的敌军小股势力，蜀汉调动倾国之力去围剿他们的话，赢面还是很大的。最差的情况，只要坚壁清野，等待东吴援军到来，最后跟吴军里应外合，赶走敌人也不难。

一切的一切，关键在于蜀汉自己要有战斗意志，只要意志还没垮，局势就还可以挽救。

可谁能想到，绵竹之战竟然是蜀汉最后的抵抗……

从邓艾到达江油起，蜀汉国民的心态就崩了。从城镇到乡村，人们惊慌失措，争相逃窜，甚至躲进山里，政府也无法禁止。绵竹被攻破以后，更引发极大恐慌，地方官员们要么挂起白旗，要么直接弃官逃命，许多村镇都已经无人镇守，整个社会已经处在解体的过程中。

这时候所有压力都甩到了刘禅身上，天下人都在望着成都方向，看刘禅接下来怎么处理。

成都的皇宫里，刘禅满面愁苦。

他这一生，只做了一件事，就是在曹魏的压制下把这个可怜的国家维持下去。从十六岁登基起，他所有的精力，都花在了这上面。

他试过无数手段，用过无数策略，他手下的诸葛亮、姜维等人也都殚精竭虑，用毕生心血去为这个国家探索出路。然而他们最终都徒劳无功，无法搬动曹魏这座大山，无法挽救这个国家的命运。

甚至全体蜀汉国民都为了这个国家受尽苦楚。这些年，蜀汉民众为北伐战争牺牲了太多太多，他们面黄肌瘦，在饥饿线上苦苦挣扎，他们祖祖辈辈辛苦劳作，没有过一天安宁日子。

而从精神上支撑他们的，只有那句虚无缥缈的口号——"克复中原，兴复汉室！"

那是父辈的遗愿，理应由他们这代人来继承。

可是，他们这一代人根本不是汉朝子民，他们也没在中原生活过，为了一句"兴复汉室"的口号忍受这些苦难，真的值得吗？

在年轻一代看来，蜀地才是自己的家园，在自己的故乡过自己的日子就够了，何必去跟人争什么天下？

刘禅自己也明白，现在国内已经没有多少人怀着"兴复汉室"的梦想了，人们内心更多的是迷茫，不知道这个国家将会走向什么方向，不知道这样坚持下去的意义何在。

现在他已经是个老人了，已经满怀疲惫，还要强行打起精神，凭一腔热血拖着这个国家去战斗？他拖不动了，他说服不了国民，甚至说服不了自己。

刘禅自己和他的国民们，都不想再继续这场无意义的对峙，只希望一切都尽快结束。

朝堂上，满朝文武为了是战是降爆发激烈讨论。谯周是投降派的领袖，他列出许多理由，说明眼下立即投降才是明智的抉择。

其中特别有吸引力的一条理由是：东吴还在跟曹魏对峙，蜀汉投降过去以后，曹魏统治者为了瓦解东吴的斗志，必然给蜀汉君臣足够的优待。反过来说：如果现在不投降，等东吴被灭了以后再投降，待遇就比现在差远了。

这些理由一抛出来，满朝文武立即附议。刘禅也明白他们这些人的心思：他们在蜀汉是贵族，投降曹魏以后一样是贵族，生活并不比现在差，还不必再掏空家底去支持国家对外作战，所以他们为什么不投降呢？简直等不及了。

刘禅终于确定，这个国家已经彻底丧失战斗意志了，不管他本人是什么态度，都已经没法再推动这个国家去战斗了。

他也没法责怪这些急于投降的大臣和国民们。几十年来，他们为这个国家承受了太多，国家却无法给他们任何回报，他们并不欠国家什么。从自己的角度来说，自己父子二人为了逐鹿天下的梦想，让蜀地百姓忍受了几十年的艰苦生活，也够了，人不能要求太多。

他没有太多犹豫，同意了投降的决定。

满朝文武都松了一口气，只有北地王刘谌（刘禅第五子）义愤填膺地说："即使父子君臣背城一战，同死社稷，到地下也好见先帝。你们这样，怎么对得起先帝？"随后到昭烈庙大哭，然后杀死妻子，自尽而亡。

看到这情形，朝廷里的投降派们略微有点羞愧，但羞愧过后，他们转过身来继续催促刘禅尽快投降。

刘禅随即派人带着皇帝玺绶去向前方的邓艾请降。邓艾大喜，立即带兵进入成都。

随后按照传统举行了受降仪式。

刘禅带着太子、诸王、文武百官六十多人，自行捆绑，扛着棺材来到魏军营门外请降。邓艾连忙迎出来，扶起刘禅，亲手解开他身上的绳索，焚烧棺材，拉着刘禅的手寒暄一番，表示接受了他的投降，从今往后大家是一家人了。

蜀汉立国四十二年，艰难维持了四十二年，到这时候终于灭亡了。

刘禅也从此背上了"扶不起的阿斗"的恶名，遗臭万年。

蜀地官员和百姓却纷纷舒展愁眉，甚至喜笑颜开。邓艾的到来对他们来说不是灾难，而是解脱，几十年的艰苦生活终于画上了句号，今后不会再有服不尽的兵役、徭役，也不必再在外敌入侵的阴影下发抖了。老百姓的要求很少很少，只要不折腾他们就够了。

随后发生的一切，似乎更进一步证明了尽早投降是明智的决定。

邓艾存心要做给东吴百姓看，所以对蜀汉官员和百姓非常温和，他严格约束属下，魏军进入各大城池以后，秋毫无犯，百姓生活没有受到丝毫影响，逃进山里的那些人也都纷纷返回家园，社会秩序很快恢复。

又因为除了绵竹等地以外，蜀汉大部分国土都没有经历战火，经济没有受到任何破坏，所以人们返回家园以后，一切照旧，日子过得红红火火，街市欣欣向荣，整个蜀地平稳地进入了新时代。

邓艾对蜀汉皇族和高级官员更是优待，他不向上级请示，就自作主张，在成都大肆封赏蜀汉贵族：拜刘禅为骠骑将军，太子刘璿为奉车都尉，诸王为驸马都尉，对其余蜀汉高官都给予相应的曹魏官职，或者把他们收到自己帐下为官。至于金银财宝的赏赐，更是丝毫不吝啬。

刘禅和蜀汉官员们都连忙拜谢邓艾。一时间人人称颂，个个感恩，成都城内张灯结彩，喜气洋洋，倒像是过上了节日一般。

如果没有后来那一场惊天变乱，蜀汉官员们确实得偿所愿了⋯⋯

钟会的阴谋

剑门关外，姜维、廖化正在跟钟会十万大军对峙。

忽然传来绵竹失守、成都危急的消息，姜维连剑阁都顾不上了，只能赶紧带着兵力撤向巴中方向，准备接应从成都逃出来的刘禅。

这时候后方却有文书突然送到，姜维一看，傻眼了，这是刘禅命令他向钟会投降的手谕。

他万万没想到，自己为之奉献了一生的国家，已经悄悄背弃了初衷。自己一直无比尊敬的领袖，第一个做了逃兵。

姜维和手下将士们满怀愤懑，他们拔剑砍向石头，砍得火花四溅，可是又能怎么样呢？冷静下来以后，他们只能放下兵器，接受敌军的收编。

钟会已经带兵从剑阁追了过来，目前驻扎在涪县，得到姜维向他投降的消息以后，便派人来接收姜维的军队。

钟会对姜维十分客气，客气到了让姜维都吃惊的程度。钟会接受姜维的投降以后，立即把姜维的官印、符节都还给了他，随后摆开宴席，热情招待姜维等将领。

钟会对蜀汉军民甚至比邓艾更温和，他严格约束军队，禁止掳掠，尽力维护社会秩序，同时跟蜀汉官员们密切交往。他跟姜维更是亲密无间，根本不像是刚刚结束生死对决的敌人，倒像是久别重逢的战友。

姜维从这种不正常的亲密中察觉到了异常，除了履行占领军的职责以外，钟会似乎还有其他谋划……

早在蜀汉投降之前，钟会已经有一些奇怪举动了。

偷渡阴平之前，邓艾把自己的计划告诉了诸葛绪，希望他跟自己一同走阴平道。诸葛绪却以"没有收到上级命令"的理由拒绝了，随后前往东线跟钟会会合。

这样看来诸葛绪是明确站在钟会这边的。不料他跟钟会会合以后，钟会马上向朝廷告状，说诸葛绪"畏战不前"，随后抓捕他，把他装到槛车里送往洛阳去了。诸葛绪手下三万兵马也就落到了钟会手上。

朝廷明明派三路大军攻打蜀汉，钟会却用阴谋诡计收编战友的军队，这是在玩火，政治风险非常高。钟会敢这么玩，说明他可能当时就已经没有要返回洛阳的想法了。

蜀汉投降以后，钟会又把矛头对准了邓艾，他暗中收集邓艾在成都种种超越职责的言行。

邓艾不向上级请示，擅自给刘禅等人封官，这肯定属于越权了，另外他自己说话也不严谨，例如他对蜀汉官员们说："你们幸好遇到我，要是遇上吴汉那样的人，早就没命了吧？（吴汉屠成都，详见《秦汉：帝国兴亡》）"这些话都被钟会的探子记录下来，密报给朝廷。

不仅是钟会，其他将领们也在想尽办法找邓艾的毛病，卫瓘、胡烈、师纂等人都暗中向朝廷上奏表，声称邓艾行为"狂悖"，恐有"不臣之心"。

为什么会这样？很简单，因为天下人都知道邓艾偷渡阴平，立了奇功，灭蜀的功劳大部分属于邓艾，那么其他人能得的封赏肯定就少了。只有扳倒邓艾，大家才能分到更多的赏赐。

邓艾一点儿都没察觉到自己身边的异常气氛，安顿好蜀汉统治阶层以后，他马上又上了一封奏表，向司马昭详细分析了当前局势，说明：现在应该趁热打铁，立即准备对东吴的战争。还提出对待东吴的策略，应该以攻心为上。一方面积极建造舟船，做出要顺江而下的姿态，让东吴恐惧；另一方面善待刘禅等人，给东吴统治者一个良好的示范。这样一来，东吴统治者必然

"畏威怀德，望风而从"。

邓艾这封奏表讲得清楚透彻，可以说，他已经把灭吴需要注意的方方面面都说清楚了。

但问题就出在这里：你把领导的话都说完了，让领导说什么？

司马昭看到这封奏表，顿时起了杀念。

司马家族靠军功上位，最终成功压倒皇权，掌握了国家权柄，对于别人依样画葫芦的企图，他们是高度警惕的。

现在邓艾已经拥有了灭蜀的惊天之功，又提出灭吴的总规划，以后不管谁去灭吴，邓艾都是背后的总策划，三分天下的局面最后竟然终结在邓艾手上。如此巨大的功劳，让司马昭怎么放心得下？

司马昭还没走出篡位的最后一步，邓艾的军功已经快要超过他了，这还让他怎么篡位？

所以邓艾绝对不能留了！

同一时期，钟会、卫瓘等人控告邓艾的密信一封接一封送到了洛阳，司马昭没有丝毫犹豫，马上命令前线将领捉拿邓艾，将他送回洛阳受审！

消息传到成都的时候，蜀汉军民都蒙了，他们怎么都想象不到，这个前不久还风风光光的征服者，转眼间就成了阶下囚。

邓艾仰天长叹："白起的命运，竟然又重现了呀！"随后束手就擒。

人们很同情邓艾，但无可奈何，只能眼睁睁看着邓艾被装进槛车运出城去，有些机敏的人已经意识到：一场猛烈的风暴即将来临。

邓艾被送走以后，他手下的军队全部由钟会接收。这时候钟会已经进入成都，接替了邓艾的工作，现在曹魏派出的伐蜀大军已经全部归他统领，蜀汉军队也都投降到他手下，他手下掌握着超过二十万军队，一时间成为天下掌握军队最多的人。

大家都渐渐看出一点儿苗头，钟会似乎已经不太听后方的指挥，准备在成都实施自己的计划了。

他找了一个十分优秀的盟友：姜维。这些天来，钟会跟姜维一直黏在一起，出则同车，入则同席，好得如同亲兄弟似的。背地里，两人正在联手把曹魏和蜀汉的兵力整合到一起，即将发动一场大规模变乱。

不过姜维只是在利用钟会而已，他想趁钟会叛乱的机会夺回对巴蜀的控制权，恢复蜀汉，他甚至派人偷偷带信给刘禅说："陛下请暂且忍受几日屈辱，微臣即将使社稷危而复安，日月幽而复明！"

对于姜维的这些心思，钟会当然也看清了，不过他也想利用姜维，所以两人表面上依然密切合作。

钟会计划让姜维率领五万蜀军出斜谷，攻打长安，自己率领魏军跟在后面。打下长安以后，水陆并进，沿着渭河到达黄河，直扑洛阳，推翻司马家族，自己坐天下。

以他当时掌握的兵力来说，这个计划确实可以实现。

但钟会忽略了其他很多因素……

汉家忠魂姜伯约

钟会刚刚要实施自己的计划，突然收到司马昭的来信，说："将军辛苦了！我怕你制不住邓艾，特地派贾充带领一万人进入汉中坐镇，我自己带领十万兵马屯驻长安。我们已经在来的路上，回头见！"

钟会感觉头脑要炸裂了！他终于明白了：在司马昭面前，自己还是个小孩子。

司马昭不仅防着邓艾，也防着钟会。实际上，可能早在钟会等人离开洛阳的时候，司马昭就已经下了决心不让他们活着回去了。

灭蜀的功臣都得死！灭蜀之功只能属于司马家族！

司马昭的提前行动打乱了钟会的计划，现在他只能孤注一掷了。

正月十五日，邓艾被抓捕仅仅半个月之后，钟会召集成都的曹魏将领和蜀汉官员们聚会。在会上，钟会突然拿出一份"太后遗诏"说："郭太后有令！命令我等诛杀司马氏反贼，保卫曹氏社稷。"

郭太后刚刚在不久前崩逝，按照她的处境来说，确实可能希望有人诛杀司马昭。但钟会毫无预兆地突然拿出这份"遗诏"，怎么能让人相信呢？何况现在大家只知道有司马氏，不知道有曹氏，即使这份遗诏是真的，也没有多少号召力了。

钟会扛起"保卫曹氏"这面陈旧的旗帜，首先已经输了一半。

另外，成都这些将士们是被派来灭蜀的，钟会只是他们这次行动的指挥官而已，又不是他们的主人，跟着钟会造反的话，在他们看来简直莫名其妙。何况他们的家眷都在曹魏国内，为什么要为了钟会去让家人受牵连？

所以钟会的倡议一提出来，没有任何人响应，大家的反应都是想赶紧逃出去。

这一点儿钟会也料到了，他让早已在外面埋伏的士兵把大堂里的将官们都控制住，随后拿出一份协议，强迫大家署名，然后把这些官员都软禁在蜀汉的官署衙门里，让自己的亲信接替了他们的职位，再闭上城门，严加防守。

事发突然，曹魏将领们被杀了个措手不及，成都的魏军和蜀军全部落到了钟会掌握之下。

钟会以为这样就可以控制住局势，但他想得太简单了，魏军内部根本就没有几个人支持他造反，现在他虽然扣押了魏军将领们，却控制不了下面十几万士兵。

对于自己的主帅被扣，下面的士兵义愤填膺，现在只要一根火柴就可以点燃他们。

钟会有个叫丘建的手下，以前是大将胡烈的人，现在胡烈也被扣押了，丘建很焦急，就请求钟会："胡烈独自被关押，需要有人传递食物，请派个士兵去。"

钟会一时心软便同意了，并且额外开恩，允许给每个被关押的将领派一名士兵去传递食物。

没想到那些将领却趁机让士兵们带了消息出来，说："钟会已经准备了数千大棒，准备让人把我们全部打死扔到坑里，坑都挖好了！"

传递食物的这些士兵们四处奔走，很快成都周边的军营里面都在流传这条谣言。

曹魏士兵们都急了。胡烈的儿子胡雷首先行动，带着父亲的兵马就从城外冲来，其他各处军营的士兵们也一哄而起，拿着兵器争先恐后攻向城门。

钟会派人死守各大城门，但十几万魏军疯狂攻城，城门很快被攻破了。

城内被关押的将领们也暴动了，冲出去找到自己的军队，双方会合后反杀回来，与钟会、姜维等人展开白刃战。经过一场血战以后，哗变的将士们杀掉钟会、姜维以及钟会的亲信们，救出了自己的将领。

成都局势因此彻底失控！

这些将士们把怒火都发泄到蜀汉军民身上，在成都城内大开杀戒。从太子刘璿开始，无数蜀汉高官被屠杀，姜维的家眷也被杀了个干净。还有人趁机公报私仇，魏军将领庞会因为当年父亲庞德被关羽斩杀，现在便灭了关羽满门。至于死在乱军中的平民百姓，更是不计其数。

这场大屠杀持续了好几天，直到后来卫瓘出来控制士兵们，屠杀才渐渐停止，但成都军民已经受尽凌虐了。

当初，蜀汉高官们拼命撺掇刘禅投降，以为能到新朝代继续享受荣华富贵的生活。不错，新朝代的荣华富贵确实来了，但只让他们享受了一个月，真是人算不如天算呀。

只有姜维真正让后人惋惜。他是蜀汉唯一抵抗到底的忠臣，却被钟会拖累，无端做了陪葬，令人唏嘘不已。

后人感念姜维的忠义，给予他极高的评价，蜀人代代祭祀，有口皆碑。蜀汉一朝，姜维是仅次于诸葛亮的英雄，彪炳千古。

同样令人唏嘘的还有钟会，他是这个时代最杰出的战略家之一，本来拥有大好前途，却因为一时贪念，做出莽撞的决定，终于招来杀身之祸，死时才三十九岁。

但后人也有疑问：钟会真的是一位贪婪的阴谋家吗？还是说，他是真心想保卫曹魏江山的，是曹魏最后的忠臣？如果真相是后者的话，那么他跟姜维就是并列的两大忠魂，值得后人景仰。

事情的真相，已经永久湮没在历史尘埃中了。

还有一人，同样死得可惜。

卫瓘掌控成都局势以后，立即想起：自己也参与了诬陷邓艾，如今邓艾可能会逃过一劫，那么自己就有大麻烦。

他连忙派人去追杀在路上的邓艾。这时候，邓艾的下属们已经趁乱追上了槛车，把邓艾放出来了，正在赶回成都的路上。卫瓘的人在绵竹遇到他们，经过一场大战，成功消灭了邓艾和他的手下。

卫瓘的行为是得到司马昭默许的，所以随后司马昭也下令：杀掉邓艾在洛阳的儿子们，妻子和孙子流放西域。

邓艾家族的案子是一起赤裸裸的政治迫害，在曹魏国内引发很大争议。就连司马家族都觉得不太好向众人交代，所以一年以后就赦免了邓艾被流放的家人，并且在九年以后正式替邓艾平反。

可惜这一切对邓艾本人都没有意义了。

到这时为止，灭蜀之战的所有主角都落得死无全尸的下场。这些盖世英雄们，如果地下有知，回顾自己一生的操劳，一生的孜孜以求，一生的殚精竭虑，会不会有一丝后悔呢？

乐不思蜀

现在，钟会、邓艾拼了个同归于尽，前线将领也折损得七七八八，看起来，曹魏的军事力量遭遇了巨大损失。不过司马昭本人反而非常欣喜——这正是他最想看到的结果。

灭蜀的大功属于谁？

司马家族！

一统天下的最大功臣是谁？

司马家族！

谁还敢提出异议？

司马昭篡位的最后一道手续终于办齐了。现在他可以马上把曹魏的皇帝赶下台，国内没人敢说一句反对。

司马昭有意彰显自己的威德，他在洛阳宫殿里摆开庭席，招待刚来到这里不久的刘禅。

为了试探刘禅的态度，司马昭故意让人表演蜀地伎乐。看到这些歌舞，在座的蜀汉旧臣个个垂泪不语，只有刘禅面不改色，嬉笑如故。

司马昭十分满意，对旁人说："人之无情，乃至于此。就算诸葛亮在世，都无法辅之长久。何况姜维乎？"

司马昭问刘禅："汝思蜀否？"

刘禅笑呵呵地说："此间乐，不思蜀。"大家听了都纷纷侧目。

蜀汉旧臣郤正也在当场，便悄悄对刘禅说："下次晋王再问，您就说'先人坟墓远在陇、蜀，心怀忧伤，无日不思'。"

后来司马昭又问："思蜀否？"刘禅果然照这样回答。

司马昭微笑着说："怎么像是郤正说的话呀？"

刘禅睁大眼睛说："真被你猜到了！"

司马昭和左右都哈哈大笑，从此再也不担心刘禅了。

这便是流传千古的"乐不思蜀"的故事。

"乐不思蜀"在历史上可能有原型，但经过口口相传以后，越来越走样，以至于变成了一个老少咸宜的寓言故事，人物形象也脸谱化了。

真实的情况可能是：刘禅在司马昭手下竭力表忠心，终于使司马昭放下警惕，确信蜀汉不再有复国的可能了，刘禅也因此得以善终。

从刘禅的角度来说，既然当初选择不战而降，就已经考虑好了，从此再没有后悔的可能。不管是他本人还是蜀汉百姓，都必须永久地放弃这个国家，放弃这份基业。

蜀汉是个可悲的王朝，从开始到结束都在勉力维持。对于他的国民来说，这个国家的存在并没有太大意义。四十二年的历史，四十二年的艰难挣扎，留给国民的只有一份不堪回首的记忆。

对于这个国家和这段历史，大家都希望尽快忘记。就连刘禅本人都没有太多留恋，复国更是从何谈起？

这才是司马昭放心的真正原因吧？

刘禅被封为"安乐公"，在自己的封国安然终老，于公元271年过世，享年六十四岁。

刘备一生放不下的执念，终于由刘禅放下了。

第二十章　三分归一统

司马氏篡魏

司马昭终于走到了篡位的最后阶段。

公元263年十月，灭蜀战争到关键阶段的时候，曹奂又一次封司马昭为晋公，这次他终于接受了。

公元264年三月，曹奂下诏加封司马昭为晋王，这次他也接受了。

但司马昭并没有走出篡位的最后一步，跟当年的曹操一样，他也把这一步留给了自己儿子。

公元265年八月，司马昭病逝，他的长子司马炎继承了晋王之位。

继位以后，司马炎立即开始准备"禅让"工程，最终在当年年底举办了"禅让"典礼。

这只是政权交接的固定手续而已，一切都按部就班地进行。先由魏帝曹奂向司马炎提出"顺应天命"的请求，司马炎坚决推辞，曹奂和朝中官员们又反复请求，司马炎才终于接受了。

随后在洛阳南郊设立受禅坛，在文武百官与四夷领袖的簇拥下，司马炎登上受禅坛，从曹奂手中接过传国玺，祷告上天，正式登基，成为国家的新主人。新朝代自此建立，国号晋，司马炎便是晋武帝。

曹魏立国四十六年，到这时终于消亡。

曹奂随后被封为陈留王，住在邺城王宫。晋武帝特许他在自己的封国保留魏家制度，载天子旌旗，备五时副车，行魏正朔。

从这以后，陈留王曹奂、安乐公刘禅、山阳公刘康（汉献帝的孙子，第二世山阳公）都受到朝廷特别礼遇，在自己的封国按前朝礼仪生活着，成为一道独特的风景。

司马氏篡魏在后世引发人们的极大义愤。一个重要原因在于：曹魏不是自行消亡的，而是在国泰民安的情况下被司马氏偷走了江山。从魏到晋并不是社会自然发展的结果，而是一起纯粹的政治阴谋。

这一点跟曹丕篡汉有本质区别。所以司马家族的名声比曹操、曹丕父子恶劣得多。

再加上司马家族在夺权的过程中用了许多阴谋诡计和暴力手段，甚至在光天化日之下弑君，种种行为，都在挑战中国人的道德底线，也给了后世一个很恶劣的示范，所以进一步加深了人们对这个家族的厌恶情绪。

不过晋朝的建立也有不少正面意义。

三国乱世毕竟是由晋朝终结的，这一点上，晋朝统治者对国家有大功。新登基的晋武帝也是比较贤明的君王，施行了一些有利于国家和人民的政策。在他统治下，中原地区从魏朝和平过渡到了晋朝。这段时期，国内政治清明，百姓安乐，乱世的伤痕彻底被抚平，人民迎来了一段难得的太平盛世。

当然，现在还有一件最大的任务要完成，就是消灭偏安一隅的东吴，一统天下。

三国第一暴君

曹魏大军压境的时候，蜀汉向东吴紧急求助，孙休立即派出丁奉等人前去救援。不料刘禅投降的速度远远超过想象，东吴援军还没到达，就听到了蜀汉亡国的消息。

孙休赶紧转变策略，派人攻打蜀汉的永安（白帝城），希望在曹魏彻底吞并蜀汉之前尽量抢下更多土地。但司马昭迅速派人增援永安，挡住了东吴的进攻，吴军无功而返。

东吴只好眼睁睁看着曹魏吞掉整个蜀汉领土，这时候最南方的交趾郡也发生叛乱，归降了曹魏，东吴已经处在曹魏三面包围之下了。

公元264年七月，内忧外患中，孙休终于走到了生命的尽头。他当政这几年，虽然兢兢业业，力图振兴国家，却终于无法追平东吴与曹魏的巨大国力差距。

孙休躺在病床上，已经说不出话了。他把丞相濮阳兴召进来，牵着他的手，指向太子孙䰰（wān），濮阳兴点点头，表示明白了孙休的意思，以后一定尽力辅佐太子，孙休这才断了气。

谁知道孙休刚离世，大臣们就全体背叛他了。

太子孙䰰才十来岁，如果继位的话，又是一个小皇帝，这让人非常担心再出现权臣乱政的局面。如今的东吴面临着国内外极大的压力，再也禁不起折腾了，所以大家即使背叛先帝，也不愿再立一个小皇帝。

所以从濮阳兴往下，满朝文武都没经过太多争论，就决定放弃孙䰰，另立一个年长的皇帝。

他们看中了乌程侯孙皓。

孙皓是孙权的孙子，废太子孙和的长子。

当年孙和本来是皇位的正统继承人，却因为受"南鲁党争"牵连而被废，后来又被冤杀，引起民众广泛同情。而正是孙和被废，拉开了东吴一系列乱局的序幕，这就更引发人们对他的怀念。现在把皇位交到他儿子手上，算是顺应人心的举动。

现在孙皓二十二岁，正是成熟稳重的年龄，名声又不错，拥立他登基，看起来是非常明智的选择。

于是丞相濮阳兴、左将军张布便去询问朱太后（朱公主的女儿，孙休的皇后兼外甥女）的意见。

朱太后说："我一个寡妇人家，哪里懂这些？你们决定便好了。"

于是便由濮阳兴、张布等人做主，去把孙皓接来，拥立为新皇帝。

孙皓登基以后，颁布了不少利国利民的措施，一时间人人称颂，大家都非常庆幸：我们确实选对了领袖，东吴终于迎来一位明君了。

不料，没过多久，孙皓就开始露出锋利的爪牙。

他先对自己的恩人下手。

登基仅仅一个月以后，孙皓就下令：废朱太后为景皇后，改立自己的生母何姬为太后，同时追谥自己的父亲孙和为文皇帝。

又过了两个月，孙皓发起突袭，在朝堂上抓捕濮阳兴、张布，把他们流放广州，随后又在半路上杀掉两人，灭了他们三族。

朱太后、濮阳兴、张布是拥立孙皓的主要功臣，孙皓如此迅速地过河拆桥，已经可以看出他的人品了。

他自私、残暴、冷酷无情，而且毫不掩饰自己的残暴。

另外，从法理上来说，孙皓继承的是孙休的皇位，属于孙休的嗣子。他抛开孙休一脉，封赏自己的亲生父母，这是把国家当作了自己的私产，破坏了跟朝臣的契约，可以说是对整个朝廷的背叛，因此引起的愤慨可想而知。

孙皓继续胡作非为。第二年七月，景皇后暴毙，死后没有按照礼仪治丧，只在一处小屋中随便办了一下丧事便算了。于是大家心里都清楚：景皇后是被孙皓害死的！

在讲究"以孝治天下"的时代，孙皓的行为属于践踏基本的道德底线，从此以后，他已经把"暴君"的字样刻上了自己额头，再也抹不去了。

杀害景皇后，让先帝孙休的支持者们义愤填膺，但孙皓已经成功执掌大权，他们后悔已经太迟了。

而这仅仅是开始，孙皓对宗室的屠杀随后展开。

几年以后，孙皓先后害死孙休的儿子——孙𩅦、孙𩃙（gōng）。他们虽然没有真正威胁到孙皓的地位，但只要孙皓认为有威胁，他们就必须死！

孙权的七个儿子（孙登、孙虑、孙和、孙霸、孙奋、孙休、孙亮）里面，四子孙霸曾经为皇位跟孙和发生激烈争斗。如今孙皓掌权了，自然不肯放过当年父亲的敌人们，所以没过多久就把孙霸的两个儿子流放到了会稽。

现在除了孙和以外，孙权的后人只剩下孙奋一脉了。

公元270年，孙皓的夫人王氏病逝，孙皓十分悲痛，几个月不出门，于是民间有传言，说孙皓已经死了，宗室成员孙奉或者孙奋会当皇帝。

孙皓勃然大怒，不仅杀掉传播谣言的人，还杀了孙奉以及孙奋与他五个儿子。

孙奋是孙权的七个儿子里面活得最久的，本来很幸运，不料却在这时候被灭门了。

现在孙权的后人就剩下孙和这一支了，其余的要么被流放，要么被禁锢，都十分凄惨。

但孙皓连自家兄弟都不放过，他又杀掉了自己的两个异母弟弟——孙谦、孙俊。其中，孙俊被杀的原因仅仅是他"聪明过人，远近闻名"……

于是整个皇族只剩下了孙皓这一支，孙皓对皇室的杀戮这才终于停了下来。

孙皓的残暴是全方位的，他对大臣们也动辄用重刑，他统治的那些年，被杀害的朝廷重臣数不胜数。而且他喜欢牵连别人的家族，夷三族、全族流放，都是他常用的处罚。

民间还流传着孙皓嗜杀的许多传言，例如说，他把河流引入宫里，宫里有谁招惹了他，马上会被杀掉，扔进河里冲走。还说他喜欢剥人面皮，挖人眼睛，砍人双腿……种种传言，不一而足。其中虽然有不少夸张的成分，但至少说明孙皓的残暴早已经尽人皆知了。

在孙皓如此残暴的统治之下，东吴人人自危，人们对朝廷的拥护已经降到了最低。讨伐东吴的条件逐渐成熟了。

千古贤相羊太傅

公元269年，晋武帝下令：以尚书右仆射羊祜都督荆州诸军事，镇襄阳；征东大将军卫瓘都督青州诸军事，镇临淄；镇东大将军司马伷都督徐州诸军事，镇下邳。他开始全面准备对吴战争。

其中，荆州的羊祜是关键。

羊祜出生于名门世家"泰山羊氏"，家族九代为高官。羊祜的姐姐是司马师的第三任夫人羊徽瑜，所以他跟司马家族关系密切。

凭羊祜的身份，自然很容易进入政府高层，不过他能做到丞相的位置，靠的绝不仅仅是家世门第，更多的是他的才干和操守。

羊祜在当时的朝廷里以德行崇高闻名于世，武帝任命他为尚书右仆射的诏书里说他："执德清劭，忠亮纯茂，经纬文武，謇謇正直。"他具有儒家提倡的各种传统美德，是真正的谦谦君子。让他执掌朝政、制约百官，武帝足够放心。

荆州是当时晋、吴冲突的最前线，来到荆州以后，羊祜采取两手策略。一方面，在紧要位置营建新城，蚕食东吴领土；另一方面，实行怀柔政策，以德化感召敌人。

在自身的领土上，羊祜分兵屯田、开办学校，把社会治理得井井有条。在他统治下，荆州的经济迅速振兴。羊祜刚来的时候，仓库里的粮食只能支撑不到百天，到后来，仓库里的钱粮够支用十年。

对于敌人，羊祜尽量展示友好姿态。

据说他每次跟吴军交战，都只在约定好的时间出击，绝不偷袭。有坚持要偷袭的将领，羊祜就把他们灌醉，让他们无法领兵。

手下军士掳掠了两个东吴小孩过来，羊祜马上把他们还回去。过了不久，有一支吴军来投降，里面就包括两个小孩的父亲，还有他们属下的军队。

吴将陈尚、潘景来掳掠，羊祜斩杀了他们以后，又把他们厚葬，称他们为义士，还允许两人的家属来吊丧。

羊祜每次带兵攻打东吴，在东吴境内割走稻谷充军粮，都要详细记录，回来以后按照市价补偿东吴。每次出门游猎，到两国边境就返回。有东吴杀伤的禽兽逃到了晋国境内，羊祜都让人封好，送还给东吴。

种种善举，让东吴军民心悦诚服。人们从此不称羊祜的名字，而称他为"羊公"。

东吴那边，因为孙皓的暴虐，人心浮动，前线将领屡屡叛逃到晋国这边。随着羊祜仁德的名声传播开来，东吴将领叛逃的更是越来越多，难以禁止了。

当时东吴方面镇守荆州的是陆逊的儿子陆抗。陆抗虽然一心为国，却也十分尊敬羊祜，私下称赞羊祜的德行超过诸葛亮。

陆抗常说："羊祜以德化人，我们要是以势凌人，只会让他收获人心，所以我们也要懂得容让。"所以他对羊祜的示好常常投桃报李。

两人虽然是对头，却惺惺相惜。有一次，陆抗生病，羊祜派人给他送药去，手下建议陆抗不要服用，陆抗说："羊祜怎么会是那种下毒的人？"坚持服药，果然不久病就好了。

孙皓对陆抗的软弱态度很不理解，下诏诘问他，陆抗回答："国不可无信，臣如果不这样做，只会更加彰显羊祜的美德，对我们并没有好处。"

在羊祜和陆抗的彼此谦让下，荆州地区的边境线出现了罕见的和睦气氛，双方虽然时常有对抗，但都坚持文明的作风，力求把对彼此的伤害减到最小。

平心而论，羊祜的种种善举都是在表演给东吴军民看，通过这种方式软化东吴的人心，让他们放弃抵抗，从而加快征服东吴的速度。本质上，这是一种以退为进的侵略方式。

但这些政策客观上确实极大地减轻了人民的痛苦。

自古以来，兵者便是凶器，两国冲突，往往伏尸百万，流血千里。羊祜和陆抗却把两国交兵变成了一种有限制的暴力竞赛，他们用一种独特的方式告诉世人：战争年代，民众的伤亡虽然无法完全避免，但我们下手可以轻一些，再轻一些……

三国的百年乱世，到这时终于迎来了一场温馨的终场演出。

这样的温馨场面，在人类历史上实在太难得，太罕见了！

所以人民才对羊祜充满感激。

除了在军事策略上受到广泛称赞以外，羊祜的为人也受到世人高度推崇。

他谦恭平和，虽然对国家有大功，却从不以功臣自居。晋武帝多次下诏封赏他，他都推辞掉。武帝给他"开府"的特权，他却从来不招揽下属，只保留一个空衙门。

他跟武帝讨论国事，事后往往把自己的稿件烧掉，以至于他的提议大多没有流传出来；他举荐的人，也往往不知道自己是被谁举荐的。有人觉得他这样过于谨慎了，失去了许多被人报答的机会，羊祜却说："拜爵于公朝，谢恩于私门，这样的报恩方式，我不需要。"

他家无余财，家里人建议他置办一些田产，好老有所依。他却告诫家人："作为人臣，树私则背公，要为国家计，就不该考虑私利。"他还说，"天下平定后，我便以儒冠归故里，找一处能埋棺材的地方便了。"

羊祜把全部精力都用来谋划伐吴之战，他向武帝建议：充分发挥长江上游的地理优势，在蜀地训练水师，一旦条件成熟，则沿江而下，破掉东吴长江天堑的优势。突破长江天堑，进入江南，开始陆战以后，东吴军队就完全不是晋军的对手了。

他发觉益州刺史王濬是好苗子，当时朝廷要把王濬调走，羊祜便强烈要求把王濬留下，让他在益州负责建造战舰、训练水师。

羊祜为晋国做好了攻灭东吴的规划，他认为现在征讨东吴的时机已经完全成熟了，便上表请求伐吴。

武帝对羊祜的提议表示赞同。然而朝臣里的贾充、荀勖等重臣都反对，他们表示：目前北方的凉州等地还屡屡出现叛乱，伐吴时机不成熟，建议再等等。

羊祜极度失望，只能苦口婆心地劝说大家，他对武帝说："如今孙皓暴虐，正是伐吴的好时机。伐吴成功，则陛下功勋堪比尧舜，臣之显耀如同稷契，这是名垂百代的奇功呀。要是错过目前的机会，一旦孙皓离世，吴人再立令主，伐吴就困难得多了。"

武帝表示："你说的这些我都明白，但无奈朝廷里许多人反对呀。"于是伐吴之战只能继续推迟。

为什么武帝和朝臣们不肯同意羊祜的提议呢？

一个可能的原因是：他们不希望羊祜一人占有"灭吴"的全部功劳。

羊祜已经替国家做好了灭吴的全部准备，一旦消灭东吴，世人都知道这是羊祜的功劳，武帝和满朝文武都要被盖过了。

所以即使要灭吴，也不能采用羊祜的方案，但他们一时间又确实找不到别的方案，所以只能拖着了。

羊祜也明白这一点，他对武帝说："伐吴之战，不必臣亲自参与。灭吴之功，臣所不敢居。只是事成之后，需要陛下费心去治理南方，愿陛下谨慎选人来辅佐。"

最后，羊祜感叹道："天下不如意之事，十居七八。灭吴之事如此困难重重，不知道何时才能成功了。"

他最大的愿望就是在有生之年亲眼看到自己的灭吴计划成功，然而随着时间推移，这个愿望变得越来越渺茫，他无比苦闷，却又无可奈何。

闲暇之余，羊祜最爱攀登襄阳附近的岘山，他常常在山上和同僚们置酒高会，他对同僚感叹道："自有宇宙，便有此山。古来圣哲，不知有多少人在此登高远望，如今却都湮灭无闻了。百年之后，我们也都化为尘土，倘若地下有知，我的魂魄一定要常来这里。"

公元278年，羊祜终于来到了生命的尽头，他抱病到洛阳觐见武帝，最后一次提出伐吴的请求。当时正好羊祜的姐姐羊徽瑜病逝，羊祜也参加了她的葬礼，哀恸至极。

回到襄阳以后不久，羊祜就病逝了，临终仍然念念不忘伐吴事宜，并且举荐老将杜预接替自己。

武帝极度悲痛，当众号哭，涕泪沾湿须鬓，结满冰霜。荆州民众也家家悲鸣，街巷之内哭声相连，就连东吴守边将士都人人垂泪。

羊祜一生推掉了无数封赏，临终遗愿是不要把"南城侯"印绶带入棺椁，也就是变相推掉侯爵。武帝领会他的意思，因此特意下诏说："羊祜一生谦让，志不可夺，特许追回南城侯印，以本来官爵下葬，以彰其美。"

羊祜没有儿子，也没有遗产，只留下美名而已。

但武帝还是追赠羊祜为侍中、太傅，因此后人称其为羊太傅。

两年以后，东吴平定，朝堂上群臣欢庆，武帝却流泪说："这是羊太傅的功劳呀！"

后来人们在岘山为羊祜建庙立碑，称为"羊公碑"。民众到这碑前，往往忍不住垂泪，后人又称这碑为"堕泪碑"。

唐朝诗人孟浩然有诗《与诸子登岘山》，便是说的堕泪碑。

人事有代谢，往来成古今。
江山留胜迹，我辈复登临。
水落鱼梁浅，天寒梦泽深。
羊公碑尚在，读罢泪沾襟。

后人在羊祜的碑前垂泪，一方面，是因为如此善待民众的统治者太罕有；另一方面，也是由于对羊祜的遭遇感同身受。

羊祜为晋国统一天下铺平了道路，却终究没能看到自己的愿望成真的那一天，这说明一个令人无比失望的事实：即使我们每件事都做对了，也可能得不到自己想要的结果。

即使优秀如羊太傅，都有终生无法弥补的遗憾，何况我们芸芸众生呢？

人生在世，成败往往不由己。得之，我幸；失之，我命。仅此而已。

金陵王气黯然收

羊祜过世之后一年，晋国终于启动了轰轰烈烈的伐吴之战。

当年十一月，晋武帝派出六路大军伐吴：镇军将军司马伷出涂中，安东将军王浑出江西，建威将军王戎出武昌，平南将军胡奋出夏口，镇南大将军杜预出江陵，龙骧将军王濬和巴东监军唐彬下巴、蜀。

总共出兵二十万。以太尉贾充为大都督，持节、假黄钺，屯驻襄阳，节制全军。中书令张华为度支尚书，督运粮草。

这是准备了十四年之后，晋国倾尽全国之力发动的总攻，目标直指消灭东吴，一统天下！

这些年，东吴不是没做过改变命运的努力。实际上，从登基以后，十多年来，孙皓频频出击，对晋国本土和南方的交趾都发动了许多袭击。最后，吴国虽然收回了交趾，对北方的战争却没能取得实质性成果。

而东吴国内，孙皓的暴虐统治已经引发了各方愤慨，不断有边防将领带着下属投奔晋国。

而且东吴也遭遇了跟当初蜀汉类似的人才危机。陆抗已经在几年前过世，如今的东吴根本找不到一个才干出众的将领——这是所有偏安朝廷都会面临的困境，广大的中原地区文化先进，单一区域的本土人才无法与他们竞争，经过几代人以后，必然被拉开差距。

不过由于晋国内部错综复杂的斗争，这些年来，晋武帝一直没能下定决心伐吴，给了孙皓许多喘息机会。

之前羊祜多次请求伐吴，都被晋国内部的主和派给拦住了。羊祜离世以后，继任者杜预又强烈要求伐吴，连续三次上书，言辞激烈。

第三次上书的时候，武帝正在跟中书令张华下棋，看到杜预的奏表来到，张华当即推开棋盘，对武帝正色说道："陛下圣武，国富兵强。吴主淫虐，诛杀贤能。当今讨之，可不劳而定。"

这才终于说动了武帝，最终开启了伐吴之战。

晋军的战略意图很清晰：

东线的司马伷、王浑两路大军直逼建业，对东吴形成泰山压顶之势，牵制住吴军主力；

王濬带领益州水军顺江而下，破除长江防线，最终在东部跟司马伷、王浑配合，从水路两方夹攻建业；

中线的王戎、胡奋、杜预扫除敌人的长江守军，为王濬东下提供支援。

消息传到建业，东吴朝廷一片震恐。

孙皓这才知道他犯了一个大错：之前陆抗一直劝他增强荆州防御，阻挡益州方向顺江而下的水军，但他没听。不久前他还中了杜预的离间计，撤回了荆州的守将。目前，荆州已经成了东吴防御的薄弱地带，无法阻挡王濬水军了！

现在东吴唯一的选择就是死守建业以北的长江河道，把敌人拦在长江以北再说。

公元280年三月，孙皓派丞相张悌带领三万大军，到长江北岸挡住晋军，阻止他们渡江。

这又是一个错误！

吴军的强项是水战，抛开长江天险，到江北跟敌人打陆战，等于以己之短，攻敌之长，以吴军目前的战力，陆战根本不是晋军的对手。

果然，张悌一到北岸就迎面遇上王浑的大军，吴军迅速崩溃，被斩杀八千人，张悌战死，其余军士仓皇逃窜。

这一战，东吴主力尽毁，已经没有兵力可以防御长江了，司马伷、王浑的军队因此推到了长江边。

但真正的致命一击来自西线。

王戎、胡奋、杜预一到荆州便高奏凯歌，荆州南部各郡县望风而降，长江水道上的防御力量急速崩溃。

这给顺江而下的王濬提供了便利，他们从益州出发，很快来到荆州，跟杜预等人会合。

之前，东吴在长江上布置了很多铁锥，插在江心，又用铁链锁在江上，用这些方法阻挡上游来的大船。

王濬便派人驾着大型木筏先行。这些木筏撞上铁锥，被水流冲着，把铁锥连根拔起，一起向下游流去。

他又让士兵站在船头，手持十余丈的火炬。火炬中间灌上麻油，熊熊燃烧，遇到铁链，就凑上去烧，很快就把那些铁链烧断了。于是长江航路畅通无阻。

王濬在杜预等人的接应下，一路顺江而下，拿下了整个荆州南部，终于来到了建业附近，跟司马伷、王浑会合，三面包围建业。

长江上旌旗蔽天，晋军雄师遍布长江两岸，建业已经暴露在晋军的兵锋之下了。

东吴举国震恐。孙皓派游击将军张象带领一万水军去阻拦王濬，不料这一万水军一见到晋军，就纷纷倒戈，不战而降。

孙皓又让大将陶濬收集来两万军队，准备乘船去迎战晋军，不料出发的头天晚上，这些军队就一哄而散了。

建业这边，各路将官已经开启了投降大潮，司徒何植、建威将军孙晏都派人送符节给对岸晋军，带着属下投降了过去。

朝堂上，满朝文武围着孙皓，孙皓哭丧着脸问大家："为什么国人都毫无斗志呢？"

众人回答："都因为岑昏这个欺上瞒下的奸佞！"

岑昏是当朝尚书，孙皓最宠幸的近臣之一。孙皓听到这话，吃了一惊，说："这样的话，就杀掉这个奴才向百姓谢罪吧。"

话音刚落，大家就派人出去追杀岑昏了。孙皓马上后悔，让人去把他们追回来，但已经迟了，岑昏已经被杀了。

杀掉岑昏这个替罪羊也没有用，现在东吴朝廷里早已人心散乱，没有谁再想替孙皓去卖命了。孙皓无可奈何，只好投降。

王濬的水军已经浩浩荡荡开进了石头城，遮天蔽日，不可阻挡。三月十五那天，孙皓绑着自己，拖着一口棺材，带着满朝文武出城请降。

王濬亲手为孙皓解开绳索，接受了他的投降。

东吴立国五十八年，到这时灭亡。这似乎是人们期待了很久的结果，就连东吴百姓都很坦然，没有人为这个国家流下一滴泪，反倒有一种终于获得解脱的轻松感。

这时候东吴还剩人口二百三十万，军队二十三万，总共辖四州，四十三郡，全部归于晋国。

孙皓随后被封为归命侯，住在洛阳，于四年之后去世。

三国鼎立六十年的局面，到这一刻终于结束了。

从黄巾起义开始，纷纷攘攘九十六年的历史也终于结束了。天下终于归晋，虽然有许多失望、遗憾、愤懑、不得已，但天下人都只能接受这个事实。

亿万黔黎翘首以望，希望新的治世真正来临——那个用诡计偷到江山的司马家族，他们会带给我们什么样的生活？他们应该会有足够的道德水准、足够的才能、足够的运气，可以带给我们安宁、和平、稳定的生活吧？

未来的日子，一切平安。每个人都在祈祷着。

——请看下一部《两晋：神州陆沉》